赵曙明教授

作者简介

赵曙明，南京大学人文社会科学资深教授，商学院名誉院长，行知书院院长，博士生导师。南京大学企业管理国家重点学科学术带头人，主要研究领域有人力资源管理与开发、企业跨国经营等。

始终站在中国人力资源管理研究的前沿，引领中国人力资源管理的学术研究；是最早将西方人力资源管理理论引进中国，并将西方人力资源管理理论与中国实践相结合的学者之一。先后在夏威夷大学、多伦多大学、密苏里大学、美国南加州大学、美国克莱蒙特研究生大学德鲁克管理学院等高校商学院做兼职/客座教授；长期活跃于美国、加拿大、日本、英国、德国、澳大利亚、荷兰及新加坡等地讲学，有着丰富的跨文化比较研究与教学经验。2010年，因其在中国管理学发展上的开创性贡献，被授予"复旦管理学杰出贡献奖"。

A Study of Employment Relationship in Chinese Enterprises

Pattern, Performance and Humanistic Well-being

 著

中国企业雇佣关系研究：模式、绩效与人文福祉

南京大学出版社

自
序

　　40多年来,随着我国改革开放的不断深入和全球化进程的不断加快,中国的经济结构也发生了很大变化,多种形式所有制企业并存于市场参与平等竞争,形成了企业雇佣关系从传统单一模式转变为工作导向和组织导向等多种模式并存的局面。然而,正是由于雇佣模式的多样化,也给雇佣关系研究带来不小的挑战。企业需要针对不同的制度类型进行不同雇佣关系模式的选择,并根据经济社会发展趋势和员工特质调整人力资源管理手段和方法。

　　这个时代是一个需要不断创新的时代,企业需要将技术、制度和管理三方协同不断进行创新,但是无论是技术创新还是管理制度创新,落实到最后其实都是人力资源管理的革新,把握好人力资源管理的发展方向,就是把握好了企业进步的第一资源。人力资源管理的价值和地位前所未有地凸显出来,对于雇佣模式和人力资源管理方式的选择显得尤为重要,企业需要改变传统管理方式,不断进行人力资源管理创新。

　　但是,中西方企业的雇佣关系模式在形成过程中存在巨大差异,不能照搬西方学者的研究成果来解释中国企业现象,并解决当下中国企业人力资源管理面临的现实问题。急需有基于当下中国企业发展规律和现状的研究成果,来对雇佣关系模式进行提炼总结并给出指导意见。因此,基于人力资源管理的创新,探索新时代中国企业雇佣关系模式的发展、转型具有重要的理论价值和现实意义。中国本土学术研究对此方向应该有敏锐的感知,对管理实践提出有贡献的指导意见。然而,当下对于什么样的雇佣关系模式才具有最佳的操作效果,以及不同模式适用性优劣的比较研究,大都是从经济效果角度进行探讨,多注重雇佣关系与经济效益的关系,却很少考虑社会、企业与员工的人文福祉,更缺乏从这一视角去探讨不同模式选择的前因。其结果必然导致劳资纠纷日益严重,冲突现象时有发生,这既不利于良好雇佣关系的形成,也不利于和谐社会的构建。

　　这本专著即是针对上述现状与问题,对中国企业雇佣关系及其发展趋势的一次全面总结和深入思考,并引入新的研究视角,补充大量一手调研数据及其数理解释,大胆进行创新。

　　该专著是依托笔者主持的国家自然科学基金重点项目"中国企业雇佣关系模式与人力资源管理创新"的研究成果撰写而成的。课题调研历时五年,通过纵向设计,在全国有代表性的地区、企业开展三阶段大规模问卷调研,并运用访谈和案例研究方法,揭示了中国企业雇佣关系模式的前因,尤其是人力资源管理实践对雇佣关系模式的影响机制,以及雇佣关系模式对企业绩效与人文福祉影响的内在机理。研究成果把握了人力资源管理前沿研究方向,对中国情境下人力资源管理实践进行了系统阐述,积极探讨了中国目前雇佣关系模式存在的形式,并对由此产生的雇佣矛盾和解决方案做出详细的数据解释与说明。针对具体雇佣关系模式,本书从人力资源管理角度分析了影响企业雇佣关系的因素,解释了不同雇佣关系模式之间存在诸多差异的原因。在探讨不同雇佣关系模式的人文福祉效果及差异时,本书不仅从不同制度、不同类型的企业角度进行研究,还关注了不同年龄段员工的心理诉求。在对企业发展现状研究中,本书还注重加强人力资源管理实践的创新性,为企业转变人力资源管理方式提供了新的思路。

　　本专著的内容体系共分为四篇九章,分别从人力资源管理实践现状与中国企业雇佣关系模式研究、中国企业雇佣关系模式的前因研究、中国企业雇佣关系模式的人文福祉效果研究和基于雇佣关系模式优化的中国企业人力资源管理创新研究四个方面,对中国企业雇佣关系模式进行了全面论述。具体来说,第一章为中国情境下人力资源实践现状,概述了中国情境下人力资源管理现状以及知识转移、本土化和人力发展资源管理等方面的内容。第二章为中国现代企业雇佣关系模式初探,分别从新时代下中国企业雇佣关系管理,雇佣关系氛围和员工态度的合作探索,职场中雇佣关系矛盾及量表开发、结果和解决方案探究等方面,初步探究了中国现代企业雇佣关系模式。第三章对雇佣关系的影响因素的分析,具体包括对劳资冲突和员工—组织关系的研究进行了系统梳理和述评。第四章分别从人力资源管理重要性对企业雇佣关系模式的影响、人力资源管理能力对企业雇佣关系模式的影响、民营企业雇佣关系模式的关键影响因素和民营企业雇佣关系模式影响因素的多案例研究等方面,对中国情境下雇佣关系模式的影响因素进行研究。第五章关于雇佣关系模式的人文福祉效果及差异的研究是本专著的重点关注内容,该部分分别从雇佣关系对人文福祉的影响及差异以及不同雇佣关系对员工敬业度的影响进行了研究,探究了雇佣关系模式对人文福祉的影响和人文福祉差异的影响。第六章为雇佣关系模式下员工幸福感的探究,从员工幸福感溯源与远景、包容性领导对员工幸福感的影响、感知组织支持对员工幸福感的影响等研究视角,对雇佣关系模式下员工幸福感问题进行了探讨。第七章为不同层次人文福祉效果机制探究,从员工特质、职业召唤与工作态度,雇佣关系与员工敬业度,组织人性化的"神奇"力量等方面探讨了人文福祉的效果机制。第八章为雇佣关系模式下的绩效管理与人力资源体系创新,分别从雇佣关系与绩效、雇佣关系与人力资源管理转型、雇佣关系与人力资源系统、雇佣关系与人才开发等方面探究了创新视角下雇佣关系模式。第九章为雇佣关系优化视角下的跨文化管理创新,从人力资源管理能力和重要性对跨文化管理有效性的作用机制、经验开放性对跨文化管理有效性的作用机制、企业人力资源管理实践对跨文化功能团队创造力的跨层影响等方面探究了跨文化管理创新思路。

　　该著的主要特色在于:

一是继承与创新。本专著是对雇佣关系领域已有研究理论与实践成果的一次全面而深入的总结和提炼，内容涵盖了雇佣关系的基本思想、理论机制和技术。在此基础上，大胆突破创新，引入人文福祉和创新视角，拓宽了以往只注重经济效益研究路径的局限，为新时期中国企业雇佣关系转型提供了新思路。

二是基于中国国情。本专著依托笔者主持的国家自然科学基金重点项目"中国企业雇佣关系模式与人力资源管理创新研究"的成果撰写而成。该课题汇总了研究团队26项调研成果，研究前后跨越五年之久。通过纵向设计，在全国代表性地区共选择603个企业雇佣关系模式样本，通过访谈和案例开展三阶段大规模问卷调研，研究结论及政策建议比较贴近中国当下企业实际情况与现实问题。

三是论证科学严谨。本专著研究基于大量前人的研究成果，参考了国内外相关领域大量中英文文献资料，其中，英文文献830条、中文文献116条，并基于中国情境改进研究方法，开发适合中国企业雇佣关系的指标结构与量表，科学严谨地处理、分析调研数据，得出适合于中国当下的人力资源管理的前沿结论。

专著的写作是一项耗时费力的浩大工程，经过前后八年的准备、研究、撰写与整理修改，该书即将付梓出版，我们相信该著作的出版能够丰富相关领域的理论成果，并具有较强的管理实践意义。

当前企业改革发展处于重要的转型期，企业人力资源管理实践也面临着重大的变革和调整，我们作为人力资源管理研究工作者使命光荣、任务艰巨。任重道远，我们唯有不断探索，砥砺前行，才能不辜负这个伟大的新时代！我们期望这本专著的出版能够对中国企业管理体系的重新建构贡献一份力量！

赵曙明

2022 年 5 月

目录 | Contents

第一篇

中国人力资源管理实践与中国企业雇佣关系模式研究

一、中国情境下人力资源管理研究

(一) 人力资源管理的发展背景和问题

人力资源管理(HRM)的概念是一个舶来品,源于西方,在中国当下管理实践中生根发芽,形成了中国特色。为明晰中国情境下人力资源管理研究现状,需要从历史发展角度出发,追溯以美国为蓝本的人力资源管理思想是如何在中国管理机构中不断发展并得到广泛应用的。

我们基于可得的中文数据库中相关术语频次的计量分析,探究过去一个世纪以来管理知识如何从西方向中国转播,并从最初的科学管理(SM)、人际关系(HR)转向人力资源管理(HRM)的过程(Warner,2014)。由于是在中国背景下书写上述概念的演进史,因此在中国工作场所寻找 HRM 思想的根源,具有学术"侦探故事"的色彩。

"人际关系"(HR)学派的核心思想仍然影响着西方商业管理的方方面面,其渊源追溯到 1912 年芝加哥霍桑执行委员会对于促进工厂生产的"社会"维度的调查(Adams and Butler,1999)。这一行为恰好与费城出生的工程师弗雷德里克·温斯洛·泰勒(1856~1915)于 1911 年开创性的著作《科学管理原理》相吻合。为了研究工作环境(例如照明、休息时间、工资等)对工人绩效的影响,西方电气公司所属的霍桑工厂于 1924 年至 1933 年间开展了著名的"霍桑实验"。澳大利亚出生的心理学家乔治·埃尔顿·梅奥(1880~1949)主导了这些探索。从 1926 年起,他被选为哈佛大学的主席,并声称已经确认了提高工人绩效的"秘密因素",即来自管理层的关注。

虽然泰勒对中国管理的影响引发了广泛的讨论(Morgan,2003,2004,2006a,2006b),然而正如许多批判文章论述的那样(Carey,1967;Parsons,1974;Wrege,1976;Franke and Kaul,1978;Bramel and Friend,1981;Gillespie,1991;Bruce and Nyland,2011;Hassard,2012),一系列的霍桑实验从未打算研究哪些因素是可以影响工人绩效的,相反,研究人员关心的是对工人的思想进行道德控制的"心理武器"(Bourke,1982;Rose,1998;Link,

2011；Bruce，2013）。而当时的社会科学界，埃尔顿·梅奥和哈佛商学院结成了一对绝妙的搭档，二者同时具备学术理论上的声望和管理实践方面的经验。不仅如此，心理学相关的理论也通过以工厂实践为基础的领导力研究（Lewin，et al.，1939）和动机研究（Maslow，1943）得到了提升。人际关系（HR）（Roethlisberger and Dickson，1939；Mayo，1945；Drucker，1995）及其继承者人力资源管理（HRM）（Lawrence，1985；Schuster，1986）也在这个过程中取代了泰勒的科学管理（SM）（Merkle，1980）成为西方居于领导地位的意识形态（Kaufman，2014）。这些思想流派以各自的方式进入了中国的管理理论和实践。

进入中国的西方人事管理思想（People-Management Thought）的主要流派如下：

（1）20世纪初，泰勒的"科学管理"，主要测量的是工作效率。有关"科学管理"的论著于1916年由穆湘玥翻译成中文并首次在中国出版。

（2）两次世界大战期间，梅奥的"人际关系"，主张在工作场所建立社会纽带。从霍桑试验开始，在20世纪40年代，梅奥与中国著名社会学家费孝通逐步建立联系。

（3）20世纪末，劳伦斯的"人力资源管理"，主张最大限度地提高员工绩效。第一本中文教科书由中国管理学者赵曙明于1992年编写出版。

根据上述历史现象，需要回答如下几个问题：

（1）西方管理知识能够传播到中国的本质是什么？

（2）在向中国传播知识的过程中，科学管理（SM）、人际关系（HR）和人力资源管理（HRM）分别发挥了什么作用？

（3）人际关系（HR）在多大程度上主导了人力资源管理的发展过程？

针对以上研究问题，结合定性和定量的研究方法来推进学术"侦探故事"。

首先，基于近30年在中国企业从事人事管理的经验，迄今为止，我们出版了很多中英文著作，因此掌握了大量的第一手实证经验和专业知识。

其次，我们使用了一些"网络"搜索引擎（如谷歌、谷歌学术、"文献计量"的谷歌图书Ngram查看器、在线World Cat），以及全球主要大学和公共图书馆出版物的最大图书馆目录World Catalogue。此外，还采用了中国国家知识基础学术引擎CNKI（中文最大的学术搜索引擎）和百度（中文搜索引擎）。从一开始我们就意识到上述方法具有局限性，在解释数据时始终保持审慎的态度。

（二）追踪美国学派思想对中国人事管理思想和实践的影响

为研究以美国为中心的管理知识如何向中国支柱产业传播，我们对中文人事管理的文章进行了文献计量分析，挖掘了迄今为止（最早可以追溯到1800年，但是我们将范围缩小到1900～2008年）已在谷歌图书数据库中进行了数字化处理的参考资料。该数据库已处理了多种语言约1 500万册的著作，其中约50万是中文出版物（截至2008年）。

该研究出发点是Michel等（2011年）发表的计算语言学领域的一篇论文。这篇论文对数据库中的作品进行了定量分析,是现存最大的数字化作品。对于任何给定结果如果都至少有 40 本书以相关语言编入索引,这个搜索工具就可以运行。y 轴显示被搜索文本的相对频率(以百分比表示),x 轴则是检索文本的时间段(以年为单位),具体见图 1.1.1。

　　我们主要搜索的是西方向中国传播管理知识的关键术语。如前所述,即科学管理、人际关系和人力资源管理,这三者在中国都有学术认可的和官方使用的拼音术语。但是,这些只是英语表达的近似翻译。类似于数字化的中文书籍,我们使用横轴间隔为 10 年的平滑曲线来绘制这些术语的频率。在图 1.1.1 中,可以看到"科学管理＋泰勒＋中国"的出现频率。从图 1.1.1 可以清楚地看出,"科学管理"在中国出现峰值的时间比"泰勒"1915 年辞世的时间稍晚,于 20 世纪 20 年代升至最高点,20 世纪中期未能再次达到这一顶点。我们还看到,20 世纪 50 年代中期和 20 世纪 90 年代初有两个低点,但这些和其他分数只能被解释为相对定位而不是绝对定位。

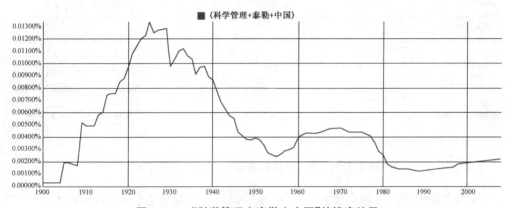

图 1.1.1　"科学管理＋泰勒＋中国"的搜索结果

　　图 1.1.2 中,基于同一数据库,在过去一个世纪的中文出版物以及其引用的书籍和文章中检索"人际关系＋中国"一词。与泰勒的论著相似,人际关系学说的影响力在 20 世纪 20 年代中期之后达到顶峰。尽管这个词到现在也被引用,但两个低点分别出现在

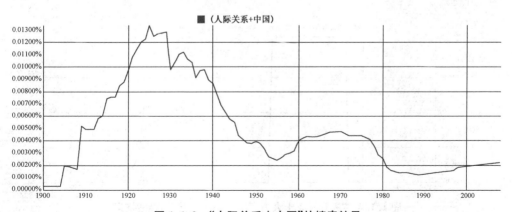

图 1.1.2　"人际关系＋中国"的搜索结果

20世纪50年代中期和1990年后期。从进一步的证据中看到,"人际关系"术语尽管在近几十年中国发表的文章中仍留有一席之地,但在"人力资源管理"的影响下已经黯然失色。

随后,我们在数据库中寻找"梅奥＋人际关系＋中国"在中文文献中的轨迹。图1.1.3与图1.1.2类似,可能是因为作者的名字和学派的名称,这些词汇来自相同的专著或教材。梅奥及其相关概念在20世纪50年代中期也有一个低点[但它可能在非中文出版物中仍处于活跃状态,事实上,如果在World Cat(世界目录)的英语书籍中单独搜索"梅奥",这个名字在20世纪50年代中期达到了波峰],并且在20世纪90年代初再次处于低点。相应的是梅奥、人际关系、中国在20世纪30年代中期都达到了顶点,但是,相同时间点,CKNI数据库的中文期刊中却很少提及梅奥的名字或他的作品。

图 1.1.3 "梅奥＋人际关系＋中国"的搜索结果

在数据库的中文书籍中搜索"人际关系",出现了明显的首位效应,即该术语在20世纪20年代中期至40年代中期达到峰值,在70年代再次达到峰值后,于80年代断崖式下降。然而,"霍桑实验"一词未能产生明显变化。"人力资源"一词在20世纪70年代末期上升,随后下降,到20世纪末再次升高。具有美国精神的"人力资源管理"作为最后出现的术语,自20世纪70年代中期开始出现并持续上升,直到2008年达到顶峰(图1.1.4)。

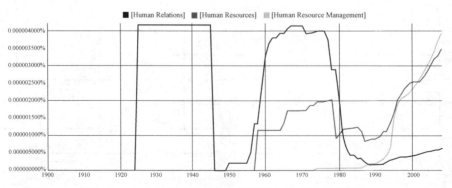

图 1.1.4 "人际关系＋人力资源管理＋中国"的搜索结果

我们接着搜索了本土术语"儒家思想＋管理""马克思主义＋管理"以及外来词"西方＋管理"。如图1.1.5所示，相比于两个本土术语，"西方＋管理"在整个时期均占据了优势地位。在两个本土术语中，马克思主义模型比儒家思想模型更具小范围的优势。这个优势正处于两次世界大战时期，中国出现了专业管理阶层，大量年轻人到西方和日本学习，他们坚信科学救国，并决心建立一个新中国。因此，诸如科学管理、人际关系和人力资源管理等西方思想在整个图表的时间维度上都处于优势，但在2000年后开始放缓。与此同时，儒家思想开始有所提升。

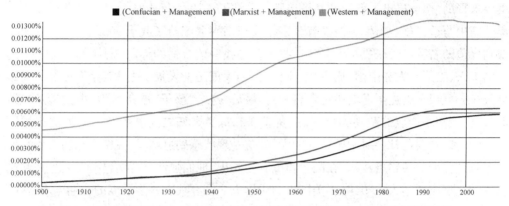

图1.1.5　"儒家思想＋管理""马克思主义＋管理"和"西方＋管理"的搜索结果

1. 1949年以前

我们能够从图1.1.1(以及其他来源)中看出，20世纪20年代，泰勒的科学管理思想对中国的影响达到一个高点(Warner，2014)。最近有一篇论文探讨民国时期中国的心理学是否在某种程度上采用了西方科学导向。总的来说，"由于欧美心理学(人际关系学说过去属于心理学派)大量输出到全球所有地区，因此它一直超越其他学科占据了主导地位(Blowers，et al.，2009，p. 22)。"

摩根(2003，2004，2006a，2006b)在他对于泰勒主义如何引入中国的研究中谈到，20世纪30年代，中文出版物已出现了心理学导向的内容和人事管理相关的主题。例如，1931年，中国工业部出版了一期关于科学管理的特刊(《工商班办学刊：科学管理专号》)。特刊的六篇文章中三篇涉及了科学管理的技术层面，如时间和动作研究，而另外三篇则致力于探索人际关系导向，如福利和动机、劳动心理学和工人态度。这些文章都明确显示中国已受到美国人际关系学说的影响(Morgan，2003)。

基于这种背景，第二次世界大战期间中国社会学家史国衡的案例值得进一步探讨。托马斯·怀特黑德(1891～1969)是哈佛大学教授，也是人力资源管理范式的共同创始人。他与乔治·埃尔顿·梅奥、弗里茨·朱尔斯·罗特利斯伯格(1898～1974)、费孝通(1910～2005)一起筹划让史国衡作为交换生来哈佛大学访问，以便他能熟悉"我们在工业环境中研究人类问题的方法"[根据贝克图书馆历史资料库(BLHC)1943年10月20

日会议记录]。史国衡是中国著名的社会学家,同时也是费孝通的学生、梅奥夫妇的私人朋友。他们之间的友谊因为波兰人类学家布罗尼斯瓦夫·马林诺夫斯基(1884~1942)而更加深入,马林诺夫斯基是梅奥的朋友,他曾在伦敦大学指导费孝通的博士论文。但是,费孝通和梅奥之间的联系主要在于他们一起翻译史国衡的书《中国迈入机器时代》,在此过程中,两人有过紧密的合作。该书的英文版于1944年由哈佛大学出版社出版,费孝通任此书的编辑(Arkush,1981)。事实上,从费孝通对梅奥提出的要求中可知,梅奥的影响远不止提供翻译帮助。在出版商提出更改副标题的建议后,费孝通向梅奥寻求帮助,梅奥提出了新标题并被出版商采纳了。1944年4月14日,费孝通在给梅奥的信中写道:"孩子出生了但没有名字。我很高兴父亲给了我名字。否则,我将无法找到合适的名字! 我需要一个名字! 我正在寻找一些合适的标题,例如战争工业中的中国工人、工厂工人和中国(战争)工业、劳工和中国工业发展、中国工业工程等。请帮助我……"(根据贝克图书馆历史资料库)。最后,这个"孩子"被命名为《中国迈入机器时代:中国战争产业的劳动力研究》。费孝通和梅奥夫妇之间关系友好的另一个原因是,他们都对"美国社会对中国状况的无知"这一现状感到遗憾(贝克图书馆历史资料库的无日期注明的编辑备注)。在同一篇编辑备注中,他们强调"人类合作的力量"是超越技术的。费孝通本人希望建立"美国人与中国人之间在社会科学领域的长期学术合作"(Arkush,1981,p. 107)。他非常具有先见之明,但这个愿望几十年后才成为现实。

这个领域的知名学者,例如梅奥、罗特利斯伯格和怀特黑德,都对费孝通的研究报告非常感兴趣,并认为这些报告会"帮助我们了解中国问题的性质"(根据贝克图书馆历史资料库1943年10月20日的会议记录)。作为交换,哈佛商学院同意向费孝通提供"书籍和论文等,我们认为这对他和他在中国的研究有帮助"(Arkush,1981)。除此之外,费孝通和与会者同意接收田汝康为哈佛交换生,他是《中国迈入机器时代》中某一章节的作者。

会议最有趣的结果之一是"三名中国高管中的两个"(Arkush,1981)打算来哈佛学习工业劳动关系(ILR)的研究。哈佛商学院院长华莱士·唐纳姆甚至同意亲自写信给"中国经济事务部长以便于获得必要的合作"(Arkush,1981)。此外,费先生积极要求哈佛商学院教授以"顾问身份"参与中国工业研究(Arkush,1981)。梅奥给洛克菲勒基金会的艾伦·格雷格发了一封私信,告诉他会议的决定,以及请他"给予会议提到的各种问题以关注"(根据贝克图书馆历史资料库,1943年10月29日)。最后,社会科学研究委员会主席罗伯特·雷德菲尔德"去了中国并在那里待了一年,调查了社会研究的机构获得美国帮助的可能性"(Arkush,1981,p. 108)。洛克菲勒基金会资助了雷德菲尔德的中国之旅(Arkush,1981)。

在这个过程中,费孝通与梅奥、首席顾问唐纳姆(史国衡的导师)建立了紧密的联系。这个监督委员会里都是著名的学者,有费孝通非常尊敬的社会学系的塔尔科特·帕森斯(1902~1979),哈佛商学院的罗特利斯伯格和人类学学者克莱德·克拉克洪(1905~1960)(Arkush,1981)。梅奥和怀特黑德"非常担心中国会忽视西方在工业化中所犯过的'人为因素'的错误"(Arkush,1981,p.107),因此他们要求史国衡作为"研究助理",帮助他出国(根据贝克图书馆历史资料库梅奥、怀特黑德和费孝通之间的通信,1945年3月16日)。史国衡来到哈佛后,梅奥在给费孝通的一封信(根据贝克图书馆历史资料库,1945年10月16日)中公开倡议进行协同行动,目的就是将人际关系学说传播到中国。他在信中写道"在美国的我们和在中国的你们共同的开拓性努力已经可以考虑进入到第二发展阶段"。然而,梅奥的退休和过世阻碍了人文关怀在中国工业中的进一步发展,至少减弱了美国对于中国的影响。费孝通似乎预料到了这点,他在1947年1月2日致梅奥夫妇的信中说:"在人类文明的关键时刻,像你这样的人不能退休"(根据贝克图书馆历史资料库)。

关于1910年至1930年间中国政治家、研究学者和公司高管在国外接受教育并将管理知识带回家乡的全面概述,除了可以参考摩根的研究结果外(2006a,2006b),还发现了一篇何庆茹(音译)撰写的关于人际关系的重要性的期刊文章(He,1934)。作者的个人信息比较模糊,他除了在复旦大学出版过一本书之外(He,1935),还创办过一本重要期刊《人事管理月刊》,该刊是中国人事管理协会的活动刊物(中国电子管理学会)(Morgen,2004,p.13)。后来,我们还找到了一位著名的中国管理心理学家引用的专著——《人事心理学的问题》(Hsiao,1944)(Wang,1994)。

美国洛克菲勒基金会资助了中国的经济学、社会学以及其他学科分支的研究,促进实证研究活动(Wang,1994)。与此同时,基金会还促进了中国几十年来重大的慈善活动。约翰·洛克菲勒二世(1875~1960),作为"乔治·埃尔顿·梅奥的金融和职业资助人"(Bruce and Nyland,2011,p.388),"使用个人资金"资助(Bruce and Nyland,2011,p.389)。洛克菲勒甚至说服劳拉·斯佩尔曼——洛克菲勒纪念基金的托管人——相信梅奥是政治中立的(Bulmer and Bulmer,1981),从而"保证他可以继续进行霍桑研究"(Bruce and Nyland,2011,p.390)。戈达尔的研究指出,几十年来的努力消除了工业劳动关系(ILR)与人力资源管理(HRM)和组织行为(OB)的学科界限(Godard,2014)。他说,中国学术界(或许早已经)接受了研究和教学的"心理化",而这个"心理化"的过程源自美国的"人际关系学派"(Godard,2014,p.2)。

尽管梅奥提前退休可能减弱其对中国的影响(毕竟不能过早地认为,他能直接提出建议影响中国工业思想),但布拉迪(2012,p.198)认为,梅奥关于组织行为和工业心理学的观点对当代中国的公共行政和管理方法有重要的影响。在梅奥以工业心理学为基础的人际关系学说中,相关学科,例如之前提到过的帕森斯的工业社会学和威廉·劳埃德·华纳(1898~1970)的工业人类学都被忽视了,统一被看作"母牛社会学(Cow Sociology)"(Marshall,1998,p.289)。帕森斯的社会学已经发现了工作场所中"有社会属性的男人/女人",而人类学家华纳则在工业界重新定义了男性和女性(Wood and Wood,2004)。不幸的是,我们无法找到据巴克斯顿和尼科尔斯(2000)的说法,帕森斯于第二次世界大战期间在中国教学。依据我们在世界目录数据库上查找到的结果,梅奥、罗特利斯伯格或者迪克森的主要作品并没有在此期间翻译成中文,少数作品在那时已有日文版。

中国社会学在寻求"人力因素"的研究盟友时,极大地受到了北美的影响。评论员古尔丁(Guldin,1994,p.75)指出:"在1947年,全中国教授社会学的143名教师中71人有美国求学的经历,27人有西欧学习的经历,其中还有12个美国人。"克劳森(Clausen,1989,p.8)补充了这一观点,即"1920~1949年期间,美国归国的学生主导了中国的高等教育"。事实上,经济学也有类似的现象(Trescott,2007)。费孝通甚至说过中国的社会学和人类学是从西方进口的(Guldin,1994)。

2. 1949~1978年

如果说1949年之后苏联(Kaple,1994)和日本(特别是"伪满洲国"所在地)(Warner,1997)的管理体系对中国的影响已在中国的工作场所得到了验证,那么美国的影响仍然是存在的。这点通过图1.1.1中人际关系学说在中华人民共和国早期的下降曲线得以证实。

在20世纪20年代、30年代和40年代,美国对中国人事管理的影响仍然存在,但20世纪50年代、60年代其影响基本上停滞了(Arkush,1981)。几乎没有证据可以表明梅奥或他的追随者对中国本土社会科学的相关研究还存有影响。事实上,除了极少数西方作品,例如凯恩斯1957年的经济学专著《就业、利息和货币通用理论》,以及苏联的教科书或管理、社会科学专著,很少有翻译作品(Warner,2015)。

费孝通的个人命运也有颇多波折。他是一位顶尖学者,于20世纪70年代访问美国,在1980年后恢复个人名誉(Arkush,1981)。后来,被任命为北京大学的社会学教授,于2005年4月24日在北京逝世,享年94岁。

人们可能争辩说,即使在20世纪50年代,人际关系相关的心理学问题也没有得到学者的关注,因为那时并没有做霍桑实验或其他实证研究的相关资源。而且那个时期,美国的影响都会被更强大的"苏联"所覆盖。许多学者都认为,随着20世纪50年代早期家长式管理的"单位"体系的建立(Walder,1986),中国的管理模式被视为"某种特定类型的斯大林主义的复制品"(Kaple,1994,p.5)。矛盾的是,该时期与苏联版本的泰勒主义兴起的时间重叠(Merkle,1980,p.126)。舒尔曼(1971,p.226)认为苏联版本的泰勒主义属于"技术"流派。受苏联启发,"社会主义模拟"运动也较为普遍,"梅奥效应"传播到苏联(Schurmann,1971,p.129)。工业心理学把马克思列宁主义和毛泽东思想作为其潜在的哲学原理,"苏联心理学成为中国心理学的典范"(Guan,2010,p.45)。

1955年,新思想学派的追随者建立了中国心理学会,并且在1956年响应党的号召创建了学术期刊《心理学报》《心理学信息》和《心理学翻译》。然而,许多期刊在1949年到1978年之间停止出版。在CNKI数据库,通过查看主要心理学期刊《心理学报》,发现这一时期的研究受美国影响的痕迹很少。虽然我们无法在CNKI数据库中找到任何"人际关系"或类似术语的参考文献,但使用关键词"工人"时,发现了1949年至1978年期间的十几篇与人事心理学相关的文章。

3. 1978 年至今

20 世纪 70 年代后期,中国推行改革开放后,人事管理开始从人际关系发展到人力资源管理。这个证据来自当时一位年轻学者创造性的学术成果。1987 年至 1990 年期间,赵曙明(南京大学商学院)在美国加利福尼亚州克莱蒙特研究生学院读书并获得博士学位。1992 年,他出版了《国际企业:人力资源管理》一书,在中国大陆这应是第一本专门介绍人力资源管理的中文书籍。截至 2021 年 8 月,该书已修订至第六版。该书向中国读者介绍了许多西方人力资源管理专家,如韦恩·卡西奥、彼得·德鲁克、道格拉斯·麦格雷戈、西奥多·舒尔茨和弗雷德里克·舒斯特等。另一位本土学者王重鸣在管理心理学方面的著作也同样具有开创性的意义(1985,1988,1994)。

在 1978 年改革开放和人才创新政策推出之后,中国政府开始逐步淘汰"铁饭碗"体制,解放了管理者被雇佣和解聘的能力(Deng, 1983;Warner, 1995;Dinget, et al.,2000;Zhao, 2001)。1992 年之后,中国建立了社会主义市场经济体系。所有大学生必须自己找工作,而不是等待分配。但是,具有中国特色的人力资源管理系统很晚才出现,并且最初只出现在大型企业中,例如合资企业和外商独资企业。改革开放十年之后,人力资源管理系统才开始在国有企业出现(华纳,2014)。

(三) 当下人力资源历史研究局限

在探索美国为主体的人际关系学说对中国管理思想的影响时,一个主要困境是语言问题。这不仅涉及中英文翻译,还涉及中国管理学研究中词语的含义。在美式英语的环境中,"人际关系(Human Relations)"这个术语与其主要内涵(社会层面的商业"软"环境)的关联是非常明确的,并不会被误以为与技术层面的管理有关。但是在中国,"人力资源"字面意思是"劳动力资源",如果用得不精确,可能会误导大家,因为它也包含了"人际事务"这样的更广泛的理解。然而,根据学界、官方和出版商正式接受的用法,"人际关系"最有可能描述西方的"Human Relations",我们遵循了领域专家的建议。

另一个重要问题是,明确区分科学管理、人际关系和人力资源管理的尝试可能无法完全反映中国企业的管理现实。举例来说,中国的人力资源管理仍处于从泰勒学说向以人为本的人力资源管理方法的转型过程中(Zhao and Du, 2012)。但是,中国公司采纳现代管理思想的程度是不同的,一些公司仍然执着于泰勒的科学管理的概念,却称其为人力资源管理。现在更多的研究正在关注这个问题。

有趣的是,我们在各种搜索引擎中使用"人际关系"作为关键词进行检索,发现百度中搜索"人际关系"的结果比"人力资源管理"的更少(6 700 000 对 7 910 000 个搜索结果)。2000 年以后,"人力资源管理"的相关内容已经开始明显超过该数据库中的"人际关系"。截至 2015 年底,我们在 CNKI 学术引擎中搜索"人际关系",发现了大约 59 018 项结果,这是中文学术研究中搜索结果最多的术语,代表了 1978 年以来中国学者对于人力资源概念的理解。但是"人力资源管理"只有 116 927 项搜索结果,"科学管理"的搜索结果仅为 17 020 项。

20 世纪 80 年代之前,中国采用的是计划经济体制下的劳动和人事管理模式,从根本上来说,与西方资本主义下的管理模式完全不同(Cooke,2012)。从 20 世纪 80 年代中后期开始,人际关系的核心概念逐渐从西方和日本重新引入中国,但人力资源管理很久以后才被大规模实践(Warner,2014)。到了 21 世纪初,随着外部环境的动态变化,人力资源管理开始进一步朝着全球化、市场化、专业化和教育提高化的方向深化和发展。因此,人际关系和人力资源管理实践在中国背景下变得制度化(Nankervis,et al.,2012;Zhao and Du,2012;Warner,2014)。正如数据库提供的证据所示,"人力资源管理"的引用率开始超过"人际关系"。

(四) 研究结论

上文根据可靠的历史证据,分别追溯三个时期(1949 年前、1949 年至 1978 年以及 1978 年后)美国对中国的人事管理的影响。

通过搜索引擎来检索国际和中国的文献,试图证实人际关系学说在中国得到发展的猜想以及它后来如何演变为人力资源管理。我们从一开始就明确表示,已经意识到上述方法的局限性,并试图在解释所提供的数据时保持审慎的态度。

除了语言问题外,最大的问题是参考文献可得性。可参考的文献非常稀少,并且只有部分是公开的。这使得我们除了使用数据库里找得到的资料外,还通过哈佛大学贝克图书馆中梅奥的论文来评估哈佛大学人际关系小组,特别是梅奥本人与中国学者费孝通之间的私人交往,才可以一窥双方与专业相关的联系。通过类似方式,我们进一步挖掘更多的参考资料以证明美国的人力资源管理学派曾经积极主动地试图影响中国的人事管理思想,以及西方(主要是美国驱动)对于中国人力资源相关的社会学和人类学的影响。但是,以上联系在 1978 年之前都非常微弱。

图 1.1.1 显示了泰勒著作对中国的早期影响。图 1.1.2 至图 1.1.4 似乎也证实了人际关系学说相关的参考文献的起起落落,以及后期人力资源管理在中国的兴起。CNKI 学术数据库的检索结果进一步表明,到 2015 年仍然有大量的学术文献分别提及"人际关系"和"人力资源管理"。

二、知识转移、本土化和人力发展资源管理

(一) 从商业想法传播视角看中国人力资源生态

自 1978 年改革开放以来,中国发生了巨大变化。以往研究已经论述了人力资源发展如何在中国企业实践中逐步推进。现代中国劳动力资源管理越来越强调"人"的维度。尽管很多研究致力于发现这些改变的历史根源,但是仍然鲜有研究探索人力资源领域的商业管理想法是如何跨界并转移到中国实践中的。

— 12 —

由于阐述管理理论和实践的迁移过程可以更好地展示人力资源发展理论（HDRM）在中国情境下是如何发展的，下文基于中国知网（CNKI）的数据库，概述了新的管理知识诱发人力资源管理和劳动力实践的演化过程。

例如，"路径依赖理论"将这种进程划分为 6 个历史阶段，具体如下：

（1）鸦片战争时代（1840 年之前）；

（2）前共和时代（1840～1911 年）；

（3）共和时代（1911～1949 年）；

（4）毛泽东时代（1949～1979 年）；

（5）改革初期（1979～1990 年）；

（6）更深层次的改革时代（1990 年至今）。

然而，在我们研究的主要部分，即科学管理（SM）、人际关系（HR）和人力发展资源管理（HDRM）的影响下，我们在很大程度上聚焦于历史阶段的后期。还需指出，这种时间的划分方法不一定是相互排斥的，可以说有一定程度的重叠，从论据中可以清晰地了解重叠的程度。对管理模式的外生性影响也可以按地理来源划分，美国和日本处于第 3、第 5 和第 6 阶段，苏联处于第 4 阶段。然而，鉴于文章篇幅有限，我们无法包含更多国家的范例。

历史上，中国一度闭关锁国，但帝国的入侵迫使中国进入国际市场。为更好地分析 20 世纪现代化进程的商业管理知识迁移以及这些管理知识如何适应中国的文化、法律和制度规范，我们借鉴了外来（西方）实用性与内生（中国）本质性的辩证法。

为了明晰商业想法的中国式演化过程，我们需要回答如下几个问题：

（1）中国人力资源管理在多大程度上受到西方管理知识迁移的影响？

（2）哪种外来的管理模式在迁移过程中占主导地位？

（3）这些外来影响如何融入中国本土人力资源管理模型？

接下来，我们将介绍理论框架，描述研究方法，从数据库搜索中提供相关证据，并且讨论这些发展的意义。之后，我们将根据知识迁移的五阶段解释商业管理的传播过程，做相关总结。

（二）知识迁移的五阶段模型

分析框架侧重于知识迁移的观点（Argote and Ingram，2000），包括中国引入的理论和实践。我们从多年研究经验中总结出各发展阶段（如图 1.2.1 所示 5 个关键阶段）提出以下框架。为确定上述直接和间接的知识迁移阶段，我们将运用历史和当代数据详细阐述这些迁移阶段（传入—适应—文化融合—差异

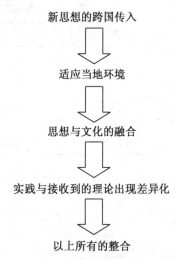

图 1.2.1　知识迁移的五阶段图示
来源：Misscellaneous。

新思想的跨国传入

适应当地环境

思想与文化的融合

实践与接收到的理论出现差异化

以上所有的整合

化—整合）。

（三）数据库介绍及研究方法

我们利用中国知网学术引擎（CNKI）数据库对相关领域进行了大量、非排他性的研究。1996 年，清华大学建立 CNKI 数据库，该数据库是目前最大的学术数据库之一，同时是世界上最大且不断更新的中文期刊数据库，其数据内容约从 1950 年开始，但还是有许多档案没有保存下来，也有一些最近才吸纳进来的新期刊。我们在 CNKI 学术期刊全文数据库中使用与国家、主题、作者和日期等相关的关键词搜索了本研究中的"管理"和相关现象，涵盖了 10 000 多种中文期刊（不包括书籍）；评估了这些数据与研究时期、研究问题的相关性，即外来因素与内生因素在中国人力资源管理演变中的作用。鉴于很多想法都来自英文期刊和书籍，参考文献中列出了许多相关的中英文文章和书籍。

依据研究选择的关键词，从 CNKI 学术期刊全文数据库中获得相关数据，用以阐明西方管理知识对于中国本土理论的扩散，即中文学术期刊如何反映出这种知识的迁移。我们从一个关键词开始搜索，在中文期刊中找到一些文章，这些条目会显示被纳入数据库的日期。大多数实质性的数据出现在 1978 年之后。

（四）影响中国人力资源研究的历史背景

随着中华人民共和国成立，深受苏联影响的人事管理（PM）模式很快在中国建立起来。1978 年，中国推出了"四个现代化"和"改革开放"政策。在这个过程中，中国建立了社会主义市场经济体制，新的劳动力和人事配置开始出现（见表 1.1.1），早期的人力资源管理也慢慢出现，从 1980 年开始（参见表 1.2.2），很快反映在 CNKI 数据库中。

表 1.2.1　人力资源管理在中国的演化

时期	阶段	特点
1949～1952	初期	人事管理
1952～1957	开始	苏联管理模式"铁饭碗"
1957～1966	发展	民主化管理，员工参与
1966～1976	静止	"文化大革命"
1976 以后	经济改革开始	人事管理改革，人力资源管理慢慢出现

表 1.2.2　CNKI 期刊数据库全文搜索关键词条目

关键词	数字	最早发表年份
管理		
科学管理	98 309	1932
泰勒主义	3 178	1956

关键词	数字	最早发表年份
人际关系和人力资源管理		
人际关系	70 840	1981
霍桑效应	301	1982
埃尔顿·梅奥	17	2013
彼得·德鲁克	307	1987
人力资源管理	43 427	1980
劳动力		
劳动法	13 351	1940
雇佣关系	241	1989
中华全国总工会	83	1994

来源：CNKI 数据库，截至 2017 年底。

1992 年，人事制度改革倡导引入新的个人和集体劳动合同，以及采取与绩效挂钩的奖励办法和缴费型的社会保险。不久之后，1994 年新的《中华人民共和国劳动法》（以下简称《劳动法》）改变了中国的工业和雇佣关系管理及工会实践。但是，这项法律在执法过程中支持不够，20 世纪 90 年代末工会认可率一度下降，现已上升到历史最高水平。从 2008 年开始，《劳动法》进一步改革，如表 1.2.3 所示。但是，以"劳动法"为关键词在 CNKI 数据库中搜索，数据很少。

表 1.2.3　关于中国雇佣关系的部分法律法规

日期	法律法规	日期	法律法规
1950	贸易同盟法	2002	工作安全法
1951	劳动力保险法规	2008	劳动合同
1954	中国宪法，劳动力相关法规	2008	劳动争议协调与仲裁法
1956	工业安全法规	2008	新就业促进法
1986	劳动力契约法规	2011	社会保险法
1988	破产法	2011	工伤保险条例
1992	人事法	2012	员工代表大会规定
1992	关于女性权利的法律	2013	劳动争议修正案
1992	新贸易同盟法	2014	劳动派遣法
1994	新劳动法	2016	就业权利的执行措施
2002	贸易同盟法修正案	2017	劳动争议与协商新规定

(五) 商业管理知识迁移

外来管理理念通过三个截然不同的直接和间接渠道影响中国,每个渠道都有一个"背景故事"。三个国际来源渠道,即美国、日本和苏联。

首先,管理理论是通过"学术"途径进入中国的。中国学者在两次世界大战期间和1978年之后的改革时期接触了很多西方出版物。其次,20世纪初的几十年中,西方和日本在中国建立了跨国公司,新的管理实践通过"组织"途径进行迁移。再次,中国学生到海外学习,管理理论和实践通过"专业"的途径传播。

20世纪80年代的改革开放,见证了人力资源管理从旧式的"混合动力"类型向具有中国特色的"新风格"的转变。"新风格"的人力资源管理发展较慢,最初主要出现在大型公司,如中国合资企业(JVs)、外商独资企业(WOFEs)以及作为领头羊的国有企业(Liang and Gong,2017)。我们注意到,1980年,与 HDRM 相关的条目首次出现在CNKI 数据库中(见表 1.2.1)。

(六) 外来思想的影响

1. 美国的影响

美国对中国管理的影响最早可以追溯到20世纪初。美国现代化思想来到中国的时间始于19世纪中叶,比日本要晚。泰勒(1856~1915)的科学管理思想在中国的传播证明了中国能够接受西方新思想。早在19世纪80年代,西方经济学、管理学和社会科学的中文译本就广为流传。泰勒著作《科学管理原理》(1911年首次出版)早在1916年就被上海商业大亨慕香月(音译)(1876~1943)翻译成中文。相比之下,中文的马克思的《资本论》直到1938年才出现(Warner,2017)。20世纪20年代和30年代,"泰勒主义"在全球传播。《人事管理》期刊于1931年出版了科学管理专刊。之后几十年,泰勒主义以一种新的形式,即1949年以后的"苏联版本",继续发挥作用,其影响一直持续到现在。在泰勒科学管理思想指导下,上海实业家共同出资建立了中国工商管理协会(CICMA)。"科学管理"作为关键词于1932年首次出现在CNKI 数据库中,"泰勒主义"直到1956年才出现,"弗雷德里克·温斯洛·泰勒"仅在1981年出现过(见表1.2.1)。

继泰勒主义之后,人际关系学派出现在两次世界大战期间,但是它对中国的影响远不如预期。这与埃尔顿·梅奥(1880~1949)的作品有关,梅奥早期对中国的影响不大。人际关系涉及人与人之间的关系,根据其背景,也可以使用术语"人事",在1949年之前,人们经常使用"雇员"或"雇工"进行表示。"人际关系"直到1981年才出现在CNKI数据库中,而"霍桑效应"到1982年才出现。"埃尔顿·梅奥"则出现在2002年,并在"彼得·德鲁克"的光环下黯然失色(见表1.2.1)。

20世纪30~40年代,数据库中仅存的有限资料是关于"工作相关的关系",因此无法追溯人际关系对当时中国理论和实践的影响。一位中国香港心理学专家指出:"没有

(中国)研究是关于人际关系的"。虽然心理学家一度对工业心理学感兴趣,但他们缺乏能够开展梅奥那种研究的实验室,并且引用霍桑效应(Blowers,2014)。

该领域第一本受美国影响的教科书《工业心理学概论》于1935年由中国心理学家陈立撰写。他曾尝试实地考察却被战争中断。另一位专家H. H. Hsiao于1941年成立了人事心理学研究局,并于1944年出版了《人事心理学问题》,现在已被遗忘。

在中国社会科学的发展方面,人类学和社会学领域的杰出学者,后来担任北京大学教授的费孝通(1910~2005),于20世纪40年代初访问美国,在哈佛商学院与埃尔顿·梅奥和他的同事会面。美国心理学家建议中国不应该忽视工业化中的"人的因素"。梅奥和他的妻子协助费孝通翻译了史国衡的作品,题为《中国进入机器时代:中国战争产业劳动力研究》,于第二次世界大战期间在美国出版。美国对中国管理的影响在20世纪20年代到40年代时期较大,但在20世纪50年代到60年代逐渐减弱(Arkush and Fei,1981)。

20世纪70年代后期,西方(主要是美国)的影响通过理论(外国出版物)和实践(跨国公司)重新出现,并融合了科学管理、人际关系和新兴的人力资源管理。中国科学院人才科学研究所发表了一篇论文《人才学习在选拔和招聘人才的早期研究》。后来,王重鸣(浙江大学管理学院,杭州)于1988年出版了题为《劳动力与劳动心理学》一书,为该领域做出了重要贡献。

20世纪90年代初,年轻的学者赵曙明(南京大学商学院)出版人力资源管理领域第一本教科书《国际企业:人力资源管理》(截至2021年8月,该书已修订至第六版)。这本书向中国读者介绍了许多西方管理学学者,如维恩·卡西奥、彼得·德鲁克、道格拉斯·麦格雷戈、西奥多·舒尔茨、费雷德利克·舒斯特等。然而,在CNKI数据库中,许多美国学者都尚未被引用。从20世纪90年代开始,大量关于人力资源管理的学术和实践文章、专著和资料开始以英文和中文的形式出现。2000年之后,以人力资源管理为主题的文章变得丰富起来(见表1.2.2)。

2. 日本的影响

20世纪初的几十年,日本管理首先进入中国棉纺厂(Duus, et al.,1989)。据说日本的"金饭碗"先于中国国有企业的"铁饭碗"被引入了占领区的"日本国家铁路"和"日本邮政局"(Warner,2014)。日本版的"科学管理"专著《商店管理》(1903,英文)和《原则》(1911)早在1912年就出现在东京,并且在两次世界大战间通过日本跨国公司传播到上海。

然而,1949年至1976年间,中国与日本的关系处于"冷战"的阴影之下。1978年之后,在中国与美国关系缓和之前,中国的改革开放政策使日本的对华投资大量复苏(Schurmann,1966)。中国和日本的管理实践之间存在相似之处。20世纪70年代后期,在很多方面日本管理对中国的影响逐渐显现。日本影响力首先通过"学术"途径发挥作用,例如1978年以后,中国引进翻译日本的出版物(Schurmann,1966)。其次,通过"组织"路线传播，日本跨国公司在中国设立合资企业，从而实现"结构"仿效。第三，通过在天津和中国东北等地开设培训中心以"专业"途径传播。从 20 世纪 80 年代初开始，许多中国人去日本学习和工作，近年来留学日本的人数超过 85 000 人（Vogel and Deng，2011）。

3. 苏联的影响

1953 年开始，北京相关部门规划、复制了几个"苏联的五年计划"（Five-Year Plan），但这种计划只能以有限的方式适应中国当时的情况。1949 年后受"苏联"启发，"干部管理"模式和"铁饭碗"终身就业模式很快地被制度化。具体而言，工厂和企业的工资固定在 8 级模式下，而政府工资则保持在原来的 13 级模式之下，这些被纳入更广泛的中国经济中。1950 年中国通过《劳动法》，以斯大林与泰勒主义为基础的本土化科学管理也得到了广泛推广。据说当时标志性的口号是，"让我们成为现代的'苏联模式'！"（Schurmann，1966）。

与其他国家的影响路径相似，"苏联"的管理影响力也首先通过"学术"途径传入中国，例如许多中国管理人员学习俄语，阅读俄语的文章和书籍。其次，1948 年后，通过"中苏合资企业"的"组织"路线进入中国。第三，通过"专业"路线推进，在 20 世纪 50 年代，许多中国管理人员和工程师被派往苏联学习或工作，据统计，那个时期中国向苏联共派遣了 2 500 多名学生，而近期俄罗斯联邦的中国学生人数已接近 1 万（Vogel and Deng，2011）。

尽管苏联的心理学家在两次世界大战期间对人际关系有所了解，但梅奥的作品在苏联只有微小的影响力。20 世纪 50 年代，中国的工业心理学研究采用了苏联的研究模式。到 1958 年，心理研究所成为中国科学院的一部分。《心理学报》作为学术期刊定期发表文章（并且仍然存在），其中有许多关于工人行为的文章。苏联心理学成为中国心理学发展的主要影响因素（Guan，2010）。这个时候，中国工程师从苏联带回了工厂计划的副本，在中国建立了这些企业的"克隆体"。1978 年以后，泰勒的科学管理思想开始复兴。与此同时，中国企业管理协会（CEMA）成立，并于 1999 年更名为中国企业联合会，至今仍然活跃。

（七）中国本土化影响

我们必须认识到，传统的儒家思想和实践等本土化的影响对管理发展的重要作用。儒家思想的延续性是中国历史的一贯主题，包括新儒学在"自强运动"（约 1861～1895）中的复兴。

随着时间的推移，1911 年至 1949 年间，"民族"商业影响与美国管理思想，以及其他外来思想如日本管理思想等混在了一起。

此外，1949 年以前，中国共产党在中央苏区时期、延安时期发展起来的工业结构和实践也可能有助于中国人力资源管理的形成。20 世纪 50 年代接管国家工业的管理人员都在共产党解放区中获得了经验(Schurmann,1966,p.97)。

到了 20 世纪 50 年代,中国共产党引入了一种"中国式"的人事管理模式。随着 1978 年以后改革开放等政策的实施,更多美国和日本的管理学思想传入中国。

学者们认为,一旦谈到"中国情境",就可以从"中国特色"的人事管理的演变中清楚地看到西方与本土实践之间的相互作用。但是,这些"特色"也可能只是类似"家族相似性"的产物,这仍是需要进一步讨论的问题。

虽然一些公司仍处于传统的人事管理模式,但大多数大型企业正进入战略性人力资源管理发展阶段。事实上,中国在人员管理模式方面经历了一系列变革,从 20 世纪 80 年代末的业务活跃战略到 90 年代的战略响应,再到 2 000 年以来的战略主动。

我们将前文所述的《劳动法》(见表 1.2.3)视为适应过程中的一种"约束"。作为中国转型的一部分,国家制定了一系列新的法律框架(Wang,2016)。这些立法包括《劳动法》(1994)、《劳动合同法》(2008)、《就业促进法》(2008)、《劳动争议调解与仲裁法》(2008)、《工伤保险法》(2011)和《社会保险法》(2011)(见表 1.2.3)。2012 年 12 月 28 日,全国人民代表大会通过了《中华人民共和国劳动合同法修正案》,为劳务派遣人员提供了更好的保护。"劳动法"在 CNKI 数据库的文献中多次被提及。

许多本土的跨国公司强调"人才管理"。举几个标杆企业的例子:华为的"员工虚拟持股计划"、万科的"职业生涯伙伴制度"以及阿里巴巴的"人力资本伙伴制度"都是具有国际影响力的企业人才管理实践案例(Warner,2014)。再比如,自 1984 年成立以来,海尔采用了不同的本土业务发展战略。海尔 CEO 张瑞敏是彼得·德鲁克思想的粉丝,他提出组织应该将"平台式"企业、"分布式管理"和"制造商式"员工结合起来。该公司支持员工努力提高他们满足客户需求的能力。这两家公司都实施了人员管理创新。

2006 年,北京光明中国管理研究院(BCMI)正式更名为中国彼得·德鲁克学院(DA),这是唯一由德鲁克及其家人授权的学院。该学院致力于传播德鲁克的管理哲学,帮助中国的知识工作者学习和实践德鲁克的理论。德鲁克的大部分英文书籍都以中文形式出版,在中国的商业和学术界都享有盛誉。根据全球主要大学图书馆书籍数据库 World Catalogue 的数据,德鲁克撰写或关于德鲁克思想的 80 多部作品都有中文译本。在对中国经理人影响最大的 12 位管理学大师中,德鲁克排名第三。

(八) 讨论与未来展望

基于上述分析,提出以下几点:首先,可以确定 5 个不同的知识迁移阶段(如图 1.2.1所示),即传入、适应、文化融合、差异化、整合。每个阶段如下:

(1)传入。20 世纪初,外国的管理思想开始传入中国。在两次世界大战期间,"科学管理"在上海传播,日本管理也在沦陷区传播,20 世纪 50 年代苏联版本的"泰勒主义"才进入中国工业体系。西方和日本的管理知识传播在 20 世纪 80 年代中后期重新出现。到 20 世纪 90 年代初,随着西方跨国公司扩展其活动,美国人事管理的新方法开始通过理论和实践在中国传播(Liang and Gong,2017)。

（2）适应。外来的管理知识进入中国时有一个反复演化的适应过程。在持续的本土化过程中，可以看到传统文化规范与国际最新的理论和实践的融合。例如，从20世纪90年代早期的合资企业、外商独资企业以及后来的国有企业，都可以看到外来的实践逐渐"具有中国特色"的情况。来自美国、日本的管理实践，以及苏联的外部影响分别与1978年以后出现的新"中国"本土化模式互相适应（Zhao，2016）。

（3）文化融合。外来管理思想与文化规范相融合。在20世纪80年代和90年代，中国植入了新的"混合式"人事管理，适应了本土环境。有证据表明自20世纪90年代末以来，这种文化融合发生了变化。此外，由于新旧规范都被吸收到文化中，"儒家文化遗产"在文化融合过程中是一股持续的力量。在这种情况下，"儒家管理"成为管理、商业等诸多思想流派的"包罗万象体"。"儒家"一词也被人事管理借用（Warner，2016）。

（4）差异化。文化适应可能导致差异化。根据近十年流行的观点，差异化影响很快就会出现在中国不同地区的公司中。根据组织战略、结构和文化，中国的人力资源管理可能仅在具体内容上有所不同（Warner，2014）。

（5）整合。过去30年里，中国在该领域开展了大量研究，特别是关于如何整合新的"混合式"管理思想的影响。此外，战略实践已经扩展到国有企业和中小企业中。全球化的管理方式与中国传统的管理思想相结合，导致这些企业出现新的差异化，这个过程仍在持续。中国许多领域已进入"新常态"阶段。

1978年改革开放后，中国就已经开始从旧的人事管理模式向新的人力资源管理模式转变。最近，习近平主席提出的"中国梦"指出中国应该寻求自己独特的发展道路，意味着未来本土化发展模式会更为盛行（Liang and Gong，2017）。

我们认为，中国人力资源管理已经进入外来文化五阶段影响中的"传入—适应—文化融合"的封闭循环模式。中国很可能会及时推进到另外两个阶段，即差异化和整合，但是是否能得到顺利发展还存在很多问题。"残余"影响可能会使得思想发展受限，导致人力资源管理停留在"混合动力"的阶段。理论和实践仍然会不断地适应新的思想，但是中国的"遗产"影响绝不会轻易抹去。

本书研究旨在为中国人力资源理论发展做出阶段性推进，也回答了外来管理思想扮演何种角色这一问题。首先，本书通过聚焦外来管理思想的传播，增加我们对中国人力资源管理演化过程的了解。探究出版作品中管理思想的传播可以帮助我们更好、更深入地看待这一发展过程。但是，很少有研究严谨地采用了管理知识迁移的视角。在本书中，我们尝试填补这一空白，并且使用中国知网数据库来说明知识迁移的影响在中国人事管理中的权重。与此同时，我们也意识到了这个方法的局限性。因为，我们采集的是有关知识迁移的中文学术作品，这只能对发生过的知识迁移做一个片面概述。未来研究可以将中国能找到的英文版书籍、文章，以知网数据库中的中文学术出版物一起纳入数据来源。

第二，本书通过确定知识迁移的五阶段模型（传入—适应—文化融合—区分—整合)扩展了管理思想迁移的分析。我们认为,前三个阶段将新的领导力战略引入到当代中国的商业实践中。中国人力资源管理会逐渐递进到第 5 个阶段,最终演变为本土化的"混合动力"模式。

第三,《劳动法》突出反映了当时管理知识转移对中国的影响及引起的变化。

第四,研究发现西方管理文献和中国知网文献对某些概念的重视程度不一致。例如,西方更广为人知的人际关系(Human Relations)在中国只有中等程度的影响力。

最后,未来研究可能需要检验提升或抑制多阶段管理知识迁移过程中的文化、制度和社会因素,或者进一步拓展这个模型在其他国家的应用。上述关于知识迁移的讨论无疑需要不断发展的理论支撑。

一、新时代下中国企业雇佣关系管理

(一)新时代雇佣关系研究背景

习近平总书记在党的十九大报告中指出,中国特色社会主义进入了新时代,中国社会主要矛盾已经转化为人民日益增长的美好生活需要和不平衡不充分的发展之间的矛盾。从人力资源管理角度看,最大的不平衡是企业发展和员工需求的不平衡,最大的不充分是构建和谐雇佣关系的不充分。

现阶段,随着新组织、新技术、新业态的不断涌现,企业雇佣关系也从传统的单一模式转变为组织导向和工作导向等多种模式并存的局面。因此,我们需要从更高的高度、更宽的视野看待新时代中国企业雇佣关系管理面临的新机遇、新问题和新挑战。

笔者主持的国家自然科学基金重点项目"中国企业雇佣关系模式与人力资源管理创新研究"课题组,对中国企业雇佣关系模式进行了一次全国摸底性调查。自2014年10月到2015年8月,课题组在华东(江苏、上海、浙江)、华北(山东、北京、天津)、华南(广东)、中部(安徽)以及西部(甘肃、四川)等地共获取603个企业雇佣关系模式样本,2017年9月至11月又对一些企业进行了第二次跟踪调研,对不同所有制、行业、规模、发展阶段的企业雇佣关系模式现状进行了全方位、立体式的对比分析与归纳总结,提炼出中国企业雇佣关系呈现形态多元、过渡稳健、策略失配和发展保守四个特征。

(二)中国企业雇佣关系的具体特征分析

企业雇佣关系"形态多元"成为常态。在实际工作中,企业给员工提供了何种类型、何等程度的激励和报酬,以及组织要求员工完成何种类型、何等程度的工作与贡献,决定了企业的雇佣关系模式。依据企业提供的激励和报酬以及期望的贡献进行二维划分(诱因—贡献模型),企业雇佣关系模式划分为相互投资型、准现货契约型、过度投资型和投资不足型四种。

调查数据显示,不同企业会选择建立不同模式的雇佣关系。其中,大部分企业倾向于建立相互投资型雇佣关系,占30.5%,而准现货契约型的企业最少,仅为19.1%,过度投资型和投资不足型雇佣关系相差无几,分别为27.4%和23.1%。四种模式分布较为均匀,占比差异并不显著,说明目前不存在绝对主导型的雇佣关系模式,多种雇佣关系模式共存表明中国企业雇佣关系呈现出多元发展的态势。

企业雇佣关系"过渡稳健"值得肯定。通常来说,相互投资型雇佣关系模式意味着雇主与雇员之间存在长期导向的均衡关系,这种关系更有助于形成稳定和谐的雇佣关系。根据调查数据,从所有制分布看,不管是国企、民企,还是外企,相互投资型雇佣关系模式占比都最高,分别为29.2%、38.0%、29.7%。在相互投资型雇佣关系模式中,更容易滋生劳资冲突的外企和民企比例还高于国企。从产业分布看,在具有高冲突隐患的制造业中,相互投资型也占多数,有30.8%。从企业规模看,在劳资力量相对不平衡的小规模和大规模企业中,相互投资型占比也最高,分别为40.0%(50人以下的企业)和43%(2 000人以上的企业)。从发展阶段看,在处于雇佣关系波动性最强的转型期的企业中,相互投资型比例仍是最高,占31.4%。

上述数据表明,中国企业雇佣关系形态多样,但均衡性的相互投资型模式相对凸显。在劳资冲突隐患较高的所有制、产业、规模、发展周期等情境下,形成以相互投资型为主的雇佣关系形态,降低了劳资冲突爆发的风险。这间接揭示,在转型经济时期,尽管仍面临较大的不确定性和冲突危机,中国企业的雇佣关系总体上呈现平稳过渡的态势,发生大规模劳资冲突的可能性较小。

企业雇佣关系"策略失配"有待调整。不同雇佣关系模式有不同的适用范围和条件,不同企业基于不同考虑进行雇佣关系策略选择。尽管过度投资型可带来最高程度的雇员稳定性、忠诚度、公平感等积极效果,但其仍属非均衡关系模式,"得不偿失"的形态有可能会阻碍上述双赢结果的持续获取。相对而言,均衡关系模式更可能带来持续性的双赢局面。

数据分析显示,在投资不足型模式中,国企占比竟高于民企和外企。在雇佣关系稳定性及投资回报预期最高的国企中,投资不足型占28%,高于灵活性更大的准现货契约型。在过度投资型模式中,民企占比高于外企和国企。经营环境不如国企的民企大多选择高成本的过度投资型,占比达28.4%,比收益更高的准现货契约型高出近11个百分点。在制造业中,代价更高的过度投资型占比也不低,有25.5%,仅次于相互投资型。在2 000人以上的大规模企业中,具有较高灵活性的准现货契约型占到14%,比投资不足型低6个百分点。在501~1 000人的中等规模企业中,仍是投资不足型占多数,有29.4%,其次是过度投资型,也占到28.2%,非均衡关系模式逾50%。在处于转型期的企业中,最常用的是灵活性较低的相互投资型,占31.4%。

以上数据表明,有相当数量的中国企业未能根据自身经营环境和经营能力来选择适当的雇佣关系策略。应当增加雇员投入以获得更大双赢结果的企业却选择了投资不足型;可适当提高灵活性以促进转型升级的企业却选择了固化现状的过度投资或相互投资型;本应降低投入以获得适度的投入—产出效应的企业却选择了成本高昂、收益难保的过度投资型。诸如此类，企业雇佣关系策略在一定程度上存在错位和失配，形成较大的策略调整空间。

企业雇佣关系"发展保守"亟须改善。改革开放40年中国从高度集中的计划经济体制向社会主义市场经济体制转变，雇佣关系也在演化。数据分析显示，在所有雇佣关系模式中，准现货契约型占比最少。不管是国企还是民企，相较于其他模式，准现货契约型的比例都最低，分别为21.1%和17.8%。在国企中，准现货契约型比投资不足型低了约7个百分点；在民企中，又低于过度投资型近11个百分点。在需要适度灵活性的制造业，准现货契约型所占比率仍最低，为12.5%。在100人以上的企业中，准现货契约型出现的频率最低，且规模越大占比越低。不管处于哪个发展阶段的企业，具有更高灵活性的准现货契约型占比依然最小。尤其在转型期，该模式仅占20.1%，比过度投资型低2.5个百分点。

(三) 未来雇佣关系模式发展

在当前的竞争环境下，用工灵活性与战略应变性及市场反应性对企业同等重要。具有更高灵活性的准现货契约型应该成为环境不确定条件下企业雇佣关系模式的重要选择。上述数据表明，在中国情境下，准现货契约型雇佣关系模式虽已出现，但占比较低、应用有限。在经济转型时期，中国企业雇佣关系模式的多元化特征初显，但具有市场经济特征的准现货契约型并未得到大力推行，中国企业雇佣关系模式的转型具有渐进式、平缓式的保守特征。

移动互联网、大数据、云计算、物联网、人工智能等技术的发展，正在开启一个新时代。高速增长的共享经济正改变着基于工业化生产和泰勒制的就业模式。越来越多的人将从简单雇佣关系走向劳动合同关系，从劳动式就业走向创业式就业，从科层制管理走向平台化协同，"公司＋员工"的组织关系正逐渐被"平台＋个人"所替代，中国企业的雇佣关系将迎来更大变革。企业在建立或调整雇佣关系时，需要充分考虑自身所处情境，做出适合自身发展的策略选择。

二、雇佣关系氛围、员工态度与合作伙伴关系的交叉作用机制

(一) 研究背景

自2000年以来，中国经济快速增长。中国国内生产总值(GDP)从2000年的9.98万亿元增加到2015年的67.67万亿元人民币(约为10.42万亿美元)。GDP在15年内增幅超过6倍，反映了中国经济的快速增长，与此同时中国企业的雇佣关系引发的问题也层出不穷。根据中国国家统计局的信息，2000年发生的劳动争议案件有135 000起，涉及约42万人，而2013年的官方数据超过666 000起纠纷，涉及100万名工人。2000～2015年，集体罢工数量的增加表明中国企业的雇佣关系正日益恶化。在此背景

下,华为、联想和阿里巴巴等一些知名的中国公司已经率先践行合作伙伴关系和相关政策来改善企业与员工的雇佣关系。

合作伙伴关系理论是由西方学者提出的(Cooke,1990；Kochan and Osterman, 1994；Guest and Peccei,2001)，旨在解决西方工会和企业管理者之间的雇佣关系问题。合作伙伴关系理论平衡了雇主和雇员之间的共同利益,旨在促进双方之间的合作以实现共同目标,例如和谐的雇佣关系氛围、更高的工作效率、生产力和财务业绩,以及更低的旷工率。学者们已经确定了一系列的合作伙伴关系实践,例如利益和风险分担、双向沟通、员工参与和就业保障,并阐明了这些实践对改善雇佣关系氛围和员工态度的影响(Cooke, 1990；Kochan and Osterman, 1994；Guest and Peccei, 2001；Rubinstein and Kochan,2001)。例如,Guest 和 Peccei(2001)指出,合作伙伴关系实践的核心是合作,雇主和雇员通过合作来实现互惠的目标。Cooke(1990)发现在组织中采用合作伙伴关系实践能够通过利益分享为组织及其员工带来双赢的结果。此外,合作伙伴关系实践被认为有助于提高组织生产力和促进员工的积极态度(Rubinstein and Kochan,2001)。然而目前为止,大多数关于合作伙伴关系的理论和实践研究都是在西方国家进行的,特别是在美国、英国和澳大利亚(Master, et al.,2006)。

鉴于这种实践的有效性,中国的一些学者开始引入合作伙伴关系的理论和实践(Qing and Guo,2007；Li and Chen,2008；Guo,2008；Qing and Fu,2011)。例如,Qing 和 Guo(2007)从理论角度讨论了合作伙伴关系对中国企业的重要性,以及如何开展合作伙伴关系实践。但是,中国企业的背景与西方企业不同。中国的大多数国有企业都建立了与西方企业截然不同的工会模式(Ge,2005)。与西方相比,中国工会与管理层对话的能力较弱。根据 Jia 等(2012)的情境模拟模型,合作伙伴关系理论在新环境中的应用也需要在实践中进行检验。因此,有必要确定合作伙伴关系理论和实践是否适用于中国企业,即合作伙伴关系实践在中国的影响还需要通过实证检验。

本部分研究采用定性和定量方法,包括两个重要的研究主题。第一点涉及中国企业合作伙伴关系实践的存在和结构,旨在确定适应中国企业的合作伙伴关系实践的量表。第二是检验合作伙伴关系理论在中国背景下的适用性和有效性,并确定合作伙伴关系实践是否会给中国企业带来一个和谐的雇佣关系氛围,以及这些做法是否会积极地影响员工对其组织的态度。

本部分研究为合作伙伴关系和雇佣关系氛围的文献做出了一定的贡献。首先,根据情境模拟模型(Jia, et al.,2012),我们修改了现有的合作伙伴关系实践的指标,并且检验了伙伴关系理论在中国的适用性和有效性,为管理和组织理论做出了贡献。其次,开发了一种新的适应中国企业的合作实践量表,从而为学者们在中国进一步探索雇佣关系氛围和合作伙伴关系实践的实证研究奠定了基础。第三,研究检验了合作伙伴关系实践对组织内建立良好的雇佣关系氛围的影响,以及对于增强员工对组织的积极态度的影响(Dastmalchian, et al.,1989)。

(二) 理论背景和假设

1. 合作伙伴关系理论及其在中国的发展

过去的20年中,学者们一直致力于发展合作伙伴关系理论,特别是确定其关键特征和具体实践(Kochan and Osterman, 1994; Guest and Peccei, 2001; Johnstone, et al., 2009; Geary and Trif, 2011)。Kochan 和 Osterman(1994)认为合作伙伴关系是一种管理工具,通过加强员工的集体话语权来整合雇主及其雇员的利益分歧。合作伙伴关系的实践包括创新的劳动实践、稳定的就业实践,以及鼓励员工和工会的参与。Guest 和 Peccei(2001)强调雇主和雇员之间的合作以实现共同的目标,例如高生产率和低缺勤率。合作伙伴关系实践包括善待员工,尊重员工的权利和利益,以及强调员工的独立责任。有些学者重点关注组织治理和变更,在此基础上确定了一些合作实践的内容,例如允许工会代表参与决策,鼓励管理者、工会和员工之间的合作,以及改善员工的工作和生活质量(Johnstone, et al., 2009; Geary and Trif, 2011)。总的来说,这些学者都强调合作伙伴关系是一种新的管理模式,允许和鼓励管理层、工会和员工之间的合作与协作以实现三方共同的目标,例如形成和谐的雇佣关系氛围、提高员工的工作效率以及降低离职率和缺勤率。

近年来,随着中国企业雇佣关系氛围的恶化,而合作伙伴关系理论在改善西方企业雇佣关系氛围和员工态度方面颇有成效,关注这一主题的中国学者开始借鉴合作伙伴关系理论的方法来改善中国企业的雇佣关系环境(Qing and Guo, 2006; Guo, 2008; Li and Chen, 2008;2010)。Qing 和 Guo(2006)介绍并阐述了合作伙伴关系理论的各个方面,包括它的概念、内涵、理论基础、原则和作用。Li 和 Chen(2008)接着讨论了有效利用合作伙伴关系理论改善中国企业雇佣关系的可行性和施行办法,例如确保工会和员工的积极参与。Luo(2010)通过两个研究案例,讨论了合作伙伴关系理论在雇佣关系治理方面的应用,如协调所有利益相关者的利益和行为。最后,Li 和 Chen(2010)修改了合作雇佣关系的四个维度,包括参与、工作条件、内部和谐和就业保障,并探讨了合作雇佣关系对促进企业绩效的积极影响。

虽然,这些学者对丰富中国合作伙伴关系文献做出了重要贡献,例如引入合作伙伴关系理论,探讨是否以及如何在中国应用这一理论,以及使用描述性研究方法考虑该理论在中国企业运用的预期效果,但是他们并没有实证探索在中国背景下合作伙伴关系实践的存在以及它的构成,或是确定中国企业的合作伙伴关系实践的量表。根据 Colquitt 和 Zapata-Phelan(2007)提出的理论贡献的分类,这些早期的学者是合作伙伴关系理论的"报告者",并没有为理论建构或理论检验做出贡献。此外,对于合作伙伴关系实践如何影响中国背景下的管理和组织理论,以及都有哪些影响,Jia 等人开发的情境模拟模型(2012)并没有做出贡献。

为增强合作伙伴关系理论在中国环境里的理论贡献和价值(Colquitt and Zapata-

Phelan，2007；Jia，et al.，2012；Barkema，et al.，2015），我们开发了一种适合用于中国企业的合作伙伴关系实践的量表。此外，我们通过实证检验合作伙伴关系理论的应用和有效性，开发和检验能够同时改善中国企业的雇佣关系氛围和员工态度的合作伙伴关系实践模式。图 2.2.1 中描述了本部分研究的理论框架。

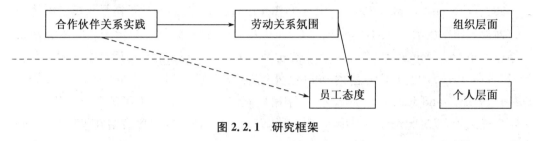

图 2.2.1　研究框架

2. 合作伙伴关系实践和雇佣关系氛围

为衡量合作伙伴关系实践在中国背景下改善雇佣关系的效果，我们选择了雇佣关系氛围的和谐维度作为指标。Dastmalchian 等(1989)讨论了雇佣关系氛围的发展，并认为雇佣关系、相关活动或管理层与员工关系的组织政策都会影响雇佣关系氛围。雇佣关系氛围体现了雇主与雇员之间的状态和关系质量，反映了与工会和管理层互动的员工对于氛围、规范、态度和行为的看法(Cui，et al.，2012)。

许多研究表明，合作伙伴关系实践对雇佣关系氛围有积极的影响(Gordon and Ladd，1990；Dastmalchian and Blyton，1991；Barrett，1995；Deery and Iverson，2005)。根据 Gordon 和 Ladd(1990)的研究，当员工能够参与涉及自身利益的组织决策时，组织就比较容易建立和谐的雇佣关系氛围；反之，容易形成恶劣的氛围。在汽车零部件制造工厂的案例研究中，Dastmalchian 和 Blyton(1991)发现，影响雇佣关系氛围的因素包括确定和鼓励工会参与组织变革、参与式的决策结构、人力资源管理政策，以及其他旨在提高员工承诺和灵活性的实践(例如培训、有形的和无形的奖励)。这些政策和做法是合作伙伴关系实践的重要组成部分。Deery 等(1999)确定了影响雇佣关系氛围的三种变量：工作设定变量(自治、流程规范化、分配公平、晋升机会、工作安全感和工作满意度)，环境变量(工会保障和外部工作机会)和个人变量(年龄、任期、教育程度和性别)。随后在对一家跨国银行的 305 家分行的研究中发现，程序公平、工会的全面谈判机制以及员工与工会分享信息的意愿对雇佣关系氛围产生了积极的影响(Deery and Iverson，2005)。

这些观察表明，以下情况会促进和谐雇佣关系氛围的出现，即当企业采取措施促进员工参与决策时，当企业提供工作自主权、晋升机会和工作保障时。当公司限制员工或工会参与与其自身问题相关的决策或者限制员工的权利时，员工就不太可能与公司合作，从而导致负面的雇佣关系氛围。因此，我们提出假设：

H1　合作伙伴关系实践与组织层面的雇佣关系氛围呈正相关。

(三) 合作伙伴关系实践和员工态度

情感承诺、工作满意度和离职倾向被视为管理实践的重要结果和预测因素 (Wright and Boswell，2002)，因此得到了广泛的研究 (Richardson and Eastman，1999；Takeuchi，et al.，2009；Wu and Chaturvedi，2009)。情感承诺是指员工维持单方面投入组织活动的倾向 (Meyer and Allen，1991)，被视为员工与组织之间的心理联结 (Allen and Meyer，1997)。工作满意度是与个人工作相关的经历所产生的积极心态 (Locke，1976)，与员工角色内和角色外绩效密切相关 (Judge and Larsen，2001；LePine，Erez and Johnson，2002)。对于离职倾向来说，如果员工不满意自己的工作、不信任组织，或者无法在组织中实现自己的职业目标，他们就不愿意留在组织中，从而产生离职倾向 (Tsui，et al.，1992)。作为员工态度的重要指标，离职倾向是员工实际的离职行为的稳定预测指标 (Kraut，1975；O'reilly，et al.，1991)。因此，为检验合作伙伴关系理论的适用性及其在改善员工态度方面的有效性，我们将员工的情感承诺、工作满意度和离职倾向作为结果变量进行研究。

合作伙伴关系实践可能会影响员工的态度。Guest 和 Peccei(2001)认为，成功的合作伙伴关系实践通常来源于雇主与其雇员之间的相互承诺和责任。合作原则保证了组织内雇主和雇员之间的利益一致性。基于合作伙伴关系理论的实践包括为组织成功所做的承诺、利益共享、就业保障、员工发言权、员工培训和发展，以及灵活的工作时间。这些实践确保了雇主与雇员之间的有效沟通，能够解决组织内部的纠纷并减轻负面影响，从而提高雇主与雇员之间的互信水平、雇佣关系的质量和组织绩效 (Master，et al.，2006)。根据社会交换理论 (Blau，1964；Shore，et al.，2006)，当企业实施合作伙伴关系实践时，员工可以察觉并获得公司提供的利益。由此，员工可能会以对组织的积极态度，做出有利于公司的行为作为回报。

此外，越来越多的研究表明，个体在情感承诺、工作满意度和离职倾向上存在显著差异 (Ostroff，1992，1993；Takeuchi，et al.，2009)。员工对组织的态度受到个人经验和对环境看法的影响。基于社会信息加工理论 (Salancik and Pfeffer，1978)，个体会调整他们的态度、行为和信念以适应社会环境。对于合作伙伴关系实践来说，雇主为实现互惠互利而做出的努力可能会导致员工改变态度来改善与雇主的关系。鉴于上述讨论，我们提出以下假设：

H2a 组织层面的合作伙伴关系实践与员工的情感承诺呈正相关关系。

H2b 组织层面的合作伙伴关系实践与员工的工作满意度呈正相关关系。

H2c 组织层面的合作伙伴关系实践与员工的离职倾向呈负相关关系。

(四) 雇佣关系氛围的中介效应

根据社会信息加工理论，组织氛围会影响员工的态度和行为。员工生活的社会氛围或环境会通过直接提供给员工可接收的信息、态度、需求和行为指导来影响他们的态度(Salancik and Pfeffer，1978)。基于这一理论，我们预期雇佣关系氛围作为一种特殊的社会环境会直接影响员工对其工作环境和组织的态度。换句话说，组织层面的雇佣关系氛围将显著影响员工个人层面的情感承诺、工作满意度和离职倾向。

Master 等(2006)建立了一个操作框架，其中合作伙伴关系实践提高了雇主与雇员之间联系的频率和质量，从而创造了和谐的雇佣关系氛围，为组织及其员工都带来了利益。根据这种输入—转换—输出机制，组织管理、就业模式和人力资源管理实践等"输入"都将"转变"为员工对雇佣关系氛围的看法，最终影响员工的态度、行为和组织绩效等"输出"(Dastmalchian，1986；Boxall and Macky，2009)。合作伙伴关系实践(例如，工会参与那些与员工利益相关的组织决策)会有助于营造和谐的雇佣关系氛围，改善员工的福利和组织绩效。改善员工福利将带来更多积极的员工态度和行为，从而为组织及其员工带来互惠互利的双赢结果。根据这一理论基础，雇佣关系氛围在组织层面的合作伙伴关系实践与员工个人层面的组织态度之间建立了联系，表明雇佣关系氛围在合作伙伴关系实践与员工态度之间的关系中起中介作用(Dastmalchian and Blyton，1991；Yan and Li，2012)。

基于社会信息加工理论，我们主要检验了合作伙伴关系实践通过雇佣关系氛围这一特殊的社会机制对员工情感承诺、工作满意度和离职倾向产生影响。具体来说，我们检验以下假设：

H3a　雇佣关系氛围充当合作伙伴关系实践与员工情感承诺之间关系的中介。

H3b　雇佣关系氛围充当合作伙伴关系实践与员工工作满意度之间关系的中介。

H3c　雇佣关系氛围充当合作伙伴关系实践与员工离职倾向之间关系的中介。

(五) 研究方法

1. 流程和参与者

2012 年，我们使用问卷收集了来自江苏省、山东省、福建省、广东省和天津市的企业数据。5 个省市均位于中国东部经济相对发达的沿海地区。为确保数据的可靠性和质量，我们与当地政府机构合作进行了调研。我们通过邮件向当地政府机构发送调查问卷，并寻求他们的帮助以收集各公司的数据。我们从当地政府系统提供的名单中选择公司，与每家公司的人力资源(HR)经理取得联系，以确保人力资源经理会随机挑选员工参与调研。

我们总共向 350 家企业发送了 2 800 份员工问卷和 350 份人力资源经理问卷，回收了来自 315 家企业的 2 196 份员工问卷和 315 份人力资源经理问卷。我们选择了三个标准来确保这些数据是可用的。首先，公司设有工会，因为合作伙伴关系理论和雇佣关系氛围都是在工会背景下发展起来的概念。因此，没有工会的公司被排除在样本之外。其次，每家公司的员工回复率至少达到 30%。第三，如果调查问卷中员工评分的分数相同，例如，如果所有条目的回答均为"7"或"1"，则删除这个样本。在应用这些标准后,本次调研的参与者包含190个不同企业的1 265名员工和190名人力资源经理。员工的有效回复率为57.6%,每个企业平均有6.7名员工回复。(具体见表2.2.1)

表2.2.1 样本特点

在1 265个员工中		在190家企业里	
性别(%)		**类型**	
男性	51.9	国有企业	53
女性	48.1	合资企业	16
平均年龄	30.4	外资企业	21
教育程度		私营企业	81
初中及以下	18.1	其他	19
高中及职高	32.4	**行业**	
本科	41.2	制造业	73
研究生	6.3	非制造业	117
公司任职时间(月)		**员工数量**	
平均数	73.56	少于50	16
最小值	1	51～100	26
最大值	398	101～500	84
月收入(%)		501～2 000	22
少于2 000元	9.2	超过2 000	42
2 001～2 999	33.0	**公司创建时间**	
3 000～3 999	24.3	少于5年	13
4 000～4 999	14.2	5～10年	40
多于5 000	17.7	10～20年	62
		超过20年	75

2. 测量

(1) 合作伙伴关系实践

西方情境所开发和应用的合作伙伴关系理论和实践,在解释和解决中国管理问题方面具有一定局限性(Zheng, et al. , 2013; Barkema, et al. , 2015)。为确保量表可以在中国背景下应用,我们遵循Yang和Diefendorff(2009)推荐的程序来开发合作伙伴关系实践的量表。首先,我们在之前研究中创建了当前合作伙伴关系实践的内容池(Walton, 1985; Kochan and Osterman, 1994; Delery and Doty, 1996; Guest and Peccei, 2001; Rubinstein and Kochan, 2001; Rubinstein and Heckscher, 2003; Roche, 2007, 2009; Guest,et al. , 2008; Li and Chen,2008),包括选拔、培训和发展、合作、员工参与、灵活的工作设计、团队工作、工作保障、灵活的薪酬、绩效管理、利益和风险分担、双向沟通、信息共享、员工代表参与、就业保障和互信等。接下来,我们与3

名不同企业的人力资源管理部门经理和9名员工进行了6次半结构式访谈(每次访谈访问1名人力资源经理或3名员工)。研究团队选择了南京市三家大型公司作为访谈对象,包括外资公司、国有公司和私营公司。

访谈中,向访谈对象解释我们正在研究中国企业的合作伙伴关系实践。为帮助他们理解合作伙伴关系实践,我们简要介绍了相关背景、定义、原理和理论发展等信息。然后,我们请人力资源经理回忆一些与合作伙伴关系实践相关的公司惯例,或者公司实施有关合作伙伴关系的情况,并请人力资源经理解释公司这些做法的具体内容。我们提前准备了一份关于合作伙伴关系实践的内容列表,要求人力资源经理从列表中选择他们公司实施的具体内容。每次与人力资源经理的面谈约1小时。与员工面谈的目的是再次确认人力资源经理提出并选择的合作实践符合公司的真实情况。我们也询问了他们是否可以想到人力资源经理没有陈述的其他公司做法。与员工的访谈大约是30分钟。

根据采访期间的观察结果,我们确定了8个合作伙伴关系实践维度,包括22个具体的中国企业合作伙伴关系实践内容。这些维度包括员工参与、员工代表参与、权变薪酬、双向沟通、工作保障、培训、就业保障和福利分享,具体如表2.2.2所示。

表 2.2.2 中国背景下的伙伴关系实践量表

员工参与

1. 员工可以直接参与有关自己工作的决策。

2. 员工可以直接参与有关自身利益的决策。

3. 员工可以直接参与有关组织的决策的问题。

员工代表参与

4. 联盟可以参与有关员工利益的决策。

5. 联盟在维护员工合法权益方面发挥着重要作用。

6. 联盟可以参与有关组织相关问题的决策。

权变薪酬

7. 公司至少每年定期进行一次评估。

8. 员工享有与绩效相关的个人薪酬。

9. 员工受到某些团体或团队奖励制度的保护。

双向沟通

10. 公司定期对员工的态度进行调查。

11. 公司定期收集员工的意见并提供反馈。

12. 公司拥有畅通无阻的投诉和上诉渠道。

工作保障

13. 所有员工都享受假期、退休和其他类型的补贴。

14. 所有员工都有健康保险。

15. 工作场所安全,没有风险。

培训

16. 公司为员工提供大量培训课程。

17. 公司为新员工提供相关培训,以帮助他们完成他们的工作。

18. 公司提供培训,帮助员工获得晋升机会。

就业保障

19. 只要员工愿意留在公司,员工就可以在公司工作。

20. 公司不会轻易解雇员工。

21. 公司为所有员工提供稳定的工作保障和福利。

福利分享

22. 公司的员工根据组织的利润获得奖金。

为确认合作伙伴关系实践的 8 维度结构,我们利用 LISREL8.80 进行验证性因子分析(CFA)。我们将基本 8 因子模型与 2 个 7 因子模型进行了比较,发现基本 8 因子模型更好地拟合了数据,$\chi^2(182)=1\ 257.12$;$RMSEA=0.068$;$CFI=0.98$;$IFI=0.98$;$NNFI=0.97$。第一个 7 因子模型将员工参与与员工代表的参与相结合,$\chi^2(189)=1\ 719.62$,$RMSEA=0.080$,$CFI=0.97$,$IFI=0.97$,$NNFI=0.96$;第二个 7 因子模型将培训与灵活薪酬结合,$\Delta\chi^2(189)=1\ 632.65$,$RMSEA=0.078$,$CFI=0.97$,$IFI=0.97$,$NNFI=0.96$。对 3 种模型通过卡方检验进行比较,结果表明 8 因子基本模型的拟合数据优于 2 个 7 因子模型($\Delta\chi^2(7)=462.50$,$p<0.001$;$\Delta\chi^2(7)=375.53$,$p<0.001$)。这些研究结果支持合作伙伴关系实践的 8 个维度,平均内部一致性信度分别为 0.89,0.93,0.85,0.93,0.89,0.92,0.91 和 1。与用于分析西方公司的方法相比,这些合作伙伴关系实践更适应中国的情况。

(2)雇佣关系氛围

用于衡量雇佣关系氛围的量表是由 Dastmalchian 等开发的(1989)。原始量表有 5 个维度:和谐、开放、敌意、冷漠和及时。与 Deery 和 Iverson(2005)一样,我们使用雇佣关系氛围里和谐维度的 10 个条目来检验组织氛围。其中,示例题项是"工会和管理层共同努力来使这个组织成为一个更好的工作场所"。雇佣关系氛围的内部一致性信度为 0.97。

(3)情感承诺

用于测量情感承诺的量表来自 Allen 和 Meyer(1997),共有 8 个题项。示例题项是"我很乐意剩余的职业生涯都在这个公司度过"。情感承诺的内部一致性信度是 0.91。

(4)工作满意度

我们使用了 Takeuchi 等(2009)的量表来测量员工的工作满意度。示例题项是"总而言之,我对我的工作感到满意"。工作满意度的内部一致性信度为 0.83。

(5)离职倾向

测量离职倾向的题项由 Wang 等(2002)制定。示例题项是"我经常想离开现在的公司"。离职倾向的内部一致性信度为 0.92。

（6）控制变量

研究中使用了两组控制变量。首先，我们控制了个人的人口统计特征，包括员工年龄、性别、教育程度和工作收入。其次，控制了企业的类型（制造商或非制造商）和规模（中小型或大型）。

3. 分析方法

考虑到从个人和组织两个层面收集数据，我们采用分层线性建模 HLM6.0 （Raudenbush and Bryk，2002）来检验假设。研究发现，合作伙伴关系实践和雇佣关系氛围处于组织层面（第2层级），员工的情感承诺、工作满意度和离职倾向处于个人层面（第1层级）。遵循 Baron 和 Kenny（1986）以及 Nandkeolyar 等（2014）的方法，我们逐步测试了所有假设模型。

（六）研究结果

1. 聚合检验

我们从员工感知的（个人层面）合作伙伴关系实践和雇佣关系氛围的数据中聚合成组织层面的合作伙伴关系实践和雇佣关系氛围。采用组内评级一致性（RWG）和组间相关性［ICC（1）和 ICC（2）］来确认聚合的有效性。如表 2.2.3 所示，合作伙伴关系实践和雇佣关系氛围的 RWG 均大于 0.7；合作伙伴关系实践和雇佣关系氛围的 ICC（1）和 ICC（2）分别大于 0.05 和 0.50。RWG、ICC（1）和 ICC（2）的结果表明有足够的理由支持聚合合作伙伴关系实践和雇佣关系氛围（James，1982；George and Bettenhausen，1990）。因此，员工所感知的合作伙伴关系和感知的雇佣关系氛围可以聚合成更高层次的变量。

表 2.2.3　合作伙伴关系实践和雇佣关系氛围的 Rwg、ICC(1) 和 ICC(2)

变量	RWG	ICC1	ICC2
合作伙伴关系实践			
员工参与	0.72	0.39	0.81
员工代表参与	0.72	0.38	0.80
权变薪酬	0.74	0.36	0.79
双向沟通	0.75	0.40	0.82
工作保障	0.78	0.47	0.86
培训	0.76	0.40	0.82
就业保障	0.78	0.41	0.82
福利分享	0.83	0.36	0.79
雇佣关系氛围			
和谐雇佣关系氛围	0.92	0.45	0.85
敌对雇佣关系氛围	0.75	0.37	0.80

2. 相关分析

表2.2.4报告了所有变量的平均值、标准差和相关系数。在个人层面,员工的性别和年龄与离职倾向呈负相关(分别为 $r=-0.06, p<0.05; r=-0.11, p<0.01$);组织任职时间与情感承诺和离职倾向呈负相关($r=-0.06, p<0.05; r=-0.12, p<0.01$);收入与情感承诺呈正相关($r=0.10, p<0.01$),而与离职倾向呈负相关($r=-0.11, p<0.01$)。在组织层面,企业规模与合作伙伴关系实践呈负相关($r=-0.15, p<0.01$),而合作伙伴关系实践与雇佣关系氛围呈正相关($r=0.67, p<0.01$)。

表 2.2.4 个体与组织层面各变量的相关系数表

变量	Mean	SD	1	2	3	4	5	6	7
个体层面									
1. 性别	1.48	0.50							
2. 年龄	30.43	7.01	−0.16**						
3. 教育程度	2.36	0.86	0.05	−0.16**					
4. 组织任职时间	66.81	73.56	−0.10**	0.70**	−0.11**				
5. 收入	2.99	1.25	−0.14**	0.21**	0.44**	0.18**			
6. 情感承诺	4.79	1.17	0.02	−0.05	0.03	−0.06*	0.10**		
7. 工作满意度	5.10	1.15	0.00	0.01	−0.03	0.00	0.04	0.59**	
8. 离职倾向	2.62	1.44	−0.06*	−0.11**	0.01	−0.12**	−0.11**	−0.35**	−0.39**
组织层面									
1. 类型	2.98	1.43							
2. 行业	0.38	0.49	0.11						
3. 规模	3.25	1.19	−0.38**	0.09					
4. 年龄	3.05	0.94	−0.13	−0.01	0.44**				
5. 合作伙伴关系实践	4.69	0.80	−0.00	−0.12	−0.15*	−0.04			
6. 雇佣关系氛围	4.89	0.96	−0.02	−0.11	−0.12	−0.03	0.67**		

注:* $p<0.05$,** $p<0.01$,*** $p<0.001$。

3. 假设检验

本部分研究采用多元回归分析检验合作伙伴关系实践对雇佣关系氛围的影响,还使用层级线性模型检验合作伙伴关系实践和雇佣关系氛围对员工情感承诺、工作满意度和离职倾向的影响,并检验了雇佣关系氛围在合作伙伴关系实践与情感承诺、工作满意度和离职倾向关系中的中介效应,结果显示在表2.2.5、2.2.6和2.2.7中。如表2.2.5、2.2.6和2.2.7中的基本模型0所示,合作伙伴关系实践对雇佣关系氛围产生了积极影响($\beta=0.771, p<0.001$),完全支持了假设1。

我们遵循 Baron 和 Kenny(1986)以及 Nandkeolyar 等(2014)的方法检验雇佣关系氛围在合作伙伴关系实践与员工态度之间的中介作用。首先检验了组间方差(0 模型;表 2.2.5 中的模型 1a,表 2.2.6 中的模型 1b 和表 2.2.7 中的模型 1c)中员工态度的显著性。以情感承诺为例,结果表明员工情感承诺的组间差异占总方差的 39.6%,而 60.4% 来自组内方差[$ICC(1) = 0.396, \sigma^2 = 0.829, \tau 00 \approx 0.543, \chi^2(189) = 1\,012.56, p < 0.001$]。很明显,员工的情感承诺具有显著的组间差异。同样,员工的工作满意度和离职意愿在组间差异也很大。因此,我们进一步探讨了在组织层面影响员工态度的因素,并为后续分析提供了实证依据。其次,检验了合作伙伴关系实践对员工态度的重要影响(参见表 2.2.5 中的模型 3a,表 2.2.6 中的模型 3b 和表2.2.7中的模型 3c)。结果表明,合作伙伴关系实践对员工的情感承诺($\beta = 0.792, p < 0.001$)和工作满意度($\beta = 0.56, p < 0.001$)有显著的积极影响,对员工的离职倾向有显著的消极影响($\beta = -0.435, p < 0.001$)。最后,检验了合作伙伴关系实践和雇佣关系氛围对员工态度的影响,以及雇佣关系氛围的中介效应(参见表 2.2.5 中的模型 5a,表 2.2.6 中的模型 5b 和表 2.2.7 中的模型 5c)。结果表明,雇佣关系氛围对情感承诺($\beta = 0.46, p < 0.001$)和工作满意度($\beta = 0.431, p < 0.001$)有积极而显著的影响,对离职倾向则有负面和显著的影响($\beta = -0.557, p < 0.001$)。同时,合作伙伴关系实践对情感承诺的回归系数较低,但仍然达到了显著水平(见表 2.2.5 中的模型 5a,$\beta = 0.306, p < 0.001$)。这一结果表明,雇佣关系氛围部分调节了合作伙伴关系实践和情感承诺之间的关系。此外,合作伙伴关系实践对工作满意度(见表 2.2.6 中的模型 5b,$\beta = 0.105, p > 0.05$)和离职倾向(见表 2.2.7 中的模型 5c,$\beta = 0.155, p > 0.05$)没有显著影响,这表明雇佣关系氛围完全中介了合作伙伴关系实践与工作满意度和离职倾向之间的关系。因此,假设 2a,2b,2c 和假设 3a,3b,3c 都得到了支持。

根据表 2.2.5 中的模型 4a,表 2.2.6 中的模型 4b 和表 2.2.7 中的模型 4c,雇佣关系氛围对员工态度有显著影响。具体而言,雇佣关系氛围对情感承诺($\beta = 0.675, p < 0.001$)和工作满意度($\beta = 0.505, p < 0.001$)有积极影响,对离职倾向有负面影响($\beta = -0.448, p < 0.001$)。

表 2.2.5　多层次分析结果:以情感承诺为结果变量

	雇佣关系氛围 (SPSS)	情感承诺				
	模型 0	模型 1a	模型 2a	模型 3a	模型 4a	模型 5a
截距项	5.261***	4.78***	5.323***	1.241***	1.671***	1.252***
	(0.206)	(0.06)	(0.274)	(0.346)	(0.312)	(0.323)
Level - 2						
行业	-0.004		-0.297*	-0.187*	-0.186*	-0.179*
	(0.072)		(0.129)	(0.083)	(0.077)	(0.074)
规模	0.006		-0.097	-0.007	-0.017	-0.007
	(0.029)		(0.055)	(0.034)	(0.028)	(0.027)

（续表）

雇佣关系氛围（SPSS）	情感承诺				
模型 0	模型 1a	模型 2a	模型 3a	模型 4a	模型 5a
合作伙伴关系实践 0.771***（0.044）			0.792***（0.05）		0.306***（0.09）
雇佣关系氛围				0.675***（0.034）	0.46***（0.08）
Level‑1					
性别		0.083（0.062）	0.052（0.059）	0.069（0.062）	0.06（0.061）
年龄		−0.009（0.005）	−0.005（0.005）	−0.006（0.005）	−0.005（0.005）
教育程度		−0.095（0.05）	−0.086（0.043）	−0.074（0.045）	−0.076（0.045）
收入		0.104**（0.035）	0.07*（0.03）	0.071*（0.03）	0.066*（0.03）
σ^2	0.828 97	0.808 43	0.806 22	0.806 9	0.806 44
τ_{00}	0.542 63	0.500 31	0.135 81	0.100 5	0.088 25
R^2			ICC(1)=0.396		
χ^2(d.f.)	1 012.56（189）***	883.41（183）***	363.05（182）***	314.14（182）***	295.15（181）***
Model Deviance	3 610.84	3 246.66	3 092.72	3 069.19	3 062.9

注：$^*\ p<0.05$，$^{**}\ p<0.01$，$^{***}\ p<0.001$；Level‑1，$n=1\ 265$；Level‑2，$n=190$。

表 2.2.6　多层次分析结果：以工作满意度为结果变量

雇佣关系氛围（SPSS）	工作满意度				
模型 0	模型 1b	模型 2b	模型 3b	模型 4b	模型 5b
截距	5.261***（0.206）	5.11***（0.054）	5.31***（0.266）	2.47***（0.523）	2.638***（0.513）	2.496***（0.537）
Level‑2					
行业	−0.004（0.072）		−0.181（0.121）	−0.125（0.1）	−0.124（0.1）	−0.122（0.099）
规模	0.006（0.029）		−0.051（0.056）	0.018（0.04）	0.015（0.037）	0.018（0.036）
合作伙伴关系实践	0.771***（0.044）			0.56***（0.084）		0.105（0.11）

（续表）

雇佣关系氛围（SPSS）	工作满意度				
模型0	模型1b	模型2b	模型3b	模型4b	模型5b
雇佣关系氛围				0.505 *** (0.074)	0.431 *** (0.1)
Level‑1					
性别		0.019 (0.067)	0.004 (0.066)	0.015 (0.067)	0.013 (0.067)
年龄		−0.002 (0.005)	0.001 (0.005)	0.001 (0.005)	0.001 (0.005)
教育程度		−0.069 (0.048)	−0.078 (0.045)	−0.076 (0.045)	−0.076 (0.045)
收入		0.092 ** (0.033)	0.054 (0.033)	0.051 (0.033)	0.049 (0.033)
σ^2	0.910 64	0.884 71	0.886 62	0.885 72	0.886 05
τ_{00}	0.410 66	0.429 27	0.241 78	0.203 2	0.202 76
R^2	ICC(1)＝0.311				
χ^2(d.f.)	764.81 (189)***	741.75 (183)***	487.76 (182)***	438.67 (182)***	435.34 (181)***
Model Deviance	3 712.23	3 336.93	3 273.37	3 254.22	3 254.04

注：* $p<0.05$,** $p<0.01$,*** $p<0.001$；Level‑1,$n=1\ 265$；Level‑2,$n=190$。

表2.2.7　多层次分析结果：以离职意愿为结果变量

雇佣关系氛围（SPSS）	离职意愿				
模型0	模型1c	模型2c	模型3c	模型4c	模型5c
截距	5.261 *** (0.206)	2.61 *** (0.073)	2.899 *** (0.335)	5.154 *** (0.576)	5.534 *** (0.571)	5.147 *** (0.599)
Level‑2					
行业	−0.004 (0.072)		0.192 (0.146)	0.13 (0.139)	0.114 (0.136)	0.118 (0.136)
规模	0.006 (0.029)		0.044 (0.068)	−0.002 (0.064)	−0.005 (0.059)	0.0 (0.058)
合作伙伴关系氛围	0.771 *** (0.044)			−0.435 *** (0.092)		0.155 (0.145)
雇佣关系氛围					−0.448 *** (0.082)	−0.557 *** (0.129)
Level‑1					
性别			−0.222 ** (0.074)	−0.213 ** (0.074)	−0.213 ** (0.074)	−0.222 ** (0.073)

（续表）

雇佣关系氛围 （SPSS）	离职意愿				
模型 0	模型 1c	模型 2c	模型 3c	模型 4c	模型 5c
年龄		−0.007 (0.007)	−0.01 (0.007)	−0.01 (0.007)	−0.01 (0.007)
教育程度		0.104 (0.059)	0.103 (0.059)	0.103 (0.059)	0.097 (0.059)
收入		−0.081 (0.046)	−0.067 (0.045)	−0.067 (0.045)	−0.067 (0.045)
σ^2		1.274 87	1.248 12	1.248 03	1.246 88	1.246 6
τ_{00}		0.797 08	0.728 42	0.620 2	0.556 86	0.558 46
R^2			ICC(1)＝0.385			
χ^2(d. f.)		975.81 (189)***	840.86 (183)***	740.1 (182)***	686.57 (182)***	685.071 (181)***
Model Deviance		4 188.78	3 759.58	3 737.64	3 722.92	3 725.63

注：* $p<0.05$，** $p<0.01$，*** $p<0.001$；Level‐1，$n=1\,265$；Level‐2，$n=190$。

（七）讨论和结论

本部分研究开发了一个适用于中国企业的合作伙伴关系实践量表，并检验了合作伙伴关系实践在中国背景下对雇佣关系氛围和员工态度的影响。结果表明，适合中国企业的合作伙伴关系实践包括员工参与、员工代表参与、权变薪酬、双向沟通、工作保障、培训、就业保障和福利共享。此外，合作伙伴关系实践对改善雇佣关系氛围和员工态度有积极影响。具体而言，合作伙伴关系实践对雇佣关系氛围、员工情感承诺和工作满意度都具有显著而积极的影响，但对员工离职意愿会产生负面影响。雇佣关系氛围部分中介了合作伙伴关系实践与员工情感承诺之间的关系，并且完全中介了合作伙伴关系实践与员工工作满意度以及离职倾向之间的关系。

中国企业所处的内外部环境都与西方企业不同（Barkema, et al., 2015）。因此，我们通过实证检验了西方的管理理论是否能为中国的企业管理问题提供有意义的解释和参考，并在中国情境中发展了适合中国的管理理论（Chen, et al., 2006）。根据 Jia 等提出的情境模拟模型（2012），本部分研究通过强调中国情境的内容和方式对合作伙伴关系理论做出了一定贡献。具体而言，通过修改合作伙伴关系实践的具体内容对该概念有理论上的贡献。为解释中国企业是否存在合作伙伴关系实践这一核心问题，研究开发了一个量表，对以前学者没有回答的问题做出了解释。研究中，适用于中国企业的合作伙伴关系实践量表有 8 个维度，共有 22 个项目，与西方使用的量表略有不同（Kochan and Osterman, 1994; Guest and Peccei, 2001; Guest, et al., 2008; Roche, 2007, 2009）。本研究为未来中国企业的合作伙伴关系实践研究提供了可行而坚实的基础。

　　此外,本部分研究引入雇佣关系氛围的中介作用对伙伴关系理论做出了贡献。根据 Jia 等的观点(2012,p.178),这意味着"通过改变情境中现有结构之间的关系或通过引入新的结构关系来描述理论的情境影响,这将有助于深化情境"。在这方面,我们检验了雇佣关系氛围在中国背景下对合作伙伴关系实践与员工态度之间的中介作用。研究结果不仅有助于验证合作伙伴关系理论在不同背景下的外部效度和普适性,也从实证的角度支持了合作伙伴关系理论和合作伙伴关系实践在中国企业中的有效性。

　　最后,通过展示合作伙伴关系实践与员工态度之间的中介联系,本书研究结果超出了现有文献的研究范围。有一些研究表明,合作伙伴关系实践可以预测员工的高组织承诺、高工作满意度和低离职倾向(Kochan and Osterman,1994;Guest and Peccei,2001;Geary and Trif,2011),但并没有解释雇佣关系氛围在其中的作用。总体而言,本部分研究结果表明,合作伙伴关系理论和合作伙伴关系实践具有促进和谐的雇佣关系氛围的潜力,并且合作伙伴关系实践和和谐的雇佣关系氛围有助于改善中国背景下员工对组织的态度。这一发现对从业人员和政策制定者来说都有重要意义。

　　本部分研究也存在一定的局限性。首先,由于该研究采用横断面调查方法,因此无法推断出合作伙伴关系实践、雇佣关系氛围和员工态度之间的因果关系。虽然实证结果与假设一致,但我们不能排除其他可能因素会影响这些变量之间的关系。未来研究应该通过采用纵向设计调查方法或采用案例研究方法进一步探索变量之间的因果关系和相互作用。其次,本研究未能直接解决合作伙伴关系实践与劳资纠纷之间的关系。就我们的知识而言,劳动争议或冲突的规模并不存在公司层面的测量标准(Xi and Zhao,2014)。此外,在西方的雇佣关系研究中,员工的不满通常被用来测量冲突和纠纷,但西方式的申诉程序尚未在中国背景下得到大规模应用(Su and Wright,2012)。因此,开发能够反映劳动争议严重程度或识别员工不满的量表将会具有很大的研究价值。最后,虽然员工或工会参与在合作伙伴关系实践中发挥着极其重要的作用,但是本研究没有探讨员工和工会如何参与到合作伙伴关系实践里,这也是其他合作伙伴关系实践领域的学者所忽视的问题(Guest and Peccei,2001;Roche,2007,2009)。因此,未来需要更多的研究来解决这些问题。

三、职场中雇佣关系冲突:量表开发、结果和解决方案探究

(一) 研究背景

　　冲突是职场和组织生活中的一部分。冲突尽管在某种程度上可能会产生一些有益的结果,但通常被认为是有害的、会导致混乱的。特别是当冲突涉及组织内的雇主和雇员时,这种冲突的后果更加严重。这种雇佣关系冲突通常会导致管理层不愿与员工讨论纠纷,引发生产损失、员工低收入、低就业率以及高解雇率(Ajayi and Muraina,

2016;Hebdon,2005;Hebdon and Noh,2013;席猛和赵曙明,2014;Xi,et al.,2016)。此外,产业关系冲突也可能对一个国家的社会和经济发展产生负面影响。例如,近年来中国企业中个体劳动争议的数量急剧增加,从2006年的317 162起增加到2015年的813 859起;集体劳动争议和罢工的数量从2011年的6 592起增加到2015年的10 466起(中国国家统计局,2016)。越来越多的劳资纠纷成为中国经济持续健康发展和社会发展的障碍(Clarke,et al.,2004;Zhao,2012;Xi,et al.,2016)。因此,解决劳资纠纷和冲突对于雇佣关系的研究者和人力资源从业者来说都是一个重要而紧迫的问题(Zhao,2012)。

学者们已经开发出一系列缓解雇佣关系冲突的方法和策略(Martinez-Pecino,Munduate,Medina and Euwema,2008;Guest and Peccei,2001;Xi,et al.,2016)。集体谈判被认为是雇佣关系制度的核心特征,是解决雇佣关系冲突最普遍的方法(Katz,1993)。然而,随着工会和罢工率的减少以及诉讼数量的不断增加,个人就业纠纷已经取代集体谈判成为工作场所中最普遍的劳动冲突模式(Bales,1997;Pollert,2005)。最近,越来越多的组织不想再依赖传统诉讼和管理权威解决问题,而是开始关注和寻求解决就业冲突的替代方法,包括调解、仲裁和伙伴关系实践(Guest and Peccei,2001;Martinez-Pecino,et al.,2008;Rodríguez-Piñero,Salvador and Lourdes,2003)。此外,新的组织结构和工作实践也改变了冲突的性质,这也产生了全新的、具有创造力的冲突管理方法的需求(Scheuer,2006)。

根据合作伙伴关系理论(Guest and Peccei,2001;Guest,Willian,Riccardo and Katy,2008),合作伙伴关系实践不仅平衡了雇主和雇员的共同利益,而且允许各方之间通过合作实现共同目标,例如创造和谐的雇佣关系、提高生产率和增强员工工作绩效。这种伙伴关系实践提供了解决就业冲突的另一种方法(Xi,et al.,2016)。本部分研究的第1个核心问题是:

Q1 检验伙伴关系实践在解决雇佣关系冲突方面的有效性。

工业和雇佣关系、人力资源管理和组织行为相关的文献都提及过雇佣关系冲突行为的范畴,包括缺勤、盗窃、对组织不满、职场不当行为和罢工(Analoui and Kakabadse,1993)。但是,这些文献都忽略了工业或工作场所冲突的本质(Hebdon and Noh,2013)。Martinez-Pecino及其同事(2008)指出,所有工作场所冲突都可以被归类为利益冲突或者权利冲突。他们认为,利益冲突是指"关于建立就业条款和条件的冲突",而权利冲突则是指"对先前制定的规范或法律的应用和解释"。鉴于个人就业纠纷已经取代集体谈判成为最普遍的工业冲突模式(Pollert,2005),传统的冲突内涵并不能涵盖所有类型的工作场所冲突(席猛和赵曙明,2014)。除了利益冲突和权利冲突之外,我们还增加了情绪冲突,以体现雇主和雇员之间在人际关系层面的不尊重、不公正、不信任、虐待以及其他类似的问题。由于目前并没有一个量表来表明员工在多大程度上感知到雇佣关系冲突(席猛和赵曙明,2014;Xi,et al.,2016),制定可以用于测量雇佣关系冲突的量表对于检验雇佣关系的前因和结果来说非常重要。因此,第2个核心的研究问题是：

Q2　发展新的雇佣关系冲突量表，具体包括三个维度，即利益的、权利的和情感的劳资冲突。

很多学科的学者都对工作场所冲突是否以及如何影响个体的结果进行了实证和概念上的研究（Bouwen and Salipante，1990；Feather，2002）。要想解决这个问题，第一步就是确定雇佣关系冲突的类型，并且确定其对员工态度和行为的不同影响。因此，本部分的第 3 个研究目标是：

Q3　在一个综合框架内探讨雇佣关系冲突对员工态度和行为的影响。

我们进行了 3 项相关联的研究，以解决上述研究问题。本研究为雇佣关系和工作场所冲突的文献做出了一定的贡献。首先，我们从利益的、权利的和情感的冲突 3 个维度发展了雇佣关系冲突的量表。这为学术研究人员和实践从业人员提供了识别、评估和解决实际和潜在的各种类型的劳动争议和冲突的基础。其次，这种新的雇佣关系冲突量表，检验了雇佣关系冲突对员工态度和行为的负面影响，包括员工工作满意度、组织承诺、离职倾向和工作场所反生产行为。最后，我们提出在组织内建立伙伴关系实践是减少和解决雇佣关系冲突的有效方法。

（二）开发雇佣关系冲突量表

1. 确定雇佣关系冲突的类型

确定雇佣关系冲突的类型可以从很多方面着手。首先，雇佣关系冲突的原因大致可分为经济因素（包括工作时间、无薪假期、不公平的裁员、工资和津贴）和非经济因素（包括受害、虐待、出于同情的罢工和缺乏纪律）。此外，雇佣关系冲突可能源于宏观因素（如制度、经济、技术和国际环境）和微观因素（如工资和福利制度、工作环境、工作时间和工作强度、劳动报酬和保险）（席猛和赵曙明，2014）。Hyman（1989）指出，导致雇佣关系冲突的关键因素包括不公平的收入分配、缺乏就业保障以及滥用监管控制权。根据一项比利时和美国的对比研究，Salipante 和 Bouwen（1990）发现，雇佣关系冲突的原因包括与环境有关的因素，与目标及实现目标方法有关的因素，不平等待遇，与个人、团体或组织的关系有关的因素。Chang（2006）认为雇佣关系冲突的主要原因是雇员的权益遭到雇主侵犯，包括雇员与雇主之间的合同模糊、合同签订率低或没有合同、工作时间长、工作条件差以及缺乏必要的劳动保护和社会保障。

从雇佣关系冲突的表现来看，这些冲突可分为隐蔽冲突和公开冲突（Edwards，1992；Gall and Hedon，2008；Hebdon and Noh，2013；Hyman，1987；Kerr，1954）。公开冲突是指那些旨在吸引对工作场所特定问题的实质性关注的冲突（席猛和赵曙明，2014）。这种冲突方式非常容易识别，它们有集体性和主动性的特点，通常由工会指导和组织的，具体包括罢工、破坏、纠察、抵制、工作统治和工作禁令（席猛和赵曙明，2014；Morill，Zald and Rao，2003）。相反，隐蔽冲突通常以仔细筹划的方式进行，以掩盖、伪装或无针对性的方式造成破坏(席猛和赵曙明,2014)。隐蔽的劳资冲突行动包括旷工、离职、盗窃、破坏、工作效率低下、举报公司,以及对工作漠不关心。这些行为可以是个人的,也可以是集体的,通常由雇员发起(席猛和赵曙明,2014;Fortado,2001;Robinson and Bennett,1995)。

虽然不同类型的雇佣关系冲突为理解工作场所的就业冲突提供了不同的视角,但是传统雇佣关系冲突研究有两个明显的局限性。首先,各种雇佣关系冲突并不是相互独立的。例如,当组织或雇主支付较少薪酬或不重视、不采取任何措施来减少隐蔽劳资冲突时,隐蔽冲突就可能转变为公开冲突,而个体冲突也可能演变成集体冲突。其次,这些类别的雇佣关系冲突并未揭示雇员与雇主之间冲突的本质。雇佣关系冲突的根本原因是雇主和雇员无法达成包含共同利益、权利和情感的,能够令双方都满意的协议。

2. 构建雇佣关系冲突的维度

员工与雇主之间的冲突是不可避免的,也是组织生活的重要组成部分。然而,学者往往较少关注雇佣关系冲突的维度或构成。在研究集体谈判中调解策略的有效性时,Martinez-Pecino 及其同事(2008)指出,雇主与雇员之间的雇佣关系冲突可大致分为利益冲突和权利冲突。前者是指与"建立就业条款和条件"有关的冲突。例如,雇主和雇员都希望提出符合自身利益的协议或条款。权利冲突是由违反法律法规引起的冲突。例如,当雇主或雇员一方声明集体协议或工作规范是非法的,或者忽视了其中一方的权利,就很有可能发生权利冲突。这两种冲突在集体谈判中非常常见。对于利益的需求主要是为了消除不公平待遇,而对于权利的需求主要是为了改善工作条件或进行工会重组(席猛和赵曙明,2014)。

这两个维度的冲突不足以解释雇佣关系冲突的整体意义。利益冲突和权利冲突的分类主要是对西方雇佣关系和工会的研究,强调在工会的指导下由集体谈判引起的两种雇佣关系冲突。利益冲突和权利冲突都是由于外部因素导致的,属于公开的雇佣关系冲突。因此,在雇佣关系冲突的维度或结构的研究中应该包括心理或情感的冲突。雇员的工作倦怠、懒散以及低效率工作以及雇主对雇员的歧视、偏见和冷落都是工作场所的常见现象(Maslach,Schaufeli and Leiter,2001)。这些情感冲突都可以归类为隐蔽冲突。

总之,本部分提出了雇佣关系冲突的 3 个维度,即权利的冲突、利益的冲突和情感的冲突。权利的冲突是指违反既定法律法规而引起的冲突。具体而言,这种冲突是指雇主不遵守最新的《劳动合同法》以及其他相关法律而引发的冲突。各种劳动争议,诸如员工不肯退回加班费、雇主无视强制性的社会保障要求以及非法终止雇佣关系等,都是劳动仲裁案件的主要类型(Aleman,2008)。权利的冲突往往是罢工的前奏。随着员工维护自身权利意识的增强,权利的冲突正在增加(席猛和赵曙明,2014)。

利益的冲突涉及违反就业条款和工作条件。一般而言,利益的冲突是由薪水、福利和工作条件等因素引起的。薪酬和福利是员工的基本关注点,也是员工流失或离职的主要原因。薪资不足、薪酬增长缓慢，以及收入分配不公平通常是雇主与雇员之间矛盾的焦点。福利主要指用产品或服务而不是金钱支付的工资，例如带薪休假、住房津贴、免费或优惠的工作餐、培训机会和儿童教育津贴。福利不是强制性的奖励，而是由企业自身提供的激励性奖励。最后，工作环境和条件可以被控制，特别是对于私营公司来说，可能因为高温、昆虫、灰尘和噪音的工作环境而降低生产成本。

情感的冲突是由雇主对雇员的不尊重和雇主与雇员之间的人际冲突造成的。当雇主不尊重雇员的人格尊严、劳动成果和劳动价值，雇主未能与雇员建立和谐的人际关系时，情感的冲突可能会发生。例如，在拥有专业生产线的制造企业中，员工可以具有高效率和高生产率，但是员工通常被视为生产线上的"机器人"。一些企业采用的"圈养式"管理使生产线工人陷入"没有生命、没有家庭、没有社群"的生存状态。随着新生代员工情感需求的增加，情感的冲突很可能成为企业内部雇佣关系冲突的主要类型。

3. 条目识别和确认

按照丘吉尔(1979)提出的量表发展流程，我们开发了一个雇佣关系冲突的量表并测试了其有效性。首先，开放式问卷是基于回顾雇佣关系和产业冲突文献、访谈相关人员(9名生产线员工、3名人力资源部门经理和南京3家大型劳动密集型制造企业的3名工会主任)、分析江苏省和中国统计局劳动争议案件的内容建立的。然后，我们分析了劳动冲突内容的有效性，以确定初始问卷中的问题。接下来，我们进行了探索性因素分析和验证性因子分析，以便于进一步检验雇佣关系冲突量表的有效性和可靠性。最后，我们确定了雇佣关系冲突的三维度测量模型。

第一步：初始条目定位。

我们通过以下4种方法确定了量表中的初始条目。首先，回顾了有关雇佣关系和产业冲突的文献，在进行提取、分析和总结后，确定了雇佣关系冲突的25个原因和表现形式。其次，为找出可能导致雇佣关系冲突的因素，我们对9名生产一线员工进行了个人访谈，并对来自中国南京3家大型企业(外资企业、国有企业和私营企业)的3名人力资源经理和3名工会主任分别进行了集中的访谈。通过这些访谈，我们收集了18个雇佣关系冲突的原因和表现形式。第三，我们采访了南京市劳动争议仲裁委员会主任，探究了南京市雇佣关系冲突的主要原因和冲突来源，要求他们提供江苏省人力资源和社会保障厅收集的雇佣关系冲突的官方统计数据。此外，我们还在2010年版《中国统计年鉴》中搜索了雇佣关系冲突的统计数据。在此基础上，发现了14种雇佣关系冲突的原因和类型。最后，通过分析2001年至2012年报纸和网络报道的44起集体雇佣关系冲突案件或事件，找出了其中雇佣关系冲突(罢工或停工)的主要原因，确定了27个原因和表现形式。表2.3.1列出了部分原因和雇佣关系冲突的根源。

表 2.3.1　雇佣关系冲突的原因和来源

江苏省的劳动冲突案例 (江苏省统计局,2012)				中国的劳动冲突案例 (国家统计局,2012)	
原因	占比%	公司类型	占比%	原因	占比%
薪酬和利益	35	私营	70	薪酬和利益	61
社会保险(71%的就业伤害险)	19	外资	15	社会保险(59%的就业伤害险)	29
取消或终止劳动合同	39	国有 集体	2 2	取消或中止劳动合同	10
其他	7	其他	11		

第二步:初始条目确定。

雇佣关系冲突的原因分为三个维度,共 29 个条目。为了确认这些条目的内容是否可重复、可解释和便于理解,我们要求两组人员根据雇佣关系冲突的 3 个维度对这些项目进行评估和分析。其中一组由 3 名 MBA 学生组成,而另一组则由雇佣关系领域的一名教授和两名博士后组成。经过分析、评估和分类,我们初步确定了 23 项雇佣关系冲突,包括 8 个与利益冲突有关的条目、8 个与情绪冲突有关的条目、7 个与权利冲突有关的条目。

第三步:初始条目验证。

为了确认雇佣关系冲突的初始量表的有效性,我们选择了 3 家大型制造企业参与初步调研。考虑到雇佣关系冲突的敏感性,我们当场分发和回收调查问卷以保证所收集信息的质量。每个企业的人力资源总监都参与并帮助调研。我们随机选择问卷的参与者,并且事先获得了每位参与者的许可,解释了该调查的匿名性。

每家企业发放问卷 50 份,总体发放 150 份问卷。我们要求受访者根据他们在企业内部的实际感受和经验用 7 点李克特量表来评估雇佣关系冲突,1 代表"非常不同意",7 代表"非常同意"。删除无效问卷后,我们的样本包含 121 份员工的反馈。在总受访者中,77.7% 为男性;45.4% 未满 30 岁,25.6% 为 31~40 岁,28.9% 为 41 岁以上;34.7% 拥有高中或低于高中的教育程度,33.9% 拥有大学学历(26.4% 拥有学士学位,5% 拥有硕士学位)。

本部分采用信度分析和探索性因子分析(EFA)来测试初始样本。根据信度分析,我们删除了 Cronbach 系数小于 0.4 的项目。根据 EFA,我们删掉了旋转因子载荷小于 0.4 或存在交叉载荷且差值小于 0.2 的条目。我们最后确定了 13 个条目的雇佣关系冲突量表。其中,4 项利益的冲突条目、4 项情感的冲突条目和 5 项权利的冲突条目。

4. 研究 1 量表的信度和效度检验

由于这 13 个雇佣关系冲突条目是从 3 家公司的 121 份回复中产生的,这可能会造成信度和效度上的局限性。为了解决这个问题,我们对江苏省、山东省、福建省、广东省和天津市的 137 家公司进行了调研,以便于进一步考察目前关于雇佣关系冲突的信度和效度。主要采用了两种方法来分发调查问卷。其一是在政府部门(主要是经济开发区和工业区的部门领导)的协助下进行了现场调研。从 2012 年 10 月到 2013 年 3 月,我们分发了 1 800 份问卷,收到了 1 218 份回复。在删除无效问卷后,例如连续缺失值超过 5 个且对许多问题的回答相同的问卷,收集了 918 个有效样本,回复率为 51%。我们将最终样本随机分成两个独立的组。一组用于进行探索性因子分析,另一组用于进行验证性因子分析,每组有 459 个样本。我们采用 SPSS 来进行数据处理和分析,重新检验了雇佣关系冲突的结构,并且利用 Lisrel 进行了 CFA 检验以重新审视雇佣关系冲突的聚合效度和区分效度。

(1) 信度分析

如表 2.3.2 所示,雇佣关系冲突的每个维度的 Cronbach 系数(0.899、0.902 和 0.090)都表现出良好的信度。我们还检验了结构信度 ρ_c,它是根据雇佣关系冲突的每个维度的因子载荷和相关的测量误差计算出来的。雇佣关系冲突的每个结构信度的值(0.907、0.921、0.883)都大于 0.60(Bagozz and Yi, 1998)。总体而言,劳动冲突的 3 个维度具有良好的结构信度。

表 2.3.2　雇佣关系冲突的 EFA 和 CFA 结果

因素	条目	EFA	CFA	信度	AVE
利益的冲突	1. 薪资福利低于行业平均水平	0.85	0.88	Cronbach's alpha=0.899 ρ_c=0.907	0.708
	2. 工资待遇不公正	0.87	0.84		
	3. 工作时间和其他安排并不合理	0.85	0.86		
	4. 工作环境会有安全隐患	070	0.79		
情感的冲突	5. 当出现家庭工作冲突时,组织和上级从未帮助支持我	0.82	0.86	Cronbach's alpha=0.902 ρ_c=0.921	0.745
	6. 我并不能从组织和上级那里感觉受到关怀,尊重或者信任	0.81	0.88		
	7. 组织和上级只把我们当赚钱的机器	0.86	0.86		
	8. 一般员工和上面管理层之间的关系并不好	0.70	0.85		
权利的冲突	9. 我们公司不缴纳五险一金	0.82	0.72	Cronbach's alpha=0.90 ρ_c=0.883	0.538
	10. 我们公司没有带薪假	0.74	0.68		
	11. 当劳动合同解除时,公司会依法做出补偿	0.85	0.82		
	12. 公司在员工受工伤时会付不起医疗费	0.81	0.81		
	13. 我们公司在裁员时经常会违反劳动法等相关法规	0.83	0.84		

（2）探索性因素分析

13 个项目的 KMO 测试值为 0.911，Bartlett 球型测试的显著性小于 0.001，表明它非常适合进行探索性因子分析。前 3 个因子的特征值大于 1，累积方差的贡献率为 75.86%，超过了 60% 的标准。如表 2.3.2 所示，通过主成分分析提取了 3 个因子，并且所有因子载荷都大于 0.4（范围从 0.70 到 0.87）。因此，根据 EFA 的结果，雇佣关系冲突应该由 3 个维度构成。

（3）验证性因子分析和聚合效度检验

表 2.3.2 中的验证性分析结果表明，3 种冲突维度（利益的、情感的和权利的）的标准化因子载荷分别为 0.79～0.88，0.85～0.88 和 0.68～0.84。三因子模型很好地拟合了数据，其中 $\chi^2(62)=248.61$，$RMSEA=0.08$，$CFI=0.98$，$NFI=0.97$。此外，雇佣关系冲突 3 个维度提取的平均方差（AVE）分别为 0.708，0.745 和 0.538，满足最小要求 0.500，表明数据有良好的聚合效度。

（4）区分效度检验

为了检验雇佣关系冲突的 3 个维度的区分效度，我们进行了验证性因子分析，并且对比了基本三因子模型、双因素和单因子模型。双因素模型将利益的和情感的冲突结合到一个单一因素中。基本三因子模型能很好地拟合数据，$\chi^2(62)=248.61$，$RMSEA=0.08$，$CFI=0.98$，$NFI=0.97$，$NNFI=0.97$，$RFI=0.97$。结果支持雇佣关系冲突的 3 个维度，并具有良好的区分效度。

5. 研究 1 总结

我们确定了雇佣关系冲突的 3 个维度，并使用两组样本来验证这 3 个维度。雇佣关系冲突的 3 个维度是：利益的冲突（4 个条目）、情感的冲突（4 个条目）和权利的冲突（5 个条目）。研究结果表明，三维度的雇佣关系冲突具有良好的信度和效度。本研究结果为未来雇佣关系冲突的定量研究（如，对前因和结果的研究）提供了可靠的量表。

（三）雇佣关系冲突与员工的态度和行为

1. 理论假设

雇佣关系冲突会对个人、团体、组织和社会层面的结果产生严重的负面影响。上文我们探讨了雇佣关系冲突对员工的组织态度和行为可能产生的负面影响。在第二项研究中，我们采用两套指标来反映雇佣关系冲突的负面影响。第一组指标包括员工的工作满意度和情感承诺；第二组指标包括员工的离职意愿和反生产工作行为。先前的管理研究已经多次探讨过雇佣关系冲突对员工的工作满意度、情感承诺、离职倾向和反生产的影响（Spector and Fox，2002；Takeuchi，Chen and Lepak，2009；Vandenberg，Richardson and Eastman，1999；Wu and Chaturvedi，2009）。洛克（1976）将工作满意度定义为"评估一个人的工作或工作经历所带来的愉快或积极的情绪状态"。情感承诺是"员工对组织的积极的情感依恋"(Meyer and Allen，1991)。员工的离职倾向是指离开或退出组织的意愿,这个概念是预测公司实际离职率的稳定指标(O'reilly,Chatman and Caldwell，1991；Tsui,Egan and O'reilly，1992)。此外,反生产工作行为是破坏组织合法利益的员工行为(Sackett,Berry,Wiemann and Laczo，2006),并且有可能伤害到组织或组织的成员(Spector and Fox，2002)。

雇佣关系冲突从三个方面对员工工作满意度和情感承诺产生负面影响,对员工离职意愿和反生产工作行为则有正向影响。首先,利益的冲突意味着违反就业条款和工作条件,例如向员工提供不公平的工资和薪酬。对于员工而言,雇主的各种薪酬和福利,如工资和薪水、健康检查和保险、带薪休假和养老金计划,都是其在组织内生存和发展的基本需求。根据赫茨伯格的双因素理论,薪酬和福利等工作环境是保健因素(Hackman and Oldham，1976)。如果不满足保健因素,员工将会对组织产生不满意并且降低对组织的承诺。研究发现,对组织不满意的员工更有可能旷工、迟到、盗窃、破坏和药物滥用(Lau,Au and Ho，2003),这些都属于反生产工作行为(Fox and Spector，2001)。

其次,情感的冲突是指对员工的人格尊严和人际关系问题的不尊重。如果一个组织建立了一个公平、信任和相互尊重的组织氛围,并且帮助员工在组织中成长,员工就会感到正义和公平,那对于员工来说就是体面的工作。相反,如果管理层不尊重员工的人格尊严和劳动成果,员工就会不愿意工作,减少组织承诺,离职意愿也会升高,并且可能会从事负面的工作行为,如工作场所的反生产工作行为。

第三,权利的冲突是指违反既定法律法规的行为。法律法规是公司的基础,不应受到个别员工或组织的违反。如果雇主违反法律和法规解雇员工,或是提供低于法律要求的社会福利或保险,员工会进行抗议。根据表 2.3.1,当雇主提供的社会保险和福利低于《劳动法》的标准时,就会发生许多罢工和停工。因此,如果雇主侵犯了雇员的权利,雇员就会采取更多的消极行为,同时会转变对组织的积极态度。根据以上讨论,提出假设如下:

H1a 利益的冲突与员工的工作满意度和情感承诺呈负相关,与员工离职意愿和反生产工作行为呈正相关;

H1b 权利的冲突与员工的工作满意度和情感承诺呈负相关,与员工离职意愿和反生产工作行为呈正相关;

H1c 情绪的冲突与员工的工作满意度和情感承诺呈负相关,与员工离职意愿和反生产工作行为呈正相关。

2. 研究 2 样本和研究步骤

2012 年 10 月至 2013 年 3 月,我们对广东省、福建省、江苏省、山东省和天津市的 5 个经济技术开发区的 918 名员工进行了调研。为确保数据质量,我们请求当地政府机构予以协助。从当地政府系统提供的名单中随机选择了 137 家公司,并要求选定公司的人力资源经理随机邀请6~10名员工填写调研问卷,员工问卷中包含雇佣关系冲突及相应的组织态度和工作行为的量表。总体而言,样本中每家公司平均有6.7名员工参与,回复率为91.3%。样本特征报告见表2.3.3。

表2.3.3 研究2的样本特点

在918个员工中			
性别(%)		类型(%)	
男性	49.3	国有企业	23.5
女性	50.7	合资企业	21.8
平均年龄	30.1	私营企业	43.2
年龄标准差	17.16	其他	11.5
教育程度(%)		行业(%)	
初中及以下	19.7	制造业	41.1
高中及职高	34.9	非制造业	59.9
本科	39.9	员工数量(%)	
研究生	5.5	少于50	13.6
公司任职时间(月)		51~100	13.2
平均数	60.13	101~500	41.8
标准差	68.24	501~1 000	13.1
月收入(%)		1 001~2 000	10.5
少于2 000元	11.5	超过2 000	7.8
2 001~2 999元	36.8	公司创建时间	
3 000~3 999元	24.8	少于5年	14.5
4 000~4 999元	13.8	5~10年	25.6
多于5 000元	13.2	10~20年	32.6
		超过20年	27.3

(1) 研究2测量

雇佣关系冲突。我们使用了研究1中开发的13个条目的雇佣关系冲突量表。员工评估了现实中雇主与雇员之间雇佣关系冲突的程度,范围从1(极为罕见)到7(非常常见)。利益的、权利的和情感的冲突的内部一致性信度分别为0.915、0.917和0.896。

员工的态度和行为。我们采用情感承诺、工作满意度、离职倾向和反生产工作行为来衡量员工的态度和行为。我们使用Allen and Meyer(1997)开发的8条目量表来衡量员工的情感承诺。该度量的信度系数α为0.893。使用Takeuchi等(2009)开发的3条目量表来衡量员工的工作满意度。该量表的信度系数α为0.829。员工4条目的离职倾向的信度系数α为0.918(Wang,Law and Chen,2002)。反生产工作行为则使用的是Yang and Diefendorff(2009)开发的量表,其信度系数α为0.929。所有这3种态

— 48 —

表 2.3.4　研究 2 的平均数，标准差和相关系数

变量	Mean	S.D.	1	2	3	4	5	6	7	8	9	10	11	12	13	14	15	16	17
1. Males	0.49	0.50																	
2. Age	30.01	7.16	1.78**																
3. Education	2.31	0.85	0.00	-0.118**															
4. Tenure	60.13	68.24	0.088**	0.643**	-0.017														
5. Income	2.81	1.21	0.143**	0.281**	0.368**	0.238**													
6. SOEs	0.26	0.63	0.106**	0.132**	0.184**	0.215**	0.204**												
7. Private	0.43	0.50	-0.023	-0.02	0.042	-0.147**	-0.268**	-0.355**											
8. Foreign	0.22	0.41	-0.163**	-0.164**	-0.293**	-0.122**	0.012	-0.175**	-0.460**										
9. Manufacturer	0.41	0.49	-0.05	-0.016	-0.184**	0.003	-0.177**	-0.142**	0.021	0.189**									
10. SMEs	0.69	0.46	-0.036	-0.120**	0.084**	-0.204**	-0.265**	-0.150**	0.213**	-0.015	-0.109**								
11. FirmAge	2.73	1.02	0.047	0.214**	-0.069*	0.369**	0.167**	0.118**	-0.167**	-0.122**	0.042	-0.323**							
12. IC	3.66	1.39	-0.055	0.077	-0.011	0.113**	-0.121**	-0.094**	0.086*	0.016	0.144**	-0.125**	0.204**						
13. EC	2.91	1.29	-0.062	0.068*	-0.045	0.057	-0.071*	-0.103**	0.109**	0.011	0.070*	-0.054	0.095**	0.638**					
14. RC	2.47	1.29	-0.023	-0.105**	0.02	-0.115**	-0.174**	-0.143**	0.203**	-0.005	0.029	0.051	-0.013	0.535**	0.628**				
15. JS	5.17	1.13	0.054	0.007	0.034	0	0.075*	0.102**	-0.074*	-0.082**	-0.121**	0.026	-0.019	-0.440**	-0.495**	-0.447**			
16. AC	4.88	1.20	0.086*	0.002	0.081*	-0.034	0.092**	0.118**	-0.083*	-0.057	-0.168**	0.083*	-0.137**	-0.637**	-0.626**	-0.513**	0.564**		
17. CWB	2.17	1.05	-0.01	-0.019	0.001	-0.058	-0.023	-0.083*	0.105*	0.012	0.017	0.015	-0.06	0.252**	0.429**	0.516**	-0.504**	-0.356**	
18. TI	3.11	1.82	0.091**	-0.091**	-0.111**	-0.106**	-0.061	0.015	0.053	0.032	0.092**	-0.0122*	0.062	0.120**	0.234**	0.120**	-0.116**	-0.132**	0.249**

备注：$n=918$；* $p<0.05$，** $p<0.01$，*** $p<0.001$；Males 男性，Age 年龄，Education 教育程度，Tenure 任职期限，Income 收入，SOEs 国有企业，Private 私营企业，Foreign 外资企业，Manufacturer 制造业，SMEs 小型或中型企业，FirmAge 公司创建时间，IC 利益的冲突，EC 情绪的冲突，RC 权利的冲突，JS 工作满意度，AC 情感承诺，CWB 反生产工作行为，TI 离职倾向。

度测量和一种行为测量均以 7 点李克特量表来表示,范围从 1(非常不同意)到 7(非常同意)。为确认这些测量的区分效度,特别是 4 种结果变量与雇佣关系冲突的区别,我们使用 Mplus 对员工态度、行为和雇佣关系冲突的所有测量都进行了验证性因素分析。根据 CFA 的分析结果,包含员工态度、行为和雇佣关系冲突的基本 7 因素模型比其他模型更符合模型假设,$\chi^2(758)=3\ 033.03$,$RMSEA=0.059$,$SRMR=0.052$,$CFI=0.912$,$TLI=0.905$。

(2)控制变量

研究中包括了两组可能影响员工态度和行为的控制变量。首先,控制了员工的人口统计特征,包括性别、年龄、教育程度、组织任期和收入。其次,控制了一些公司的特征,包括公司类型(国有企业、私营企业或外国企业)、公司行业(制造商或非制造商)、公司规模(员工人数少于 500 的中小型企业,以及其他企业)以及公司创立年限(按年)。

3. 研究 2 分析和结果

表 2.3.4 报告了所有变量的平均值、标准差和相关系数。如表 2.3.4 所示,3 个维度的雇佣关系冲突(利益的、情感的和权利的)都与员工的情感承诺呈负相关($r=-0.637$,$p<0.01$;$r=-0.626$,$p<0.01$;$r=-0.513$,$p<0.01$),和工作满意度也呈负相关($r=-0.440$,$p<0.01$;$r=-0.495$,$p<0.01$;$r=-0.447$,$p<0.01$)。而这 3 个维度与员工离职倾向呈正相关($r=0.062$,$p<0.05$;$r=0.12$,$p<0.01$;$r=0.234$,$p<0.01$),和反生产工作行为也呈正相关($r=0.252$,$p<0.01$;$r=0.429$,$p<0.01$;$r=0.516$,$p<0.01$)。相关性分析结果为检验假设提供了基础。另外,雇佣关系冲突与国有企业存在负相关关系,与民营企业存在正相关关系,与外资企业没有显著的相关关系。

为检验假设 1a,1b,1c 和 1d,我们使用 Mplus 软件进行结构方程模型(SEM)检验(Muthén and Muthén,1998~2015)。该模型拟合的卡方检验为 3 033.03,自由度为 758($p<0.001$),$RMSEA$ 为 0.059,$SRMSEA$ 为 0.052,CFI 为 0.912,TLI 为 0.905。表 2.3.5 结果表明,假设 1a、1b 和 1b 得到了部分支持。研究发现 3 个维度的雇佣关系冲突都会对员工的工作满意度和情感承诺产生负面影响,但是只有权利的冲突与员工的离职意愿呈显著的正相关,而权利的冲突和情感的冲突与反生产工作行为呈显著正相关。然而,利益的冲突与反生产工作行为有显著的负相关,这与我们的假设产生了不一致。

表 2.3.5 雇佣关系冲突和员工态度和行为的回归结果

	情感承诺	工作满意度	离职意愿	反生产工作行为
利益的冲突	−0.192*** (0.025)	−0.099** (0.037)	−0.089(0.060)	−0.103** (0.034)
权利的冲突	−0.097*** (0.025)	−0.235*** (0.073)	0.369*** (0.073)	0.375*** (0.046)
情感的冲突	−0.137*** (0.028)	−0.131** (0.049)	0.025(0.080)	0.191*** (0.045)

注:$n=918$;* $p<0.05$,** $p<0.01$,*** $p<0.001$。

4. 研究 2 总结

研究 2 结果证实了雇佣关系冲突的危害。在研究 2 中,我们发现雇佣关系冲突的各个方面都对员工的工作满意度和情感承诺产生了负面影响,而雇佣关系冲突的某些维度对员工的离职意愿和反生产工作行为产生了积极的影响。权利的冲突、情感的冲突与反生产工作行为之间的积极关系值得进一步研究。

(四) 伙伴关系实践与雇佣关系冲突

1. 理论假设

如研究 1 中所述,找到有效解决雇佣关系冲突的方法是重要而紧迫的。一般来说,集体谈判是解决雇佣关系冲突最普遍的方法。但是随着工会的萧条、罢工率的下降以及诉讼数量的增加,个人就业冲突已经取代了工作场所的集体工业冲突,成为雇佣关系冲突的主要表现形式。调解和仲裁已经替代集体谈判成为解决雇主和雇员之间冲突的重要方法(Martinez-Pecino, et al., 2008)。虽然调解和仲裁被认为是减少或管理工作场所雇佣关系冲突的有效方法,但它们自身也有局限性。这主要是因为调解和仲裁是事后决议,无法阻止关系冲突的发生。

作为有效促进雇主和雇员之间合作的理论,伙伴关系理论旨在促进实现各方的共同目标,具体体现在和谐的雇佣关系氛围、更高的生产率和工作效率以及更低的离职率和缺勤率(Guest and Peccei, 2001)。根据伙伴关系理论和原则,员工参与、双向沟通、利益及风险共同分担和就业保障等伙伴关系实践能够改善员工的组织态度、提高生产力、促进和谐的雇佣关系环境(Cooke, 1990; Rubinstein and Kochan, 2001; Xi, et al., 2016)。例如,组织内部的伙伴关系实践可以通过利益分享(Cooke, 1990)为组织及个人带来双赢的结果;伙伴关系实践也有助于提高组织生产力(Rubinstein and Kochan, 2001),建立和谐的雇佣关系氛围,并在此基础上形成积极的员工态度和行为(Xi, et al., 2016)。因此,伙伴关系实践可能是另外一种解决工作场所雇佣关系冲突的方法。

伙伴关系实践可以从 3 个方面减少雇佣关系冲突。首先,伙伴关系实践有助于实现雇主和雇员之间的共同目标和利益,减少利益冲突。例如 Guest and Peccci(2001)指出,从组织利益相关者角度来看,员工持股计划作为一种伙伴关系实践有利于提高员工的组织承诺,减少因为不公平的薪资分配而导致的员工不满,并有助于降低缺勤率、离职率和行业冲突。其次,伙伴关系实践鼓励员工和工会参与组织管理,减少权利冲突发生的可能性。根据英国零售业的案例研究,Taylor 和 Ramsay(1998)发现通过增加工会的参与伙伴关系协议的建立,工会便于监督那些与雇员利益直接相关的政策,从而创造更加和谐的雇佣关系。第三,伙伴关系实践有助于实现协作沟通,从而减少情感的冲突。根据美国联邦部门的证据,Masters、Albright 和 Eplion(2006)发现伙伴关系实践为雇主和雇员之间的协作沟通和联合决策提供了一个平台,能够有效改善雇佣关系氛

围,使其相互更加信任和尊重,从而减少工作场所的冲突。根据上述讨论,我们提出以下假设:

H2a 伙伴关系实践与工作场所利益的冲突呈负相关;

H2b 伙伴关系实践与工作场所权利的冲突呈负相关;

H2c 伙伴关系实践与工作场所情感的冲突呈负相关。

2. 样本和研究步骤

在当地政府机构的配合下,我们收集了来自江苏省、安徽省、四川省、广东省和天津市的 5 个经济技术开发区的 136 家企业的数据,样本包括了 136 名人力资源经理和 1 230 名员工。

（1）伙伴关系实践

使用了席猛等人(2016)开发的 22 项合作伙伴关系实践的量表。人力资源经理评估该量表描述的做法在多大程度上符合其企业内部的合作伙伴关系,从 1(非常不同意)到 7(非常同意)。合作伙伴实践量表的内部一致性信度为 0.934。

（2）雇佣关系冲突

使用了研究 1 中制定的 13 个雇佣关系冲突的量表。员工评估了该量表在多大程度上描述了雇佣关系在雇主和雇员之间发生冲突的程度,范围从 1(极为罕见)到 7(非常常见)。利益的、权利的和情感的冲突的内部一致性信度分别为 0.892、0.892 和 0.868。

（3）控制变量

与研究 2 类似,控制了两组可能影响员工对雇佣关系冲突看法的变量。首先,控制了员工的人口统计特征,包括员工性别、年龄、教育程度、组织内工作时间和收入。其次,控制了公司的一些特征,包括公司类型(国有企业、私营企业或外资企业)、公司行业(制造业或非制造业)、公司规模(员工人数少于 500 的中小型企业或其他)。

3. 研究 3 分析和结果

表 2.3.6 报告了与所有变量相关的平均值、标准差和相关性。根据表 2.3.6,伙伴关系实践与利益的冲突($r = -0.104, p < 0.01$)、情感的冲突($r = -0.127, p < 0.01$)和权利的冲突($r = -0.155, p < 0.01$)都呈负相关。这个结果为进一步检验假设奠定了基础。

在表 2.3.7 中,我们展示了 6 个关于雇佣关系冲突的模型(模型 1 至 6),包括利益的冲突(模型 1 和模型 2),情感的冲突(模型 3 和模型 4),以及权利的冲突(模型 5 和模型 6)。如表 2.3.7 所示,模型 2 对于假设 2a,2b 和 2c 的检验结果表明,伙伴关系实践与利益的冲突显著负相关($\beta = -0.26, p < 0.001$);模型 4 的结果表明,伙伴关系实践对情感的冲突具有显著消极的影响($\beta = -0.16, p < 0.05$);模型 6 表明,伙伴关系实践与权利的冲突之间的关系是显著负相关($\beta = -0.22, p < 0.01$)。这些结果支持了假设

表 2.3.6 研究 3 的平均数、标准差和相关系数

变量	Mean	S.D.	1	2	3	4	5	6	7	8	9	10	11	12	13	14
1. Male	0.57	0.51														
3. Education	2.93	1.16	-0.017	-0.321												
4. Tenure by month	52.15	56.64	0.024	0.594	-0.219											
5. Income	3.84	1.83	0.075	0.139	0.248	0.024										
6. SOEs	0.18	0.39	-0.026	0.106	0.032	0.134	-0.081									
7. Private	0.59	0.49	0.031	-0.096	-0.057	-0.113	-0.081	-0.563								
8. Foreign	0.16	0.36	-0.004	0.06	-0.042	0.025	0.177	-0.201	-0.516							
9. Manufacturer	0.66	0.48	0.045	0.123	-0.229	0.075	-0.157	0.037	-0.152	0.212						
10. SMEs	0.58	0.49	0.037	0.017	-0.098	0.009	-0.041	-0.055	0.193	-0.192	-0.069					
11. Firm Age	18.06	15.23	0.032	0.175	-0.016	0.196	-0.069	0.255	-0.265	0.101	0.118	-0.319				
12. PP	5.38	0.88	0.04	-0.01	-0.003	0.024	-0.001	-0.13	0.003	0.043	0.181	-0.045	0.173			
13. IC	3.82	1.46	-0.012	0.022	-0.023	0.093	-0.172	0.101	-0.047	-0.001	0.107	-0.064	0.114	-0.104**		
14. EC	2.85	1.24	0.038	-0.012	-0.01	0.058	-0.031	0.01	0.008	0.025	-0.025	0.052	0.016	-0.127**	0.555	
15. RC	2.46	1.22	0.101	-0.057	0.041	0.072	-0.097	0.038	0.132	-0.112	-0.073	0.105	-0.046	-0.155**	0.45	0.608

注：$n=1\,230$；* $p<0.05$，** $p<0.01$，*** $p<0.001$；Male 男性，Age 年龄，Education 教育程度，Tenure 任职期限，Income 收入，SOEs 国有企业，Private 私营企业，Foreign 外资企业，Manufacturer 制造业，SMEs 小型或中型企业，Firm Age 公司创建时间，PP 合作伙伴关系实践，IC 利益的冲突，EC 情绪的冲突，RC 权利的冲突。

2a,2b 和 2c。

表 2.3.7　合作伙伴关系实践对于雇佣关系冲突的 HLM 结果

变量	利益的冲突		情绪的冲突		权利的冲突	
	模型 1	模型 2	模型 3	模型 4	模型 5	模型 6
截距	3.59***	5.06***	2.63***	3.55***	2.28***	3.52***
Level‐1						
性别	0.01	0.01	0.12	0.13	0.27***	0.28***
年龄	0.03	0.02	0.00	−0.01	−0.06	−0.06
教育程度	0.12*	0.12*	0.03	0.03	0.09*	0.09*
任职期限	0.00	0.00	0.00	0.00	0.00	0.00
收入	−0.12***	−0.12***	−0.04	−0.05	−0.07**	−0.07**
Level‐2						
国有企业	0.27	0.03	0.27	0.13	−0.04	−0.24
私营企业	0.11	−0.02	0.24	0.16	0.26*	0.15
外资企业	−0.00	−0.14	0.36	0.27	−0.10	−0.21
制造业	0.28+	0.33*	−0.12	−0.09	−0.08	−0.03
小型或中型企业	−0.18	−0.15	0.08	0.09	0.14	0.17
公司建立时间	0.00	0.01	0.00	0.00	0.00	0.00
合作伙伴关系		−0.26***		−0.16*		−0.22**
R^2	0.04	0.04	0.03	0.09	0.05	0.17
R^2 变化	0.04	0.10	0.03	0.06	0.05	0.12

注:$n=1\,230$;* $p<0.05$,** $p<0.01$,*** $p<0.001$。

4. 研究 3 总结

研究 3 旨在找到解决工作场所雇佣关系冲突的有效方法。通过使用大量中国数据的研究结果(136 家公司,1 230 名员工),发现合作伙伴关系实践可以有效地减少利益的、权利的和情感的冲突。

(五) 讨论

1. 研究意义与文献

由于雇主和雇员的目标往往不相容,冲突是不可避免的,同时也是组织生活的重要组成部分。因此,确定组织内工作场所冲突的类型,探索冲突的后果以及找到适当的解决冲突方法对每个组织来说都极其重要。

我们首先探讨和确定了雇佣关系冲突的 3 种形式,并在组织中验证了雇佣关系冲突的 3 个维度,从而对雇佣关系文献做出了重要的理论和实证贡献。Martinez-Pecino

及其同事(2008)要求调解员客观地表明法院案件是否涉及权利冲突或利益冲突。这种通过调解员来测量雇佣关系冲突的方法是合理的。但是大多数情况下,工作场所冲突并没有调解员。此外,利益冲突和权利冲突属于认知冲突的范畴,而雇主和雇员之间的冲突则更多涉及情感冲突(席猛和赵曙明,2014)。例如,申诉通常被视为雇佣关系冲突的一种表现(Gordon and Miller,1984),它指的是"员工在与管理层讨论个人就业情况时产生的不满或不公正感"。此外,席猛等(2016)提到,目前并不存在衡量工作场所雇佣关系冲突的量表,这限制了雇佣关系冲突的实证研究。因此,识别和检验雇佣关系冲突的 3 个维度很好地填补了雇佣关系文献中的巨大空白,为研究人员和从业人员识别和评估劳动争议或劳动冲突的类型以及其严重程度提供了基础。

除了确定雇佣关系冲突的 3 个维度外,我们还探讨了雇佣关系冲突对个体产生的结果,包括员工的工作满意度、情感承诺、离职倾向和反生产工作行为。实证结果支持了我们的假设,即所有利益的、权利的和情感的冲突与员工的工作满意度和情感承诺都产生了显著的负相关。但是,我们发现只有权利的冲突与员工的离职意愿呈显著的正相关,而利益的和情感的冲突对员工的离职倾向没有显著影响。对这一结果可能解释是,与权利的冲突相比,员工可能对利益的冲突和情感的冲突有更大的容忍度,或者他们期望未来解决这两种类型的冲突。权利的和情感的雇佣关系冲突与员工的反生产工作行为的关系与我们假设的一致。而利益的冲突与员工反生产工作行为之间的显著负相关与假设相矛盾。可能的解释是,如果员工在利益受到雇主损害后会采取反生产工作行为,那么解决利益的冲突就变得毫无意义了。

虽然各个学科的学者试图解决雇佣冲突的问题,但我们还需要了解更多信息来解决这一问题(席猛和赵曙明,2014;Xi, et al.,2016)。为了找到解决雇佣关系冲突的替代方法,我们选择了合作伙伴关系实践。在研究 3 中,发现组织层面的合作伙伴关系实践与所有利益的、权利的和情感的冲突都呈显著的负相关。这些发现从两个角度为当前的雇佣关系文献做出了贡献。第一,纳入了组织层面的调查结果,而不只是在个人层面上检验雇佣关系冲突及其解决方案。第二,现有的研究集中在对美国的雇佣关系冲突的解决方案,国际观点的研究较少。本部分研究使用中国企业的样本检验合作伙伴实践对雇佣关系冲突的影响,从国际视角丰富了雇佣关系的文献。

本部分研究也对合作伙伴关系的文献有所贡献。合作伙伴关系理论已经引起了从业者和研究人员的极大关注(Johnstone, et al.,2009;Xi, et al.,2016)。考虑到伙伴关系在解决产业冲突和改善产业关系环境方面的有效性,中国的雇佣关系学者已经开始借鉴该概念来解决中国雇佣关系的冲突(Qing and Guo,2006;2007;Luo,2010;Li and Chen,2010)。但是它们只是关于伙伴关系理论的报告,并没有实证研究检验合作伙伴关系对于解决雇佣关系冲突的有效性(Colquitt and Zapata-Phelan,2007;Xi, et al.,2016)。因此,为提高合作伙伴关系理论在中国背景下的理论和实证贡献,我们证实了合作伙伴关系实践在解决雇佣关系冲突中富有成效。

2. 未来研究的方向

研究1确定并检验了雇佣关系冲突的三维结构,包括利益的、权利的和情感的冲突。接着,研究2检验了雇佣关系冲突对于个体的影响结果,包括员工工作满意度、情感承诺、离职倾向和反生产工作行为。研究3试图通过伙伴关系实践来找到解决雇佣关系冲突的有效方法。但是,这3项研究都是在中国背景下进行的,这可能会限制雇佣关系冲突的应用和普及。因此,为解决此问题,有必要从国际和比较的角度进行更多的研究。

与研究2结果不同,研究3发现,国有企业与利益的雇佣关系冲突之间存在显著的正相关;私营企业与权利的冲突之间存在显著的正相关;而外资公司与权利的冲突之间存在显著的负相关。未来研究应该更多的关注企业类型与雇佣关系冲突之间的关系。

关于雇佣关系冲突及其解决方案的研究比较分散,几乎没有跨学科的理论和实证研究的整合。虽然我们使用三个相互关联的研究来确定工作场所的雇佣关系冲突类型,探索冲突导致的个人结果,并找到解决或管理工作场所冲突的替代方法。但是,涉及雇佣关系冲突的前因和后果的综合框架整合应成为未来的重要议题。因此,雇佣关系冲突对个人、团队和组织带来的负面影响需要进行更多的实证研究。此外,除了伙伴关系实践以外,未来研究还需要探索更多解决雇佣关系冲突的方法。

3. 研究局限

研究也存在许多局限性。首先,我们使用员工的主观感知来描述雇佣关系冲突。尽管在工作场所收集员工对雇佣关系冲突的看法是反映组织内部冲突的重要方法,但管理者和雇主对组织内部雇佣关系冲突的看法也是不可或缺的。未来研究应该将雇佣关系冲突的客观和主观指标结合起来。

第二个局限是,常见的方法偏差可能会影响雇佣关系冲突与员工的态度和行为之间的关联。虽然我们无法收集员工的工作满意度和情感承诺的客观数据,但是可以使用缺勤指标来反映离职意愿,同事或主管对于员工的反生产工作行为的评估,以及管理者或雇主对于雇佣关系冲突的评估,可以更好地减少方法或归因偏差。

4. 管理意义

本研究实际意义如下:首先,一个组织或公司应不仅关注利益的冲突和权利的冲突,还应该密切关注情感的冲突。与利益的和权利的冲突一样,情感的冲突对员工的态度和行为产生了严重的负面影响。第二,关注员工对雇佣关系冲突的看法而不是关注工作场所中员工的不满,因为员工对雇佣关系冲突的看法会对员工的态度和行为产生严重的负面影响。在研究3中,我们发现伙伴关系实践与利益的冲突、权利的冲突和情感的冲突都具有显著的负相关。因此,本研究的第3个实践意义,即建立伙伴关系实践是解决工作场所雇佣关系冲突的可行方法。

5. 结论

本研究第一个结论是，工作场所的雇佣关系冲突由利益的、权利的和情感的冲突组成。在研究 1 中，我们确定了雇佣关系冲突的 3 种形式，并通过探索性和验证性因素分析来验证这 3 个维度。在研究 2 中，我们研究了雇佣关系冲突对员工态度和行为的负面影响，包括工作满意度、情感承诺、离职倾向和反生产工作行为。在研究 3 中，我们检验了伙伴关系实践作为解决雇佣关系冲突的替代方法的有效性。总之，该研究提供了一种测量方法和可行的研究方法，可用于指导未来中国有关雇佣关系冲突的研究，并提供了一个国际的和比较性的观点。

第一篇

中国企业雇佣关系模式的前因研究

一、劳资冲突研究述评

(一) 雇佣关系研究背景

雇佣关系已成为现代社会一个非常微妙和复杂的问题。没有员工的合作以及和谐的雇佣关系,企业的发展将无从谈起。有研究表明,雇佣关系的和谐程度与经济增长存在正相关关系,雇佣关系的改善可以推动经济健康发展,不仅有助于经济社会问题的解决,也可以从根本上改进社会状态的条件和基础。此外,雇佣关系的改善可以降低交易费用,提高企业的社会资本,增强员工工作满意度和组织忠诚度,从而提高工作效率。

自工业革命以来,雇佣关系问题始终是伴随经济变革和社会变迁的重要问题。当前,中国正处于经济转型时期,企业的劳资冲突也逐渐进入高发期。导致劳资冲突的因素多种多样,包括经济因素与非经济因素、宏观环境因素与微观环境因素、心理因素与非心理因素等。然而,少有学者专门对劳资冲突的前因进行系统梳理与总结。此外,由于研究视角和目的的不同,学者对雇佣关系概念的理解在内涵上有差异,在内容上有争议,导致难以将劳资冲突作为一个共同认可的变量加以研究。由此,有必要对劳资冲突的前因、表现形式、理论解释做一个全面的梳理与总结,以便加强对劳资冲突的预防和管理,为建立和谐的雇佣关系打下坚实的基础。

(二) 劳资冲突内涵

1. 雇佣关系的定义

对劳资冲突加以定义,需要确定雇佣关系的内涵,只有针对其内涵,才能准确地定义其冲突。雇佣关系一般有狭义和广义之分:① 狭义的雇佣关系指针对工作场所中工作规则的制度研究,把雇佣关系视为阶级冲突的一个方面,定位为基于当代资本主义综合分析之上的冲突研究;② 广义的雇佣关系,指工作中人们的行为和互动关系,研究个体、群体、组织以及机构是如何做出规范劳资双方雇佣关系的决定。Cook(2002)认为,雇佣关系的本质是由资本与劳动的力量对比决定的,并受到雇主、工人、各自的集体组织和政府的相关关系的影响。Herry 等(2008)指出,传统意义雇佣关系的研究通常着重在雇佣关系的 3 个层面,即雇佣关系的各方、雇佣关系的管理程序,以及这些程序完成的结果。由此,雇佣关系通常着重于工作规章的正式与非正式制度,包括集体协商、工会、雇主联合会和劳工审理委员会。此外,人力资源管理向来比较注重个别组织的水平,并关切组织劳动力的有效全面管理,以便对组织目标与目的的达成有所贡献。由此,人力资源管理通常着重于招募、薪酬、绩效以及人力资源开发等议题。

传统意义上的雇佣关系与人力资源管理的观点对了解雇主与员工关系的因素,都存在一定的价值。为进一步深入研究,本研究需要扩展传统意义上雇佣关系的内涵,将人力资源管理的概念纳入其中,其被称为新型雇佣关系。

2. 劳资冲突的定义

冲突的定义与概念多种多样,取决于所研究的问题。Anioke(2002)将冲突定义为个体或群体之间对于各自观点、想法、目标存在差异或不一致。由此,冲突既存在于个体间,也存在于群体间;既可是单维度的,也可是多维度的;既可是暴力的,也可是非暴力的;既可是显性的,也可是隐性的。同样,对于劳资冲突的定义,也各有不同。Kornhauser 等(1954)认为,劳资冲突是人类本性的冲突,其核心是拥有某些利益和动机的人反对其他人拥有不一致的利益和动机,其源泉是 2 个群体(组织)矛盾的欲望、不相容的目标和无法共享的目标价值观。Fajana(1986)认为,劳资冲突是指雇主与雇员无法就雇主与雇员相互关心的任何议题达成一致的状况。Fashoyin(1992)认为,劳资冲突意味着一个临时性的工作中断,这个中断由特定的雇员群体的不满而引起。Ogunbameru(2000)认为,当雇员与雇主的目标或利益不一致时,劳资冲突就会发生。国内学者对劳资冲突也提出了一些定义。例如,李敏等认为,劳资冲突实质是雇主与雇员之间因某种原因而发生的直接性的不一致互动行为过程或对抗。王维则认为,劳资冲突主要是因为劳资双方利益、目标、期望出现差异或实现目标的方法不同而表现出的争执、摩擦和心理对抗。另外,Devinatz 等(1997)认为,在雇佣关系中,雇主与雇员之间的冲突主要包括权利冲突和利益冲突,而权利冲突是指对已经建立的法律或规则在应用和解释时产生的冲突。综合前文对新型的雇佣关系的定义以及国内外学者对劳资冲突的定义,本部分研究认为,劳资冲突是指雇主与雇员(或代表两者的组织)之间在权利、利益或情感上无法协调而产生的不一致行为或心理状态。

(三)劳资冲突前因研究

劳资冲突前因多种多样,常见的划分标准分为两类:经济因素与非经济因素,宏观环境因素与微观环境因素。经济因素是最常见的劳资冲突因素,包括对更高工资的要求、对企业利润的分享要求等;非经济因素主要包括对工作条件改善、对工作时间调整的要求等。

宏观环境因素主要包含 4 个层面：① 制度因素，包括国家政策、劳动法、人口与家庭结构等社会制度；② 经济因素，包括经济组织、劳工的权力和雇主的权力、市场上劳动力的供给与需求等；③ 技术因素，包括生产技术、现代化、资本结构等；④ 外部因素，包括全球化、国际组织的运作、国际劳工标准等。

微观环境因素主要是指企业层面影响雇佣关系的各种要素，包括薪酬福利体系、工作场所环境、劳动时间与劳动强度、劳动报酬与保险、劳动环境等。

导致劳资冲突的各因素并非孤立，相互之间存在着一定的交叉。具体来说，在劳动时间和劳动强度方面，延长劳动时间、增加劳动强度是各类企业普遍存在的现象。在劳动报酬和保险福利方面，拖欠工人工资的情况经常发生。劳动报酬和保险福利是引发劳资冲突的最主要原因。在劳动环境方面，部分企业工作与生活环境恶劣，很多企业存在管理绝对权威化的问题，员工的人身权利常常受到侵害，造成雇佣关系非常紧张。

戴建中认为，引起劳资冲突的主要原因还是物质利益冲突。劳资冲突产生与雇佣关系的固有属性密不可分，劳动者追求工资最优化以及劳动条件最优化同资本所有者追求利润最大化之间的矛盾是冲突形成的内在根源。这个矛盾在商品经济社会长期存在，不可能完全消除。鉴于此，袁凌和李健（2010）从中国劳动力市场的特殊性、政府对劳方权益缺乏有效保障、企业内部劳资力量失衡 3 个方面阐述了中国转型时期企业劳资冲突的成因。

总而言之，以往对冲突的前因研究较为分散、零乱，缺乏系统性的梳理和归纳，更缺乏探讨这些原因背后的逻辑关系，这就使得劳资冲突的研究缺少系统性以及定量化支撑。

（四）劳资冲突的表现形式

当前，劳资冲突的表现形式多种多样，包括罢工、劳资不和、产业纠纷等，这被视为一种巨大而复杂的社会现象。Otobo（2000）指出，绝大多数劳资冲突都是经过慎重考虑以及意识到组织行为的结果；同时，他也指出，并不是所有形式的劳资冲突都来自员工慎重的决定和行为，在很大程度上管理层对劳资冲突行为的产生和持续进行方面起着重要的作用。另外，由于劳资双方的克制行为，大多数的劳资冲突是非暴力的。但需要指出的是，一些暴力行为和抗议活动也可能伴随着劳资冲突而产生，以便引起政府和社会的重视。当雇员通过拒绝工作的方式期望他们的雇主就某一个或某些雇佣条款做出改变时，劳资冲突便产生了，这是一个基本的抗议和不满的表达。劳资冲突还可能表现为以下一些方式：高员工流转率、缺勤、合法息工、停工等。劳资冲突导致临时性的工作中断，这个中断是因特定的雇员群体的不满而引起的，它同样可能是由雇主（或他们的雇主协会）与雇员（或他们的代表）协商破裂，或者他们之间的行为分歧而引起。一方面，作为雇主很难单独分离并锁定参与劳资冲突的员工；另一方面，员工可以通过罢工活动和其他方式表达不满。

由以上劳资冲突的表现形式可知，这些劳资冲突基本上都属于显性的，冲突的行为是可见的,即显性的劳资冲突。从这一角度来看,显性劳资冲突是指任何形式的在雇主与雇员之间蓄意的以及公开的冲突或不一致行为。从雇员层面来看,显性的劳资冲突行为包括工作场所的越轨行为、集体上访、游行、静坐示威等;从雇主层面来看,包括停工、歇业、关闭工厂等。与显性劳资冲突相对应的还存在着另外一种劳资冲突形式——隐性劳资冲突。这种劳资冲突主要是指雇员与雇主间发生的隐蔽的或者较难察觉的心理上或情感上的冲突,可以表现为雇员对雇主或对代表雇主的管理层的不服从(如工作倦怠、无理由缺勤等),也可以表现为雇主或代表雇主的管理层对雇员的歧视、偏见、冷落、刻意挑刺等。本部分研究认为,导致隐性劳资冲突的重要原因包括雇员心理契约破裂和违背、雇主(管理层)不公正或不合理的管理策略与行为。

(五) 劳资冲突的理论解释

对于劳资冲突的产生,学者从不同的理论视角进行了分析与解释。现阶段主要有5种理论解释视角,具体如下。

1. 产业关系与人力资源视角

对雇佣关系的研究,西方学术界存在产业关系学派和人力资源学派两大学派,这两大学派对于导致劳资冲突原因的解释是截然不同的。产业关系学派认为,企业中的劳资冲突由来已久而且影响广泛,雇主与雇员个体相比,一直拥有权力优势,这就直接导致了双方权力持久失衡。由此,该学派认为导致劳资冲突的根源是劳资双方的权力失衡,需要制度介入来调整,劳资冲突同时也有积极的作用。人力资源学派则认为,尽管劳资冲突客观存在,但只要对其加以管理,便可以实现雇主与雇员之间利益的一致。由此,该学派认为劳资冲突源于管理不善,劳资冲突能够得到有效缓解,权力失衡有逐渐消失的趋势。两大学派各自视角下的劳资冲突对比见表 3.1.1。

表 3.1.1 产业关系视角和人力资源视角下的劳资冲突

学派	劳资冲突		
	根源	特点	解决方法
产业关系学派	劳资双方权力失衡	不可避免并长久存在	通过建立制度进行干预
人力资源学派	企业内部管理不善	可以减少和缓解	通过完善管理与组织创新解决

资料来源:张子源,赵曙明(2008)。

2. 公平理论视角

公平理论认为,在就业组织中,雇主和雇员之间存在一种交换关系,当雇员拿自己的"结果/投入"比与他人进行比较,如果发现相互间不一致,雇员便会产生不公平感,这种不公平感将会成为导致雇员与雇主间发生冲突的重要原因。不仅企业中的不公平会导致劳资冲突,社会中的不平等也会导致劳资冲突。此外,现阶段中国企业在薪酬制度方面,同工不同酬的现象非常严重,由薪酬不平等造成的劳资冲突也时常见诸报端。由此,从公平角度来说,雇主对待不同雇员的不公平行为或态度是导致劳资冲突的重要原因之一。

3. 组织公正视角

游正林基于组织公正理解劳资冲突产生的原因及其表现形式,认为组织(企业)层次上的劳资冲突源于应该由雇主(资方或其代理者)负责的雇员的不公正感,把雇员对这种不公正感的反应行为视为劳资冲突的表现形式,并提出一个分析组织(企业)层次上的劳资冲突的理论框架。该理论框架可表述为以下 5 点:① 在企业内部,雇员对雇主持有一种心理契约。该心理契约中的条款可看作是雇员用来判断雇主的所作所为是否公正的标准,一旦雇员觉得雇主未能履行其心理契约的条款,就会产生不公正感。② 雇员对雇主产生的不公正感可以包括结果不公正感、程序不公正感和人际不公正感3 个方面。③ 雇员产生的不公正感将影响与其自身工作相关的行为,他们对不公正感的行为反应形式是多种多样的。④ 雇员对于不公正感采用怎样的行为反应形式是他们进行理性选择的结果。⑤ 随着社会、经济与政治等宏观环境发生变化,雇员持有的心理契约也会不断地发生变化,他们判断公正的标准、对利弊的权衡以及“偏好”也会处于不断变化与修订之中。

4. 心理契约违背视角

心理契约的概念是为了强调在员工与组织的相互关系中,除了雇佣合同中规定的正式契约内容之外,还存在着隐含的、非正式的、未公开说明的相互期望和理解。Rousseau(1989)认为,心理契约是组织和员工之间没有明确表达的、各自对对方所怀有的各种期望;心理契约概念的理论基础来源于社会交换理论和公平理论,它主要包含交易型心理契约和关系型心理契约 2 个维度。这些理论认为,人类是理性的,人们通过成本和效益的分析比较来平衡自身的贡献与收获。Vincent(2009)认为,心理契约的破裂与违背会导致大量的隐性或者显性的劳资冲突,如降低组织承诺与工作满意度、减少组织公民行为、工作效率降低等。

5. 失范的理论视角

所谓失范是指凡是存在着不明确的、彼此冲突的规范的地方,社会各个组成部分功能上的相互联系就是不明确的,个人与他人之间就不存在道德意义的联系。李亚雄从失范的理论视角分析和解释了转型时期中国劳资冲突问题,认为正处于重大转轨时期的中国尚未形成明确的、具有制约力的制度与规范,由于制度与规范对雇佣关系双方都缺乏制约力,因此,很容易激起劳资纷争与冲突。在劳资纷争与冲突出现后,又由于缺乏有效的机制,致使劳资纷争难以得到及时解决,形成劳资冲突问题。如果说发达工业国家的劳资冲突是常规化的,那么中国的劳资冲突则主要是失范的劳资冲突。失范型的劳资冲突有以下特点：① 冲突行动的集合性，即冲突行动是大量偶发的个人行为的集合，不是有目的、理性组织的过程的产物，带有较大的偶然性和情绪性。② 冲突的无规范性，即在失范的劳资冲突中，劳资双方的冲突不是在同一个有约束力的空间内展开，从而不会受到规范的调节和制约。③ 冲突双方的敌意与不信任，在失范的劳资冲突中，劳资双方缺乏沟通，缺乏信任，充满敌意，没有学会互信与共存。④ 对政府干预的依赖性强，由于缺乏自我组织，缺少有效的集体协商与谈判，双方的敌意比较强烈，因此，往往需要政府部门出面解决双方的争议与冲突。

（六）劳资冲突研究新视角

1. 劳资冲突源矩阵模型

从前文分析可知，导致劳资冲突的前因多种多样，其背后的理论解释也种类繁多。然而，这些前因与理论解释却相对独立、零散，缺乏一个系统性的思考与梳理。由此，有必要对这些前因和解释理论进行系统性的归类总结，以方便学者进行深入研究。鉴于此，本部分研究提出一个劳资冲突源矩阵以对导致劳资冲突的前因和理论解释做一个全面性、系统性的梳理与总结（见图 3.1.1）。该矩阵以"宏观—微观"视角为纵轴，以"产业关系—人力资源管理"视角为横轴，将导致劳资冲突的前因及解释理论划分为 4 个象限，并探讨 4 个象限之间的关系。

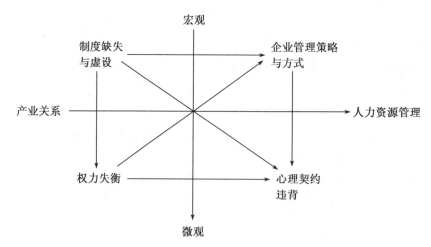

图 3.1.1　劳资冲突源矩阵

从图 3.1.1 可知，导致劳资冲突的原因可分为四大类：从产业关系角度看，宏观原因是制度缺失与虚设、微观原因是权力失衡；从人力资源管理角度看，宏观原因是企业管理策略与方式、微观原因是心理契约违背。另外，根据劳资冲突源矩阵，影响劳资冲突的宏观因素会影响微观因素，产业关系因素会影响人力资源的因素。具体而言：

（1）制度缺失与虚设。这里的制度不仅指影响雇佣关系运行的法律制度环境，还包括影响雇佣关系运行的社会制度环境、经济制度环境等。制度缺失与虚设是指影响劳资冲突的法律制度、社会制度、经济制度等尚未完全建立,或者已经建立但在执行层面尚存在缺陷进而导致制度虚设。从此角度来看,劳资冲突失范理论便处于这一象限之内。另外,中国已经建立的最低工资制度和尚未完全建立的集体谈判制度也处于这一象限之中。

（2）权力失衡。指劳资双方的力量对比不平衡、存在悬殊,主要表现为"资强劳弱"。由此,解释劳资冲突原因的产业关系视角正处于这一象限。

（3）企业管理策略与方式。即雇主(或代表雇主的管理层)采取的管理策略与方式,包括人力资源管理策略(如薪酬策略、解聘策略、工作丰富化等)、生产场所的管理策略(如工作场所环境等)、雇主或管理者对待雇员的行为与态度(如辱虐式管理行为等)。当这些管理策略和方式不利于雇员或者有失公平公正时,劳资冲突就很容易发生。由此,从这方面来看,对劳资冲突进行解释的人力资源视角、组织公正视角等都处于这一象限之中。

（4）心理契约违背。主要指员工的心理契约违背。心理契约违背视角与公平理论视角都处于这一象限之中。通过建立劳资冲突源矩阵,本部分研究将导致劳资冲突的前因与解释理论进行了系统归类和总结。

此外,劳资冲突源矩阵不仅可以梳理、划分劳资冲突源的前因,还可以解释导致劳资冲突的各种冲突源之间的内在联系。具体如下:

（1）制度缺失与虚设是导致劳资双方权力失衡的重要原因,制度缺失与虚设会影响企业的管理策略与行为,也会影响雇员的心理契约。具体来说,集体谈判制度是劳资双方平等对话的一个重要保证,这一制度的缺失是中国现阶段企业劳资双方权力失衡、劳资冲突多发的一个重要原因。另外,由于缺乏劳资双方的集体谈判,雇员在与雇主对话的过程中,一直处于弱势地位,这样企业在采取管理策略时相对侧重于自身利益,较少顾及雇员利益。例如,在新《劳动合同法》颁布之后,中国企业的管理策略、方式与这一法律颁布之前相比,存在着很大差异;同时,雇员的心理契约也随着这一法律颁布而发生了较大变化,员工更期望通过法律来维护自身合法利益,这也说明制度变化会导致员工心理契约的变化。

（2）劳资双方的权力失衡会影响企业的管理策略与方式,也会影响雇员的心理契约。在"资强劳弱"的局面下,企业的管理策略与方式很少会与雇员协商,雇员也很少有参与企业决策的想法,即使有也很难参与实际的企业决策。另外,在"资强劳弱"的局面下,雇员对于参与企业决策的期望也较弱。

（3）企业管理策略与行为会影响雇员的心理契约。无论企业采取何种不利于雇员自身利益的管理策略与管理方式,根据心理契约理论,这都会引起雇员心理契约的变化,甚至导致雇员的心理契约违背。

2. 劳资冲突的维度研究

已有研究往往把劳资冲突作为一个整体,分析导致劳资冲突的前因、后果、表现形式及理论解释。目前，还没有学者将劳资冲突视为一个独立的变量，这也导致无法对劳资冲突进行定量研究。由此，探讨劳资冲突的维度问题，将为劳资冲突定量化研究打下基础。当前，对于劳资冲突的维度研究，学者们很少涉及。在澳大利亚和英国，权利冲突与利益冲突之间并没有区别；在法国、意大利及其他国家和地区，权利冲突会进一步被区分为个别冲突和集体冲突。在一般情况下，不同的和解程序适用于不同形态的争议，在某些国家和地区只有利益冲突能导致合法的罢工或其他形式制裁的发生，权利冲突只能以劳工法庭或类似的具有约束力的机构来解决。尽管并不能够清晰地区分权利冲突和利益冲突，然而却有必要对这2个概念进行区分，因为这是劳动仲裁过程中一个经常被提到的极其重要的因素。在法学研究中，任广浩等(2004)认为，利益冲突是不同的利益主体在争取利益实现的过程中所产生的冲突，是人们之间利益矛盾发展的外在表现。权利冲突的实质是利益的冲突和价值的冲突。权利的核心是利益，利益附着在不同的主体上形成了不同的权利类型。在雇佣关系的研究中，Devinatz等(1997)认为，在雇佣关系中，雇主与雇员主要存在以下2种类型的冲突：① 利益冲突，指雇主与雇员就雇员的就业条款与条件产生的冲突。例如，在集体协议的协商过程中，雇主与雇员都希望形成更符合自身利益的条款。② 权利冲突，指对已经建立的法律或规则在应用和解释时产生的冲突。例如，当雇员或雇主一方声明之前的集体协议或工作规范是违法的，或一方的权利没有得到尊重时，权利冲突就产生了。在集体谈判中，这2种类型的冲突是非常明显的，即利益诉求主要是减少不公正待遇、消除歧视政策、提高工资水平等，而权利诉求主要包括改善员工的工作条件、改组工会等。根据上述分析，有必要将权利冲突和利益冲突视为劳资冲突的2个维度。

另外，在雇佣关系研究中，权利冲突与利益冲突都属于显性的劳资冲突。本部分研究认为，利益冲突是指雇主与雇员(或两者的组织)之间在争取自身利益和实现的过程中产生的不一致或相反的行为；权利冲突是指雇主与雇员(或两者的组织)之间对于涉及自身权利的解释，以及争取过程中产生的不一致或相反的行为。根据本部分研究对劳资冲突的定义，权利冲突与利益冲突2个维度并不足以涵盖劳资冲突的整个内涵。权利冲突与利益冲突主要基于西方雇佣关系以及工会的研究，强调的是在工会作用下集体谈判过程中的2种劳资冲突类型。权利冲突与利益冲突表示的都是外在的因素，属于显性的劳资冲突。由此，在研究劳资冲突的维度时，需要将雇员心理上或情感上的冲突纳入其中。在中国现实企业情境中，存在员工工作倦怠、工作松懈、工作低效等现象；也存在雇主或代表雇主的管理者对雇员的歧视、偏见、冷落等现象，这都属于隐性冲突的范畴。鉴于此，研究劳资冲突的维度还应该包含情感冲突。结合劳资冲突的定义，即劳资冲突是指雇主与雇员(或两者的组织)之间在权利、利益或情感上无法协调而产生的不一致行为或心理状态。本部分研究认为，情感冲突也属于劳资冲突的一个维度，是指雇主或雇员因对对方行为上或言语上的不满而产生的叛逆或对立的心理状态，表现为员工的工作倦怠、雇主(管理者)对员工的歧视等。

综上，劳资冲突源矩阵模型为理解劳资冲突的前因、表现形式和理论解释提供了一个综合性的框架。该模型不仅能够很好地解释导致劳资冲突的前因,阐释其背后的解释理论,还能很好地分析与解释这些冲突源的内在联系。此外,本部分研究提出的劳资冲突的 3 个维度,即权利冲突、利益冲突和情感冲突,拓宽了未来有关劳资冲突定量研究的理论视角,为劳资冲突量表的开发以及后续的研究奠定了理论基础。

二、雇佣关系研究述评

(一) 研究背景

作为最重要的社会关系之一,雇佣关系即雇主与雇员之间的关系,对现代组织的生存和发展至关重要。作为雇佣关系研究中不可或缺的部分,员工—组织关系(Employee Organization Relationship,EOR)对丰富雇佣关系研究提供了一个重要切入点。EOR 是当前组织行为学研究的一个重要议题,反映了员工与所在组织在内部管理中的关系状态。不仅关系到员工的切身利益,同时还会对组织绩效、创新等诸多方面产生重要影响。基于人力资源管理视角,现有研究主要从以下不同角度对雇佣关系进行了探讨:① 雇员角度。该角度的研究主要分析雇员对雇主的诱因和期望的感知,认为雇佣关系即员工与组织间的心理契约。所谓心理契约是指在员工与组织互动和相互交换过程中,员工对于组织责任的内容和履行结果的一种主观感受,是正式契约的细化和扩展,以及员工对组织责任的一种主观上的期望。相较于正式的雇佣契约和合同,心理契约强调员工与组织关系中内隐的、非正式的、未公开说明的相互期望。目前,心理契约已被广泛界定为员工对于自己与组织之间互惠责任的理解,缺乏组织视角的考察。这种理解的基础是员工感知的来自组织的承诺,但组织的代理人未必认可这些责任和义务。② 雇主角度。该角度的研究主要探究组织对提供的诱因和期望的贡献的感知,认为雇佣关系即 EOR,是组织对员工的投资与员工对组织的贡献之间的社会交换关系。例如,Tsui 等(2013)提出了基于激励—贡献模型的 EOR 模型。20 世纪 90 年代以来,雇主视角的 EOR 研究逐渐成为组织管理学者研究的热点话题。相较于心理契约的研究,目前国内外学者对于 EOR 的研究比较零散,缺乏系统性的梳理和总结。鉴于此,深入探讨其概念内涵、测量方法和影响因素对于丰富雇佣关系的研究非常重要。在经济社会转型和全球化进程中,中国企业的雇佣关系发生了急剧变化,由传统计划经济体制下的单一雇佣模式逐渐转变为市场经济环境中多种模式并存的局面,导致组织结构和管理方式日趋多样化,对雇佣关系管理和组织发展提出了新的挑战。基于心理契约的雇佣关系研究强调员工内隐的心理感知和期望,但员工的心理过程和变化较难及时准确地把握。因此,从雇主角度出发,研究 EOR 的发展变化是当前中国经济社会转型过程中的一个非常重要的课题。近年来,国内企业一些重大雇佣关系事件(如"富士康 13 连跳"和"广东佛山本田工人罢工"等),不仅反映出当前中国 EOR 日益紧张的局面,也给当下员工成长、企业发展,以及社会安定敲响了警钟。EOR 的发展变化也成为企业、社会关注的焦点。基于此,本节研究以雇主视角的雇佣关系研究为出发点,梳理了国内外关于 EOR 的最新文献,从概念界定、测量、影响因素、作用机制和影响结果这几个方面对现有文献进行梳理,旨在对国内外有关 EOR 的研究进行全面总结,以期对未来研究提供借鉴和参考。

(二) EOR 的内涵概念

1. EOR 的研究起源与发展

EOR 的研究起源于 Barnard(1938),他提出雇佣关系是雇主提供的诱因与期望雇员做出的贡献之间的交换。这种交换包括提供的诱因(如工资、福利和工作权限等)和获得相应回报的数量和质量,组织的成功依赖于对这种交换关系的管理。March 等(1958)发展了 Barnard(1938)关于"交换"的观点,提出"诱因—贡献"模型,认为雇佣关系是组织诱因和员工贡献之间的相互交换。在此基础上,Tsui 等(2013)从雇主视角出发,将 EOR 定义为雇主与雇员之间的正式与非正式的、经济的、文化的和心理上的联系。Shore 等(2004,2009)综合了 EOR 的相关研究,提出一个比较宽泛综合的概念,既包括个体层面的心理契约,也包括组织层面的雇佣关系。虽然学者们对于 EOR 的定义各有侧重,但是综合而言,对于 EOR 的理解主要体现在员工与组织之间均衡的相互交换。EOR 的发展使该概念所包含的内容越来越宽泛,既包括了个体层面也涵盖了组织层面的因素。基于不同的理论视角,学者对 EOR 的内涵有着不同的认识和理解。例如,Hon(1999)从组织公共关系视角出发,将 EOR 视为组织公共关系中的一种类型,认为 EOR 是动态的、可测量的,并构建了包括满意度、信任、承诺、相互控制、交换关系和共同关系 6 个维度的理论模型。Mastersom(2003)从员工与组织双方相互关系的整体出发,提出了感知到的组织成员关系这样一种新型的 EOR 框架,包括需求满足、被重视和归属 3 个维度。国内也有部分学者从新的视角和内容来界定 EOR。例如,陈维政等(2005)、吴继红等(2009)提出,EOR 涉及雇主和雇员双方,单从雇主或者雇员视角来刻画 EOR,难免顾此失彼,造成认知偏差,因此,应从员工与组织的双向视角来建立 EOR 模型。

2. EOR 的概念界定

基于不同的研究视角和研究层次,当前研究对 EOR 有不同的界定和称谓(如雇佣关系、雇佣关系模式、EOR 模式、激励—贡献模型、组织员工关系等)。有学者从企业或者更宏观的层面出发,将 EOR 等同于雇佣关系来研究。也有研究从企业内部视角,明确提出雇佣关系与 EOR 的差别,并严格按照概念上的差异来展开讨论。本部分研究从人力资源管理视角出发,采取 Tsui 等对 EOR 的界定。这一界定是基于雇主角度提出,更加符合管理学中对雇佣关系的探讨。基于该视角,现有文献中对雇佣关系模式、EOR 模式、激励—贡献模型的论述与 EOR 是同一概念的不同表述,我们不再进行区分,视为同一概念框架下的不同提法进行探讨和分析。Tsui 等(2013)进一步发展了激励—贡献模型,将 EOR 细分为以下两个维度,即 EOR 是组织对员工的激励与员工对组织的贡献之间的社会交换关系:① 期望的贡献,指雇主期望雇员在有利于企业确定的工作态度、行为和目标上的贡献。不仅包括完成工作职责之内的任务,还包括承担工作角色之外的职责(如组织公民行为等)。② 提供的激励,指雇主提供给雇员的经济和发展性的回报。不仅包括工资、奖金、福利等物质性报酬,也包括培训、晋升等发展性报酬。根据这两个维度,划分了 EOR 的 4 种类型:① 工作导向或准交易契约型。在期望贡献方面,雇主主要考察员工分内的工作表现,任务定义非常具体;在提供报酬方面,雇主侧重短期投资,劳动保障低。② 组织导向或相互投资型。在期望贡献方面,工作定义宽泛,雇主不仅考察员工分内工作表现,还要看分外表现;在提供诱因方面,雇主给予长期投资,劳动保障程度高。③ 过度投资型。在提供报酬方面,雇主给予雇员长期投资并给予高劳动保障,但对雇员的期望贡献则非常具体。④ 投资不足型。雇主期望雇员提供宽泛的承诺和长期的贡献,但仅提供雇员短期的经济回报,劳动保障也低。前两种是平衡交换,后两种是不平衡的交换(见表 3.2.1)。

表 3.2.1　基于激励—贡献模型的 EOR 类型

提供的激励	期望的贡献	
	低/窄	高/广
低/窄	工作导向型	投资不足型
高/广	过度投资型	组织导向型

资料来源:Tusi 等(1997)。

3. EOR 的理论基础

虽然 EOR 的内涵和外延随时代发展不断演变,但是 EOR 的理论基础和分析框架没有发生变化,即都是以社会交换理论为基础。Barnard(1938)最早运用社会交换理论来研究雇佣关系,提出组织是一个协作系统,员工的贡献是对组织诱因的回报,但其并没有探讨这种交换关系的内涵和形式。Blau 正式提出社会交换理论。自此,学术界开始用社会交换理论来研究员工与组织关系。该理论提出,EOR 本质上是组织与员工之间的相互交换关系,包括社会交换和经济交换两个方面,具有关系、互惠和交换 3 个基本特点。其中,互惠是 EOR 中最基本的原则,即是否提供回报的感知取决于能否在与对方的互动中获得相应的补偿和资源。社会交换和经济交换既紧密相关,在性质和具体内容上又存在显著差异。社会交换更加关注双方在情感和精神上的互动,因此难以对双方的责任和义务做出明确规定,而经济交换则强调以清晰的责任与义务来规范双方各自所应承担的职责。社会交换理论的研究重点之一是交换关系的均衡性,即在交换关系中,双方承担的责任与义务是否匹配和均衡。在均衡的交换关系中,双方的责任与义务是相对应的,当员工做出了具体的贡献,就会对组织产生相应的回报期望。此外,组织提供了相应的激励,员工就会自发形成对组织的责任感，从而做出相应的贡献。如果双方产生不对等交换，则可能导致另一方的负面态度和行为，导致 EOR 冲突。EOR 研究不仅强调组织与员工之间的相互交换，更关注在交换关系中双方的主观感知。不同雇佣关系理论的主要区别就在于对认知主体的认定，即基于雇佣关系中的认知主体是组织还是员工或者是组织与员工双方，因此，雇佣关系研究形成了不同的理论和视角。除了社会交换理论，随着 EOR 的不断深入，学者们也尝试引入新的理论和视角来对 EOR 进行研究。

（三）EOR 的维度与测量

目前，学术界最具代表性的 EOR 量表由 Tsui 等（2013）编制。该量表是早期研究者测量 EOR 的主要工具，以中层管理者为研究样本，分为以下两个维度，共 7 个题项：① 期望的贡献，指通过雇主采取的鼓励雇员聚焦于工作绩效的人力资源实践的程度来进行测量，包含 3 个题项的人力资源实践，分别是"根据单位绩效来评价员工""根据单位绩效来奖励员工""聚焦于员工的工作团队和工作单元来设定绩效目标和标准"。② 提供的激励，指通过雇主提供给雇员的培训和雇佣安全的程度来测量，包含 4 个题项的人力资源实践，分别是"培训员工能够适应未来工作和职业发展所需的技能""给员工提供职业咨询和规划帮助""保证员工的职业安全""空缺职位进行内部招聘"。采取主管测评的方式，主管需要根据每个题项内容在公司雇员身上实施的程度进行评分。经过测量，期望的贡献和提供的激励这两个维度上的 Cornbach's α 值分别为 0.79 和 0.76。除了 Tsui 等（2013）开发的量表以外，Hon（1999）开发的 EOR 质量量表也被一些学者使用。该量表借用了公共关系中对于关系的定义，将 EOR 质量细分为满意度、信任、承诺、相互控制、交换关系和共同关系 6 个维度。采用 Likert 7 点法进行测评。每个维度包括 5 个题项，如"我在公司工作非常开心"等。

为提高测量的信效度和在中国情境下的适用性，Wang 等（2003）进一步发展了 EOR 量表，将两个维度的测量共扩展至 29 个题项。在期望的贡献这个维度上，包括专业管理职责 10 个题项和个人工作道德 5 个题项。仍然选取中层管理者作为组织方的代表进行测量，中层管理者需要客观反映企业对其一系列工作期望（如在工作中的新想法和新方法）的重视程度。在提供的激励这个维度上设计了 14 个题项，其中包括发展性回报 10 个题项和物质性回报 4 个题项。中层管理者需要客观反映公司对中层管理者提供或者补充一系列实践（如给经理提供展示才华的机会）的程度。对量表进行的验证性因子分析证实了对于雇主与雇员双方贡献和激励 4 个维度的划分，并且数据表明有较好的拟合优度。这 4 个维度的 Cornbach's α 值均在 0.71～0.92 之间，处于可以接受的范围内。之后，国内的研究者在研究 EOR 时，虽然具体的条目内容和数量存在一些差异，但是基本上以文献编制的量表为基础。Hom 等（2009）重新修订了 Wang 等（2003）的量表。在提供的激励这个维度上，增加了 5 个题项，总共 19 个题项，其他题项仍沿用了之前的设计。王端旭等（2011）的研究发现，企业对科技人才提供的激励和期望的贡献都是多维度的概念。企业对科技人才提供的激励包括尊重科技人才、个人成长和物质回报 3 个维度,企业对科技人才期望的贡献有专业素质、认同组织和奉献精神 3 个维度,这与 Tsui 等的研究在"物质性报酬""发展性报酬"和"职业化管理行为""个人工作态度"维度的内容具有相似之处;但科技人才更在意企业对自己的尊重,企业期望科技人才认同组织等研究发现与 Tsni 等不同。王端旭等的研究表明,企业对科技人才和中层管理者提供的回报和期望的贡献确实存在差异。这拓展了雇佣关系领域研究对象和内容维度上的研究。为了使测量更好地与高科技组织的一线员工相契合,Jia 等 (2014)结合 Wang 等(2003)和 Hom 等(2009)的研究中对中层管理者期待的贡献和提供的激励的测量,对 EOR 的测量进行了修正。因子分析的结果表明,其编制的新问卷与 Wang 等(2003)和 Hom 等(2009)的测量具有结构上的一致性。提供的激励维度包含发展性和物质性回报的因素,期望的贡献维度包含角色内和角色外的工作要求两个因素。提供的激励子维度的 Cornbach's α 值为 0.90,期望的贡献子维度的 Cornbach's α 值为 0.92。

综合而言,Tsui 等(2013)开创性地提出并开发 EOR 的测量量表,为 EOR 研究奠定了基础,所提出的测量结构也一直被国内外学者所采纳。Wang 等(2003)基于中国情境开发的 EOR 测量量表基本上确定了 EOR 的主要测量内容,为国内进一步研究提供了可行方案。王端旭等将测量对象由中层管理者扩展至科技人才,开发并验证了科技人才在提供的激励和期望的贡献上的不同内容维度,丰富了 EOR 的测量对象和内容。Jia 等(2014)开发出针对高科技企业的团队测量方式,丰富了 EOR 在团队层面的测量。然而,作为一个独立性的构念,学者们对于 EOR 具体内容的研究还没有达成共识,未来还需要更多的研究来探讨 EOR 的有效测量。

(四) EOR 的影响因素

在对 EOR 影响因素的研究中,学者们主要从企业内部特征与领导者特征两个方面进行了分析。

在企业内部特征方面,现有研究主要探讨了人力资源管理特征、所有权结构、组织层级结构对 EOR 的影响。赵曙明等(2016)提出,企业 EOR 模式是基于企业自身人力资源管理重要性与能力选择的结果。人力资源管理在企业中的相对重要性越高、人力资源部门的能力越强,企业越会选择组织导向型 EOR 模式;相反,企业则会倾向于选择工作导向型 EOR 模式。张一弛(2004)的研究发现,在为经理人员提供的职业化管理和发展性报酬方面,传统国有企业显著低于非国有企业,但是在经理人员具有良好的工作态度方面,传统国有企业显著高于非国有企业;而在为经理人员提供的物质性报酬方面,传统国有企业和民营企业都显著低于外资企业。Kim(2007)根据组织的集权程度、组织层级的不同将组织结构分为机械结构和有机结构,并提出机械结构与 EOR 负相关,有机结构与 EOR 正相关,非对称性的内部沟通与 EOR 负相关。

在领导者特征方面,康力等(2011)的研究发现,与过度投资型 EOR 相比,领导成员交换对组织导向型 EOR 产生显著的正向影响,对工作导向型 EOR 产生显著的负向影响。Men 等(2014)提出组织的领导方式,即真实型领导会影响到组织内部沟通系统的有效性,从而对 EOR 产生影响。而员工感知到以时间为基础的工作—生活冲突与 EOR 质量负相关,直接主管的变革性领导行为与 EOR 质量正相关。

什么因素影响企业选择 EOR 模式? 这是 EOR 研究首先面临的问题。以上对于 EOR 影响因素的研究主要是从组织内部视角,对处在动态变化下 EOR 所面临的一些新的挑战和问题进行了探讨,对于外部因素的探讨暂时还比较缺乏,而且大多是学者们基于理论层面的探讨,鲜有实证研究进一步验证和深入分析。在个体层面,对于领导成员关系和领导类型的探讨,尚处于探索阶段,成果较少。对 EOR 前因变量的探讨将是未来研究的一个重要方向和突破点。

(五) EOR 作用结果和作用机制

1. 作用结果

学术界对于 EOR 结果变量的研究相对比较丰富。EOR 不仅对员工的态度、行为和绩效有重要影响,也对组织氛围、组织绩效和创造力等方面意义重大。

(1) 员工个体层面

① 员工态度

对于员工态度,学者们主要关注组织信任、组织承诺(情感承诺)、离职意愿等,且研究结果具有较大的一致性。当采用组织导向型 EOR 时,中层经理对组织的信任感最高,而当采取工作导向型时,中层经理对于组织的信任感最低。Tsui 等(2013)、Song 等(2008)、Hom 等(2009)的研究也发现,组织导向型 EOR 与组织承诺(情感承诺)呈正向关系,而工作导向型 EOR 对组织承诺(情感承诺)有负向影响。且与其他 3 种 EOR 模式相比,实施组织导向型 EOR 模式的企业,员工的身心健康程度、职业幸福感和工作满意度都更高,且离职意愿最低;工作导向型关系中员工(管理人员)离职的意愿最高。

② 员工行为

在组织公民行为、员工创造性(创新)等员工行为方面,Tsui 等(2013)和 Song 等(2008)的研究表明,组织导向型的 EOR 与员工组织公民行为正相关,而工作导向型的 EOR 与员工组织公民行为负相关。众多文献对 EOR 与员工创新行为的研究结论基本上是一致的,即相对于其他 3 种类型,组织导向型 EOR 模式下的员工创造性或创新行为是最高的,两者之间呈现正相关关系;而工作导向型 EOR 的员工创造性或创新行为是最低的,两者之间呈现负相关关系。另外,有研究表明,相比于投资不足型与工作导向型 EOR 模式,组织导向型与过度投资型更有利于员工的职业成长,员工也具有更多的助人行为。

③ 员工绩效

Tsui 等(2013)通过实证研究验证了 4 种不同的 EOR 模式对员工态度和行为的影响。与投资不足和工作导向型 EOR 相比,组织导向和过度投资型的 EOR 中员工表现出更高的本职工作绩效。另外,Song 等(2008)、Shin(2011)和 Zhang 等(2008)研究发现,组织导向型的 EOR 与员工任务绩效正相关,而工作导向型的 EOR 与员工任务绩效负相关。

(2) 团队和组织层面

相比于个体层面,学者对于 EOR 团队和组织层面的研究较少。Wang 等(2003)验证了中国情境下 EOR 与公司绩效的关系,采取组织导向型 EOR 的公司比采取其他 3 种 EOR 的公司具有更高的绩效。采取组织导向型 EOR 的组织具有最高的组织创新气氛,而采取工作导向型 EOR 的组织创新气氛最低。

Jia 等(2014)从社会结构视角出发,探讨了 EOR 与团队创造力之间的关系。基于中国高科技企业的调研数据发现,采用组织导向型 EOR 模式的团队比采取其他 3 种模式的团队具有更高的创造力。除此以外,采用组织导向型 EOR 模式的企业团队群体效能感和群体公民行为均更高,其劳资和谐程度和企业声誉也更高。

无论是个体层面、团队层面还是组织层面,众多的研究结果几乎一致地表明,组织导向型 EOR 模式要优于其他 3 种类型的 EOR 模式。但是从中国的企业实践来看,大多数企业所采用的是投资不足或者工作导向型的 EOR 模式,员工与组织之间的雇佣关系仅仅基于物质激励。目前,尚未有理论能够对这一现象做出合理解释。Tsui 等(2013)的 EOR 模型是在美国文化背景下针对美国企业的雇主和雇员构建的。对于中国企业而言,美国情境下的最优模式并不一定适用于中国当前的企业实践,在何种情况下组织导向型 EOR 模式并非最优甚至可能并不合适呢? 这些问题都值得学者们在研究雇佣关系的过程中进行深入思考。

2. 作用机制

学者们对于 EOR 作用机制的探讨存在较大的差异。所采用的中介变量主要集中在 3 个方面,即交换关系、员工个体特征和组织特征,而调节变量的选择则集中在组织和员工特征上。

(1) 中介变量

在有关结果变量的研究中,交换关系是采用较多的一类中介变量。Song 等(2008)检验了社会交换和经济交换感知在 EOR 对员工情感承诺和任务绩效中的中介作用。有研究表明,员工对于社会交换关系的感知中介了组织导向型 EOR 与员工承诺、任务绩效之间的正向关系;而对于经济交换关系的感知则部分中介了工作导向型 EOR 与员工承诺、组织公民行为之间的负向关系。同样,Hom 等(2009)的研究表明,社会交换在过度投资型和组织导向型 EOR 与员工感情承诺的关系中起完全中介作用。另外,Shin(2011)采用了雇主提供的诱因这个维度,在韩国情境下考察了社会交换和积极情绪的中介作用,发现社会交换中介了提供的诱因与组织承诺之间的正向关系;社会交换中介了组织诱因对组织变革的常规承诺和情感承诺的正向影响。员工感知到的组织诱因越高,就会有更多的积极情绪体验和更高的社会交换感知,反过来他们对组织变革的常规和情感承诺水平越高。与西方学术界对社会交换理论的倡导不同，朱苏丽等（2015）基于中国文化特色，提出并验证了中国企业中高度融合的类亲情交换关系，拓展了社会交换理论在中国企业实践中的独特内容。

员工个体特征是 EOR 与其结果变量的重要中介。例如，Hom 等（2009）研究了工作嵌入在 EOR 与员工（管理人员）离职意愿之间的中介作用。郭桂梅（2011）的研究表明，内在动机中介了 EOR 模式与员工创造力之间的关系。包玲玲等（2011）认为，员工基于组织的自尊在组织导向型和过度投资型 EOR 模式与助人行为之间发挥完全中介作用。Shin（2011）发现，组织变革过程中的正面情绪中介了组织诱因对组织变革的常规承诺和情感承诺产生的正向影响；同时，组织变革的常规承诺和情感承诺与组织变革的行为支持和创造性支持正相关，与离职行为负相关。俞明传等（2014）的研究表明，心理所有权在 EOR 与创新行为之间起中介作用；徐燕等（2012）认为，组织支持感在组织导向型 EOR、过度投资型 EOR 和职业成长之间具有部分中介作用，在工作导向型 EOR 与薪酬增长之间具有完全中介作用。康力认为，组织创新气氛在 EOR 与员工创新行为之间起部分中介作用。Jia 等（2014）提出，工作相关的交流密度会中介员工组织关系与团队创造力的关系，对于组织导向型的 EOR 模式，这种中介效应最强。

（2）调节变量

① 组织层面

Wang 等（2003）发现，公司的所有权结构会调节 EOR 与组织绩效之间的关系。在国有和外资企业中，组织导向型 EOR 与公司绩效正相关；但是在私营企业，二者是负相关关系。此外，如果公司采取前瞻战略或者是本土私有企业，则投资不足型 EOR 更能给公司带来竞争优势；相比于国有或外资企业，当本土私有公司对其中层管理者采取投资不足型 EOR 时，公司绩效最高。在 EOR 与团队创造力的研究中，Jia 等（2014）发现，任务的复杂性正向调节 EOR 与团队创造力之间的关系。当任务复杂性比较高时，EOR 与团队创造力之间的关系会更强。

② 个体层面

Zhang 等（2008）的研究表明，员工个体的传统性会正向调节提供的激励和员工的反应之间的关系，相比于传统性较弱的中层管理者，传统性较强的中层管理者对于高水平的组织投资会有更高的绩效和承诺水平。传统性会负向调节中层管理者的反应和期望的贡献之间的关系。而且个体的传统性文化价值观也会调节组织导向型和过度投资型 EOR 模式与基于组织自尊之间的关系。Zhang 等（2008）研究认为，感知到的上级支持感会增强组织导向型 EOR 与中层经理的信任感之间的正向关系；感知到的上级支持感会减弱工作导向型 EOR 对中层经理的信任感的负向作用。Shin（2011）基于中国台湾企业的研究表明，领导成员交换关系调节了组织导向型的 EOR 与员工工作绩效之间的关系。

③ 作用机制方面

目前，国外研究主要从社会交换理论以及衍生出来的相关概念出发，来探讨 EOR

对于员工态度、行为和绩效的影响。除了应用社会交换这个核心理论,国内学者试图从社会结构理论、社会认知理论的新角度来诠释 EOR,结合中国企业的数据资料开展了大量的调查研究,丰富了 EOR 的研究视角和实证研究成果。

(六) EOR 研究框架与方向

1. 研究框架

综合以上分析,给出 EOR 研究的大致框架(见图 3.2.1)。

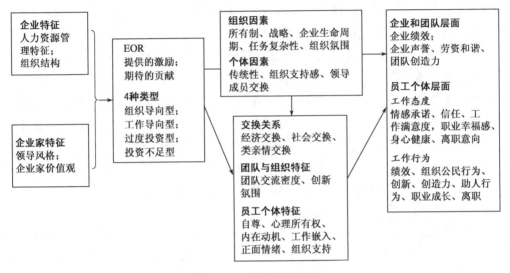

图 3.2.1 EOR 研究框架

2. 研究方向

EOR 贯穿于员工关系、领导关系、组织绩效、创新等多个方面,已成为雇佣关系研究中的又一热点。近 10 年来国内外学者贡献了许多开创性和前瞻性的研究成果,推动了 EOR 研究的不断深入。然而,仍需要结合中国转型经济的具体情境、研究内容和视角等,以在此方面进一步深化和完善研究。

(1) 加强探讨 EOR 前因的研究

现有研究主要探讨 EOR 对企业绩效和员工态度行为等结果的影响,鲜有研究探讨 EOR 的前因(受哪些因素的影响)。企业的 EOR 是一种社会和政治过程,受到企业内外部许多因素的影响,并且是多个利益集团(如雇主、雇员、政府等)互动的结果。中国企业的社会、政治等情境特征,以及各利益集团之间的关系与西方企业所面临的并不相同。例如,法律环境、劳动力市场特征、工会和党组织在企业中的作用,这些都是中国企业所面临的特有情境。哪些情境因素影响中国企业 EOR 的选择? 中国特有的情境因素(如工会、党群组织等)如何影响企业的 EOR? 鉴于此,不管是从知识的积累还是实践的需要来看,探究中国情境下 EOR 的前因,是极为必要的。这方面的研究可以归纳为以下几个方面：① 企业特征因素，包括企业的战略、所有制、生命周期、企业规模、组织结构和组织文化等；② 企业家和高管特征因素，包括企业家的个人背景，比如 CEO 个人背景，高管团队的特征及其价值观等；③ 企业人力资源管理特征，比如企业人力资源管理实践等。此外，企业采用的 EOR 类型可能会受到企业特征、环境和员工职业特征的影响，因此，需要检验在组织与员工的雇佣关系中，员工的类型是否是这种交易关系性质的一个重要决定因素。

（2）加强 EOR 对社会、企业和员工的人文福祉效果的研究

现有研究 EOR 的效果主要关注绩效、创造力等经济方面的效果。当前，组织与管理学界正在提倡打造具有同情心的学术团体。具有同情心的组织与管理学术研究是指管理学研究不能只关注组织和员工的绩效，还应关注其人文福祉效果。许多学者认为，过分强调经济逻辑而忽视文化与政治逻辑，将会导致经济灾难甚至战争。2012 年，党的十八大明确提出"经济建设、政治建设、文化建设、社会建设和生态文明建设五位一体的总体布局"，建设"社会主义和谐社会"。在强调经济建设的同时，党和政府越来越多地把精力和优先权放在文化、政治、社会和生态文明建设上。诸如劳资和谐、企业社会责任、员工幸福等社会、企业和员工的人文福祉正是和谐社会的重要表征。那么，企业中 EOR 模式对社会、企业和员工的人文福祉有何影响？不同 EOR 模式存在着不同的影响效果吗？由此，还需要注重研究 EOR 的人文福祉效果。

（3）加强 EOR 情境因素的研究

现有的理论和实证研究表明，产业技术特征、竞争结构、发展阶段等产业因素会对企业 EOR 模式产生影响。例如，在技术更新换代特别快的行业如高科技行业，企业为了增值人力资本以实现可持续竞争优势，更倾向于采用组织导向型 EOR 模式。但是在技术稳定的行业如代工行业，企业追求的是如何最优化配置各种生产要素，从而实现最高规模经济，人力资源作为生产要素中的一种，只是为了使其他生产要素功效最大化，雇佣双方权责义务界定得十分清晰，因此，企业更倾向于采用工作导向型 EOR 模式。行业竞争激烈程度与 EOR 模式之间的关系可能更为复杂，且还受其他情境因素的影响。例如，中国情境下在竞争激烈的代工行业中，像富士康这样的行业龙头采用的是工作导向型 EOR，但是在竞争同样激烈的通信器材行业中，像华为、中兴等企业则采用的是组织导向型 EOR。产业发展阶段与 EOR 模式的关系也较为复杂，可能受到不同情境因素的影响。总体而言，在产业发展初期，企业主要采取单一型 EOR 模式；在产业发展成熟期，人力资本价值性、稀缺性、可替代性等因素将企业内部细分出不同类型的岗位，因此，主要采取混合型 EOR 模式。除了产业特征等情境因素外，研究还需要关注企业的内外部环境等情境因素对于 EOR 的影响。外部情境因素有劳动法、工会、党组织、集体谈判等制度因素；内部情境因素有企业规模、生命周期、所有制等企业特征类因素，以及企业文化、组织结构、组织氛围等组织因素。

（4）运用多种研究方法拓展对 EOR 的跨层次研究

现有研究多集中于个体层面，探讨 EOR 对于员工个体态度和行为的影响。通过

梳理,不难发现团队和组织层面的研究相对较少,而且涉及的变量比较少,应该着眼于探索适合中国经济社会发展情境的新思路和新方法。在实证研究方面,一方面通过大样本调查建立企业 EOR 数据库,并进行实时跟踪,研究 EOR 的发展变化过程;另一方面,通过深入的案例研究,探讨不同企业 EOR 模式背后的原因和机理。将理论研究与实证研究相结合,强化 EOR 在领导层面、团队层面和组织层面结果变量的深入探讨,以丰富 EOR 的跨层次研究。同时,现阶段的学者主要是从交换关系、认知和情感因素来探讨 EOR 发生作用的中介机制,而以交换关系和内在动机作为中介变量的研究较多,鉴于此,可以进一步深化对其他中介变量的研究(如心理安全、组织信任)。另外,现有研究主要是探讨 EOR 的正面影响,那么 EOR 是否会造成员工的负面影响,如组织过高地期望员工做出贡献是否会给员工造成心理压力? 这一方面也值得进一步探讨。此外,除了应用社会交换理论来解释 EOR 的中介机制,还可从社会认知理论和社会结构理论等其他理论出发来探讨 EOR。

(5) 加强 EOR 的本土研究和跨文化研究

EOR 是基于西方的文化背景提出和展开的,在中国这种倡导奉献和集体主义的文化中,EOR 是否有所不同? 在西方文化背景下开发出来的测量量表和工具是否适用于中国情境? 对 EOR 的前因和结果变量的探讨是否存在着中西方文化上的差异? 由此,从跨文化的视角,展开中西方文化背景下 EOR 的比较研究,也是丰富 EOR 研究的一个非常重要的方向。

一、人力资源管理重要性和能力对企业雇佣关系模式的影响

(一) 引言

自 20 世纪 80 年代以来,人力资源管理逐渐成为一门显学,人力资源管理在企业中的重要性越来越凸显,地位越来越高,企业也越来越强化人力资源管理能力的建设。中国的人力资源管理经历了从计划经济体制下的劳动人事管理向现代化企业人力资源管理的转变(赵曙明,2009)。随着企业人力资源管理重要性与人力资源管理能力的提升,中国企业的雇佣关系模式也发生了巨大的变化,出现多种雇佣模式并存的局面,如政府导向模式、工作导向模式、组织导向模式等,并取代传统计划经济体制下的单一雇佣模式(张一弛,等,2004;刘善仕,刘辉健,2008)。

雇佣关系是指雇主与雇员之间的关系,是企业决策的过程、雇主和雇员相互作用的结果,也是政治、经济、文化和技术等各种因素共同作用的产物(Lengnick-Hall, et al. , 2009; Kaufman, 2010; Osterman, 2011)。自雇佣关系模式提出以来,学者们一直从经济结果变量的角度进行研究,包括研究雇佣关系模式对企业绩效(Wang, et al. , 2003)、员工态度(Tsui, et al. , 1997; Hom, et al. , 2009; Song, et al. , 2010)、员工创造力(Jia, et al. , 2014)等结果变量的影响。另外,基于企业内部视角和基于行为学的人力资源管理学派探讨了雇主视角的员工—组织关系、雇佣模式、交换关系等,以及雇员视角的心理契约、组织支持、团队成员关系、领导—成员关系等,这些理论和实证研究对于理解雇佣关系模式的意义与影响具有重要的作用。这些研究十分丰富,却鲜有探讨雇佣关系模式的前因,即现有研究均将企业雇佣关系模式看作是给定的外生变量、企业政策实践,鲜有探讨诸如"为什么企业会选择不同雇佣关系模式""为什么存在多种多样的雇佣关系模式"等既具理论意义又具实践指导价值的问题。一些学者呼吁,必须在更高层次,诸如政治、经济、技术和文化因素,探究企业雇佣关系模式选择的前因及其效果(Huselid, 1995; Lengnick-Hall, et al. , 2009)。因而,无论从知识积累还是从实践

需要来看,探究中国情境下企业雇佣关系模式的前因,都是极其必要的。

本部分研究从资源依赖和能力视角出发,重点探讨人力资源管理在企业中的相对重要性以及人力资源管理部门的能力对于企业选择雇佣关系模式的影响。具体而言,依据人力资源管理重要性与能力两个维度,将企业人力资源管理分为四种类型,并探究这四种类型的人力资源管理对企业雇佣关系模式选择的影响。本部分研究有助于回答下述两个问题:第一,在不同企业中,人力资源管理的重要性以及人力资源管理部门能力存在差异,企业可能会实施不同的人力资源管理实践与政策,或者实施实践与政策的侧重点存在差异。Tsui 等(1997)认为,雇佣关系模式作为人力资源管理实践的具体体现,必然受到企业人力资源管理重要性与能力的影响。因此,本部分研究有助于回答:企业的人力资源管理重要性与能力如何对企业雇佣关系模式产生影响? 第二,无论对于提升企业整体绩效,还是提升员工工作绩效、改善工作态度和工作行为方面,现有绝大部分研究支持了相互投资型雇佣关系模式是最为有效的雇佣关系模式(Tsui, et al., 1997;Wang, et al., 2003;张一弛, 2004;Jia, et al., 2014)。然而,并非所有的企业都采用相互投资型雇佣关系模式(Tsui, et al., 1997;张一弛, 2004)。因此,本部分研究也有助于回答:为什么会存在多种多样的雇佣关系模式以及为何不同的企业采取不同的雇佣关系模式?

(二) 理论基础与假设提出

1. 企业人力资源管理的重要性与能力

如今全球性竞争日益激烈,企业内外部环境不断变化,寻找、开发和留住优秀人才已经成为企业成功的最关键因素,也是组织可持续发展的根本。为此,企业不仅需要帮助员工进行职业规划,为员工提供更为个性化的人力资源服务与产品,促进员工人力资本增值,提高员工的工作生活质量,帮助其实现工作价值与生活价值(赵曙明,2009),还需要提供富有挑战性的工作、富有竞争力的薪酬计划以及学习与发展机会(赵曙明,2011)。而这些都是企业人力资源管理的核心职责所在。因此,不断提高企业人力资源管理的职能地位与重要性,不断强化企业人力资源管理的能力建设显得尤为重要。

人力资源管理重要性是指与企业中其他各项职能相比,人力资源管理职能的重要性程度(Wei and Lau, 2005)。企业人力资源管理部门能否有效地实现其职能,帮助企业实现价值,取决于企业高层管理者是否能够充分地认识到人力资源管理的重要性(Budhwar, 2000)。要想实现上述职能与价值,企业高层管理者必须充分并明确地做出承诺,给予更多的(至少是相等的)资源来促进人力资源管理能够与企业其他业务职能共同发展(Mitsuhashi, et al., 2000)。根据资源依赖理论(Pfeffer and Salancik, 1978),资源是组织生存与发展的关键,企业人力资源管理的发展依赖于企业对于人力资源管理的资源投入。Kane 和 Palmer(1995)认为,高层管理者优先考虑的事情对于企业人力资源管理政策与实践有着重要的影响。那些掌握企业决策权的高层管理者越重视企业的人力资源管理,就越可能在企业人力资源管理上投入更多的时间、精力与资源(Tsui,1987)。因此,高层管理者在人力资源实践与预算分配上的选择,对于提升人力资源管理能力与有效性是至关重要的。企业人力资源管理能力是指企业人力资源管理在开发与实施人力资源管理实践、系统方面的综合能力,而这种能力又能够与企业的战略发展相匹配,并能够帮助企业实现战略目标(Wei and Lau,2005)。企业人力资源管理能力是其能否有效实现自身职能和帮助企业实现价值的另一个重要因素。基于能力视角,管理能力是一项重要的组织能力,一方面,能够通过获得管理业务资源来增加企业的价值;另一方面,也可以通过提供有价值的产品与服务来实现资源转移(Lado,et al.,1992)。而对于人力资源专业人员而言,Dutton和Ashford(1993)认为,他们的能力应该包括专业能力、业务相关能力以及人际相关能力;Han等(2006)则将人力资源专业人员能力进一步提升为职能专家、业务知识和管理变革。对于人力资源专业人员来说,这些能力有助于人力资源专业人员与高层管理者、一线的管理人员、企业员工进行有效的沟通和交流,也有助于他们更加有效地实现人力资源管理的职能与目标(Schuler,1990)。

综上,人力资源管理重要性与能力是影响企业采取何种人力资源管理实践内容的重要因素,企业人力资源管理相对重要性越高,人力资源管理部门与人力资源专业人员的能力越强,企业越有可能采取多样化、丰富化、系统化的人力资源管理实践与政策,人力资源管理部门也越能够将这些人力资源管理实践与政策落实到位。

2. 中国企业雇佣关系模式

目前,中国经济社会正处于转型时期和全球化过程中,多种所有制形式的企业并存发展,企业雇佣关系也从传统的单一模式转变为组织导向和工作导向等多种模式并存的局面。基于MaRch和Simon(1958)的"贡献—诱因"模型,并根据雇员与雇主之间的交换是否平衡以及交换的经济性或社会性,Tsui等(1997)把雇佣关系分为四种类型:工作导向或准现货契约型、组织导向或相互投资型、过度投资型,以及投资不足型。前两种是平衡交换,后两种是不平衡的交换。Wang等(2003)和Jia等(2014)将贡献与诱因进行了细化,期望贡献包括角色内绩效与角色外绩效;提供的诱因包括物质性奖励与发展性奖励。

从社会交换理论视角,Tsui等(1997)检验了雇佣关系与员工的工作态度和绩效的关系,研究表明,与投资不足型和工作导向型雇佣关系相比,在组织导向型和过度投资型的雇佣关系中,员工表现出更高的本职工作绩效、更多的组织公民行为和更高的组织承诺;按照Tsui等(1997)雇佣关系的概念框架,基于资源基础论视角,Wang等(2003)在中国背景下,从公司层面检验了雇佣关系与公司绩效的关系,研究表明,总体而言,采取组织导向型雇佣关系的公司比采取其他类型雇佣关系的公司表现出更好的绩效;张一弛(2004)基于Tsui等(1997)的"贡献—诱因"(或"激励—贡献")的四分法理论,在中国情境下研究了企业所有制类型(传统国有企业、外资企业以及民营企业)对企业所采用的雇佣关系模式的影响,并比较了这些所有制企业向企业经理人员提供的激励措施和期望他们做出的贡献方面的差异性。

根据前文分析,中国企业的雇佣关系模式主要存在四种类型:相互投资型(组织导向型)雇佣关系模式、投资不足型雇佣关系模式、过度投资型雇佣关系模式以及工作导向型(准现货契约型)雇佣关系模式。现有学者对于雇佣关系模式影响因素的研究,还只停留在企业特征变量与员工类型等较为简单的类别层面(张一弛,2004),缺乏更高层次、更为复杂的前因变量研究。

3. 企业人力资源管理重要性与能力对雇佣关系模式选择的影响

组织和员工之间的雇佣关系不仅体现为雇佣合同,而且表现为员工和组织之间形成的心理契约,因而雇佣关系不仅仅体现为雇佣关系理论中的劳动合同关系。由于这种雇佣关系更多表现在员工的心理和行为中,企业需要通过招聘、配置、考核、薪酬和培训等人力资源政策影响组织—员工关系的形成。人力资源管理实践对雇佣关系模式影响的研究,更多是从人力资源管理各个职能的变化着手,进而探讨其对雇佣关系模式的影响。按照 Beer(1984)的分析,人力资源管理系统主要分为四个子系统:员工影响、人力资源流动、奖励系统与工作体系。例如,在工作分析和设置方面,一些企业采取的策略是类似的,而规范的工作设计与设置使得员工的知识分布较为狭窄和集中;由于不同企业之间的工作设计与设置存在相似性,员工在工作中形成的知识能力具有一定的通用性,从而能够实现在企业之间的自由流动。如果员工离开某家企业后,他(她)就能够迅速从其他企业获得类似的工作岗位,而自身人力资本价值基本不会减少。这种情况下,员工与企业之间的相互依赖关系较弱(Lepak and Snell, 1999,Aoki, 2001),员工和组织建立的关系更多是一种交易式雇佣关系。与此同时,另外一些企业可能重视在职培训、工作轮换制度、工作丰富化。在这些企业中,通过在岗学习、在岗培训,员工逐渐获得较多的只适用于本企业的特殊技能与知识。员工和企业之间容易形成相互锁定的关系。一旦员工离开企业,其自身人力资本价值将大大减少。而如果企业解聘员工,企业也将丧失在员工身上的投资。因而,员工和组织之间容易建立较强的关系型雇佣关系(Cabello-Vledina, et al., 2011)。总之,不同类型的企业人力资源管理实践将会影响企业建立和形成不同的雇佣关系模式。采用高绩效工作系统实践的企业,由于其致力于全方位发展员工的素质,并且鼓励员工为企业做出各方面的贡献,其更加倾向于采用相互投资型雇佣关系模式;而采用外包人力资源管理实践的企业,由于其将企业对员工的要求和企业提供的报酬界定得很清楚,更加倾向于采用准现货契约型雇佣关系模式。

4. 假设提出

人力资源管理重要性与能力是影响企业采取何种人力资源管理实践内容的重要因素,而企业雇佣关系模式是企业人力资源管理实践的集合与体现,因而,企业人力资源管理重要性与能力是影响企业雇佣关系模式选择的重要因素。本部分根据企业人力资源管理相对重要性的高低与能力的强弱两个维度,将企业的人力资源管理划分为四种类型,并探讨这四种人力资源管理类型对于企业雇佣关系模式选择的影响。

具体而言,人力资源管理重要性低、能力弱的企业,高层管理者不重视企业的人力资源管理建设,企业人力资源管理部门获得的资金预算和资源投入少,缺少资源进行人力资源开发、培训,无力关心员工和提高员工福利等,给予员工的诱因或激励(如发展性奖励和物质性奖励)较少,并且无力关注员工对企业做出的贡献与回报(职业管理行为与良好工作态度)或者只提供一些简单、基本的人力资源服务;由于企业不重视人力资源管理,企业也不会对员工提出过高或超出合理范围的要求与期望,即期望员工做出的贡献(如职业管理行为与良好工作态度)也相对较低;人力资源管理部门没有能力和资源去强化与其他部门之间的合作、促进企业业务的提升。因此,人力资源管理能力弱、重要性低的企业,更有可能采取准现货契约(工作导向型)的雇佣关系模式。

人力资源管理重要性高、能力强的企业,高层管理者重视并关注企业人力资源管理建设,投入的资金预算和资源更多,人力资源管理部门拥有更多的资源用于企业的人力资源开发、培训和福利等方面,提供给企业员工的诱因也将更加丰富与多样化;企业人力资源管理部门能力强,人力资源专业人员拥有丰富的专业知识,熟悉企业业务,拥有较高的人际沟通能力和管理变革能力(Dutton and Ash-ford,1993;Han et al.,2006),就能够更加有效地利用所获得的资源更好更专业地服务员工;相应地,人力资源管理部门也期望员工提供相应的回报,为企业做出更多的贡献。因此,人力资源管理能力强、重要性高的企业更有可能采取相互投资型(组织导向型)的雇佣关系模式。

人力资源管理重要性高、能力弱的企业,高层管理者相对重视企业人力资源管理建设,也会在资源投入方面给予人力资源管理部门一定的倾斜,这意味着企业对于人力资源管理部门有着更高的要求,对企业员工有着更高的期望,期望企业在人力资源管理方面的投资能够获得回报。然而,由于这种类型的企业人力资源管理能力较弱,人力资源管理部门与专业人员还无法开发与实施系统、全面、丰富的人力资源管理实践与政策,即使企业投入资源到人力资源管理当中,人力资源管理部门与专业人员也不一定能够充分地利用这些资源为员工提供更多的诱因或激励,尤其是发展性奖励,企业期望员工做出的贡献将会大于对员工提供的诱因。因此,人力资源管理重要性高、能力弱企业更有可能采取投资不足型雇佣关系模式。

人力资源管理重要性低、能力强的企业,由于企业不重视企业人力资源管理建设与发展,对于人力资源管理的资源投入较少,相比于人力资源管理重要性高的企业,企业能够给予员工的诱因相对较少,企业期望员工做出的贡献也相对要低;由于企业人力资源管理的能力相对较强,即使企业对人力资源管理的投入相对较少,人力资源管理部门也能够较好地进行企业现有的人力资源管理实践,向员工提供的诱因,尤其是发展性奖励,如人力资源开发、培训和关心员工,也将会比人力资源管理能力较弱的企业要多。

因而人力资源管理重要性低、能力强的企业,相对于人力资源管理重要性高、能力弱的企业,期望员工做出的贡献要低,而提供的诱因要高。因此,这类企业更有可能采取过度投资型雇佣关系模式。本部分提出如下假设:

H1　人力资源管理重要性低、能力弱的企业,更可能采取准现货契约型雇佣关系模式。

H2　人力资源管理重要性高、能力强的企业,更可能采取相互投资型雇佣关系模式。

H3　人力资源管理重要性高、能力弱的企业,更可能采取投资不足型雇佣关系模式。

H4　人力资源管理重要性低、能力强的企业,更可能采取过度投资型雇佣关系模式。

(三) 研究设计

1. 数据收集与企业样本特征

(1) 数据收集。本部分研究主要采用问卷调查方法对研究数据进行收集。调研的地区涉及中国三大经济圈,即京津唐、长三角与珠三角经济区。为保证调研数据的可靠性与质量,研究者通过所在商学院的校友会以及当地与我们有很好合作关系的政府部门(如经济开发区管理委员会等)协助调研。调研采用两种方式发放问卷:一是由课题研究人员现场发放,并当场收回;二是通过邮寄的方式进行调研,由有着良好合作关系的当地政府部门相关负责人或联系人负责发放问卷并回收,问卷收集好后再邮寄给研究人员。研究 T 检验结果表明,现场发放问卷与邮寄问卷在数据结果上并不存在差异。另外,为避免同源误差以及提高数据的质量与可靠性,研究用配对的方法进行数据收集。企业的总经理回答本企业人力资源管理的重要性与人力资源管理部门的能力问卷;而四名部门经理/主管回答企业的雇佣关系模式问卷。调研问卷全部采用 6 点制计分,"1"表示完全不同意或很少强调,"6"表示完全同意或非常强调。通过两年时间,课题组最终调研的企业为 650 家,发放的问卷超过 3 250 份。通过对最终回收的总经理问卷、部门经理/主管问卷进行配对,得到有效配对 425 对,回收配对有效率为 65.4%。在有效的配对问卷中,平均每家企业回收部门经理/主管问卷 3.63 份,有效率超过 90%。

(2) 企业样本特征。在有效的企业样本中,国有企业 42 家,占 9.9%;外资企业 85 家,占 20%;民营企业有 172 家,占 40.5%;中外合资企业 47 家,占 11.1%(不足100%,为其他或缺失值,下同)。就样本企业所在行业而言,高新技术企业 173 家,占40.7%;非高新技术企业 221 家,占 52%。就样本企业规模而言,中小企业 239 家(企业人数少于 500 人),占 56.2%;大型企业为 155 家,占 36.5%。

2. 研究变量

（1）员工—组织关系。本部分研究根据 Tsui 等（1997）、Wang 等（2003）、Hom 等（2009）和 Jia 等（2014）提出的员工—组织关系分析框架，按照组织提供的诱因和期望员工贡献的大小和范围，将组织和员工的雇佣关系分成四种：准现货契约型、相互投资型、投资不足型和过度投资型。其中，组织期望员工贡献的两个维度——职业管理行为（10 个条目）与良好工作态度（5 个条目）的内部一致性系数分别为 0.942 和 0.924；而组织提供诱因的两个维度——发展性奖励（10 个条目）和物质性奖励（4 个条目）的内部一致性系数分别为 0.940 和 0.874。

（2）人力资源管理重要性与能力。本部分研究采用 Wei 和 Lau（2005）开发的人力资源管理重要性与能力量表。人力资源管理重要性量表有 5 个条目，典型的条目有"高层管理者相信人力资源管理是我们企业发展的关键"，量表的内部一致性系数为 0.826；而人力资源管理能力的量表为 15 个条目，典型的条目有"公司人力资源管理部门能够理解组织的目标以及实现这些目标所需要员工技能和行为""公司人力资源管理部门能够勇于向企业高层提出有建设性的人力资源管理方案"等，量表的内部一致性系数为 0.964。

（3）企业特征变量。现有理论和实证研究也表明，企业所在行业、企业性质以及企业规模等因素会对企业雇佣关系模式产生影响（Wang, et al., 2003；张一弛，2004）。本部分研究选定这三个变量为企业特征变量。

（四）数据分析与结果

1. 聚合分析

在本部分研究中，采用通常的做法（Wang, et al., 2003；张一弛，2004），通过四名企业部门主管测量企业的员工—组织关系模式。这是代表部门主管的个体变量，要聚合到组织层面。研究使用 Rwg、ICC（1）和 ICC（2）指标来评价数据聚合的可靠程度（James，1982）。员工—组织关系模式两个维度的四个因子分别是专业的管理义务和良好工作态度、发展性奖励和物质性奖励。这四个因子的 Rwg 值分别是 0.955、0.933、0.950 和 0.851，ICC（1）分别是 0.46、0.60、0.24 和 0.22，ICC（2）分别是 0.75、0.85、0.54 和 0.51，Rwg，ICC（l）和 ICC（2）均满足聚合条件。因此，主管个体层面的组织提供的诱因与组织期望的贡献可以聚合为组织层面变量。

2. 描述性统计分析

变量的均值、标准差，自变量、因变量以及控制变量之间的相关系数如表 4.1.1 所示。

表 4.1.1　变量的均值、标准差，以及相关系数表

变量	均值	标准差	1	2	3	4	5	6	7	8	9	10	11
1. 国有企业	0.11	0.31											
2. 外资企业	0.22	0.41	-0.181^{**}										
3. 私营企业	0.44	0.50	-0.304^{**}	-0.462^{**}									
4. 中外合资	0.12	0.33	-0.127^{**}	-0.193^{**}	-0.324^{**}								
5. 所在行业	0.44	0.50	-0.10	0.05	-0.02	0.06							
6. 企业规模	0.39	0.49	0.05	0.04	-0.121^{*}	0.109^{*}	-0.09						
7. HRM 重要性	4.39	0.88	0.082^{+}	-0.09^{+}	0.00	-0.02	-0.02	-0.204^{**}					
8. HRM 能力	4.31	0.94	0.03	-0.07	0.00	0.02	0.03	-0.183^{**}	0.657^{**}				
9. 职业管理行为	4.68	0.70	0.02	0.00	0.06	-0.118^{*}	-0.03	-0.104^{*}	0.253^{**}	0.290^{**}			
10. 良好工作态度	4.73	0.69	0.05	0.00	0.00	-0.101^{*}	0.01	-0.158^{**}	0.212^{**}	0.206^{**}	0.790^{**}		
11. 发展性奖励	4.37	0.77	0.05	-0.03	0.01	-0.08	-0.04	-0.101^{*}	0.302^{**}	0.355^{**}	0.749^{**}	0.590^{**}	
12. 物质性奖励	3.97	0.90	0.099^{*}	-0.05	-0.05	0.03	-0.05	-0.02	0.311^{**}	0.295^{**}	0.513^{**}	0.380^{**}	0.737^{**}

注：$^{+}p < 0.1$，$^{*}p < 0.05$（双侧），$^{**}p < 0.01$（双侧）。

3. 假设检验

为检验假设,首先对企业人力资源管理按照重要性高低与能力强弱进行分类。与Ketchen 和 Shook(1996)、Wang 等(2003)、张一弛(2004)采用方法一致,本部分研究利用 K 均值算法对所得到的 425 个样本进行聚类分析,结果如表 4.1.2 所示。从表4.1.2可以看出,四分类的方法是最有意义和解释力度的。其中,分类 1 有 69 家企业,分类 2 有 75 家企业,分类 3 有 120 家企业,而分类 4 有 153 家企业,另有 8 家企业因存在缺失值而无法聚类。具体而言,在分类 1 中,企业的人力资源管理重要性与能力的得分均值都低于样本均值;在分类 2 中,企业的人力资源管理重要性得分均值高于样本均值,但人力资源管理能力得分均值低于样本均值;在分类 3 中,企业人力资源管理重要性得分均值低于样本均值,但人力资源管理能力得分均值高于样本均值;而在分类 4 中,企业的人力资源管理重要性与能力的得分均值均高于样本均值。

同时,根据聚类分析的结果,研究运用了单因素方差分析中的 LSD 事后多重比较。检验结果表明,人力资源管理重要性与能力在 4 个分类上的均值相互之间均在 $p < 0.001$ 水平上存在显著性的差异。另外,单变量的 F 值检验表明,这 4 种分类在各个维度上是存在显著性的差异的。

表 4.1.2   企业人力资源管理重要性与能力分类表

		1(低—弱)	2(高—弱)	3(低—强)	4(高—强)	F 值
企业数量	417	69	75	120	153	
人力资源管理重要性	4.39	3.15(−1.24)	4.72(0.33)	3.93(−0.46)	5.14(0.75)	323.106***
人力资源管理能力	4.31	2.82(−1.49)	3.83(−0.48)	4.40(0.09)	5.15(0.84)	440.323***

注:*** $p < 0.001$。

人力资源管理分类模型对于企业雇佣关系模式选择的影响的检验结果如表4.1.3所示。从表 4.1.2 可以看出,分类 1 人力资源管理重要性低、能力弱的企业期望员工做出的贡献(职业管理行为与良好工作态度)与向员工提供的诱因(发展性奖励与物质性奖励)都显著地小于其他三种类别,假设 H1 得到验证。分类 4,人力资源管理能力强、重要性高的企业,期望员工的贡献都显著大于其他三种类别,企业向员工提供的诱因也显著大于其他三种类别,假设 H2 得到验证。对分类 2 和分类 3 的比较分析发现,与人力资源管理重要性低、能力强的企业相比,人力资源管理重要性高、能力弱的企业,在期待贡献数值方面要大,在提供诱因方面要小;这样的结果虽然与前文假设方向一致,但根据单因素方差分析中的 LSD 事后多重比较,研究并没有发现这两者之间在 $p < 0.05$ 水平上存在显著性的差异,且与整体均值相比,也不存在显著的差异性,假设 H3 与假设 H4 并没有得到验证。

表 4.1.3　人力资源管理分类模型对于企业雇佣关系模式选择的影响

人力资源管理重要性与能力		1(低—弱)	2(高—弱)	3(低—强)	4(高—强)	F 值
企业数量	417	69	75	120	153	
期望贡献	4.71	4.42	4.70	4.63	4.93	11.318***
职业管理行为	4.68	4.34 (−0.34)	4.64 (−0.04)	4.61 (−0.07)	4.92 (0.24)	12.635***
良好工作态度	4.73	4.49 (−0.24)	4.74 (0.01)	4.64 (−0.09)	4.92 (0.19)	7.425***
提供诱因	4.17	3.74	4.02	4.08	4.52	21.464***
发展性奖励	4.37	3.94 (−0.43)	4.22 (−0.15)	4.28 (−0.09)	4.71 (0.34)	20.954***
物质性奖励	3.98	3.53 (−0.45)	3.83 (−0.15)	3.88 (−0.1)	4.32 (0.34)	15.905***
员工—组织关系类型		工作导向型	投资不足型	过度投资型	组织导向型	

注:*** $p < 0.001$。

4. 稳健性检验

为提高研究结论的稳定性,本部分研究采用一般线性模型中的多变量回归方程对数据做进一步检验。以人力资源管理重要性和能力均低的一组为基准,分别对人力资源管理重要性与能力高—弱组、低—强组和高—强组进行了哑变量处理,然后,共同对结果变量,即企业期望的贡献和提供的诱因进行回归,组间效应检验结果如表4.1.4所示。从表4.1.4可以看出,与企业人力资源管理重要性低、能力弱组相比,无论是高—弱组、低—强组,还是高—强组,对企业期望的贡献和提供的诱因都具有额外的、显著性的影响。这一结果再次验证了本部分研究的假设 H1 与假设 H2。

表 4.1.4　人力资源管理分类模型对于企业雇佣关系模式选择的影响

项目	期望贡献				提供诱因			
	均方	F 值	Sig.	η^2	均方	F	Sig.	η^2
截距项	739.402	1 789.292	0	0.829	609.316	1 115.76	0	0.751
国有企业	0.049	0.119	0.73	0	0	0	0.998	0
外资企业	0.059	0.142	0.707	0	0.348	0.638	0.425	0.002
私营企业	0.089	0.216	0.643	0.001	0.617	1.131	0.288	0.003
中外合资	1.853	4.484	0.035	0.012	0.505	0.925	0.337	0.003
所有行业	0.014	0.034	0.854	0	0.379	0.694	0.405	0.002
企业规模	0.616	1.49	0.223	0.004	0.004	0.007	0.931	0
低—强组	1.494	3.615	0.058	0.01	3.9	7.141	0.008	0.019
高—弱组	1.983	4.799	0.029	0.013	2.037	3.73	0.054	0.01
高—强组	10.074	24.379	0.000	0.062	24.44	44.754	0.000	0.108
R^2	0.097				0.142			

(五) 结论与启示

1. 研究结论

本部分研究从资源依赖理论与能力理论视角理解企业人力资源管理重要性与能力对于雇佣关系模式选择的影响。研究发现,企业人力资源管理的重要性与能力是影响企业选择何种雇佣关系模式的重要前因变量。企业人力资源管理重要性越高、能力越强,那么就会向员工提供更多诱因(发展性奖励与物质性奖励),并期望员工做出更多贡献(职业管理行为与良好工作态度),因而会选择组织导向型(相互投资型)雇佣关系模式;企业人力资源管理重要性越低、能力越弱,则向员工提供的诱因越少,期望员工做出的贡献也越少,因而会选择工作导向型(准现货契约型)雇佣关系模式。对于人力资源管理重要性低、能力强的企业以及人力资源管理重要性高、能力弱的企业,虽然两者在均值上存在一定的差异,但差异是不显著的。一个可能的解释是,人力资源管理在企业中的相对重要性与人力资源管理部门的能力是相辅相成的,人力资源管理重要性越高,人力资源管理获得的投入也就越多,人力资源管理部门与人力资源管理专业人员的能力就越能提高;反过来,人力资源管理部门和专业人员能力越强,企业的人力资源管理越能够得到其他部门以及高管的赏识与重视,也就能获得更多资源,因而这两种分类对于企业雇佣关系模式的影响较为类似。

2. 启示

该研究结论具有重要的意义及启示。第一,企业雇佣关系模式的选择最终取决于企业内部人力资源管理实践。人力资源管理实践,如聘任合同的模式、薪酬分配制度、职业生涯规划、员工培训与晋升、雇员利益维护的途径和工作场所安全保护等,都会影响雇主与雇员之间的关系,产生不同的雇佣关系模式。然而,企业能否进行这些人力资源管理实践,取决于两个重要的因素:人力资源管理在企业的相对重要性和人力资源管理部门的能力。该研究对回答不同的企业为什么会选择不同的雇佣关系模式,以及为什么会存在多种雇佣关系模式提供了一个重要的方向。第二,企业雇佣关系模式的选择不能脱离企业自身,它是与企业自身人力资源管理特征密切相关的,是围绕企业人力资源管理重要性与能力的匹配性而进行选择的。本部分研究超越了以前将企业雇佣关系模式视为一个给定的变量或企业实践,而将企业雇佣关系模式视为基于企业自身人力资源管理特征的自主选择结果。这对中国企业多种雇佣关系模式并存的现状提供了理论上的解释,并有助于指导企业选择和建立与企业自身相适应的模式。企业应该根据自身的人力资源管理实际情况,选择最合适的雇佣关系模式。第三,人力资源管理重要性与能力是一个相互促进、相辅相成的过程。企业要想让人力资源管理部门为企业做出更多贡献,就必须要重视企业人力资源管理建设,给予人力资源管理部门一定的资源投入,使得人力资源管理部门有更多的资源投入到企业人才培养上,同时,也能够提高企业人力资源管理部门的能力,帮助企业有效实施人力资源管理政策。第四,企业需要加强人力资源管理部门能力建设,以增强人力资源管理有效性。众多研究表明,人力资源管理对于提高企业绩效是积极有益的(张正堂,2006)。然而,一些实践人员对此存疑(Charan,2014)。本部分研究从一定程度上间接地回答了这一问题:人力资源管理是否有效,在一定程度上取决于企业高层管理者的重视程度。企业高层管理者越重视人力资源管理建设,人力资源管理部门就有更多的资源和能力提升员工的知识、技能,改善其态度,也有更多资源和能力促进企业绩效提升;而一味地抱怨人力资源管理部门,却不重视人力资源管理,不强化人力资源管理能力建设,人力资源管理必然对于提升企业绩效无力。

3. 研究局限与展望

不可避免,本部分研究也存在一些缺陷,这为未来研究提供了方向。第一,研究只是从静态角度研究了企业人力资源管理重要性高低与能力强弱对于企业雇佣关系模式选择的影响,而没有考虑人力资源管理重要性高低与能力强弱的动态变化对于企业雇佣关系模式选择的影响。因此,未来研究应该采取纵向的研究设计,以更好地理解企业雇佣关系模式随着人力资源管理重要性高低与能力强弱变化而变化的过程。第二,研究在人力资源管理重要性的测量上只采用了企业总经理对于企业人力资源管理重要性的主观认知,而并没有采用企业实际在企业人力资源管理上资源投入的相对数值来衡量。一个比较好的测量人力资源管理在企业中相对重要性的方式是通过企业对于人力资源管理的财政预算、人力资源管理专业人员数量和人力资源管理人员在企业高层中的比例等客观指标来衡量。第三,研究只探究了人力资源管理重要性与能力对于企业雇佣关系模式选择的影响。而企业采取的雇佣关系模式并不是一成不变的,它会随着企业人力资源管理重要性和能力的变化而发生变化。随着企业生命周期的变化或者进行二次创业,企业的人力资源管理的重要性与能力都会不同,企业采取的雇佣关系模式也会发生变化。因而,未来的研究中需要重点考虑企业生命周期变化对于人力资源管理重要性与能力的影响,以及对于企业雇佣关系模式选择的影响。

二、民营企业雇佣关系模式的关键影响因素与多案例研究

(一) 引言

随着中国进入全面深化改革时期,民营企业在贡献国民经济和吸纳就业等方面的作用越发重要,但劳资冲突频繁等雇佣关系问题也备受关注。近 30 年来,民营企业雇佣关系发生剧烈的变迁,由传统计划经济体制下的单一雇佣模式转变为多种模式并存,既有互惠投入的组织导向型模式,又有"血汗工厂"的工作导向型模式。西方雇佣关系研究和企业管理实践证实,组织导向型雇佣关系模式会带来最优的组织绩效和员工结

果,但是在中国情境下众多民营企业仍然在采用工作导向型雇佣关系模式。目前尚不能从理论上解释为什么西方成熟的雇佣关系模式会在中国水土不服,哪些中国情境因素导致这种水土不服。中国企业在建立和选择雇佣关系模式时对所处的一些情境特征需要加以考虑,如在西方企业中工会是代表雇员方的利益,但是中国企业工会,尤其是作为雇佣主力军的民营企业的工会是依附于雇主而存在的,这也部分解释了西方成熟雇佣关系模式在中国水土不服的原因。因此,识别影响雇佣关系模式的关键因素并探讨其影响机理,对企业调整和选择相匹配的雇佣关系模式具有重要的现实意义。本部分研究基于相关理论观点,在搭建分析框架基础上,运用多案例研究方法,探析民营企业雇佣关系模式的关键影响因素和作用机制。

(二) 相关研究评述和分析框架

1. 雇佣关系模式类型和特征

组织层面雇佣关系模式的研究是基于激励—贡献模型视角,聚焦组织在实际工作中给员工提供了什么类型、何等程度的激励,以及组织期望员工完成什么类型、何等程度的贡献。HOM 等、Song 等(2009)众多学者沿这条主线进行了一系列实证研究,归纳如下:① 组织给员工提供的激励,主要以员工感知到的报酬体现。感知的报酬主要有两方面,一方面是发展性报酬,包括重视员工意见、强调员工职业发展、发挥员工才能、充分授权、鼓励参与决策、可持续培训等宽领域的人力资本投资;另一方面是物质性报酬,包括竞争性薪酬、丰厚住房补贴、健康医疗保险、出国学习和休假机会等。② 组织对员工期望的贡献以员工工作努力的数量和质量等方面体现。期望贡献也包括两方面,一方面是员工角色内工作要求,指期望员工具有满足契约条件的工作能力,包括完成分内工作、实现绩效目标、遵循规章制度、规范工作、团队合作、积极提升公司形象等。另一方面是员工角色外工作要求,指期望员工除了履行分内工作职责外还需考虑组织或团队综合利益。组织鼓励承担角色外工作,包括提出建设性意见、采取创新的思想和方法、持续改善工作流程和方法、主动承担挑战性工作等。按照提供激励和期望贡献两维度的差异,雇佣关系模式(Employment Relationship Approach, ERA)可划分为 4 种类型,见表 4.2.1,分别命名为组织导向型、工作导向型、投资过度型和投资不足型。① 组织导向型在期望贡献方面,对员工工作定义宽泛,组织不仅考察员工分内工作,还期望员工在角色外有良好表现。在提供激励方面,组织不仅给员工提供货币性报酬,还给予发展性和长期性的投资。组织与员工是一种互相提供宽泛投资的关系,在时间界限上具有动态性和长期性,二者的关系表现出一种主观上的感知和默契。② 工作导向型在期望贡献方面,组织主要考察员工分内工作表现,对岗位职责界定详细,任务定义具体,侧重关注本职工作绩效完成情况。在提供激励方面,组织实施短期投资,劳动保障低。该模式可简述为组织期望员工做出的贡献和组织提供的激励都相对比较低,组织与员工的效用交换是一种经济性关系,不存在情感关系。此模式在一定时期具有稳定性,在时间界限上有明确截止时间。③ 投资过度型在提供激励维度上具有组织导向型特点,在期望贡献维度上具有工作导向型特点。④ 投资不足型在提供激励维度上具有工作导向型特点,在期望贡献维度上具有组织导向型特点。

表 4.2.1　雇佣关系模式

		提供激励	
		高	低
期望贡献	宽	组织导向型	投资不足型
	窄	投资过度型	工作导向型

注:根据 Tsui 等(1997)和 Jia 等(2014)的研究整理;提供激励包括发展性和物质性的报酬,期望贡献包括角色内和角色外的工作要求。

目前雇佣关系模式研究呈现后果多前因少的特点。一是众多学者集中探讨雇佣关系模式对企业、团队和员工 3 个层面上结果变量的影响。二是企业雇佣关系模式影响因素研究还处在起步阶段,现阶段仅有张一弛(2004)、康力等(2011)和赵曙明等(2016)少数学者关注所有制和人力资源管理重要性等因素。虽然雇佣关系模式影响因素研究成果较少,但这并不代表该分支研究不重要。Coyle-shapiro 等(2007)和赵曙明等(2016)认为,已有研究注重雇佣关系模式形成之后的结果变量分析,当前学者们应认识到雇佣关系模式形成虽是一个复杂过程,但知悉其形成过程中的影响因素是一个基础性研究,亟待更多有意义的成果。本部分研究认为,对雇佣关系模式影响因素的探讨对维护和改善企业与员工关系的实践活动具有更为重要的指导意义。对于中国民营企业而言,雇佣关系模式形成过程与西方企业不同,如制度等情境因素在企业中的现实情况和影响作用都与西方企业有差异。从知识积累角度探讨中国情境下民营企业雇佣关系模式的关键影响因素是迫切需要的。

2. 关键影响因素和相关理论基础

企业雇佣关系模式的形成是组织内外部多种因素共同作用的结果,本部分研究对雇佣关系模式的关键影响因素及其作用机制进行探索性研究。Yin(2013)认为在探索性研究中,为更好地指导数据收集和分析,应搭建相应的理论分析框架,以提升探索性研究过程中数据分析的有效性和针对性。为建立包容性、整合性的雇佣关系模式理论分析框架,本部分研究在案例预调研和对应理论分析的双重基础上,搭建中国企业雇佣关系模式的多层次前因变量分析框架。① 经对广东省通信设备行业民营企业的广泛预调查和质性数据的初步分析,研究发现企业不同类型人力资源管理实践、企业家特征、企业工会实践、制度环境等因素对雇佣关系模式形成产生影响。② 对于这些影响因素发挥的作用,本部分研究发现相匹配的理论基础有最佳实践和匹配实践理论、高阶理论、垄断与发言的两面理论和制度理论,这些理论观点支持本研究将企业雇佣关系模式关键影响因素归属到人力资源管理实践、企业家、企业工会实践和制度环境 4 个方面。之所以选取这 4 个方面因素进行分析,一是 4 个方面因素在雇佣关系模式形成中发挥了关键作用,具有代表性,深入挖掘内在机制可指导实践;二是已有研究均把企业雇佣关系模式看作给定的外生变量,鲜有关注雇佣关系模式的前因。

(1) 人力资源管理实践

关于人力资源管理实践(Human Resource Management Practices,HRMP)对雇佣关系模式的影响机制,适合的解释理论是最佳实践和匹配实践理论。Ddlery 等(1996)把高承诺工作系统看作最佳人力资源管理实践,而 Huselid(1995)认为高绩效工作系统须与企业或个体层次的一些特征或策略相匹配,才能发挥更有效的积极作用。如此,不同人力资源管理实践会使企业选择相匹配的雇佣关系模式,从而对企业绩效、员工态度和行为产生作用。基于该观点,不同类型人力资源管理实践会影响企业提供的激励,也影响企业对员工行为和态度方面的要求,这势必影响雇佣关系模式的形成。Arthur(1994)采用聚类分析方法将人力资源管理实践分为承诺型和控制型两种,得出承诺型对企业绩效的影响显著优于控制型。该领域的后续研究沿用了 Arthur(1994)的划分形式,本研究据此认为企业人力资源管理在实践管理过程中存在承诺型和控制型两种类型。承诺型人力资源管理实践试图促使组织与员工形成长期交换关系,包括广泛培训、内部晋升、员工参与管理、员工安全、信息分享、利润分享等实践;控制型人力资源管理实践试图促使组织和员工形成短期交互关系,包括员工竞争流动、纪律管理、结果导向考核、详细工作分析、严格招聘等实践。

(2) 企业家

关于企业家对雇佣关系模式的影响机制,匹配的解释理论是高阶理论,高阶理论把企业看作高层管理者的反映。由于有限理性,企业高层管理者的认知基础和价值观影响其观察的视野、选择性认知以及对信息的解释等,最终形成管理者认知,从而做出决策和行动。该观点表明,企业家是雇佣关系模式形成的主要评估者和决策者,决策过程必然反映其个人偏好等特征。因此,企业家特征必然会影响企业提供给员工的激励措施和期望员工对企业的贡献大小,以致驱动不同雇佣关系模式的形成。企业家人口学背景特征、价值观、领导风格、创业精神等对战略决策、组织绩效、员工态度和行为的影响研究很多,但尚未涉及其对雇佣关系模式的影响。早期创业领域研究主要关注企业家个性特征和心理特征,用以解释企业绩效的提升。Lewis 等(2014)认为存在极少数的心理素质特征可将企业家与一般经理人员进行区分,其中风险偏好和成就需要两个因素是最为重要的特征。风险偏好是企业家愿意和敢于投资人力资本,并做出具有风险性承诺的倾向;成就需要是企业家最大地追求业绩、渴望成功的欲望,包括个人取向和社会取向的成就动机。本部分研究重点关注企业家风险偏好和成就需要两个重要特征在企业雇佣关系模式形成部分过程中的影响。

(3) 企业工会实践

关于企业工会实践对雇佣关系模式的影响机制,适宜的解释理论是垄断与发言的两面理论。Freeman 等(1985)认为工会存在两面性,即消极的垄断面和积极的集体发言面。垄断面指工会试图巩固并利用其劳工供给的垄断地位提高工资,这会阻碍劳工的自由流动,从而不利于提高经济绩效;发言面指工会通过解决工作场所纠纷、降低员工离职等努力对工人和管理产生影响,从而对企业和社会绩效产生正面效应。基于该理论观点,本部分研究认为企业工会实践会对企业提供的激励和期望员工的贡献产生影响,以致影响企业不同类型雇佣关系模式的形成。

关于企业工会实践的具体职能,学者们主要从企业经营、员工服务和自身组织建设等方面进行论述。① 在企业经营方面,企业工会可通过参与组织管理、与组织沟通协调等方式对提升组织绩效产生积极影响。② 在员工服务方面,企业工会致力于维护员工应有的权益,诸如在协调雇佣关系中保护员工的权益不受侵犯。此外,为提升员工的素质和知识水平,工会通常会开展形式多样的技能培训等活动,以保障企业可持续发展。③ 在自身组织建设方面,为能更有效地服务于组织发展和员工权益,企业工会需履行自身组织建设的职责。单红梅等(2014)研究发现,工会与企业之间出现的不合作、对抗等现象促使企业工会加强自身组织的建设。

结合上述观点,本部分研究认为企业工会实践包括为企业经营发展而发挥的参与职能和建设职能,以及为员工权益服务的维权职能和教育职能。

(4) 制度环境

关于制度环境对雇佣关系模式的影响机制,契合的解释理论是制度理论。制度理论认为企业和个体总是嵌入到制度当中,且必须遵循制度的安排,制度安排会以普遍、细微的方式影响企业和个体的行为和态度。制度理论关注不同企业和个体如何遵循制度环境中的规制、规范等,以有效地维护其当前的地位和合法性。基于该观点,制度环境会影响企业的激励提供和对员工的期望贡献,从而影响不同雇佣关系模式的形成。关于制度环境由哪些因素构成,Scott(2014)认为制度环境通常由规制、规范和认知3个因素构成,该观点得到了普遍认同和广泛使用。规制是政府或其他行政部门用来奖赏和惩罚企业和个体,以实现企业和个体行为合乎规定的一些措施,包括法律法规、政策条例等。规范是由标准和价值构成的并切合基本法规、被大众认可的一套体系,涵盖道德规范、价值观和文化等。认知来源于认知理论,是企业和个体基于主观、结构性规则和限制行为的一种行为模式,一般与信念、知识、技能和信息获取有关。

3. 理论分析框架

依据上述理论观点,承诺型人力资源管理实践,控制型人力资源管理实践,企业家风险偏好、企业家成就需要,企业工会实践,以及制度环境对企业提供激励和期望贡献产生影响,而提供激励和期望贡献的差异决定了雇佣关系模式的类型和特征。本部分研究由此搭建企业雇佣关系模式关键影响因素及作用机制的分析框架,见图4.2.1。从图4.2.1虽可以推断不同类型雇佣关系模式的形成是源于各关键因素对企业提供激励和期望贡献的影响,但事实上不同类型雇佣关系模式不是以相同路径形成的,不同关键影响因素与不同类型雇佣关系模式之间的作用关系尚不清晰。本部分研究的目的是探析每种雇佣关系模式的具体关键影响因素,阐明各关键影响因素的作用机制。

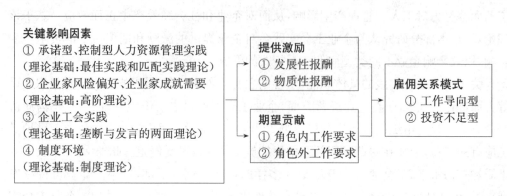

图 4.2.1　分析框架

(三) 研究设计

Mcgrath(1964)认为,案例研究方法适用于探索新理论和评价当前理论是否支持或解释当前真实情境。现阶段中国情境下关于企业雇佣关系模式关键影响因素的研究还处在起步阶段,需要进行探索性研究,案例研究方法适合解答本部分研究问题。

1. 案例研究对象选择

Yin 认为使用案例研究方法探究特定范围内出现的问题(研究范围缩小化和集中化),研究结论会更具有代表性和典型性。本部分研究选取广东省通信设备行业的民营企业雇佣关系模式进行分析,原因有 3 个:① 广东省民营企业的发展模式和管理水平走在全国各省份前列,代表性强;② 选特定行业,可避免产业技术特征、竞争程度和发展阶段等因素的影响;③ 通信设备行业是广东省经济发展的支柱行业之一,行业总体发展现状良好,民营企业雇佣关系模式实践具有典型性。此外,鉴于产业技术特征、竞争程度和发展阶段等因素会对企业雇佣关系模式产生影响,研究将产业技术特征、竞争程度和发展阶段作为控制变量。在案例数量上,多案例研究是通过多个案例对象之间的横向分析以发现规律性结论,研究总体效率和普适性好于单案例研究。本部分研究适宜采用多案例研究方法,具体案例对象选择遵循 3 个原则:① 民营企业雇佣关系模式有关提供激励和期望贡献的内容清晰、明确;② 民营企业发展阶段相似,工会组织运行良好,工会主席不是企业法人或企业家本人;③ 能收集到满足质性数据分析的一手材料和二手材料。研究小组在了解雇佣关系模式情况基础上,按雇佣关系模式分类标准,参照发展性报酬、物质性报酬、角色内工作要求和角色外工作要求的具体内容,每类模式选择 3 家企业,共计 12 家企业。每个案例都归属到不同雇佣关系模式中。鉴于企业要求对访谈记录严格保密,研究将企业名称用特定代码表示,代码形式是:雇佣关系模式类型的拼音首字母简写(如工作导向型用"GD"代表)+企业名称拼音首字母简写,具体编码见表4.2.2。

2. 数据收集

本部分研究从不同渠道获得企业数据,保证每个案例数据来源超过3种,构成证据三角形。在2015年3月至2015年9月和2016年7月至2016年10月两个时间段,研究小组以"哪些关键因素影响企业雇佣关系模式的形成"为数据收集导向,进行广泛的实地调查和公开数据收集。经人工辨别、评价和筛选,最终形成183份材料,详细信息见表4.2.2。数据来源包括访谈记录、公司内部档案、公司网站公布的资料、相关报刊、申报资料、学术论文和书籍等。

表 4.2.2　数据来源

雇佣关系模式	企业代码	数据来源	份数
工作导向型	GD‐YR	深度访谈(2小时,3份);档案(5份);网站(4份);报刊(3份);书(1份)	16
	GD‐SW	深度访谈(2.5小时,3份);档案(5份);论文(3份);报刊(2份);书(2份)	15
	GD‐SMS	深度访谈(2小时,3份);档案(6份);网站(3份);报刊(3份);论文(1份)	16
投资不足型	TB‐RJ	深度访谈(2.5小时,3份);档案(3份);网站(3份);报刊(4份);书(1份)	14
	TB‐HD	深度访谈(2小时,3份);档案(6份);报刊(2份);论文(2份);书(1份)	14
	TB‐PC	深度访谈(2.5小时,3份);档案(7份);网站(2份);报刊(3份);论文(1份)	16
投资过度型	TG‐MD	深度访谈(3小时,3份);档案(3份);网站(2份);报刊(5份);论文(1份)	14
	TG‐GC	深度访谈(2.5小时,3份);档案(6份);网站(3份);报刊(4份);书(1份)	17
	TG‐LT	深度访谈(3小时,3份);档案(6份);网站(3份);申报资料(2份);书(1份)	15
组织导向型	ZD‐HW	深度访谈(2.5小时,3份);档案(5份);网站(4份);报刊(3份);书(1份)	16
	ZD‐CW	深度访谈(3小时,3份);档案(5份);网站(4份);申报资料(3份);书(1份)	16
	ZD‐HP	深度访谈(2.5小时,3份);档案(5份);网站(2份);报刊(3份);论文(1份)	14

3. 质性数据分析

本部分研究采取3个措施确保质性数据分析的客观性。

(1) 为保证案例分析过程所有步骤有可重复性(信度),研究小组安排4名博士研究生分成两组进行数据编码。首轮编码后,将编码结果进行对比,保留相一致的内容。

对有异议的内容给予反馈意见,并进行二次讨论以达成共识;对无法达成一致意见的,通过访谈等途径再次确认。

(2)本研究遵循"关键影响因素→提供激励和期望贡献→雇佣关系模式"理论逻辑进行编码,将 6 个关键影响因素视为 1 阶概念,将发展性报酬、物质性报酬、角色内工作要求、角色外工作要求视为 2 阶概念,将雇佣关系模式视为核心概念。根据扎根理论规定的 3 步编码方法进行严格操作。

第 1 步,进行开放式编码:① 对编码人员进行培训后,两组成员从 183 份材料中整理出与关键影响因素相关联的关键词,并标注关键词所在的句子和段落,完成 QUOTE 编码工作。② 仔细查阅全部质性数据,梳理出与关键影响因素相关的段落,进行有序编码。③ 根据分析框架,将编码归属到不同的关键影响因素中,形成 1 阶概念,无法归属的作为竞争性解释因素(经济形势和市场竞争)另作保留;之后,两组互换结果,并做仔细检查和多轮讨论。④ 借助软件导出分析结果,最终形成表格,见表 4.2.3。

第 2 步,进行主轴编码。确定 1 阶概念和 2 阶概念之间存在的逻辑关系,将 1 阶概念引入到 2 阶概念中;再使用 Atlas.ti 软件的共现系数矩阵检验编码结果。

第 3 步,进行选择性编码。基于上步结果,搜索统领性核心内容,使它能在一定程度上将 2 阶概念聚焦,最终形成核心概念。

表 4.2.3 关键影响因素识别

一阶概念	数据的关键词编码	词频	百分比
承诺型 HRMP	*培训开发｜*晋升｜参与管理｜员工安全｜信息分享｜*分享	127	50.46%
控制型 HRMP	竞争流动｜*纪律｜结果导向｜*考核｜*工作分析	134	26.17%
企业家风险偏好	风险偏好｜承担风险｜风险倾向｜冒险｜*勇于*｜*投资	117	22.52%
企业家成就需要	成就需要｜渴望*｜业绩｜*目标｜威望｜*愿景｜*利润	138	53.14%
企业工会实践	参与职能｜建设职能｜权益维护｜*教育｜*培训	118	23.06%
制度环境	*制度｜劳动法｜*法｜*条例｜规范｜*价值｜*信念｜*认知	131	25.29%
经济形势	*经济｜*形势｜经济下滑｜形势不佳	125	24.45%
市场竞争	市场竞争｜*竞争｜竞争激烈｜*争夺｜对手*	136	26.53%

注:1."*"是通配符,"｜"代表布尔逻辑的"或";2. HRMP 表示人力资源管理实践,下同。

(3)借助 Atlas.ti 软件,通过模式匹配、竞争性解释分析质性数据,具体操作分为两个步骤。

第 1 步,使用 Atlas.ti 软件进行共现系数分析,判断概念之间是否有指向性。共现系数是依据质性数据文本的重复程度说明编码之间的逻辑联系,有检验编码结果、判断影响程度两方面功能。竞争性解释是引进和预测相违背的解释,在分析过程中如果被认为是错误的,则表明预测是合理的。

第 2 步,借助 Atlas.ti 软件,检验 3 种概念之间的逻辑模型。当证据模型与研究分析框架相违背,表明理论预测不合理;当两者相一致,则说明理论预测合理。

(四) 研究结果

1. 数据分析的信效度检验

(1) 信度检验

根据案例研究信度计算公式 $R = \dfrac{n \times A}{1 + (n-1) \times A}$ 对数据分析过程进行信度检验。公式中 R 是信度系数,n 代表访谈对象的数量($n=3$)。A 代表访谈对象彼此之间对某个问题的相互赞同程度,按以下公式计算:$A = \dfrac{n \times M}{N_1 + \cdots + N_i + \cdots + N_n}$,其中 M 代表访谈对象都赞同的关键影响因素数量,N_i 代表第 i 个访谈对象分析得出的关键影响因素数量。经计算,4 种雇佣关系模式信度系数值分别是 0.90、0.93、0.93、0.96。按照判断标准,数值大于 0.80 可认定信度较好,因此该研究信度较好。

(2) 效度检验

Yin 认为案例研究在材料收集上应有多元化的数据来源,以保证材料的真实性和全面性;在质性分析环节上,需要使用模式匹配、竞争性解释等方式保障数据分析的有效性。研究采取下列措施保障研究效度。① 同时收集一手数据和二手数据。② 研究人员在编码过程中依据"关键影响因素→提供激励和期望贡献→雇佣关系模式"理论逻辑进行模式匹配。③ 安排了竞争性解释。上述 3 个措施保证了研究质性数据分析的效度。

2. 不同类型雇佣关系模式关键影响因素的质性数据分析

(1) 工作导向型雇佣关系模式的关键影响因素

根据 Atlas. ti 软件 Memos 选项标注相关内容。待 QUOTE 编码结束,研究小组实施分类别梳理,并归结在 1 阶概念中。在质性数据处理和分析中,对逻辑关系存在争议的 1 阶概念,以实地访谈、电话等方式再次客观地掌握企业实际情况,以便形成一套清晰的证据链。表 4.2.4 给出针对工作导向型雇佣关系模式的译码结果,第 1 列和第 2 列展示了工作导向型雇佣关系模式 1 阶概念的归纳结果,可以看出工作导向型雇佣关系模式关键影响因素包括控制型人力资源管理实践、企业工会实践和制度环境。对上述编码内容进行再次整理,重点分析出 1 阶概念与 2 阶概念之间存在的逻辑关系。根据分析框架,研究归纳了与 1 阶概念有关联的两个 2 阶概念,即物质性报酬和角色内工作要求。表 4.2.4 第 3 列、第 4 列和第 5 列分别展示了部分原始访谈数据、从 1 阶概念到 2 阶概念的指向性分析的推导过程。在竞争性解释因素上,研究发现经济形势和市场竞争两个概念,并且两个概念没有相关内容指向 2 阶概念。

表 4.2.4　工作导向型雇佣关系模式的译码

一阶概念	QUOTE 编码数量	部分原始材料	指向性	二阶概念
控制型 HRMP	9	员工工资月月有,但具体是根据任务量定的,我们都有月度目标责任书,大家都按照责任书指标完成任务,完不成的话会扣奖金。(GD-YR) 员工很难偷懒,因为人资部门对员工岗位作用和职责要求做了详细说明,按程序做就可以了。(GD-SW)	控制性 HRMP→物质性报酬 控制性 HRMP→角色内工作要求	物质性报酬 角色内工作要求
企业工会实践	7	工资2~3年都未上涨,工会与领导开了几次会要求根据业绩提高工资,后来成功解决了。(GD-SW)	企业工会实践→物质性报酬	物质性报酬
制度环境	8	跟员工签订劳动合同当然离不开劳动法、合同法,公司遵照国家规定制定员工工资等事项。(GD-SMS) 员工签订了合同,合同条款规定了工作职责和要求。员工也依据工作计划完成相应的工作。(GD-SMS)	制度环境→物质性报酬 制度环境→角色内工作要求	物质性报酬 角色内工作要求
经济形势	2	我们通讯类公司其实不太受当前经济状况的影响,因为行业已经规范,员工福利基本有了定式。(GD-YR)		
市场竞争	2	竞争影响不大,通讯这行技术成熟,竞争还算公平,又有规章制度在,员工待遇变化不大。(GD-SW)		

资料来源:根据访谈数据和 Atlas. ti 分析结果整理。

利用 Atlas. ti 分析共现系数技术,将数据导入 Atlas. ti 中,从 Atlas. ti 输出工作导向型雇佣关系模式共现系数,结果见表 4.2.5。表 4.2.5 中包含一对数值,前者是 1 阶概念与 2 阶概念在编码过程中的重合次数,后者是经推算的共现系数。共现系数值范围在 0~1 之间,数值大表示 1 阶概念对 2 阶概念的影响程度大。由表 4.2.5 可知:① 控制型人力资源管理实践与物质性报酬和角色内工作要求的共现系数分别为 0.69 和 0.56,证实它与两个 2 阶概念存在指向关系,且它同时通过对两个 2 阶概念的影响驱动该模式形成。如 GD-YR 公司通过目标责任书影响物质性报酬、GD-SW 公司通过岗位作用和职责要求的详细说明期望员工达到角色内工作要求。② 企业工会实践与物质性报酬的共现系数为 0.38,说明两者之间存在指向性,且前者只通过后者的影响驱动该模式形成。如 GD-SW 公司工会解决了员工工资调整问题。③ 制度环境与物质性报酬和角色内工作要求之间的共现系数分别为 0.49 和 0.42,意味着制度环境对两个 2 阶概念存在指向性,且制度环境对物质性报酬的影响稍大于对角色内工作要求的影响。另外,研究发现经济形势和市场竞争两个因素与 2 阶概念的共现系数都为 0,不存在任何逻辑关系。

表 4.2.5 工作导向型雇佣关系模式共现系数

二阶＼一阶	控制型 HRMP	企业工会实践	制度环境	经济形势	市场竞争
物质性报酬	5～0.69	4～0.38	5～0.49	0	0
角色内工作要求	4～0.56	0	2～0.42	0	0

资料来源：根据访谈数据和 Atlas. ti 分析结果而整理。

借助 Atlas. ti 将质性数据变换成证据模型的技术手段，按照前述编码从 Atlas. ti 输出质性数据分析后的结果模型。一般情况下，最后结果模型中存在的逻辑都可以形成一个线性序列，通过相关箭头方向说明关键影响因素在其中的变化和作用机制。工作导向型雇佣关系影响因素路径见图 4.2.2。图 4.2.2 表明，控制型人力资源管理实践和制度环境通过对物质性报酬和角色内工作要求的影响决定工作导向型雇佣关系模式的形成，企业工会实践通过对物质性报酬的影响驱动该模式形成。控制型人力资源管理实践、制度环境对工作导向型雇佣关系模式的影响程度很大，企业工会实践的影响相对次之。对比该路径图与该研究搭建的分析框架，发现它与分析框架形成模式匹配，表现出一致性。

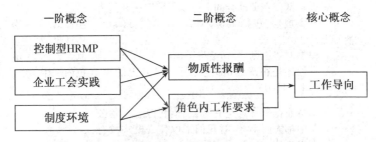

图 4.2.2 工作导向型雇佣关系模式关键影响因素路径

（2）投资不足型雇佣关系模式的关键影响因素

根据 Atlas. ti 软件 Memos 选项对投资不足型雇佣关系模式的相关质性数据进行对应标注，结果见表 4.2.6。表 4.2.6 结果表明该模式的关键影响因素包括控制型人力资源管理实践、企业家成就需要、企业工会实践和制度环境。由表 4.2.6 可知，4 个 1 阶概念与 3 个 2 阶概念（物质性报酬、角色内工作要求和角色外工作要求）存在逻辑指向性，这说明投资不足型雇佣关系模式是控制型人力资源管理实践等 4 个关键影响因素共同驱动的结果。另外，市场竞争未与 2 阶概念之间存在逻辑关系，即其对该模式不产生影响。

共现系数结果见表 4.2.7。由表 4.2.7 可知：① 控制型人力资源管理实践与物质性报酬和角色内工作要求的共现系数分别为 0.47 和 0.62，且控制型人力资源管理实践对角色内工作要求的影响程度大于对物质性报酬的影响（如 TB - RJ 公司）。② 企业家成就需要与角色外工作要求的共现系数为 0.68，其他项为 0，表明企业家成就需要只通过对角色外工作要求的影响促使该模式形成（如 TB - HD 公司）。③ 企业工会实践与物质性报酬的共现系数为 0.35;制度环境与物质性报酬和角色内工作要求的共现系数分别为 0.52 和 0.45。此外,研究尚未发现市场竞争与 2 阶概念有逻辑关系。

表 4.2.6 投资不足型雇佣关系模式的译码

一阶概念	QUOTE 编码数量	部分原始材料	指向性	二阶概念
控制型 HRMP	8	我们实施了"工作量激励法"等管理机制,员工进入了能者多劳、多劳多得的良性循环。(TB-RJ) 员工进来要严格招聘,之后要对开发人员实施目标管理法,考量严格,但基本上都能按质完成。(TB-RJ)	控制型 HRMP→物质性报酬 控制型 HRMP→角色内工作要求	物质性报酬 角色内工作要求
企业家成就需要	9	董事长在年会上提出 2 年后达到 800 亿销售额,期望 5 年之内进入行业 8 强,为达到这个目标,要求技术和管理部门进行大胆创新,为目标保驾护航。(TB-HD)	企业家成就需要→角色外工作要求	角色外工作要求
企业工会实践	5	工会在保障员工待遇上起到了很大作用,例如监督公司每 3 年调整一次工资、节日福利发放等。(TB-PC)	企业工会实践→物质性报酬	物质性报酬
制度环境	7	人资部门在劳动合同上体现了劳动法和用人工资规定,包括工资、奖金、补贴等。(TB-HD) 根据对等原则,公司给员工福利待遇,员工自觉性还是很高的,都能做好自己分内的事。(TB-HD)	制度环境→物质性报酬 制度环境→角色内工作要求	物质性报酬 角色内工作要求
市场竞争	2	同行业竞争肯定是有,员工福利待遇在各公司中都大同小异,对我们采取什么模式没有大多影响。(TB-RJ)		

表 4.2.7 投资不足型雇佣关系模式共现系数

二阶 \ 一阶	控制型 HRMP	企业家成就需要	企业工会实践	制度环境	市场竞争
物质性报酬	5～0.47	0	4～0.35	4～0.52	0
角色内工作要求	4～0.62	0	0	2～0.45	0
角色外工作要求	0	6～0.68	0	0	0

关键影响因素路径见图 4.2.3。图 4.2.3 表明,控制型人力资源管理实践、企业工会实践和制度环境的影响路径与工作导向型雇佣关系模式中情形类似,企业家特征在投资不足型雇佣关系模式中发挥了关键性作用,具体为企业家成就需要通过影响员工的角色外工作要求驱动该模式形成。控制型人力资源管理实践、企业家成就需要、制度环境对该模式的影响程度很大,企业工会实践的影响程度相对次之。将图 4.2.3 路径图与分析框架相比较,结果表明具有一致性,达到模式匹配要求。

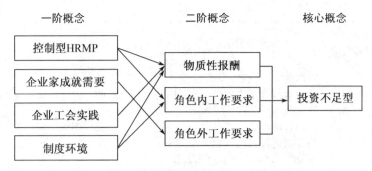

图 4.2.3 投资不足型雇佣关系模式关键影响因素路径

（3）投资过度型雇佣关系模式的关键影响因素

根据 Atlas. ti 软件 Memos 选项,对投资过度型雇佣关系模式质性数据材料进行标注,结果见表 4.2.8,1 阶概念包括承诺型人力资源管理实践、企业家风险偏好、企业工会实践、制度环境和经济形势。由表 4.2.8 可知,与 1 阶概念有逻辑关系的 2 阶概念有 3 个,即发展性报酬、物质性报酬和角色内工作要求。与前两种雇佣关系模式不同的是,承诺型人力资源管理实践和企业家风险偏好对投资过度型雇佣关系模式的形成产生了关键性影响。经济形势与 3 个 2 阶概念不存在任何逻辑关系,它对该模式形成不产生影响。共现系数结果见表 4.2.9。

表 4.2.8 投资过度型雇佣关系模式的译码

一阶概念	QUOTE 编码数量	部分原始材料(TG—MD、GC、LT)	指向性	二阶概念
承诺型 HRMP	12	员工入职后都有职业生涯规划,大家都知道如何发展。公司也为个人发展提供大量、针对性培训。(TG‑MD) 员工经济收入在同行算比较靠前,这是因公司让员工参了股,公司获得利润,员工得到了分享。(TG‑GC)	承诺型 HRMP → 发展性报酬 承诺型 HRMP → 物质性报酬	发展性报酬 物质性报酬
企业家风险偏好	10	王总对人才投资非常舍得……近五年中花了很多精力和资金在培训上,培训后还让参与决策。(TG‑GC) 王总不管公司利润如何,每年都对管理者和员工普调工资,还根据"优进后退"原则给予另外奖励。(TG‑LT)	企业家风险偏好 → 发展性报酬 企业家风险偏好 → 物质性报酬	发展性报酬 物质性报酬
企业工会实践	9	去年工会发现员工娱乐活动较少,组织活动时员工才艺表演能力非常欠缺,之后就办了歌唱等培训活动。(TG‑MD) 公司设有工会组织……去年为年度优秀的管理者和员工出国考察事项费了不少时间和精力。(TG‑MD)	企业工会实践 →发展性报酬 企业工会实践 →物质性报酬	发展性报酬 物质性报酬

103

一阶概念	QUOTE 编码数量	部分原始材料(TG—MD、GC、LT)	指向性	二阶概念
制度环境	10	依据劳动合同法,我们在经济投入方面在本行内做得算不错的……员工因待遇低而离职的人很少。(TG-LT) 劳动合同和公司人力资源管理制度对职位说明都明确公司的承诺和员工的职责,双方基本兑现了承诺。(TG-LT)	制度环境→物质性报酬 制度环境→角色内工作要求	物质性报酬角色内工作要求
经济形势	2	当前经济状况对我们没多大影响,这是因为公司员工待遇福利、工作职责等都形成了一套做法,再如程总不会因为形势不好降低员工待遇。(TG-MD)		

表 4.2.9 投资过度型雇佣关系模式共现系数

二阶＼一阶	承诺型 HRMP	企业家风险偏好	企业工会实践	制度环境	经济形势
发展性报酬	5～0.59	4～0.65	4～0.48	0	0
物质性报酬	4～0.51	3～0.53	4～0.35	3～0.37	0
角色内工作要求	0	0	0	2～0.42	0

由表 4.2.9 可知:① 承诺型人力资源管理实践与发展性报酬和物质性报酬的共现系数分别为 0.59 和 0.51。② 企业家风险偏好与发展性报酬和物质性报酬的共现系数分别为 0.65 和 0.53。③ 与工作导向型和投资不足型雇佣关系模式不同,企业工会实践同时指向发展性报酬和物质性报酬,共现系数分别为 0.48 和 0.35。制度环境与物质性报酬和角色内工作要求的共现系数分别为 0.37 和 0.42,数据显示制度环境依然通过对物质性报酬和角色内工作要求的影响驱动该模式形成。此外,经济形势这个竞争性解释因素与 2 阶概念不存在任何逻辑关系。关键影响因素路径见图 4.2.4。由图 4.2.4 可知,承诺型人力资源管理实践、企业家风险偏好、企业工会实践均通过对发展性报酬和物质性报酬的影响促使该模式形成,制度环境是通过对物质性报酬和角色内工作要求的影响推动该模式形成。承诺型人力资源管理实践、企业家风险偏好、企业工

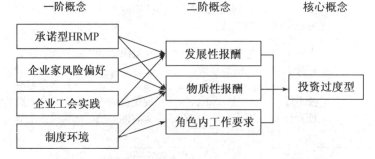

图 4.2.4 投资过度型雇佣关系模式关键影响因素路径

会实践的影响程度很大,制度环境的影响程度次之。将该路径图与分析框架相比较,结果表明具有一致性,形成模式匹配。

(4) 组织导向型雇佣关系模式的关键影响因素

根据 Atlas. ti 软件 Memos 选项,标注组织导向型雇佣关系模式质性数据,得出 6 个 1 阶概念,结果见表 4.2.10,1 阶概念分别为承诺型人力资源管理实践、控制型人力资源管理实践、企业家风险偏好、企业家成就需要、企业工会实践和制度环境。

表 4.2.10 组织导向型雇佣关系模式的译码

一阶概念	QUOTE编码数量	部分原始材料(ZD-HW、CW、HP)	指向性	二阶概念
承诺型HRMP	12	我们在授权上做得好,领导和主管都赋予下属一定权力;只要你有本事,都会提供相应职位给你。(ZD-HW) 公司为员工提供了有竞争力的工资待遇,假期、出国旅游等都是常态……大家都干劲十足。(ZD-HW) 人资部门出台了"员工永动机制",期望大家参与解决重大的难点、战略问题,或推动管理、技术创新等。(ZD-HW)	承诺型HRMP→发展性报酬 承诺型HRMP→物质性报酬 承诺型HRMP→角色外工作要求	发展性报酬物质性报酬角色外工作要求
控制型HRMP	11	员工的工资、奖金发放都是经考核,不会因项目运营利润降低而随意扣工资,员工能体面地活着。(ZD-CW) 公司纪律管理很严,员工有详细的工作计划,人人都遵循计划操作,人人都有事做,员工管理井井有条。(ZD-CW)	控制型HRMP→物质性报酬 控制型HRMP→角色内工作要求	物质性报酬角色内工作要求
企业家风险偏好	10	孙总对人才培养倾注了大量心血,例如花大量金钱请专家进行培训……带员工出国考察著名公司等。(ZD-HP) 公司为优秀员工提供购房补助,例如你工作了5年,达到一定级别,公司为你提供相应的补贴。(ZD-HP)	企业家风险偏好→发展性报酬 企业家风险偏好→物质性报酬	发展性报酬物质性报酬
企业家成就需要	10	为了上市,刘总向技术部要新产品,向管理部要效率,让两部门员工都大胆革新,有好思想就抓紧执行。(ZD-HW)	企业家成就需要→角色外工作要求	角色外工作要求
企业工会实践	7	工会做得还不错,比如去年就努力让领导者同意启动了"人人参与"机制,员工积极性得到了很大提高。(ZD-HP) 记得前几年公司在出差补贴方面做不好,意见很大,工会组织向高层领导反映,问题最终得到了解决。(ZD-HP)	企业工会实践→发展性报酬 企业工会实践→物质性报酬	发展性报酬物质性报酬
制度环境	6	除了国家法律法规,公司规章制度都明确提出员工收入要得到保障,绝不能以任何理由损坏员工利益。(ZD-CW) 硬性制度对员工有影响,但我们员工的价值观、素质都较好,都履行职责将工作做好,工资不能白拿嘛。(ZD-CW)	制度环境→物质性报酬 制度环境→角色内工作要求	物质性报酬角色内工作要求

由表 4.2.10 可知,与 1 阶概念有逻辑关系的 2 阶概念有 4 个,即发展性报酬、物质性报酬、角色内工作要求和角色外工作要求。与前述 3 类模式不同,除了企业工会实践和制度环境之外,承诺型人力资源管理实践、控制型人力资源管理实践、企业家风险偏好、企业家成就需要同时对组织导向型雇佣关系模式的形成发挥了关键作用。此外,尚未发现竞争性解释因素对 2 阶概念有指向性。共现系数结果见表 4.2.11。具体来说:
① 承诺型人力资源管理实践与发展性报酬、物质性报酬和角色外工作要求的共现系数分别为 0.66、0.53 和 0.57。② 控制型人力资源管理实践与物质性报酬和角色内工作要求的共现系数分别为 0.45 和 0.41。③ 企业家风险偏好与发展性报酬和物质性报酬的共现系数分别为 0.68 和 0.59,说明企业家风险偏好对该模式的影响主要体现在对员工各类报酬的投入上。④ 企业家成就需要与角色外工作要求的共现系数为 0.69,其他项为 0,说明企业家成就需要仅通过对员工角色外工作要求的影响驱动该模式形成。
⑤ 企业工会实践与发展性报酬和物质性报酬的共现系数分别为 0.37 和 0.35,制度环境与物质性报酬和角色内工作要求的共现系数分别为 0.32 和 0.41,表明企业工会实践依然通过对发展性报酬和物质性报酬的影响驱动该模式形成,制度环境依然通过对物质性报酬和角色内工作要求的影响驱动该模式形成。

表 4.2.11　组织导向型雇佣关系模式共现系数

二阶 ＼ 一阶	承诺型HRMP	控制型HRMP	企业家风险偏好	企业家成就需要	企业工会实践	制度环境
发展性报酬	5～0.66	0	5～0.68	0	4～0.37	0
物质性报酬	4～0.53	5～0.45	6～0.59	0	3～0.35	3～0.32
角色内工作要求	0	4～0.41	0	0	0	4～0.41
角色外工作要求	4～0.57	0	0	6～0.69	0	0

关键影响因素路径见图 4.2.5。图 4.2.5 中,依据路径图箭头指向,企业家风险偏好、企业工会实践、制度环境的作用机制与投资过度型雇佣关系模式相类似,差异性表

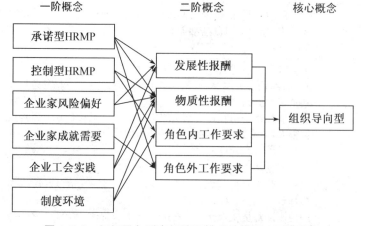

图 4.2.5　组织导向型雇佣关系模式关键影响因素路径

现在承诺型人力资源管理实践通过对发展性报酬、物质性报酬和角色外工作要求的影响,控制型人力资源管理实践通过对物质性报酬和角色内工作要求的影响,企业家成就需要通过对角色外工作要求的影响驱动该模式形成。承诺型人力资源管理实践、企业家风险偏好和企业家成就需要的影响程度很大,控制型人力资源管理实践、企业工会实践和制度环境的影响程度次之。将该路径图与分析框架进行比较,结果表明具有一致性,形成模式匹配。

3. 不同类型雇佣关系模式关键影响因素的差异性

根据上述结果,本部分研究归纳出 12 家民营企业对雇佣关系模式关键影响因素的看法,结果见表 4.2.12。该表进一步表明,企业雇佣关系模式在形成过程中受到各关键因素的影响,不同类型雇佣关系模式的关键影响因素存在差异性。具体来说,在工作导向型中,关键影响因素是控制型人力资源管理实践、企业工会实践和制度环境;在投资不足型中,控制型人力资源管理实践、企业家成就需要、企业工会实践和制度环境发挥了关键作用;在投资过度型中,承诺型人力资源管理实践、企业家风险偏好、企业工会实践和制度环境起到关键作用;在组织导向型中,发挥关键作用的因素是承诺型人力资源管理实践、控制型人力资源管理实践、企业家风险偏好、企业家成就需要、企业工会实践和制度环境。

表 4.2.12 关键影响因素的统计结果

雇佣关系类型	企业代码	承诺型HRMP	控制型HRMP	企业家风险偏好	企业家成就需要	企业工会实践	制度环境
	GD‑YR		✓				✓
工作导向型	GD‑SW		✓			✓	✓
	GD‑SMS		✓			✓	✓
	TB‑RJ		✓			✓	✓
投资不足型	TB‑HD		✓		✓	✓	✓
	TB‑PC		✓		✓		✓
	TG‑MD	✓		✓		✓	✓
投资过度型	TG‑GC	✓		✓		✓	✓
	TG‑LT	✓		✓		✓	✓
	ZD‑HW	✓	✓	✓		✓	✓
组织导向型	ZD‑CW	✓	✓	✓	✓		✓
	ZD‑HP	✓	✓	✓	✓		✓

基于共现系数值和表 4.2.12,本部分研究总结出关键因素在各类雇佣关系模式中的影响效果,结果见表 4.2.13,表 4.2.13 阐明了企业雇佣关系模式关键影响因素的差异性规律。具体来说:① 对于工作导向型,从关键因素的影响变化角度看,由于该模式表现出提供激励和期望贡献都相对较低,控制型人力资源管理实践和制度环境对该模

式形成的影响程度最大,企业工会实践也起到一定程度的作用,3 个关键因素作用主要
体现在为雇佣关系的维持和发展奠定基础。从关键因素影响路径审视,它们主要通过
保障员工物质性报酬和期望员工完成角色内工作要求的方式促使该模式形成。② 对
于投资不足型,从影响变化角度看,由于该模式特点是企业对员工期望贡献大而提供激
励小,企业工会实践和制度环境依然对其产生影响,而控制型人力资源管理实践和企业
家成就需要在此模式形成过程中开始发挥主导性的作用。从影响路径审视,各因素主
要通过保障员工物质性报酬、控制员工角色内工作要求和加大员工角色外工作要求等
方式驱动该模式形成。③ 关于投资过度型,从影响变化角度看,由于该模式表现出企
业提供激励大而对员工期望贡献小的特征,承诺型人力资源管理实践、企业家风险偏好
和企业工会实践对该模式影响较大,制度环境对该模式依旧产生一定程度影响。从影
响路径审视,它们主要通过提升员工发展性报酬和物质性报酬、期望员工达到角色内工
作要求等方式推动该模式形成。④ 对于组织导向型,从影响变化角度看,由于该模式
特点是企业提供激励和期望贡献都相对高,承诺型人力资源管理实践、企业家风险偏
好、企业家成就需要和制度环境对该模式形成的影响作用很大,而控制型人力资源管理
实践和企业工会实践同样产生一定程度的影响。从影响路径审视,各因素主要通过同
时提升员工发展性和物质性报酬、加强员工角色内和角色外工作要求的方式驱动该模
式形成。

表 4.2.13　关键影响因素在各种雇佣关系模式中的差异性

关键影响因素	工作导向型	投资不足型	投资过度型	组织导向型
承诺型 HRMP			***	***
控制型 HRMP	***	***		**
企业家风险偏好			***	***
企业家成就需要		***		***
企业工会实践	**	**	***	**
制度环境	***	**	**	***
经济形势				
市场竞争				

注:根据访谈数据和共现系数的整理;*** 、** 分别表示为正向影响作用很强、较强。

4. 结果讨论

针对中国民营企业,本部分研究通过案例研究挖掘的结果进一步表明,企业所处的
当前实际情况,诸如运用不同类型的人力资源管理实践等,是形成不同类型雇佣关系模
式的重要原因。总体而言,雇佣关系模式在关键影响因素方面具有差异性的原因体现
在以下几个方面:① 民营企业当前不同类型人力资源管理实践是企业雇佣关系模式形
成的重要内部驱动因素。苏中兴(2010)认为中国转型期企业人力资源管理实践不同于

西方倡导的高参与、高承诺工作系统,企业人力资源管理实践既包含了承诺型,也包含了控制型,或两种类型同时存在。本部分研究发现,不同类型人力资源管理实践可通过影响企业提供激励或期望贡献,对雇佣关系模式形成产生差异性影响。② 作为组织决策的关键个体,民营企业家所表现的风险偏好和成就需要特征是雇佣关系模式形成的重要内部驱动因素。Cain 等(2016)认为企业家风险偏好等特征是区别一般管理者的特有"资本",这些特征对有利于企业经营发展的投资活动有显著推动作用;Carland 等(2015)认为企业家的风险偏好、成就需要等个性特征对组织经营和员工管理产生显著影响,并且这些特征在一定时期内会随着组织内外部环境的变化而发生改变。本部分研究结果印证了企业家风险偏好、成就需要特征的不同,可导致企业雇佣关系模式类型的差异。③ 企业工会实践所发挥的职能作用对雇佣关系模式形成均产生显著影响。企业工会是维护员工合法权益的组织,在组织与员工关系协调机制上有重要的作用和地位。然而,中国正处在转型经济背景下,民营企业工会存在功能不完善、组织不健全等问题,这些问题在民营企业经营管理过程中具有不同程度的表现。④ 制度环境的不同也是企业雇佣关系模式形成的一个重要驱动因素。企业的生存和发展离不开法律法规尤其是劳动法等制度环境的治理和约束,建立雇佣关系模式也必须合法、守法。本研究结果表明制度环境对各类雇佣关系模式的形成产生显著影响。

需要说明的是,本部分研究以中国民营企业为研究对象,研究结果与对发达国家企业或非民营企业的研究结果存在差异性。一方面,研究考虑中国通信业民营企业的雇佣关系模式具有代表性特点,选取发达省份代表性行业中特定类型企业的雇佣关系模式的前因变量及其作用机制进行案例研究,研究结果对中国情境下发达地区通信行业民营企业的情况具有普适性。YI(2013)认为,案例研究结论的普适性问题总是处在一定条件和情景之下。另一方面,本部分研究结果的适用范围有两大特征:① 大环境是中国转型经济背景。中国转型经济凸显了自身的特征,如制度不完善。在其他发达国家非转型背景下,相关特征和转型经济背景不同,如欧美成熟经济体中企业所处的制度较为完善,研究结果尚不能说明成熟经济体中的企业情况。② 研究对象是针对通信行业民营企业。通常情况下各行业民营企业在持续发展和经营管理等方面具有自身的基本特点,如强调自身的快速发展、较少关注员工利益等,但在通信行业国有企业和外资企业当中不会(或难以同时)具备这些特点。本部分研究结果尚不能解释发达国家企业、中国国有和外资企业的雇佣关系模式关键因素的影响作用。

(五) 结论

1. 研究结果

本部分研究在构建分析框架基础上,以广东省通信设备行业 12 家民营企业为研究对象,使用多案例研究方法中的数据收集和质性数据分析技术,探究企业雇佣关系模式的关键影响因素及作用机制。研究结果表明:① 企业雇佣关系模式受到承诺型人力资源管理实践、控制型人力资源管理实践、企业家风险偏好、企业家成就需要、企业工会实践和制度环境 6 个关键因素的影响，经济形势和市场竞争两个竞争性解释因素不是企业雇佣关系模式的关键影响因素。② 对于企业形成的不同类型雇佣关系模式，6 个关键影响因素是否发挥作用表现出差异性，例如工作导向型雇佣关系模式中仅有 3 个关键因素产生影响，组织导向型中 6 个关键因素均产生影响。③ 阐明了 4 种类型雇佣关系模式关键影响因素的作用机制，并发现各关键影响因素的作用机制存在差异性。针对工作导向型雇佣关系模式，控制型人力资源管理实践通过影响物质性报酬和角色内工作要求、企业工会实践通过影响物质性报酬、制度环境通过影响物质性报酬和角色内工作要求促使该模式形成。对于投资不足型雇佣关系模式，控制型人力资源管理实践、企业工会实践、制度环境等方面，与工作导向型中影响方式相同，此外，企业家特征也发挥了关键作用，具体表现为企业家成就需要通过影响角色外工作要求的方式推动该模式形成。关于投资过度型雇佣关系模式，除了制度环境影响因素之外，承诺型人力资源管理实践、企业家风险偏好和企业工会实践均参与了影响，并且这三者都是通过影响发展性报酬和物质性报酬的方式驱动该模式形成。对于组织导向型雇佣关系模式，除了企业家风险偏好、企业工会实践、制度环境等，与投资过度型影响方式相同外，承诺型人力资源管理实践、控制型人力资源管理实践、企业家成就需要也发挥了关键作用，具体为承诺型人力资源管理实践通过影响发展性报酬、物质性报酬和角色外工作要求，控制型人力资源管理实践通过影响物质性报酬和角色内工作要求，企业家成就需要通过影响角色外工作要求，从而促使该模式形成。

2. 理论启示

本部分研究使用多案例研究方法分析特定区域、特定行业中民营企业雇佣关系模式的关键影响因素及作用机制，形成了具有中国特色的研究结论，理论意义体现在 3 个方面：① Coyle-shapiro 等（2007）和赵曙明等（2016）认为雇佣关系模式前因变量值得深入讨论，应广泛关注宏观和微观背景因素在其中的影响作用。本部分研究在实地调研基础上运用最佳实践、高阶理论等观点，对 12 家典型企业案例的质性数据进行分析，识别出影响企业雇佣关系模式的 6 个关键影响因素，并且发现企业不同类型雇佣关系模式的关键影响因素存在差异性。本部分研究为企业雇佣关系模式研究搭建了理论框架，相关结论充实了雇佣关系模式前因变量研究。② 张一弛（2004）、康力（2011）和赵曙明等（2016）从某一特定视角关注了雇佣关系模式的前因变量，然而从中尚未知晓它们通过何种方式驱动雇佣关系模式的形成。本部分研究通过质性数据分析，明确阐述了中国情境下民营企业不同类型雇佣关系模式关键影响因素的作用机制。研究区分了不同类型雇佣关系模式，形成了企业不同类型雇佣关系模式关键影响因素路径图，将所搭建的分析框架具体化。③ 在研究方法上，本部分研究运用多案例研究方法进行探索性研究。在数据收集和分析方面，使用扎根理论方法和 Atals. ti 质性分析软件，不仅可以理清企业雇佣关系模式形成过程中复杂性问题的逻辑关系，还有助于问题解析更加规范和科学。

3. 管理启示

民营企业雇佣关系模式形成是一个复杂、长期的过程,需要企业和政府两方面共同努力才能推动企业形成一个兼顾自身和社会同时发展的雇佣关系模式。① 在企业方面,民营企业一要权衡各种关键因素的影响,选择与自身发展相匹配的雇佣关系模式;二要转变发展观念,加快从其他类型雇佣关系模式向组织导向型雇佣关系模式的转变。努力方向主要包括:应同时具备承诺型和控制型的人力资源管理实践,如完善人力资源管理制度、规范收入分配机制、实施员工参与管理机制、扩展员工培训项目等;企业家应勇于在员工发展性报酬和物质性报酬方面投资,为员工营造良好的工作环境,还要采取各种有力举措激发员工为企业做出最大的贡献;企业应保证工会相对的独立性,工会应以维护劳动者权益和建设企业为出发点,努力深入协商谈判、集体合同签订、劳资纠纷调解、协助企业和员工发展等各项事务中。② 在政府方面,努力方向主要是完善现有制度环境。针对当前《劳动法》等法规中与社会发展要求不匹配的条款,立法机构要尽快调整、修改和完善,颁布相关配套法规,如《集体合同法》《劳动监察法》《罢工法》等。在新法规执行上,严密追踪民营企业实施情况,视情况使用行政力量进行一定的干预和监察。在政府宣传上,可利用网络、培训等形式,帮助劳资双方了解新法规,加强劳资双方对权利和义务的认识。政府劳动部门(或上级工会、行业工会等)还应安排专业人员到民营企业工会,通过培训、讲座、指导、监督等方法保障企业工会的良好运行,提高工会实践能力。

4. 研究局限和方向

本部分研究不免存在一些研究局限,值得进一步探讨。① 研究视野上存在局限。本部分研究事先借助相关理论观点,搭建了企业雇佣关系模式关键影响因素及作用机制的总体分析框架,虽然可以支持后续案例研究的系统分析,但有可能会丧失一些关键影响因素。因此,应基于其他理论观点,提出更为全面、深入的分析框架。② 研究数据上存在局限。尽管选择了 12 家民营企业案例,但案例数量还较为有限;同时,区域限制在广东省内,分析行业指向通信设备行业,这些设计可能致使结论缺乏对其他区域或其他行业企业的指导价值。因此,应选取不同区域或不同行业中不同所有制的企业雇佣关系模式做进一步探析,以发现更具广泛指导价值的结论。③ 数据分析存在一定的局限。尽管严格遵循扎根理论的编码方法,并使用专业性的分析软件得出研究结论,但案例分析不免存在人为因素的影响。因此,应结合研究者素质和文化底蕴,弥补理论构建和案例分析过程中的不足。

第二篇

中国企业雇佣关系模式的人文福祉效果研究

一、雇佣关系对人文福祉的影响

(一) 引言

自 20 世纪 80 年代以来,对于企业实施不同雇佣关系模式会给企业带来什么效益,哪种雇佣关系模式最合适企业发展等问题,学者们从经济绩效角度给予了极大重视,分析了雇佣关系模式对企业层次的组织绩效、团队层次的创造力、员工层次的任务绩效和组织公民行为等方面的影响。然而,许多学者深刻地认识到,过分强调企业经济逻辑而忽视人文与福祉逻辑,将会导致经济灾难甚至战争,不可能实现道德的、和谐的社会。值得欣慰的是,目前组织与管理学界正在提倡打造具有同情心的学术团体。具有同情心的组织与管理学术研究提倡,管理学研究不能只关注组织和员工的绩效,而且要关注福祉效果。福祉反映了人的一种理想生活状态。学术界和实践界已普遍认同,企业选择雇佣关系模式,不仅要实现利润最大化,还要充分考虑到它们的福祉效果。关注福祉不是替代或拒绝经济绩效,而是作为经济指标的补充,以更有效地服务于政府治理和企业实践。

在中国经济体制变革和经济全球化发展的历程中,企业雇佣关系发生巨大的变化,从传统计划经济体制下的单一雇佣模式转变成多种模式并存的局面,既有沿袭计划经济体制的政府导向型模式,又有"血汗工厂"的工作导向型模式,还有互利共赢的组织导向型模式。现阶段,中国政府为构建社会主义和谐社会,在宏观层面上强调经济发展的同时,致力于推动政治、经济、社会、文化和生态文明五位一体的建设。政府对增进人民福祉给予极大关注,把越来越多的精力和优先权投放于物质文明、精神文明和生态文明建设上,在制度、资金等方面支持企业更好地保障员工权益和福利,开辟了福祉新境界。然而,在企业层面上,目前,中国企业实施的雇佣关系模式大都是从经济效果出发,很少考虑企业和员工的福祉,在企业管理实践上引致了两大问题:一是众多企业采取投资不足型或工作导向型雇佣关系模式,以致出现日益严重的劳资纠纷甚至冲突等,而企业无法根据已有管理经验有效防止和杜绝此类问题发生;二是缺乏对不同雇佣关系模式福祉效果的分析,以致企业不能科学判断各种雇佣关系模式的优劣，不能从实践上对雇佣关系模式选择和优化提出针对性建议。因此，不管从中国政府施政角度，还是从企业组织管理角度，探讨企业不同雇佣关系模式下的福祉契合了时代主题，紧扣了企业管理实践。

进一步来说，诸如企业劳资和谐，员工身心健康、职业幸福感等企业和员工层次的福祉，正是和谐社会和具有同情心的组织与管理学学术研究的重要表征。那么，企业不同雇佣关系模式是否产生不同福祉效果？对该问题的解答，可为企业健康、稳步发展提供坚实保障。本部分基于激励—贡献模型视角，把企业和员工两层次福祉作为效果评价的主要指标，纳入雇佣关系模式研究框架，比较不同雇佣关系模式的有效性。

（二）文献回顾与研究假设

1. 雇佣关系模式类型

基于激励—贡献模型视角，组织与员工关系聚焦组织在实际工作中给员工提供了什么类型、何等程度的激励，以及组织期望员工完成什么类型、何等程度的贡献。Tsui等（1997）开创性地提出了激励—贡献两维度的雇佣关系分类方法。他们提到，组织提供员工的激励以员工感知到的报酬体现，主要有两方面内容：一方面是发展性报酬，主要包括可持续成长的培训、充分发挥个人才能、充分授权、参与管理决策、职业生涯规划与人生发展等宽领域的人力资本投资；另一方面是物质性报酬，包括工资、奖金、补贴、保险和出国机会等以货币形式存在的物质性报酬。组织对员工期望的贡献指员工工作努力的数量和质量，也包括两方面内容：一方面是工作能力期望，主要指期望员工具有在保证契约内承担和完成具体工作的能力，通常包括改进工作方法、通过学习以提高业务知识、沟通和团队合作等能力；另一方面是工作态度期望，包括工作认真、任劳任怨、服从命令和无私奉献等。

按照提供激励和期望贡献两个维度的高/低差异，可进一步划分出 4 种雇佣关系模式，如表 5.1.1 所示，分别命名为：组织导向型、工作导向型、投资过度型和投资不足型。① 对于组织导向型，在期望贡献方面，员工工作定义宽泛，组织不仅考察员工分内工作，还期望员工在分外工作上具有良好表现，例如，期望员工投入更多精力到组织其他工作当中。在提供激励方面，组织为弥补员工额外的工作努力，不仅给员工提供货币性报酬，还给予发展性和长期性的投资，例如升职和培训等。该模式表现的效用交换同时具备经济性和情感性；在交换内容上，侧重强调交换的内在性质。组织与员工是一种互相提供宽泛投资的关系，在时间界限上具有动态性和长期性，没有明确截止范围。② 对于工作导向型，在期望贡献方面，组织主要考察员工分内工作表现，岗位职责界定详细，任务定义具体，侧重关注员工本职工作的绩效完成情况。在提供激励方面，组织实施短期投资，劳动保障低。该模式中，组织期望员工做出的贡献与组织提供的相应激励都相对较低。组织与员工的效用交换是一种经济性关系，不存在情感上关系。这种模式在一定时期具有稳定性，在时间界限上有明确截止时间。③ 对于投资过度型，在提供激励维度上具有组织导向型特点,在期望贡献维度上具有工作导向型特点。④ 对于投资不足型,在提供激励维度上具有工作导向型特点,在期望贡献维度上具有组织导向型特点。

表 5.1.1　激励—贡献模型视角的雇佣关系模式类型

		提供激励	
		高/宽	低/窄
期望	高/宽	组织导向型	投资不足型
贡献	低/窄	投资过度型	工作导向型

学者们广泛探讨了上述 4 种雇佣关系模式对各种结果变量的影响。然而,通过对该领域文献回顾发现,目前,基于激励—贡献模型视角的雇佣关系模式研究多集中于考察其对经济绩效的影响,缺乏对福祉效果的分析。福祉问题是一个具有多学科、综合性强特点的重要研究领域,其研究能从本质上缩短现有理论研究与管理实践之间的差距,在引导政府政策制定、指导企业管理实践等方面具有现实意义。本部分研究将集中探讨上述 4 种雇佣关系模式对福祉的影响。

2. 福祉

福祉是具有社会学、经济学、心理学和人类学特点的概念,是人一种有价值的体验。Cummins 等认为,福祉是评估人类生活和工作满意度的构念,包括生活或工作的安全、健康、满意度和人际关系等方面。联合国"千年生态系统评估"(MEA)报告给出了较为详细的界定,即主体依据经验判断认为有价值意义的状态和活动。研究者认同和广泛应用这一界定。本部分关于福祉的定义源于此处。

在福祉体系当中,福祉类型因为研究对象不同而存在差异,如企业福祉、员工福祉和社会福祉等的划分。基于激励—贡献模型视角,本部分主要考察员工层次福祉和企业层次福祉。对福祉概念和类型的理解,需通过福祉相关指标实现。选择福祉指标,需要最大地体现福祉所包含的相关内容。檀学文、吴国宝(2014)提出,选择福祉指标应遵循基于特定对象的特殊化原则、基于福祉需求规律的一般化原则和基于主体发展的动态化原则;Tsui 等(2013)呼吁进行富有同情心的研究,认为分析企业劳资和谐、企业声誉、员工身心健康、职业幸福感和工作满意度等福祉指标,应成为学者们研究和突破的焦点问题。鉴于此,本部分根据福祉指标选择原则,选择企业层次的劳资和谐和企业声誉,员工层次的身心健康、职业幸福感和工作满意度作为福祉指标。上述五个福祉指标反映了企业和员工两层次福祉的关键内容,便于理解,具有统计显著性,同时,也是企业管理层和员工工作中关注的重要问题。

3. 理论假设

（1）不同雇佣关系模式对企业层次福祉的影响

企业劳资和谐是员工对管理层营造工作环境的良好感知（Dastmalchian，et al.，1989）。在劳资和谐氛围下，能促使劳资双方较好地达到各自的心理预期，企业生产效能可实现最大化（陈万思，等，2013）。本部分研究认为，提供激励和期望贡献两个维度都表现较高时，员工往往会感知到企业营造了一个和谐的劳资氛围；否则，组织仅表现两个维度中的任何一个，都会影响员工和组织做出全面、准确的感知，进而会影响到劳资和谐。企业提供的各项薪酬福利，能为员工提供基本工作环境，能较好地保障员工生存、安全等需要，有效预防劳资冲突的发生。企业提供的专业培训、职务晋升和参与决策等举措，可推动组织形成一种积极向上的、互利互惠的和谐工作氛围，有利于员工成长。如果企业缺少有竞争力的薪酬福利、支持员工发展的人力资源管理实践，会降低员工的工作积极性，容易在劳资之间形成敌对氛围。当企业对员工工作能力寄予希望时，企业会自发、积极地采取有效措施，提升员工的技能和知识水平，例如，开展专业性培训、让有潜力的员工参与管理等，这可增强员工对工作环境的感知，从而促使员工更加积极、有效地提升工作绩效。而当企业不对员工寄予厚望时，员工则难以感知组织的信任和鼓励，会导致员工没有工作动力和归属感的结果，这在一定程度上阻碍了员工与组织之间的良好互动，不易形成劳资和谐氛围。因此，本部分提出如下研究假设：

H1 与其他三种雇佣关系模式相比，实施组织导向型雇佣关系模式的企业劳资和谐程度最高。

企业声誉是企业依据过去一系列管理行为和未来发展前景对所属员工的吸引力在认知层面上一种表达（Barnett，et al.，2006）。影响员工对企业声誉感知的主要因素包括企业吸引力、责任感等（Schwaiger，2004）。吸引力因素包括吸引优秀的资源、吸引潜力的员工、吸引稳定的顾客等；责任感因素包括对员工的责任感、对社会的责任感和提供安全可靠产品的责任感等。本部分研究认为，在一定程度上，雇佣关系模式中提供激励维度内容属于企业吸引力因素范畴，期望贡献维度内容属于企业责任感因素范畴。企业在提供激励和期望贡献两维度方面都表现较好时，可提升企业的吸引力和责任感，即提供发展性和物质性薪酬，并同时对员工工作定义广泛，期望员工做出更多贡献；或在提供激励维度上表现较好时，可提升企业的吸引力和责任感，诸如在发展性和物质性薪酬方面给予员工满意的投入；若企业仅在期望贡献维度方面采取相关举措，则难以提升企业的吸引力和责任感。学者们提出了类似观点，Hutton（2001）发现，企业可通过自行投资方式，例如，给予员工有竞争力的薪酬福利等，在同行业中建立和维持良好的口碑和声誉；Hall（1992）认为，不仅对企业特征的客观了解（如企业规模大、利于职业发展等）影响着企业声誉，而且对企业内在特征的主观感知（如竞争性薪酬、重视人才）也决定着企业声誉的好与否。这些观点在一定程度上表明，组织导向型和投资过度型雇佣关系模式相对而言具有较强的企业声誉。因此，本部分提出如下研究假设：

H2　在组织导向型和投资过度型两种雇佣关系模式中，企业声誉较高，其他两种模式相对较弱。

（2）不同雇佣关系模式对员工层次福祉的影响

当员工内心需求与现实压力和挑战相冲突时，员工会感觉心理失衡和身体疲惫。员工身心健康是员工在企业特定工作环境中对身体和心理状况的整体感受。Michie和Williams（2003）指出，企业提供高额薪酬福利和高保险水平，对患有躯体疾病员工的身体健康有显著改善作用；Beehr和Newman（1978）认为，企业对员工的期望可以显著改善员工情绪状态，降低其焦虑和抑郁水平；Martens等（1999）指出，员工感受到诸如被期望做出更大贡献或受组织认可时，能有效降低对企业的敌意程度，显著提高其工作积极情绪。目前，中国正处于经济转型和深化改革时期，对多数企业员工而言，薪酬福利和发展空间的重要性还很突出，但他们对于身心健康方面的需求日益迫切。当员工努力工作时，如果企业提供的物质性报酬不能很好地通过经济指标进行反映，这会降低员工的生活保障，导致员工积极性下降，再者，若企业没有从心理上激发员工的内在动机，例如不能提供发展机会、不寄予员工做出更大贡献的期望等，往往会导致员工产生抵触工作情绪和心理障碍。因此，本部分研究认为，当企业实施的雇佣关系模式既注重提供物质性和发展性报酬，又兼顾重视员工的心理健康等问题时，才能保证员工身心健康。因此，本部分提出如下研究假设：

H3　与其他三种雇佣关系模式相比，实施组织导向型雇佣关系模式的企业员工身心健康程度最高。

职业幸福感是员工对工作环境的积极心理体验，职业幸福感形成过程是各种主客观因素共同影响的结果。职业幸福感实际表现为各种积极的情绪或状态，其建立在工作状态评价的基础上。对工作状态评价既是对当前工作状态的一种事实性判断，也是对工作意义的一种价值性判断。这种判断依据客观事实，是基于理想与现实比较而得出，即职业幸福感高低取决于员工对已有工作目标与当前工作现状进行评估和比较的结果。通常情况下，可通过两个途径提升员工职业幸福感：一是提高员工对当前工作现状的评估；二是帮助员工设置合理的工作目标。在4种雇佣关系模式中，组织导向型和投资过度型与工作导向型和投资不足型相比，表现出了相对优势。例如，前两种模式可以改善员工的工作环境，如能开展针对性的培训、优化工作内容、加大组织支持力度等，从而提高员工工作和生活的水平与质量；再如，它们具有良好的沟通渠道，可以有效促使员工客观、准确地评价自身工作情况，能有效地指引员工合理设置工作长短期目标。因此，本部分提出如下研究假设：

H4　在组织导向型和投资过度型两种雇佣关系模式中，员工职业幸福感较高，其他两种模式相对较弱。

工作满意度是员工从心理、生理等角度对所处工作环境的一种满意感受。企业采取的雇佣关系模式影响员工对工作环境的主观反应结果。企业对员工提供的激励，对员工工作满意度会造成显著影响。如果企业激励机制仅是一个"空壳"形式，相关举措没有发挥实质性作用,那么员工可能会对企业产生不愉快的情绪,对雇佣关系模式产生误解,导致工作满意度的下降。在中国情境下,尤其在民营企业中,员工因企业未提供有竞争力的薪酬,导致对工作产生更大的不满意,人才流失率居高不下。这种现象可以借助 Porter 和 Steers(1973)提出的期望落差观点进行解释。员工在进入组织一段时间后,通常会了解和感知组织各方面提供的激励,当员工感知到组织是一种"投资不足"状态时,他们会因为自身的工作努力和成绩未得到认可、兑现,从而会形成一种失落的情绪,这种期望上的落差会导致员工不满。然而,企业无论是增加所提供的激励,还是减少对员工贡献期望,都会减轻员工的期望落差程度,进而会相应提升员工工作满意度。因此,本部分提出如下研究假设:

H5 与其他三种雇佣关系模式相比,实施投资不足型雇佣关系模式的企业员工工作满意度最低。

(三) 研究设计

1. 数据收集与研究样本

研究对象来源于 81 家企业(其中制造业 49 家,非制造业 32 家)的 850 名员工。调查企业地点分布在中国华北(北京、天津)、华东(上海、厦门、南京)、华南(深圳、东莞)、华中(武汉)、西南(重庆)五个区域九个城市。所选区域和城市的经济水平、企业经营管理水平在中国具有代表性,调查企业的雇佣关系模式和福祉情况总体反映了中国实际情况。数据收集采用问卷调查,问卷发放方式有两种:一是现场方式,依托政府机构和校友等资源,集中人员,现场填写,现场收集问卷;二是邮寄(或电邮)方式,从调查企业中确定一个负责人,将问卷打包邮寄(或电邮)给负责人,由其按规定步骤发放和收集问卷。

为保证每份问卷数据的真实、有效和独立,调查时要求同一企业填写人员来源于不同岗位,每个企业填写人员数量控制在 10~15 人。研究共发放 850 份问卷,回收 685 份问卷。剔除填写错误、内容无效的问卷,最终有效问卷 522 份,有效回收率为 61.41%。在样本中,受调查男性人员比例是 51.53%,18~30 岁人员占 72.61%,大专及大专以下人员占 69.15%,民营企业人员占 55.75%,制造业人员占 60.54%,生产类人员比例是 37.16%,人员在企业中的工龄处在 1~3 年内占 36.59%。

2. 研究工具

本部分研究采用目前广泛使用的相关测量量表。首先,为保证量表翻译质量,安排英语专业和人力资源管理专业的教师共同翻译外文量表,并对异议条目进行广泛讨论,形成初始中文调查问卷;然后,按同样步骤进行回译,将回译后的外文与原文进行比较,对异议条目再次讨论和修改;最后,选择 10 家企业,与调查人员进行访谈,对少数异议条目进行第三次讨论和修改,形成最终问卷。量表采取李克特 5 点计分法,从 1 表示

"非常不同意",到 5 表示"非常同意"。此外,为了尽可能地避免问卷填写过程中出现社会称许现象,研究适当增设反向条目。

有关雇佣关系模式的 4 个变量总体上是由提供激励和期望贡献两个基本维度进行界定的。借鉴 Tsui 等(2002)和 Jia 等(2014)开发的量表进行测量,共 21 个题项。其中,期望贡献包括工作能力期望(5 个题项)和工作态度期望(5 个题项),提供激励包括发展性报酬(7 个题项)和物质性报酬(4 个题项)。企业层次上福祉包括劳资和谐与企业声誉。针对劳资和谐的测量,使用 Dastmalchian 等(1989)开发的雇佣关系氛围和谐性量表,共 5 个题项;对于企业声誉的测量,运用 Sclwaiger(2004)开发的量表,共 6 个题项。员工层次福祉包括员工的身心健康、职业幸福感和工作满意度。有关员工身心健康的测量,主要采纳 Evers 等(2000)开发的量表,共 6 个题项;在职业幸福感的测量上,主要采用 Pavot 和 Diener(1993)开发的量表,共 5 个题项;在员工工作满意度方面,借鉴 Brayfield 和 Rothe(1951)的测量量表,共 5 个题项。控制变量包括人口学统计变量和领导—成员交换关系。人口学统计变量包括人员的性别、年龄、教育学历、企业所有制特征、行业类型、工作类别和在企业的工龄。将领导—成员交换关系纳入控制变量,是因为在特定岗位上,上级领导(或主管)对员工日常行为和工作态度的影响可能会对数据分析结果产生干扰。领导—成员交换关系的测量借鉴 Liden 和 Maslyn(1998)开发的量表,共 5 个题项。

3. 分析方法

本部分研究运用 SPSS18.0 和 LISREL8.7 两个软件进行数据分析。首先,通过内部一致性系数(Crobach's α)判断数据信度;使用验证性因子分析方法(CFA)对量表进行效度检验。其次,进行独立样本 T 检验,分析雇佣关系模式两个维度高、低两组之间的差异性。同时,使用频次统计的方法,计算各雇佣关系模式的比例和掌握它们的具体分布情况。再次,借助单因素方差分析方法,探析企业和员工两层次福祉在 4 种雇佣关系模式下的趋势变化情况。最后,考虑人口学统计等控制变量,进行多变量协方差分析方法,分析 4 种雇佣关系模式对福祉的整体效应情况;使用协方差分析方法,分析 4 种雇佣关系模式和控制变量对 5 个福祉指标的影响情况。

在信度检验上,所有量表的 Crobach's α 值在 0.80～0.89 之间,如表 5.1.2 所示,都超过了 0.7,说明量表有较好的信度。在效度检验上,各变量所使用的是前期学者们开发并经多次验证的成熟性量表,并且在形成最终问卷前,研究小组已与调查企业管理者、员工和相关领域专家(包括雇佣关系和福祉)就量表内容进行了多轮的讨论、修改和测验。这表明,量表的内容效度可以得到保障。在收敛效度上,运用验证性因子分析方法进行检验,结果显示,完全标准化的因子载荷均处在 0.5～1 之间,独立样本 T 检验值在 8.25～18.37 之间,且在 0.001 水平下达到显著。这表明,所有变量都具有较好的收敛效度。

表 5.1.2 信度检验

变量	期望 贡献	提供 激励	劳资 和谐	企业 声誉	身心 健康	职业 幸福感	工作 满意度	领导—成员 交换关系
Cronbach'α 值	0.86	0.88	0.86	0.80	0.87	0.89	0.81	0.82

(四) 研究结果

1. 信度和效度检验

在区别效度上,依据 Chin(1998)的判定标准,运用因子平均萃取变异量 AVE 值对各变量进行检验,表 5.1.3 检验结果描述了各 AVE 平方根都大于它与其他变量之间相关系数,可以判定变量之间具有良好的区别效度。

表 5.1.3 区别效度检验

变量	1	2	3	4	5	6	7	8
期望贡献	(0.932)							
提供激励	0.52	(0.922)						
劳资和谐	0.41	0.32	(0.947)					
企业声誉	0.39	0.31	0.45	(0.943)				
身心健康	0.23	0.15	0.26	0.29	(0.945)			
职业幸福感	0.35	0.27	0.46	0.34	0.21	(0.942)		
工作满意度	0.25	0.15	0.13	0.37	0.39	0.14	(0.939)	
领导—成员关系	0.41	0.35	0.47	0.53	0.25	0.34	0.29	(0.941)

注:括号中数字是变量 AVE 值的平方根,其他数字为相关系数。

2. 共同方法偏差检验

研究利用程序控制和统计控制两种方法降低共同方法偏差问题的影响。在程序方面,运用了设置反向题项、问题题项重测和匿名填写等措施;在统计方面,使用 Harman 单一因素检验方法进行评估(Podsakoff and Organ, 1986),将所有测量题项做因子分析,在未旋转情形下第一个因子方差解释率为 21.35%,未占到大多数,说明研究数据效度不受共同方法偏差的影响。

3. 雇佣关系模式描述性统计

运用均值划分方法对样本数据进行高、低分组,结果如表 5.1.4 所示。期望贡献的均值为 3.52,标准差为 0.71。研究将期望贡献划分为高、低两个组,其中,高组均值为 4.19,低组均值为 2.85。提供激励的均值为 3.59,标准差为 0.65。同样,将提供激励划分为高、低两组,其中,高组均值为 4.26,低组均值为 2.92。通过方差分析,结果显示,期望贡献和提供激励两个维度的高、低分组都具有显著性差异。方差分析结果也说明,研究采用的均值划分方式可以显著区分期望贡献和提供激励两个维度的高、低水平。

表5.1.4 雇佣关系模式两个维度高、低分组的方差分析

维度	按均值分组	均值	Sig
期望贡献	高	4.19	<0.001
	低	2.85	
提供激励	高	4.26	<0.001

表5.1.5的频次统计结果描述了4种雇佣关系模式的均值、比例,以及它们在国有企业、民营企业和外资企业中的分布情况。从表5.1.5中可以看出,回复工作导向型的员工人数有198名,占总人数的37.93%,比例最高;回复投资不足型的员工有132名,占总人数的25.29%,比例次之;回复组织导向型、投资过度型的员工相对较少,分别是104人和88人,比例分别占总人数的19.92%和16.86%。从企业所有制特征不同的角度看,国有企业通常采用的雇佣关系模式是以投资过度型为主,其次是组织导向型和工作导向型,投资不足型相对偏少;民营企业以工作导向型为主,其次是投资不足型,组织导向型和投资过度型相对偏少;外资企业以组织导向型为主,之后是工作导向型和投资过度型,投资不足型相对偏少。本部分研究还发现,在组织导向型雇佣关系模式中,外资企业的比例(46.15%)明显大于国有企业(26.77%)和民营企业(7.56%),这表明,在某种程度上,外资企业与民营企业和国有企业相比,既重视期望员工做出更多贡献,又在实际操作过程中对员工采取有竞争力的激励策略。

表5.1.5 四种雇佣关系模式描述统计

	组织导向型		工作导向型		投资过度型		投资不足型		合计	
	数量	百分比(%)	数量	百分比(%)	数量	百分比(%)	数量	百分比(%)	数量	百分比(%)
总体	104	19.92	198	37.93	88	16.86	132	25.29	522	100.00
国有企业	34	26.77	23	18.11	62	48.82	8	6.30	127	100.00
民营企业	22	7.56	146	50.17	11	3.78	112	38.49	291	100.00
外资企业	48	46.15	29	27.88	15	14.42	12	11.54	104	100.00

4. 不同雇佣关系模式对福祉的差异性影响检验

为检验5个假设,本部分研究进行单因素方差分析,结果如表5.1.6所示。表5.1.6结果显示,f值检验具有显著性,这说明,不同雇佣关系模式下企业和员工两层次福祉指标都具有显著性差异。这在一定程度上也表明,基于激励—贡献模型视角的雇佣关系模式划分具有合理性。

表 5.1.6   差异性影响检验

结果变量		分析指标	雇佣关系模式				方差分析
			组织导向型	工作导向型	投资过度型	投资不足型	
企业层次	劳资和谐	均值	3.61^{ab}	3.11^{a}	3.35^{b}	2.63^{b}	13.15^{***}
		标准差	0.89	0.85	0.78	0.83	
	企业声誉	均值	4.01^{a}	3.72^{b}	3.89^{bc}	3.47^{ac}	3.65^{*}
		标准差	0.73	0.63	0.71	0.78	
员工层次	身心健康	均值	3.92^{ab}	3.16^{a}	3.65^{b}	3.28^{b}	3.57^{**}
		标准差	0.61	0.63	0.54	0.73	
	职业幸福感	均值	3.53^{ab}	3.14^{a}	3.27^{c}	2.92^{bc}	4.13^{*}
		标准差	0.89	0.93	0.82	0.95	
	工作满意度	均值	3.81^{a}	3.37^{a}	3.65^{b}	3.03^{ab}	11.12^{***}
		标准差	0.74	0.76	0.71	0.69	

注:(1) * $p<0.05$, ** $p<0.01$, *** $p<0.001$;(2) 在均值中,数值左上角标有 a、b、c 字母,含义是标有相同字母间的均值关系至少在 0.05 水平下是呈显著差异的;例如,在劳资和谐中组织导向型(3.61)和工作导向型(3.11)的均值都标有 a,则说明前者显著大于后者。

表 5.1.6 数据显示,企业劳资和谐在组织导向型雇佣关系模式下的数值为 3.61,大于其他类型的数值,检验结果支持了假设 H1。表 5.1.6 数据结果还表明,投资过度型(3.35)雇佣关系模式下的劳资和谐显著高于投资不足型(2.63)。组织导向型(4.01)和投资过度型(3.89)雇佣关系模式下的企业声誉显著高于投资不足型(3.47),投资过度型雇佣关系模式下的企业声誉同样显著高于工作导向型(3.72)。然而,数据结果不支持组织导向型与工作导向型雇佣关系模式对企业声誉的差异性影响。因此,假设 H2 部分得到了支持。表 5.1.6 数据表明,组织导向型(3.92)雇佣关系模式下员工身心健康显著高于工作导向型(3.16)、投资过度型(3.65)和投资不足型(3.28)。此外,从数值上看,投资过度型比投资不足型略大,这表明,采取投资过度型雇佣关系模式更能提升员工的身心健康水平。依据结果,假设 H3 得到了支持。表 5.1.6 数据结果显示,组织导向型(3.53)雇佣关系模式下的员工职业幸福感要明显高于工作导向型(3.14)和投资不足型(2.92);投资过度型(3.27)的员工职业幸福感高于投资不足型。然而,投资过度型的员工职业幸福感是否高于工作导向型未得到支持。因此,假设 H4 部分得到了支持。根据表 5.1.6 检验结果,投资不足型(3.03)雇佣关系模式下的员工工作满意度,既显著低于组织导向型(3.81)和投资过度型(3.65),又低于工作导向型(3.37)。可见,检验结果支持了假设 H5。此外,表 5.1.6 结果还表明,组织导向型的员工工作满意度要显著高于工作导向型。但是,检验结果未能证明,组织导向型与投资过度型雇佣关系模式数据之间存在显著性差异,研究尚不能确定到底是组织导向型雇佣关系模式还是投资过度型对员工工作满意度影响更大。

　　为进一步讨论引入控制变量后,4 种雇佣关系模式对福祉指标影响情况,我们做多变量协方差分析(MANCOVA)和协方差分析(ANCOVA)。为分析在引入控制变量前4 种雇佣关系模式对福祉的解释效应,研究先将 4 种雇佣关系模式视为一个整体。表5.1.7 结果显示,4 种雇佣关系模式对福祉的影响是非常显著的,解释了方差(1－A)的22%。而在引入控制变量后,4 种雇佣关系模式对福祉的影响同样是非常显著的,解释了方差(1－A)的 17%。

表 5.1.7　多变量协方差分析

多变量协方差 分析检验指标	引入控制变量前 4 种雇佣关系 模式的整体效应	引入控制变量后 4 种雇佣关系 模式的净效应
Hoteling's T	0.35	0.24
Wilks' λ	0.78	0.83
F_T	4.71***	3.08**
F_λ	4.57***	3.25**

　　表 5.1.8 报告了 4 种雇佣关系模式和控制变量对福祉指标的影响作用。结果显示,4 种雇佣关系模式对企业层次的劳资和谐和员工层次的身心健康、职业幸福感和工作满意度的影响有显著性差异,但对企业声誉的影响没有显著性差异。

表 5.1.8　协方差分析

分析变量	结果变量				
	劳资和谐	企业声誉	身心健康	职业幸福感	工作满意度
控制变量					
性别	0.62	0.11	0.24	0.08	0.89
年龄	4.26*	0.63	0.62	7.31**	1.45
学历	0.52	6.35	0.07**	1.47	0.31**
企业所有制性特征	2.46	0.34**	2.27	0.23	0.84
行业类型	1.25	0.11	0.58	0.49	0.56
工作类别	0.21	0.35	0.46	0.07	1.03
企业工龄	4.87**	1.35**	1.75	0.46**	0.13
领导—成员交换关系	25.39***	4.53	4.61	20.19***	38.67***
雇佣关系模式类型	7.34***	2.83	3.25***	2.21**	4.13*
调整后的整体效应 R^2	0.25	0.08	0.09	0.23	0.23

（五）结论与启示

1. 结论

基于激励—贡献模型视角，本部分运用实证研究方法，探讨了企业不同雇佣关系模式对企业和员工两层次福祉的差异性影响。

首先，方差分析结果表明，不同雇佣关系模式会对企业和员工两层次福祉具有差异性影响。从整体上看，在 4 种雇佣关系模式中，组织导向型雇佣关系模式的福祉效果最好，投资不足型雇佣关系模式的福祉效果最不理想。具体而言，在企业层次上，当企业采取组织导向型雇佣关系模式时，劳资和谐程度最高；企业采取组织导向型雇佣关系模式时的企业声誉高于投资不足型雇佣关系模式，采取投资过度型雇佣关系模式时的企业声誉高于工作导向型和投资不足型雇佣关系模式。在员工层次上，企业采取组织导向型雇佣关系模式时，员工身心健康程度最高；企业采取组织导向型雇佣关系模式时的员工职业幸福感高于采取工作导向型和投资不足型雇佣关系模式；采取投资过度型雇佣关系模式时的员工职业幸福感高于投资不足型雇佣关系模式；与其他雇佣关系模式相比，企业采取投资不足型雇佣关系模式时的员工工作满意度最低。然而，在假设 H2 和假设 H4 中部分内容未得到支持。其中，采取组织导向型和工作导向型雇佣关系模式对企业声誉无差异性影响，假设 H2 未得到全部支持。研究认为，这可能由以下原因引起：组织导向型和工作导向型雇佣关系模式在提供激励和期望贡献方面都处于平衡状况，这种平衡致使员工与组织都对当前状态感到适配和"理所当然"，由此对企业声誉的感知无明显差异。例如，在采取工作导向型雇佣关系模式的民营企业中，企业对员工提供的激励和期望员工的贡献都是双方可以接受的状况，这会导致员工对企业声誉的感知程度不明显。对假设 H4 的检验也未得到全部支持，采取投资过度型和工作导向型雇佣关系模式对员工职业幸福感无差异性影响。研究认为，投资过度型雇佣关系模式与工作导向型雇佣关系模式相比，优势在于企业为员工提供了更高的激励，然而，研究表明，职业幸福感影响因素较多，并不主要来源于企业提供的激励，如员工自我实现等也是重要影响因素。因此，企业仅在激励方面采取措施以提升员工职业幸福感未必富有成效。

其次，协方差分析结果显示，在控制了人口统计学、领导—成员交换关系等相关变量后，企业层次的劳资和谐和员工层次的身心健康、职业幸福感、工作满意度依然在 4 种雇佣关系模式下表现出显著性差异，但企业声誉却没有显著性差异。这可从两方面进行解释：一是企业声誉的感知是一个复杂的交互过程，企业特征（如规模、文化等）和外部特征（如其他利益相关者的感知等）等各种因素对企业声誉的影响程度都较大；二是与本部分研究采取自我报告调查方法有关，利用该方法得出的结果与复杂实际情况可能存在一定的偏差。上述有关不同雇佣关系模式下福祉效果方面的研究结果，目前国内外文献暂未涉及类似观点。

另外,一个有趣的研究发现是,频次统计结果与张一弛和 Tsui 等研究结论存有差异。张一弛(2004)提到,组织导向型雇佣关系模式是各类企业使用的主导模式;Tsui 等(2013)认为,国有企业较多采用工作导向型雇佣关系模式,外资企业和民营企业多采用组织导向型雇佣关系模式。而本部分研究发现,三类企业采用雇佣关系模式各不相同,外资企业采用的雇佣关系模式以组织导向型雇佣关系模式为主,民营企业以工作导向型雇佣关系模式为主,国有企业以投资过度型雇佣关系模式为主。这种结果与中国企业实际情景基本相一致。虽然中国在经济改革方面取得了较大成就,但中国国有企业和民营企业在提供激励和期望贡献方面,还与外资企业有一定差距。

综上,本部分研究结论主要包括:① 4 种雇佣关系模式对企业和员工两层次福祉具有差异性影响;② 当企业采用组织导向型雇佣关系模式时,企业劳资和谐和员工身心健康程度最高;③ 当企业采用工作导向型雇佣关系模式时,员工工作满意度最低;④ 当企业采用组织导向型雇佣关系模式时,会取得良好的福祉效果,而采用投资不足型雇佣关系模式带来的福祉效果最不理想。

2. 管理启示

在宏观层面上,政府劳动行政管理部门应在完善现有法规及其他配套法律体系的基础上,积极宣传各项惠企政策,采取有力措施鼓励企业采取组织导向型雇佣关系模式。在宣传方面,可利用网络等大众媒体,也可通过免费讲座等形式,帮助劳资双方学习和了解不同雇佣关系模式的优缺点。政府劳动行政管理部门还需加强对企业雇佣关系模式运行的监督管理工作。执法部门应严密追踪企业雇佣关系模式运行情况,若发现企业侵犯员工应有权益的行为,应依法、及时和有效地处理。由于某些企业会存在“短视性”现象,执法部门应利用行政措施强制企业依法完善自身不合理的规章制度。

在企业层面上,企业应转变人力资源管理发展理念,积极探寻雇佣关系模式的创新之路,积极应对劳动力市场与雇佣关系等环境的新变化。首先,企业应根据自身特点,加快推进雇佣关系模式的转变,努力完善内部管理制度和操作层面的规则。其次,为改善企业劳资和谐和员工身心健康,企业应积极采取组织导向型雇佣关系模式。这可从提供激励和期望贡献两方面同时入手:在提供激励方面,企业除了在工资、奖金等方面提供有竞争力的物质性报酬外,还应在培训、晋升和参与管理等方面提供机会;在期望贡献方面,员工工作应宽泛化,鼓励他们在完成分内工作的基础上投入更多的精力到其他工作当中,企业还应为员工提供更多的表现机会等。再次,为增强企业声誉和员工职业幸福感,企业可采取组织导向型或投资过度型雇佣关系模式。在投资过度型雇佣关系模式上,企业可侧重在提供激励维度上采取相关措施,诸如提供有竞争力的工资、发展性培训、充分授权等。最后,为保证员工工作满意度,企业不宜采取投资不足型雇佣关系模式。这提示企业,为了短期生存和长远发展,不应在期望员工为企业付出努力做出贡献的同时,又不提供给员工匹配的、有竞争力的薪酬福利。

3. 研究局限与方向

本部分研究存在以下三方面的研究局限和值得进一步探究的地方:一是企业在运用不同雇佣关系模式过程中会受到其他多种因素的影响,这些因素在雇佣关系模式与福祉关系之间是否发挥了中介或调节的作用? 因此,可从积极心理学等角度出发,采用问卷调查或案例分析等方法,对这些问题进行专项讨论。二是调查数据采集是通过自我报告形式,可能存在同源误差问题,因此,可设法从多个来源渠道进行采集,以进一步确保测量数据的有效性。三是未考虑社会层次福祉,因此,可进一步考虑不同雇佣关系模式对社会层次福祉的影响。

二、雇佣关系对员工敬业度的影响

(一) 研究背景

互联网时代,员工的工作性质与组织实体的动态变化正在挑战员工绩效的传统视角,因此,组织应更加关注员工的能力以帮助其适应新的挑战。在此背景下,以持久精力和持续贡献为特征的员工敬业度成为学者和管理者关注的焦点。员工敬业度是与个体绩效紧密相关的理论构念,反映了员工对自己的工作和所在组织的敬业程度,不仅直接影响到员工绩效,也会对组织绩效和顾客满意度等指标产生影响。有学者认为,近年来,很少有一个术语,能同员工敬业度一样,与商业实践紧密相连。尽管目前学者在分析敬业度的前因与后果方面取得了很大进展,但在全球范围内,组织中员工的整体敬业度依然较低。例如,Hewitt 的研究表明,40%的被调查员工敬业度不高,20%的员工处于闲散状态。由此,如何提升员工敬业度依然是学界和企业界持续关注的问题。

员工敬业度受到组织、团队和个体层面的多种因素影响。作为员工—组织关系中至关重要的一方,组织因素是影响员工敬业度的首要因素。现有研究主要探讨了有利于增强员工敬业度的互惠资源。例如,Saks 研究表明,工作特征、认可和奖励、组织公平等因素会直接影响员工的敬业度。从组织的角度,员工—组织关系被定义为"雇主期望员工做出的贡献,以及为了获得这些贡献而向员工提供的诱因"。其中,期望的贡献包括角色内绩效与角色外绩效,以及对组织心理和行为上的承诺;提供的诱因或贡献包括物质性奖励和发展性奖励。尽管从员工—组织关系的定义可以预测,组织期望员工做出更高的贡献,也必然要求员工更加敬业,但目前学者们并没有从理论上和实证分析上去检验员工—组织关系与员工敬业度之间的关系,由此,本部分研究从雇主角度出发,聚焦于雇佣关系模式这一重要的组织因素是否以及如何影响员工敬业度这一问题。一方面,从雇主角度探讨企业应该采取怎样的激励措施,才能有效地激励员工更加敬业;另一方面,理清了雇佣关系模式与员工组织支持感和敬业度之间的关系,为提高员工敬业度指明了方向。

　　根据组织向员工提供诱因和贡献的类型与范围，以及期望员工做出贡献的类型与水平，Tsui 等和 Jia 等将雇佣关系模式划分为 4 种类型，即相互投资型（期望员工贡献和向员工提供诱因均高）、准现货契约型（期望员工贡献和向员工提供诱因均低）、过度投资型（向员工提供较多诱因，但对员工贡献期望不高）和投资不足型（期望员工做出更多贡献，但只向员工提供较少诱因）雇佣关系模式。本部分研究将探讨这 4 种雇佣关系模式对员工敬业度的影响，并研究员工组织支持感在其中所起到的中介作用。本部分研究的理论框架见图 5.2.1。

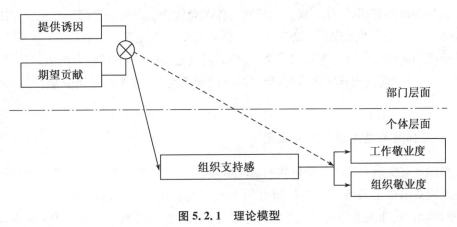

图 5.2.1　理论模型

(二) 理论基础与研究假设

1. 员工敬业度

　　Kahn(1990)认为，员工敬业度是指组织成员对于工作中自我角色的管理，以及在工作角色中对自身体力、认知和情感的运用与表达。员工敬业度包括 3 个心理条件：① 心理意义，可以被视为一种感觉，是员工对投资于身体、认知或情感的能量的当前回报，心理意义缺乏则意味着人们较少得到工作角色绩效。② 心理安全感，即一种主观感受，是个体在组织中定位的 3 种重要心理状态之一，可以让个体充分地展现自我，而无须担心其会对个人地位、自我形象或职业生涯产生负面影响；当情况不可预知或预知不一致，以及存在威胁时，员工敬业度将会不高，或缺乏安全感。③ 可用性，指在某个特定的时刻，对于员工在身体上、情绪上或心理上有意义。对于员工敬业度的结构，Saks(2006)指出，以往研究主要将员工敬业度视为对工作的敬业，但是实际上员工敬业程度还取决于其在具体情境中的角色，因此，员工敬业度可分为对工作的敬业和对组织的敬业。Kahn(1990)将敬业度定义为与角色相关的构念，认为其反映了员工对于一个特定的组织角色的心理投入。工作角色和组织成员角色作为组织成员最重要的两个主导角色，对员工和组织都具有重要意义。鉴于此，本部分研究采用文献的观点，将员工敬业度分为工作敬业度和组织敬业度。

　　国内外众多学者已对员工敬业度的前因变量进行了有关研究。例如，Maslach 等发现,工作生活中的 6 个方面的因素与员工敬业度相关,即可持续的工作量、适当的表彰和奖励、选择和控制、社会公平和正义、支持性的工作感受,以及有意义和有价值的工作。Saks(2006)通过对员工敬业度的前因及结果变量进行研究后发现,工作特征、感知到的主管支持、感知到的组织支持、获得的奖励与认可、程序公平,以及分配公平会是员工敬业度的重要前因,而工作满意度、组织公民行为、离职意向,以及组织承诺则是员工敬业度的重要影响结果。此外,Rothmann 等(2007)认为,和谐的上下级关系、组织支持、培训学习和晋升机制是影响员工敬业度的重要因素。此外,廖银燕(2014)提出,以社会交换理论为基础,领导—成员交换对工作敬业度和组织敬业度都具有正向作用,并且领导—成员交换通过内部人的身份认知影响员工的敬业度。这些研究,对于了解员工敬业度的前因变量具有重要的意义。然而,需要指出的是,这些研究更多是停留在工作层面、个体层面或领导层面,缺少更高层面的因素考量(如组织或团队层面的影响因素)。

2. 雇佣关系模式与员工敬业度

虽然现有文献对雇佣关系模式与员工敬业度之间关系的研究尚不多见,但相关雇佣关系模式与员工态度及行为的研究仍为本研究提供了一定的依据。例如,Tsui 等(1997)指出,雇佣关系模式与员工的满意度、离职行为、情感承诺等都有相关关系,且在相互投资型的雇佣关系模式(高提供诱因和高期望贡献)中,员工的积极性和满意度更高。蒋建武等(2012)认为,当组织向员工提供诱因和期望员工做出贡献都高时,员工的工作绩效最高。郑震(2013)指出,员工—组织关系对员工的行为及态度具有不同的影响。其中,员工—组织关系中的社会交换维度对员工的敬业度具有正向影响,而经济交换维度则对员工敬业度产生负向影响。

根据社会交换理论,当企业给员工提供丰富的诱因,包括竞争性的薪酬、职业培训、晋升激励等,员工在接受组织投资之后,会付出相应的努力对企业的期望做出回报,这些诱因会使员工的工作积极性提高,工作敬业度增强;同时,也会产生对企业的归属感,更具有责任意识,提升其组织敬业度。由此,组织提供的诱因对员工的组织敬业度和工作敬业度都会产生积极影响。一些研究也得出类似的结论。例如,张火灿等(2007)认为,企业的培训、薪酬、福利等人力资源指标与员工敬业度具有一定相关关系;当这些人力资源指标高时,员工的工作积极性能够被调动起来,进而增强员工敬业度。

对于雇佣关系模式与员工敬业度之间的关系,本部分研究认为,在相互投资型的雇佣关系模式中,员工与企业的关系是长期、稳定的,这种稳定的雇佣关系会使员工在心理上感到安全,进而员工的组织敬业度和工作敬业度水平都较高。在准现货契约型的雇佣关系模式中(低提供诱因和低期望贡献),员工与组织之间的关系是暂时和不稳定的,员工会在心理上感到不安全,员工的敬业程度也会受到影响。此外,在准现货契约型的雇佣关系模式中,企业为员工提供的诱因较低,不会对员工进行长期的投资,因而企业不会对员工进行系统培训以及关注员工的职业发展规划等,期望员工的贡献也较低。在这种模式下,企业与员工的责任与义务非常明晰,企业与员工主要进行经济交换,很难产生情感方面的互动,员工以完成工作职责和任务为标准,没有动力主动地承担分外的工作任务,工作积极性较低,员工工作敬业度和组织敬业度都处于较低水平。在投资过度型的雇佣关系模式(高提供诱因和低期望贡献)下,企业为员工提供丰富的资源,包括有竞争性的物质报酬、培训与学习机会、授权等,但企业对于员工的工作要求期望并不高。基于社会交换理论,为了回报企业的高投入,员工会在积极完成本职工作的基础上,进一步做出有利于企业的行为,因此,丰富的组织诱因会对员工的敬业度产生正面影响。最后,在投资不足型的雇佣关系模式(低提供诱因和高期望贡献)中,企业向员工提供低水平的物质报酬和发展性报酬,但期望员工回报丰富的角色内与角色外工作绩效。在这种雇佣关系模式下,一方面,员工能够感知到组织对自己的高期待并感受到被企业所重视,同时较高的工作期望能够让员工感到工作的意义感和价值感,因此,会努力工作以达到企业的期望,其敬业度在这种情况下会处于较高水平;另一方面,由于缺乏足够的物质性与发展性报酬,员工的工作积极性受到影响,进而会对员工的敬业度产生负面影响。由此,本部分提出以下研究假设:

H1a　期望贡献与提供诱因的交互项影响员工工作敬业度。具体而言,期望贡献与工作敬业度之间的正向相关关系在高提供诱因的情况下更强;反之,更弱。

H1b　期望贡献与提供诱因的交互项影响员工组织敬业度。具体而言,期望贡献与组织敬业度之间的正向相关关系在高提供诱因的情况下更强;反之,更弱。

3. 雇佣关系模式与员工组织支持感

基于组织支持感的文献回顾,本部分研究发现,相对而言,学者较多地研究了员工组织支持感的结果变量,包括组织承诺、工作绩效、组织公民行为等。虽然有一些研究探讨了员工组织支持感的前因变量,但研究重点放在了领导因素和工作层面的影响因素上,缺乏对更高层面,如组织层面或部门层面因素的研究。由此,本部分研究将进一步探索部门层面的雇佣关系模式对员工组织支持感的影响。

雇佣关系的研究视角包括两个层面:基于员工层面的心理契约视角或组织支持感,以及基于组织层面的诱因—贡献视角。雇佣关系模式(诱因—贡献视角)是从企业或组织的角度出发,而组织支持感是基于员工的角度,是员工感知到的组织对员工贡献的重视程度以及组织对员工福利方面的关心,两者都能够反映企业与员工之间的关系。组织与员工之间的互动包含社会交换和经济交换。企业在向员工提供各种诱因(如职业发展、薪酬、福利等)的同时,也期望员工对企业做出贡献,包括角色内工作绩效和角色外工作绩效。而员工通过对企业提供的诱因及所需要做出的贡献进行衡量,形成对组织支持的感知,这与员工组织支持感相一致。有研究表明,得到企业物质上的激励、精神上的关心,以及提供的培训和学习机会能够让员工强烈地感受到组织的支持。

本部分研究认为,在相互投资型的雇佣关系模式(高提供诱因和高期望贡献)中,企业为员工提供了丰富的诱因,包括有竞争性的物质报酬、发展机会、培训与学习等,这些物质上和精神上的激励会增加员工的组织支持感。与此同时,较高的工作期望能够让员工感受到自己被企业所重视,以及觉得自己的工作更有意义和价值,这从侧面也能提升员工的组织支持感。而在其他类型的雇佣关系模式(如过度投资、投资不足、准现货契约)中,员工的组织支持感都没有在相互投资型雇佣关系模式下高。由此,本部分提出以下研究假设:

H2 期望贡献与提供诱因的交互项影响组织支持感。具体而言,提供诱因与组织支持感之间的正向相关关系在高期望贡献的情况下更强;反之,更弱。

4. 组织支持感的中介作用

根据前文分析,雇佣关系模式会通过影响员工的组织支持感,进而影响员工对组织的态度和行为。由此,组织支持感可能在员工—组织关系与员工的行为或态度之间起着中介作用。

现有一些研究也支持了这样的逻辑。例如,徐志静(2016)指出,在相互投资型雇佣关系模式下,员工的组织支持感更强。此外,曹科岩等(2012)的研究发现,企业人力资源管理实践(如招聘、培训、绩效考核等),体现了企业对于员工的认可与工作期望,能够影响员工的组织支持感,进而影响员工的敬业程度;而员工的组织支持感在企业人力资源管理实践与员工敬业度之间起中介作用。在雇佣关系模式的研究中,企业的人力资源管理实践是雇佣关系模式的重要诱因。

本部分研究认为,企业雇佣关系模式可能通过影响员工的组织支持感进而影响员工的工作敬业度与组织敬业度。根据社会交换理论,当企业向员工提供一定程度的激励并且要求员工做出相应的工作回报时,一方面,员工会衡量自己从企业得到的支持;另一方面,员工会根据自己得到的支持采取相应的工作行为与工作态度以回报企业的支持与激励。员工的工作行为与工作态度包括工作绩效、组织承诺、组织信任与组织忠诚等。员工的工作敬业度与组织敬业度则既属于工作态度,也属于员工工作行为。根据上述分析,在不同雇佣关系模式下,员工的组织支持感存在差异。以往研究表明,员工的组织支持感会影响员工的工作态度与工作行为。基于雇佣关系模式,根据从企业获得的诱因(物质性报酬与发展性报酬),员工会衡量获得的支持,然后根据获得的支持回报相应的工作态度与工作行为。在相互投资型的雇佣关系模式中,员工感受到高水平的组织支持与工作期望。基于社会交换和互惠原则,员工将努力工作,表现出更高水平的工作敬业度与组织敬业度,以回报组织的支持与期望。由此,本部分提出以下研究假设:

H3a 组织支持感在期望贡献与提供诱因交互项与工作敬业度之间起中介作用。

H3b 组织支持感在期望贡献与提供诱因交互项与组织敬业度之间起中介作用。

(三) 研究设计

1. 数据收集与样本特征

研究通过问卷调查法获得样本数据,有关数据来自广东、江苏、四川、安徽等地150家企业的人力资源管理负责人、部门主管以及员工,具体包括:150名人力资源管理负责人、300个部门主管,以及1 500名员工。经过电话沟通后,通过邮寄的方式对问卷进行发放与回收。最终回收121家企业问卷,剔除不合格和无法配对的问卷,最终得到109家有效企业问卷,包括109份人力资源负责人问卷、192份部门主管问卷和876份员工问卷,平均每个部门有4.56份有效员工问卷。问卷有效回收率为72.7%。样本中,性别方面,男性占60.3%;年龄方面,年龄小于30岁占55%;教育背景方面,大专及以下占44.8%、本科占50.8%、硕士及以上占4.4%;任职期限方面,小于1年占21.7%、1~3年占31.4%、4~5年占21.2%、5年以上占25.7%;月收入方面,3 000元以下占28.1%、3 000~6 000元占56.8%、6 000元以上占15.1%;企业性质方面,国有企业占23%、民营企业占62%;企业所属行业方面,制造业企业占63%;企业生命周期方面,处于成长期企业占46%。

2. 变量及其测量

(1) 员工—组织关系雇佣关系模式采用Jia等开发的量表来测量部门层面的员工—组织关系,包括两个维度:① 提供诱因,共14个测量题项,分为发展性激励和物质性激励,典型测量题项如"重视考虑员工职业生涯规划"等。② 期望贡献,共13个测量题项,分为角色内工作要求和角色外工作要求,典型的测量题项如"工作中尽职尽责"等。该量表采用Likert 7点法,1~7表示从"很少实施"到"大量实施",邀请部门主管对部门层面的员工—组织关系进行测量。参照Jia等对雇佣关系框架的分析,研究将雇佣关系模式拆分为诱因和贡献两个维度,并将其交互项纳入分析模型。其中,提供诱因和期望贡献的Crobach's α 系数值分别为0.903和0.930。

(2) 组织支持感,该变量的测量采用Lambert开发的量表,共9个题项,如"公司重视我对公司的贡献",量表的Crobach's α 系数值为0.823。

(3) 敬业度,该变量的测量采用Saks开发的量表,包括两个维度:① 工作敬业度,共5个题项,如"我真的全身心投入到工作中";② 组织敬业度,共5个题项,如"对我而言,最兴奋的事情就是参与到组织的活动中"。研究中,工作敬业度和组织敬业度的Crobach's α 系数值分别为0.763和0.839。

(4) 控制变量,研究对员工人口统计学特征相关的变量进行了控制,包括员工的性别、年龄、婚姻状况、受教育程度、任职期限,以及他们的平均月收入。有研究表明,这些变量可能会对员工的敬业度产生一定的影响。此外,研究还控制了企业特征相关变量,包括企业的性质(国有企业、民营企业、其他)、企业所在行业(制造业、其他),以及企业所处的发展阶段(成长期、其他阶段)。

(四) 数据分析与结果

1. 量表效度检验

研究采用验证性因子分析对员工—组织关系的4个因子进行区分效度检验;同时,也对个体层面的3个变量进行了验证性因子分析(见表5.2.1)。由表5.2.1可知,员工—组织关系四因子的测量模型拟合度最好;同时,个体层面三因子结构模型具有非常好的数据拟合度。

表 5.2.1　验证性因子分析结果

模型	所含因素	χ^2	df	RMSEA	NFI	IFI	CFI
部门层面 Level2							
Level2 模型- 1	OI,EC	2 220.89	376	0.160	0.880	0.901 3	0.901 1
Level2 模型- 2	DI,MI,IR,ER	1 197.04	371	0.074	0.926	0.93	0.933
个体层面 Level1							
Level1 基本模型	POS,WE,OE	1 021	149	0.085	0.920	0.930	0.930
Level1 模型 1	POS,WE+OE	3 231.52	151	0.153	0.894	0.899	0.899
Level1 模型 2	POS+WE+OE	6 621	152	0.221	0.816	0.820	0.820

注:部门层面 Level2,OI 即提供诱因,EC 即期待贡献,DI 即发展性激励,MI 即物质性激励,IR 即角色内工作要求,ER 即角色外工作要求;个体层面 Level1,POS 即组织支持,WE 即工作敬业度,OE 即组织敬业度。

2. 变量间的相关性分析

研究自变量、因变量及控制变量的均值、标准差及相关系数见表 5.2.2。由表 5.2.2 可知,组织支持感与工作敬业度显著正相关($r=0.40,p<0.01$),与组织敬业度显著正相关($r=0.56,p<0.01$);组织的期望贡献与工作敬业度显著正相关($r=0.17, p<0.01$),与组织敬业度显著正相关($r=0.16,p<0.01$);组织提供的诱因与工作敬业度显著正相关($r=0.11,p<0.01$),与组织敬业度显著正相关($r=0.12,p<0.01$)。这些结果为后续的研究假设验证提供了一定的支撑。

3. 假设检验

研究采用多层次线性回归的方法对研究假设进行验证(见表 5.2.3a,5.2.3b)。由表 5.2.3a 中的模型 6 可知,期望贡献—提供诱因的交互项与工作敬业度呈显著正相关关系($\beta=0.19,p<0.01$),该模型额外解释了 4% 的整体变异。由表 5.2.3a 中的模型 8 可知,期望贡献与提供诱因的交互项与组织敬业度也呈显著正相关关系($\beta=0.13,$

表 5.2.2 变量间的均值、标准差与相关系数表

变量	平均值	标准差	1	2	3	4	5	6	7	8	9	10	11	12	13
1. 性别	1.41	0.49													
2. 年龄	3.73	1.46	-0.11**												
3. 婚姻状况	1.68	0.48	-0.04	0.54**											
4. 教育程度	2.88	1.19	0.03	-0.37**	-0.25**										
5. 任职期限	52.75	59.27	-0.07	0.60**	0.32**	-0.28**									
6. 收入	3.66	1.70	-0.09*	0.05	0.12**	0.24**	-0.07								
7. 国有企业	0.23	0.42	-0.01	0.11**	0.05	0.08*	0.07	-0.10**							
8. 私营企业	0.62	0.49	0.01	-0.13**	-0.08*	-0.03	-0.08*	0.00	-0.70**						
9. 制造业	0.63	0.48	-0.05	0.13**	0.08*	-0.12**	0.15**	-0.12**	0.06	-0.19**					
10. 成长期	0.46	0.50	0.00	-0.07*	-0.05	0.04	-0.04	0.08*	-0.16**	0.27**	-0.23**				
11. 工作敬业	5.31	1.01	0.05	0.10**	0.16**	-0.11**	0.06	0.01	-0.02	0.02	0.12**	-0.09**			
12. 组织敬业	5.38	1.08	0.05	-0.02	0.07	-0.01	-0.07*	0.04	0.00	0.00	0.07*	-0.05	0.62**		
13. 组织支持	4.71	1.03	0.00	0.01	0.05	-0.04	-0.10*	0.17**	-0.11**	0.05	0.01	0.01	0.40**	0.56**	
14. 期望贡献	6.09	0.75	-0.05	-0.01	-0.05	0.01	-0.02	0.03	-0.06	0.01	0.09*	0.03	0.17**	0.16**	0.18**
15. 提供诱因	5.26	1.00	-0.04	0.02	0.04	-0.02	-0.04	0.08*	-0.16**	0.08*	-0.04	0.10**	0.11**	0.12**	0.22**

注: * $p < 0.05$, ** $p < 0.01$。

$p<0.05$),该模型额外解释了3%的整体变异。由表5.2.3a的模型3可知,期望贡献—提供诱因交互项与员工组织支持感呈显著的正向相关关系($\beta=0.20,p<0.01$),该模型额外解释了3%的整体变异。

表5.2.3a 多层次线性回归结果

变量	组织支持感			工作敬业度				
	模型1	模型2	模型3	模型4	模型5	模型6	模型7	模型8
截距	4.73***	4.69***	4.56***	4.56***	4.54***	4.41***	2.87***	2.82***
Level1 控制变量								
性别	0.03	0.04	0.03	0.08	0.08	0.08	0.08	0.07
年龄	−0.02	−0.02	−0.02	0.01	0.01	0.00	0.02	0.01
婚姻状况	0.08	0.08	0.08	0.25	0.25**	0.25**	0.23**	0.24**
教育程度	−0.07*	−0.07*	−0.07+	−0.06	−0.06	−0.06	−0.04	−0.04
任职期限	0.00	0.00	0.00	0.00	0.00	0.00	0.00	0.00
收入	0.09**	0.09**	0.09**	0.04+	0.04+	0.05+	0.01	0.01
Level1 中介变量								
组织支持感							0.37***	0.36***
Level2 自变量								
期望贡献		0.04	0.16		0.09*	0.21**		0.17*
提供诱因		0.16**	0.12*		0.02	−0.02		−0.07
期望贡献 * 提供诱因			0.20**			0.19**		0.13*
Level3 控制变量								
国有企业	−0.32+	−0.23	−0.20	0.18	0.22	0.24	0.27*	0.29*
私营企业	−0.14	−0.09	−0.01	0.23+	0.25+	0.33*	0.24*	0.29*
制造业	0.07	0.08	0.09	0.21+	0.20+	0.21*	0.17+	0.17*
成长期	−0.02	−0.05	−0.08	−0.13	−0.15	−0.17+	−0.15	−0.17+
总的 PseudoR²	0.02	0.05**	0.08**	0.02	0.04*	0.08**	0.18***	0.20***
Pseudo R²变化	0.02	0.03*	0.03*	0.02	0.02*	0.04*	0.10**	0.02**

注:(1) $^+P<0.1$,$^* p<0.05$,$^{**} p<0.01$,$^{***} p<0.001$;(2) Level1,$n=876$,Level2,$n=192$,Level3,$n=109$。

表5.2.3b 多层次线性回归结果

变量	组织支持感			组织敬业度				
	模型1	模型2	模型3	模型9	模型10	模型11	模型12	模型13
截距	4.73***	4.69***	4.56***	4.90***	4.87***	4.79***	2.29***	2.26***
Level1 控制变量								
性别	0.03	0.04	0.03	0.14	0.15+	0.14	0.13+	0.16+

（续表）

变量	组织支持感			组织敬业度				
	模型1	模型2	模型3	模型9	模型10	模型11	模型12	模型13
年龄	−0.02	−0.02	−0.02	−0.03	−0.03	−0.04	0.03	−0.03
婚姻状况	0.08	0.08	0.08	0.19*	0.19*	0.19*	0.16+	0.16+
教育程度	−0.07*	−0.07*	−0.07+	−0.01	−0.01	−0.01	0.03	0.03
任职期限	0.00	0.00	0.00	0.00	0.00	0.00	0.00	0.00
收入	0.09**	0.09**	0.09**	0.02	0.02	0.03	−0.02	−0.02
Level1 中介变量								
组织支持感							0.56***	0.55***
Level2 自变量								
期望贡献		0.04	0.16		0.05	0.13*		0.05
提供诱因		0.16**	0.12*		0.06	0.04		−0.04
期望贡献 * 提供诱因			0.20**			0.13*		0.04
Level3 控制变量								
国有企业	−0.32+	−0.23	−0.20	−0.02	0.03	0.05	0.15	0.15
私营企业	−0.14	−0.09	−0.01	0.07	0.10	0.15	0.12	0.13
制造业	0.07	0.08	0.09	0.22+	0.22+	0.23+	0.18+	0.18+
成长期	−0.02	−0.05	−0.08	−0.10	−0.12	−0.14	−0.12	−0.12
总的 Pseudo R^2	0.02	0.05**	0.08**	0.02	0.04	0.07*	0.31***	0.33***
Pseudo R^2 变化	0.02	0.03*	0.03*	0.02	0.02	0.03*	0.26***	0.02*

注：(1) + $p<0.1$, * $p<0.05$, ** $p<0.01$, *** $p<0.001$；(2) Level1, $n=876$, Level2, $n=192$, Level3, $n=109$。

　　由假设 3a 和假设 3b 可知，组织支持感中介了期望贡献—提供诱因交互项与工作敬业度和组织敬业度之间的关系，因此，假设 3a 和假设 3b 是一个被中介的调节模型，即自变量—调节变量的交互项与中介变量显著相关，而中介变量又与结果变量显著相关。鉴于此，我们根据 Preacher 等的建议和程序检验本研究的多层次被中介的调节模型。具体步骤如下：① 步骤 1，检验期望贡献—提供诱因交互项与员工的工作/组织敬业度之间的关系（见假设 1a 和假设 1b）；② 步骤 2，检验期望贡献—提供诱因交互与组织支持感之间的关系（见假设 2）；③ 步骤 3，组织支持感与员工的敬业度显著相关。根据表5.2.3中的模型 6 与模型 12 可知，组织支持感与工作敬业度显著正相关（$\beta=0.37$, $p<0.001$），与组织敬业度显著正相关（$\beta=0.56$, $p<0.001$）。最后，当加入中介变量组织支持感后，期望贡献—提供诱因交互项与员工的敬业度之间的关系不再显著或回归系数显著降低。根据表 5.2.3 中的模型 8 和模型 13 可知，期望贡献—提供诱因交互项与工作敬业度之间的关系显著降低（$\beta=0.13$, $p<0.05$），期望贡献—提供诱因交互项与组织敬业度之间的回归系数不再显著（$\beta=0.04$, n.s）。由此，假设 3a 和假设 3b 得到

支持。研究利用 Prodclin 程序来检验中介效应的置信区间。结果表明,期望贡献—提供诱因交互项通过组织支持感的中介作用对工作敬业度的间接影响是显著的,间接效应的估计值是 0.072(95%的置信区间是[0.021,0.129]);期望贡献—提供诱因交互项通过组织支持感的中介作用对组织敬业度的间接影响是显著的,间接效应的估计值是 0.11(95%的置信区间是[0.032,0.192])。由此,假设 3a 和假设 3b 再次得到验证。

为更清晰地展示期望贡献与提供诱因的交互项对组织支持感、员工的工作敬业度和组织敬业度的影响,本部分研究给出了期望贡献—提供诱因交互项对 3 个结果变量,即员工组织支持感、工作敬业度、组织敬业度的影响作用图,如图 5.2.2,图 5.2.3,图 5.2.4。

由图 5.2.2 的斜率检验可知,相比于低期望贡献的情况,在高期望贡献的情况下(β=0.36,p<0.01),提供诱因与组织支持感是正向相关关系且关系更强。由此,假设 2 得到支持。而组织提供诱因与员工感知的组织支持之间的关系在低期望贡献水平下变成了负向相关关系。从图 5.2.2 还可知,在相互投资型雇佣关系模式(高期望贡献和高提供诱因)下,员工拥有最高的组织支持感;而在其他雇佣关系模式水平下,组织支持感水平相差不大。

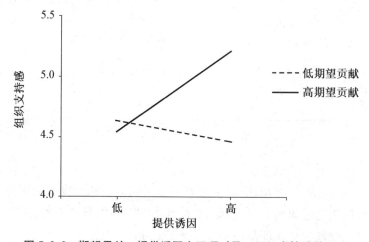

图 5.2.2　期望贡献—提供诱因交互项对员工组织支持感的影响

由图 5.2.3 的斜率检验表明,相比于提供诱因低的情况,在提供诱因高情况下,期望贡献与工作敬业度之间的正向相关关系更强。由此,假设 1a 得到支持。而组织期望贡献与工作敬业度的关系在低提供诱因水平下变得不再显著。从图 5.2.3 还可知,在相互投资型雇佣关系模式(高期望贡献和高提供诱因)下,员工拥有最高的工作敬业度;而在过度投资型雇佣关系模式(低期望贡献和高提供诱因)下,员工的工作敬业度最低。

由图 5.2.4 的斜率检验表明,相比于提供诱因低的情况,在提供诱因高情况下,期望贡献与组织敬业度之间的正向相关关系更强。由此,假设 1b 得到支持。而组织期望贡献与组织敬业度之间的关系在低提供诱因水平下变得不再显著。从图 5.2.4 还可

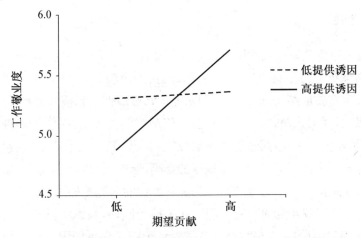

图 5.2.3　期望贡献—提供诱因交互项对员工工作敬业度的影响

知,在相互投资型雇佣关系模式(高期望贡献和高提供诱因)下,员工拥有最高的组织敬业度;而在过度投资型雇佣关系模式(低期望贡献和高提供诱因)下,员工的组织敬业度最低。

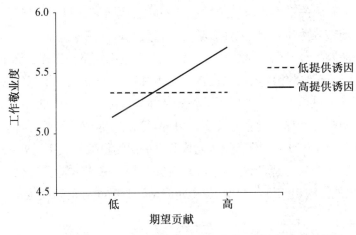

图 5.2.4　期望贡献—提供诱因交互项对员工组织敬业度的影响

(五) 讨论与分析

1. 研究结论

本部分研究主要得到如下结论:① 期望贡献与员工的工作敬业度以及组织敬业度之间的正向相关关系在高提供诱因的情况下更强;反之,更弱。② 提供诱因与组织支持感之间的正向相关关系在高期望贡献的情况下更强;反之,更弱。③ 组织支持感中介了期望贡献—提供诱因交互项与员工的工作/组织敬业度之间的关系。

2. 理论贡献

(1) 拓展了雇佣关系模式的研究结果与研究方向。以往有关文献研究了雇佣关系模式对个体结果变量的影响，包括员工的创造力、工作满意度、工作绩效等。作为一个对组织而言非常重要的结果变量，员工的敬业度却被雇佣关系模式的有关研究忽略了。研究结果表明，雇佣关系模式，尤其是相互投资型雇佣关系模式，能够实现高水平的员工工作/组织敬业度。由此，通过将员工敬业度引入雇佣关系模式中，以组织的视角研究雇佣关系模式对个体层面的员工敬业度的影响，能够拓展雇佣关系模式的研究方向，使得雇佣关系模式同员工的态度与行为相关性方面的研究更加丰富。

(2) 拓展了员工敬业度的研究前因。在全球范围内，组织中员工的整体敬业度水平依然较低，一个可能的原因是现有学者很少从组织或雇主的视角研究如何提升员工的敬业度。本部分研究基于诱因—贡献模型，研究了雇佣关系模式对员工敬业度的影响机制。通过引入组织支持感作为中介变量，将组织层面的员工—组织关系与个人层面的员工敬业度联系起来，使雇佣关系模式影响员工敬业度的作用机制更加明晰，既丰富了雇佣关系模式结果变量的研究，又拓展了员工敬业度的前因变量研究。

(3) 丰富了雇佣关系模式与员工敬业度的跨层次研究。目前，对于雇佣关系模式与员工态度的研究较为丰富，但大多数学者对相关变量的测量是基于同一个层面，而根据 Tsui 等(1997)对于雇佣关系模式的定义，员工—组织关系为工作层面的变量。需要指出的是，员工感知到的组织向员工提供的诱因和期望的贡献与组织实际向员工提供的诱因与期望的贡献可能存在着巨大的差异，因此，从部门层面测量组织向员工提供的诱因和期望的贡献可能更贴近企业现实。另外，徐云飞等(2017)呼吁加强员工—组织关系的跨层次研究。鉴于此，本部分研究从部门层面测量雇佣关系模式、从个人层面测量员工敬业度和组织支持感，通过跨层次的研究雇佣关系模式对员工敬业度和组织支持感的影响，更能反映出实际的情况，使得研究结论具有更强的现实依据。

3. 管理启示

(1) 为中国企业选择适合的雇佣关系模式以激发员工敬业度提供参考。基于诱因—贡献模型，从组织的角度研究雇佣关系模式对员工敬业度的作用机制，为企业更好地制定人力资源管理措施以提升员工敬业度提供了理论基础。研究发现，在相互投资型的雇佣关系模式下，员工的组织支持感最强，员工的工作敬业度和组织敬业度也最高。由此，企业应该致力于与员工建立长期稳定的关系，在为员工提供各种激励措施的同时，要对员工寄予厚望，让他们感受到企业的重视，加强员工的使命感和责任意识，进而提升员工的敬业度。

(2) 为企业人力资源管理实践提供借鉴。研究发现，雇佣关系模式影响员工的组织支持感，进而影响员工的行为与态度。由此，企业在制定激励措施时，需要对员工进行调查并沟通，了解员工是否感知到企业的激励措施。与此同时，管理者要让员工明确理解组织期望员工需要履行的职责,做出的贡献,并明晰自身工作的意义。另外,在实际工作中,管理者应该鼓励员工参与涉及员工利益的决策,增强员工的参与感,激发员工的工作热情。

4. 研究局限与方向

本部分研究也存在着一定的局限性:① 以截面数据来验证雇佣关系模式通过组织支持感对员工敬业度的影响,这在一定程度上会使研究结论产生偏差,尤其是变量间因果关系的准确性。鉴于此,如能采用三阶段的纵向研究设计可更加准确地分析雇佣关系模式、组织支持感和员工敬业度之间的因果关系。② 只分析了组织支持感这一个中介变量。虽然对个体层面的人口统计学特征变量和组织层面的企业特征变量进行了控制,但并不能排除其他变量对员工敬业度的影响。③ 组织支持感在雇佣关系模式与员工工作敬业度之间起着部分中介作用,还可以探索其他可能的中介机制。

一、员工幸福感溯源与远景

著名心理学家维克多·弗兰克在《生命的意义》一书中曾写道，与欧洲文化不同的是，在美国，每个人被不断催促着去追求幸福。但是，幸福是可遇不可求的，因为一个人必须有一个"变得幸福"的理由，换句话说，人们一旦寻找到这个理由就能自然而然地获得幸福。有学者认为，员工幸福感是"员工对具体工作领域中各方面产生的感知、评价、动机和情感"。西方国家对于员工幸福感的定义和内涵远远超越了工作的范畴。员工幸福感不仅包括身心健康，还包括充满意义的生活。在西方学者眼中，快乐并不等于幸福，因为快乐是一种存在于当下的积极情感体验。而幸福感包含了快乐，且幸福感是具有持久性的，它连接着一个人的过去、现在和未来。

（一）员工幸福感研究的起源

员工幸福感是一个非常宽泛的概念，它通常包含了个人认知、感知、情绪和健康等方面。因此不同的学者对员工幸福感的定义及其包含的内容有不同的观点。Lazarus(1991)认为，人不仅能够评价事件，还能够评价生活和自己。一个人在做出这样那样的评价时会产生愉快或不愉快的情绪，在这些情绪中，让人感觉到快乐和积极的会被认为是可取的和有价值的。也因为有了这些可取和有价值的情绪，启发了学者们对幸福感的定义与测量。

幸福感通常被分为主观幸福感和心理幸福感两部分。Diener(1984)认为，主观幸福感是个人依照自定的标准对其生活质量的整体评估及体验。Waterman(1993)认为，心理幸福感包含了个人表现的幸福，也称现实幸福及享乐的幸福，更加强调以追寻幸福为目标的生活。

也有学者把员工幸福感单独做了定义，认为员工幸福感是指员工对工作经历和职能的整体质量评价。由于员工幸福感是属于个人从生活领域（工作）的一部分中体验到的幸福感，因此这里认为员工幸福感与主观幸福感和心理幸福感都有关联。员工的幸福感是一个非常复杂的概念，这里将其定义为员工在以满足自我实现需求为人生目标的工作过程中感受到的正面或负面的情绪。

在复杂与动态的商业环境中,要持续地让员工幸福快乐地工作不是一件容易的事,因此员工幸福感已成为人力资源总监制定人力资源战略的一部分。员工幸福感既要能够被测量,相关的政策又要有执行力以便帮助企业达到预期的业务水平。Warr 认为,幸福快乐的概念中包含两个主要因素:主观幸福感和心理幸福感。然而这两个因素恰巧反映的是两种不同的哲学理念。在这两个因素中,主观幸福感源自古代哲学思想中的快乐论,即幸福就是快乐的主观心理体验;心理幸福感源自亚里士多德的幸福论,即幸福就要至善,是一种符合德性的活动,从而可以做真实的自己,甚至超越自我。在实际的员工幸福感研究中,主观幸福感、工作场所幸福感和心理幸福感都被认为是测量员工幸福感的要素。Robertson 和 Cooper(2011)也认为,心理幸福感包含了主观幸福感中个人在做某件事情时体验到的快乐感受。因此在对员工幸福感进行实证研究时,两种幸福感的测量都有可能被用到。希腊哲学家伊壁鸠鲁是快乐论的代表。伊壁鸠鲁的幸福观是"理性的快乐主义",基于理性,他倡导节制的生活方式,注重精神生活和愉悦的交谈,认为人的一切行为都是从快乐出发,最终目的也是希望得到快乐,因此人要把快乐的时光最大化。伊壁鸠鲁把快乐分为满足自己理想过程中感觉到的快乐,以及理想满足后的精神快乐。快乐论后来逐渐演化成为享乐主义,即所有行为皆是基于要给最多的人数获得最大的快乐,因此被认为是获得快乐即获得幸福。从主观上去理解,这种享乐幸福感包含了一种因果关系,因为个人是为了要满足幸福的感觉才会去做某件事情。

亚里士多德在《尼各马可伦理学》中提到,人活着就要追求一个伟大的目标,在实现这个目标的过程中体验幸福。这种意义下的幸福感不是一个短暂的感觉,而是一个长期的幸福状态。在亚里士多德看来,人的存在方式都以某种善为目的,然而最终是否达到这个目的还需要经过长时间的验证和考虑。

(二) 员工幸福感研究的最新进展

1. 以快乐论为基础的主观幸福感和享乐幸福感

主观幸福感的研究开始于 20 世纪 50 年代。西方研究者认为,主观幸福感包含了 3 个要素:高积极的影响、低负面的影响,以及对生活满意度的整体认知和体验。主观幸福感是个人对自己体验幸福感觉的一个总体评价。Wilson(1967)认为,一个人的主观幸福感来自及时地满足个人需求,而一个人的不幸福感则来自持久地满足不了的需求。一个人满足感的程度与这个人对环境的适应度以及对人生的期望有关,个人对环境的适应度以及对人生的期望则受过去的经历、个人的价值观、与他人的比较等因素的影响。

自 1967 年以来,主观幸福感研究最大的突破是基于 Wilson 提出的理论,学者们已从识别个体获得幸福感需要满足哪些自下而上的环境因素,到识别自上而下的资源因素是否影响幸福。因此 Diener 等(1999)在总结 30 多年主观幸福感研究的基础上,认为主观幸福感是一种比较广义的现象,并提出了主观幸福感的 4 个维度(见表 6.1.1)。Diener 认为,主观幸福感不仅包含了个人的情绪反应(感受),还包含了个人对生活满意度的判断(认知)。他还认为,愉快和不愉快的感觉属于结果反应,而个体对生活和生活领域的满意度则是与结果反应同样重要的衡量主观幸福感的因素之一。在主观幸福感的测量中,如果主观幸福感得分高,那么说明这个人是快乐的。

表 6.1.1　Diener 主观幸福感四要素

愉快的情感	不愉快的情感	生活满意度	生活领域满意度
喜悦	内疚和羞耻	渴望改变生活	工作
欣喜	悲哀	对当前生活满意	家庭
满足	焦虑和担心	对过去生活满意	休闲
骄傲	愤怒	对未来生活满意	健康
慈爱	压力	另一半对生活的看法	财务
幸福	沮丧		个人
忘形	嫉妒		所属群体

Kahneman 等(1999)认为,主观幸福感也可被称为享乐幸福感。享乐幸福感研究的是什么可以使个人愉快或者不愉快、快乐或者痛苦,什么使人感兴趣,或什么使人感觉很无聊、满意或者不满意等因素。但是目前在主观幸福感的研究领域,学者们依然没有办法验证个人实时感受到的快乐感觉是否能够很好地预测这个人对人生幸福感的总体的评价。因此 Kahneman 等学者提出了生活质量分析框架(见图6.1.1)。

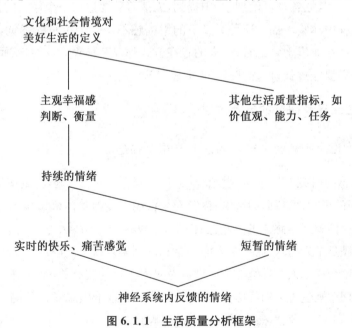

图 6.1.1　生活质量分析框架

中国的主观幸福感研究大约始于20世纪80年代中期。较早引入幸福感概念的学者奚恺元等(2008)提出了主观幸福感的三个维度:情感维度(正向情感和负向情感;瞬时情感和整体情感)、认知维度(生活满意度)和过程维度(忘我体验)。也有国内学者根据西方主观幸福感的研究取向,关注生活质量和心理健康意义上的主观幸福感测量。2000 年之后,国内经济学界对主观幸福感的研究开始大量出现。邢占军(2002)认为现阶段主观幸福感测量指标趋于整合,测量方法多样化。如主观幸福感测量中应包含自主意识、愉悦感和自信心等指标。而在测量时不仅可以使用自陈量表,还可以使用经验样本测量方法。然而,无论是主观幸福感还是享乐幸福感,中西方学者就快乐到底是什么的概念并没有达成一致。在经济学领域,田国强和杨立岩(2006)基于攀比理论和"忽视变量"理论,建立了一个包含收入因素和非收入因素的个人效用模型。在存在攀比效用时,收入增长在一定阶段内使效用提升,而超过一定水平则可能使效用下降。娄伶俐(2009)基于神经科学和心理学的最新进展,对经济学基础理论进行了深入讨论,对中国人的 SWB(Subjective Well-Being)的生成规律进行了实证上的探索,并将幸福经济学理论研究与中国人的 SWB 的实证研究相结合。

2. 以幸福论为基础的心理幸福感和现实幸福感

在幸福感和精神健康方面,社会心理学家 Jahoda(1959)认为,人有 6 种健康的心理过程:接受自己、对现实的准确感知、自主权、对环境的掌握、成长和发展以及性格的整合。由于心理幸福感更加关注个体在生活满意度上的正面和负面影响,因此心理幸福感相对难以定义和测量。也有一种说法是,由于每个人在生活中的需求不同,多数人都忙于寻找可以满足现状的幸福感或者在逃避不幸福感,因此自我验证或自我实现下的幸福感就不受重视了。然而,研究心理幸福感的关键所在是要能够理解,如果一个个体能够自我实现、自我验证,那么他就能感受到最高层次的幸福感。Larsen 和 Diener(1987)认为享乐幸福感和自我验证幸福感可以同时出现。因为一个人可能在感觉到喜悦时感受不到任何自我验证幸福感,也可能在感受到自我验证幸福感时,感觉不到任何喜悦而是感觉到幸福。这也是马斯洛的需求层次理论的一个核心思想,即幸福感也是有层次的。马斯洛在 1943 年的《人类激励理论》中提到的 5 个需求层次,即生理需求、安全需求、社交需求、尊重需求、自我实现需求,也给研究者提供了许多思考的空间,因为随着低层次需求逐渐被满足,人不仅在感官上会被激发促使他寻求更高层次的满足,同时也会产生健康的心理状态。然而在马斯洛那个年代还无法通过心理学实现完整地了解自我实现这个需求带来的心理结果。

如果从需求层次满足的结果去思考员工的动机,那么在组织里,每个人的需求层次不同,所获得的满足感以及快乐感不同,即便是在同一个生产线上的员工对于幸福的感觉也是不一样的。鉴于此,Ryff 和 Singer(1996)认为,研究一个人的心理幸福感不仅要考虑个人的积极心理,还需要考虑个人一生的不同阶段面临不同的挑战,所以自我接纳、与他人的积极关系、自主权、掌握环境、人生的意义和个人成长都被认为是心理幸福感的关键要素。这些要素表明心理幸福感对个人生活和健康是有影响的。

Waterman(2013)认为,人需要去认识真实的自己,并且需要去实现自己认为是最大成就的人生。在 Waterman 对现实幸福的定义中,eu 代表好与健康,daimon 代表真实的自己,daimon 也代表着每个人的潜能及每个人生活中最大化的自我实现。Waterman(1993)试图通过对现实幸福感的测量以代表一个人的自我实现以及最佳的心理状态。Vitters(2013)认为,现实幸福感包含了两方面的内容,即积极的感受与积极的行为。他还认为,个人能够区分不同的积极情感,例如兴趣和参与以及快乐和满足,那是因为这些积极情感促使个人产生不同的行为。

Waterman 在研究中也提到了现实幸福感与享乐幸福感是有相关性的。那些给予一个人很多机会去自我实现的活动会让人感觉更强烈的现实幸福,例如感觉到挑战、感觉到自己有能力、感觉对某件事情投入很多的经历等。而在这些活动过程中让人感到满足的事情对享乐幸福的影响并不显著,享乐幸福反而与放松的感觉、兴奋的感觉、忘记时间、忘记自己的问题有显著的关系。这也验证了许多学者都认同的观点,那就是虽然现实幸福与享乐幸福有相关性,但两者毕竟是不同层次的幸福感,一个人在感受到自我实现下的现实幸福时,并不一定能够感受到很多的享乐幸福。

在这里需要强调的是,虽然 Waterman 和 Ryff 的理论背景都源自亚里士多德的幸福论,但是现实幸福感和心理幸福感还是有本质上的区别。Deci 和 Ryan 在对过去的幸福感研究做整体的回顾时提到,Ryff 和 Singer 认为心理幸福感里包含了 6 个不同的维度,而 Waterman 等是从一个维度去看一个人在某个事件或者活动中幸福感的强烈程度。Ryff 等呈现的是现实幸福感下的生活具有什么样的性质,而 Waterman 等是在研究某个事件或者活动让人感觉生活很美好,能真实地代表自己想要的。

3. 员工幸福感

有学者认为员工幸福感是"员工对具体工作领域中各方面产生的感知、评价、动机和情感"。这里认为,员工幸福感并不是独立的概念。有的人即使有了很好的工作也不幸福,有的人没有工作却很幸福。研究需要确定的是在中国员工成长的大环境下,什么样的价值观和动机能够影响其幸福感,以及在工作环境中现实幸福感和享乐幸福感的相关性有多少。

现实幸福感和享乐幸福感最大的区别是个人在时间上的认知、体验,以及对人生发展的判断的不同。就享乐幸福感而言,幸福是一种快乐和满足,而就现实幸福感而言,幸福是个人发展、成长和人生的意义。有些学者认为,人是有幸福基线的,个人的幸福感往往围绕一个稳定的基线,因为主观幸福感的一部分差异是由遗传因素决定的。不过随后的研究对幸福基线理论提出了质疑。Diener 等(1999)认为,在特定的情况下个人的幸福基线是会改变的。人与人之间也存在着差异,而且有些人还会出现主观幸福感的长期变化。

Lyubomirsky 和 DellaPorta(2010)在原有的幸福基线理论的基础上提出了持续幸福模型。持续幸福模型认为,主观幸福感的影响因素分为基因、生活环境以及活动和实践,而相对于活动变化而言,人们对环境变化(情感)适应得更快。如果以个人的基因为设定基线,那么一个人有 50% 的幸福感影响因素很难改变。生活环境对个人幸福感有10% 的影响,活动和实践有 40% 的影响。可是无论个体的幸福基线是否在长期的过程中有变化,主观幸福感离不开测量个人的情绪、快乐感以及对生活整体的满意度。我们赞同持续幸福的概念,并认为企业根据实际的市场情况优化人力资源系统以及企业氛围可以对新生代员工幸福感的感知进行提升与改变,但是让新生代员工持续幸福的关键是能够找到对其影响最大的动机以及获取幸福感的强度。

在实际的员工幸福感研究中,有学者把主观幸福感和心理幸福感的概念联系在一起用于对员工幸福感的测量,即使用反映主观幸福感的快乐和觉醒要素去测量个体的情绪,用反映心理幸福感的自我验证去测量其与情绪之间的关系。在实际操作过程中,员工幸福感的研究可以根据范围和内容的不同进行调整。在 Warr(2011)的实验中,工作环境特征包含了个人控制的机会、使用技能的机会、外部生成的目标、环境变化、环境清晰度、与他人交流、可用资金、生理安全和社会地位的价值。

Robertson 和 Cooper(2011)结合了 Diener、Ryff 和 Waterman 等提出的员工幸福感要素(见表 6.1.2),把幸福感分为现实幸福和享乐幸福两个维度,并创建了测量员工幸福感的 ASSET 模型(见图 6.1.2)。ASSET 模型反映了一组特定工作环境因素对员工心理幸福感的影响,较为详细地解释了模型中每个层面中的变量。ASSET 模型本身源自目标设定理论,解释了特定的工作环境因素对员工幸福感的影响,同时这个模型也解释了员工心理幸福感对个人层面乃至组织层面的影响。

表 6.1.2　心理幸福感要素

现实幸福(Eudalmonic)	享乐幸福(Hedonic)
自我接纳	快乐
与他人的积极关系	主观幸福感
自护权	积极的情绪
掌握环境	
人生的意义	
个人成长	

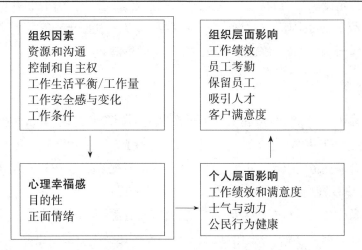

图 6.1.2　员工幸福感 ASSET 模型

在中国,苗元江等(2009)认为在进行幸福感的实证研究时,应该把与幸福感相关的理论模型和计量模型结合起来,以保证研究的准确性和有效性。现阶段已经有很多研究显示"幸福感最佳结构应该是包括快乐与实现两个概念体系的多维复合结构",例如现实幸福感是在自我实现的理论基础上发展而来的,其不仅包括了主观的要素也包含了客观的要素。主观幸福感、心理幸福感和实现幸福感从不同视角对幸福感的研究进行了完整的诠释。

(三) 员工幸福感在企业中的实践

成功的企业会积极展示他们对每一位员工的欣赏并认可每一位员工的价值。被重视和欣赏的员工都会积极努力地工作,而且幸福体现在工作过程中。

1. 星巴克

在星巴克的经营者理念中,星巴克品牌建立的基础是他们的员工,而不是消费者。星巴克的管理者认为咖啡从种植到入杯的流程都可以被竞争对手复制,唯一不能复制的是星巴克的员工为顾客制作每一杯咖啡的过程。因此如果在星巴克工作的员工能充满幸福感,那么他们就能够把这个幸福感传递给顾客。在《将心注入》一书中,霍华德·舒尔茨和多莉·琼斯·扬(2006)曾写道:"星巴克的历史……证明了一个以心灵为导向、以自然为灵魂的公司仍然可以赚钱。"星巴克的员工可谓公司的脉搏和灵魂。星巴克的成长历程使得员工从入职那一天起就愿意为这个公司效力,因为星巴克不仅为每一位员工提供了全面的健康福利待遇,还给予每一位员工成为合作伙伴的机会,以基本工资为基数按照比例进行配股。同时,通过公司的企业文化和价值观去影响员工。这样星巴克的员工除了在工作中感受到快乐、充满着积极的情绪以外,还能够感受到很多的自主权以及个人发展的空间。当星巴克的员工感受到公司非常注重其健康福利时,他们就会更好地维护公司的利益。星巴克的高层经常会走访各门店,并发现一些让员工不满或者给员工带来压力的事件,例如一些顾客的无礼要求。高管们会把这些都编入员工培训手册,通过员工培训缓解员工工作中的不满和压力。

2. 美铝公司

美铝公司创始于1888年,是美国铝生产制造的领导者。现阶段,美铝公司在全球31个国家拥有5万多名员工。美铝公司也是中国铝工业最大的跨国投资者,但是无论在哪个国家开展业务,美铝公司坚守的最重要的价值观就是生产安全、员工健康以及环境保护。在1987年,奥尼尔接管美铝公司时美铝公司正遭受巨大的亏损。在当时奥尼尔认为公司最优先的目标是改善员工安全防护,这让董事会非常震惊。美铝公司的员工每天都要在高温下、熔炉边工作,奥尼尔觉得没有比员工的安全更能够直接反映企业对员工的关怀了。在之后的十几年里,事故率急剧下降。

3. 美国西南航空

至今许多企业的高管认为激励员工最有效的方式是给予他们金钱上的激励。殊不知能够真正有效激励员工、让员工为企业全身心付出的关键是——员工最关切的问题得到企业的重视。这或许是让员工在工作中感受到快乐,或许是让他们在工作中有更多的自主权,或者是让他们感受到能够在企业长期发展的重要条件。

美国西南航空是员工幸福感较强的公司。这家公司标志的中央就是一颗红心。在1971年企业创立之初,公司只有三架飞机。而终于有能力购买了第四架飞机后,却没有办法支付员工工资。当公司高管决定把第四架飞机卖掉时,有员工提出了帮助企业扭转局面的方案,即从飞机到达廊桥的那一刻起,在10分钟以内进行旅客和行李的周转。这使得美国西南航空日后成为同行业中旅客周转率最高的航空公司。这告诉我们,即使公司亏损,高管团队做出的决定也不应该是裁员而是变卖资产。美国西南航空现有550架飞机,在航空业高度竞争的状态下,美国几大航空公司经常亏损,而美国西南航空从1973年开始盈利。这家企业不但能将"快乐和家庭化"的企业文化充分体现,还能够通过招聘热情、幽默、真诚的员工把这种企业文化发挥出来。美国西南航空的高管认为,如果你希望员工以关怀的态度对待同事和顾客,那么你应该首先如此对待他们。

(四) 员工幸福感研究的未来展望

西方学者对于幸福感的研究趋向于概念的整合,即以快乐论为基础的主观幸福感和享乐幸福感,以及以幸福论为基础的心理幸福感和现实幸福感。然而,现实幸福到底包含了哪些内容,其答案至今都备受争议。因此,未来研究者应更加关注现实幸福的组成部分,为什么这些是现实幸福的组成部分,这些组成部分为什么能对个人起到积极作用,以及如何将现实幸福运用到幸福经济和人力资源管理中?

1. 以幸福经济学为视角

现代经济学家对员工幸福感的关注,始于伊斯特林关于美国员工收入和员工幸福感的实证研究。1974年,他发表《经济增长可以在多大程度上提高人们的快乐》,第一次正式提出了"Easterlin 悖论",也被称为"幸福悖论"或者"收入—幸福之谜",其核心含义就是员工实际收入的增加虽然极大地改善了员工的物质生活水平,但是员工幸福感并没有随之相应地提升。这一研究开启了经济学家、社会学家和心理学家等不同领域学者广泛而深入的探讨,经济学者们开始质疑"收入增长带来幸福感提升"的假说,"幸福经济学"由此诞生。

"幸福经济学"的兴起,在某种程度上使"幸福"话题重新进入经济学家们的视野。回顾经济学发展的历程,在那批早期的经济学者看来,经济学研究的最终目的就是实现人类福祉的最大化。从"效用"作为现代经济学研究最基本的概念和研究对象出发,或许能够发现经济学研究的本源。其中最具代表性的是杰里米·边沁关于效用的论述:"效用是指任何客体的这样一种性质——它倾向于给利益有关者带来实惠、好处、快乐、利益或者幸福,或者倾向于防止利益有关者遭受损害、痛苦、祸患或不幸,如果利益有关者是一般的共同体,那就是共同体的幸福,如果是一个具体的个人,那就是这个人的幸福。"从边沁对效用的定义可看出,效用的概念和幸福的概念是紧密相连的。19 世纪末,被誉为古典经济学集大成的马歇尔对效用概念的理解有了很大的变化,效用逐渐偏离幸福的概念,而被简化为满足人们欲望的程度,并且这种欲望的满足是可以用金钱来度量的。马歇尔之后经济学研究逐渐放弃幸福这一概念,其中最重要的一个原因在于幸福感不易观察和定量分析,为方便研究,金钱或者财富等可观测的中间变量逐步代替幸福成为经济学最重要的研究对象,经济学的研究目的逐步从最大化人类的福祉转变成最大化人类的物质财富。所以,幸福经济学的兴起是对马歇尔以来的经济学研究目的的重新矫正,让经济学研究宗旨回归到增进人类幸福这一正轨上。

有关幸福经济学的文献,大多局限于对宏观经济数据或者对问卷调查得到的数据进行简单的计量回归分析。未来研究的突破可能反映在两个方面:一是实验经济学和行为经济学理论和方法的新进展,为提出创新的幸福经济学理论奠定良好的基础;二是大数据和数字时代的来临,对幸福感的刻画从传统经济学收入的单维模式转换成诸多影响幸福感的心理和以性格特征变量为代表的精细化多维模式,以及为之创建必要的数据支撑。

2. 以人力资源管理为视角

企业人力资源管理与员工幸福感紧密相关,这里的幸福感可能更多地体现在员工与所属企业的良性循环互动上,而且这种互动是双向的,即企业如何对待员工和员工如何回馈企业两个维度。对于企业来说,员工的"幸福感"可以理解为员工对工作(内容、环境、报酬等)、成长(培训和深造机会的提供)、节奏(工作与生活的平衡)等方面的满意程度,长期而稳定的心理愉悦所产生的一种幸福的感觉。企业给员工带来幸福感,员工以敬业和奉献回报企业,这就是员工和企业之间双向的良性互动。

人力资源管理从本质上说分为两个部分:一是人力资源即员工本身,二是管理,其目的是使人力资源产生的效益最大化。上升到哲学层面上,可以认为前一个是内因,后一个是外因。人力资源管理与员工幸福感的连接,表面上看是心理愉悦的感受,实质上应该反映的是员工自身的价值观,即员工认为自身的人力资本发挥到极致或者较为充分的状态,员工幸福感便随之产生。企业价值的最大化也取决于人力资本充分利用,这样企业和员工的目标可以保持一致。因此提高员工幸福感关键在于两个方面,即员工和企业:员工要努力提高自身的人力资本,企业应创造条件帮助和激励员工提升人力资本,这样最终能够实现员工成长幸福和企业发展壮大的双赢局面。

具体地说,赵曙明(2015)曾提出新常态时期"四高型"员工如何提高自身人力资本。他认为,"四高"指的是"高自律性、高素质、高积极性、高协作性"。高自律性要求员工具备自我克制、自我约束、自我改善的能力；高素质要求员工具备不同背景下高效完成工作的能力；高积极性要求员工具有更强的探索精神，面对工作难题与挑战，要勇于试错，以更强的创造性与能动性去提出解决问题的新思路，面对挫折与困难时更有弹性和韧性。高协作性主要指员工具有团队意识与协作精神。不管员工在何种岗位上，努力按照"四高"的要求，员工的人力资本必然能够得到最大化提升，在此过程中员工幸福感自然相伴而生，当然，其前提是员工有着提升自身人力资本强烈欲望的价值观。

虽然员工自身要求提升人力资本的愿望是最根本的，但是企业的作用也不容忽视，企业为员工提供了一个施展人力资本的平台，起着类似于"催化剂"的作用。企业采取必要的措施固然能够帮助员工提升人力资本或者说减损人力资本折旧，如为员工提供有竞争力的薪酬福利；为员工提供舒适、安全、健康的工作环境及优美怡人的生活环境；注重员工的职业发展；构建"以人为本"的企业文化等。但更为重要的是企业在提高员工人力资本方面是否起着正向激励作用？也就是说，企业的各种激励手段是不是像"一只无形的手"促使员工朝着提升自身人力资本的方向努力？企业如果一味地榨取员工的人力资本，而不懂得维护和提升员工的人力资本，这样的企业一定不会得到员工发自内心的认同和尊敬，企业也必然不会长久。赵曙明提到，现代企业已进入到人才竞争的时代，过去中国制造业靠廉价劳动力获取竞争优势的模式已走到尽头，升级和创新型人才是企业第一重要的资本。

总之，人力资源管理的核心在于激发员工在工作中积极发挥主动性和创造性，实现员工与企业的双赢，从而提高员工的幸福感。

二、包容性领导对员工幸福感的作用机制

(一) 研究背景

现代企业中员工对幸福的需求呈个性化、多元化和复杂化趋势。由此，如何有效提升员工幸福感是学界和企业界一直关注的问题。

员工幸福感指员工于工作场所中为满足自我实现需要以及达成人生目标的工作过程中所体验到的正面情绪，反映了员工的积极心理状态，是衡量组织员工心理健康的指标。根据以往研究，员工幸福感的研究可以分为两大类：① 静态研究，关注员工幸福感的"黑箱"，解决"员工幸福感是什么"的问题；② 动态研究，关注员工幸福感的前因与后果，解决"员工幸福感受何种因素影响、如何变化及其影响效应"的问题。已有研究表明，员工幸福感对提高员工工作绩效、工作满意度均具有促进作用。由此，分析和探究影响员工幸福感的因素备受学者和管理者的关注。

有研究表明，人格特质与个人需要、工作特征、工作安全感均会对员工幸福感产生影响。领导作为组织管理的灵魂，其领导风格也会对员工的态度和行为产生重大影响。近年来，学者们基于社会交换理论、社会认知理论、社会学习理论等研究了不同领导风

格对员工幸福感的影响。例如,Liu 等(2010)基于社会认知理论,研究了变革型领导通过自我效能感影响员工幸福感。包容性领导作为当前时代背景下一种在领导与下属互动过程中表现出来的开放性、易接近性和可用性的领导风格,其领导行为的有效性主要由领导对员工的倾听和关注差异化需求所体现。一般认为,包容性领导作为一种积极的领导风格,会对员工幸福感产生积极影响,但是目前对其作用机理的研究却并不深入,也没有得到有关实证检验。鉴于此,本部分研究将试图探讨包容性领导与员工幸福感之间的作用机制。

在探索建立包容性领导与员工幸福感关系的模型时,本部分研究借鉴了目标设置领域的有关研究,发现目标接纳可以更好地解释二者之间的关系。根据目标设置理论,个体参与的目标设定,将更合乎自身需求的"诱因",激发个体动机,从而使个体对于目标的认可程度和实现意愿更强,即会有较高的目标接纳。研究推测包容性领导在关注员工需求、鼓励参与、倾听意见等方面,会直接或间接地使员工更多地参与到组织任务制定过程中,从而使得组织或领导给员工分配的任务更符合员工的心理诉求,并增加员工对任务的接受程度和实现欲望。从这点而言,目标接纳很可能充当包容性领导与员工幸福感之间的中介变量。考虑到研究的情境化特性,研究提出了包容性领导与员工幸福感之间关系的边界条件,即组织支持感(POS)。POS 是个体感知到的组织对于自身工作有关资源的支持程度,包括员工感知到的对其自身利益的关心、提供的帮助、工作价值的认可等方面,POS 会促使员工对组织产生义务感、归属感和组织承诺。由此,探索 POS 如何调节包容性领导与员工幸福感之间的关系,对于解决"在什么情境下领导能够有效地增加员工幸福"具有重要意义。综上所述,研究以期深入探索包容性领导与员工幸福感之间关系的作用机理,为学术界和实践界提供借鉴意义。本部分研究的模型见图 6.2.1。

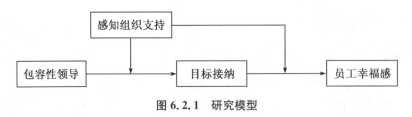

图 6.2.1　研究模型

(二) 理论及研究假设

1. 包容性领导与员工幸福感

包容性领导的概念最早由 Nembhard 等引入管理学领域,认为组织情境中的包容性领导具有以下特质:鼓励和欣赏员工努力、乐意听取员工意见、关注员工需求。包容性领导作为一种积极的领导风格,它会让员工感受到自由、公平和信任,获得更多的心理安全,并给员工带来更多的积极情绪。

根据马斯洛需求层次理论,本部分研究认为包容性领导具有的鼓励和欣赏员工、乐意倾听员工意见、关注员工需求等特质,可满足员工较高层次的需求,从而使员工获得更多的幸福体验。具体而言,包容性领导充分尊重员工,认可员工贡献,可满足员工对尊重的需要;包容性领导关注与员工之间的沟通互动,鼓励员工参与到决策中,给予员工一定的自主性,一定程度上促使员工能充分发挥自我才能,帮助其实现理想,这满足了员工自我实现的需要。当员工的需求得以实现时,会促使其产生积极的情绪,增加幸福体验;同时,这会使员工对公司的生活感到满足,并愿意一直在这里工作下去,即员工幸福感将呈现一个较高的水平。相反,若领导行为过程缺乏对员工这些需求的关注和满足,则会导致员工体验到消极的工作和生活意义,从而降低员工幸福感。包容性领导体现的是一种人性化的、善待员工的积极性领导风格。Dwardse 等指出,善待员工会改变员工工作态度,并不断增加其幸福感;同时,Avolio 等认为,积极性的领导行为会促使组织氛围更好、会增加员工的积极情绪,从而对员工幸福感产生显著的正向影响作用。鉴于此,本部分研究推测包容性领导鼓励员工参与的特性,会促成员工更多地参与到工作中,并最终提升其幸福感。由此,本部分提出以下研究假设:

H1　包容性领导对员工幸福感具有正向影响。

2. 目标接纳的中介作用

目标是指个体、团队或组织所期望的成果。目标接纳指对目标的赞同和接受程度,以及努力实现目标的意愿,目标接纳是目标能否达成的关键,只有当个体具有较高的目标接纳时,其实现目标的动机才会更强。在组织中,目标接纳表示员工对于组织或领导设置的目标的接受、内化和努力实现的意愿。当领导具有包容性行为时,其下属会有更多的机会参与到自身与组织的目标制定过程中(直接参与),或者领导在制定目标时会更多地倾听和关注到员工的诉求(间接参与),从而使最终制定的目标更符合员工的期望。根据目标设置理论,个体参与的目标设定,将更合乎自身需求的"诱因",激发个体动机,从而使个体对于目标的认可程度和实现意愿更强,即拥有较高的目标接纳。此外,员工参与目标设置可以增加其对于目标的理解,包括目标内容、目标实现的方法,从而有助于个体目标的实现。目标的达成会使员工获得更多成就感,增加对公司生活的满意度,即员工幸福感将提升。此外,个体在接近目标和达成目标的这一过程中,本来就是其需求满足、幸福感提升的过程。领导与员工之间的双向沟通,有助于员工明确工作任务,降低角色模糊,从而增加员工目标接纳。目标接纳对绩效产生、团队生产力提升具有显著的正向影响,这些正面结果都会促使员工积极情绪的产生,从而增加员工的幸福体验。由此,本部分提出以下研究假设:

H2　目标接纳在包容性领导与员工幸福感之间起中介作用。

3. POS 的调节作用

POS 是个体感知到的组织对于自身工作有关资源的支持程度,包括感知到的对员工利益的关心、对员工提供的帮助、对员工工作价值的认可等方面,它对员工的态度和行为会产生较大影响。根据组织拟人化理论,员工通常将领导视为组织的代理人,员工对组织的态度将会反馈到员工对领导的感知,从而影响员工对领导行为的解读。具体而言,POS 较高的员工认为组织会给予自己较多的资源支持,从而增加员工对组织和领导的信任和情感依赖。因而在解读领导行为时,会更倾向于相信领导的所作所为是为了保障员工的利益。即使包容性领导在行为过程中出现偏差,由于 POS 增加了员工对组织和领导的信任,员工也会倾向于接受组织制定的目标。POS 较低的员工,会认为组织给予的支持和资源匮乏,容易对组织和领导产生负面的评价,减少与领导的主动沟通,并抵制领导的包容性行为,从而导致组织制定的员工工作目标与员工预期之间差距的相对增加,以及对目标抵触心理的增加,最终影响员工的目标接纳水平。

根据资源保存理论,对于具有某一程度目标接纳的员工,POS 强的员工将会获得更多的组织支持,更有利于其目标的达成和实现,从而提升员工幸福感。反之,POS 弱的员工在其目标实现过程中会因为得到的组织支持更少,目标实现的难度会增加,体验的积极情绪会减少,员工幸福感变弱。由此,本部分提出以下研究假设:

H3a POS 在包容性领导和目标接纳之间起调节作用。POS 越高,包容性领导对目标接纳的影响越大,反之越弱。

H3b POS 在目标接纳和员工幸福感之间起调节作用。POS 越高,目标接纳对员工幸福感的影响越大,反之越弱。

由此,本部分研究可以进一步表现为一个被调节的中介作用关系。具体而言,目标接纳中介了包容性领导对员工幸福感的影响,然而该中介作用会受到 POS 的调节。具有较高 POS 水平的员工,由于包容性领导对目标接纳以及目标接纳对员工幸福感的影响增加,目标接纳更多地传导了包容性领导对员工幸福感的效应。相反地,具有较低 POS 水平的员工,由于包容性领导对目标接纳以及目标接纳对员工幸福感的影响减弱,包容性领导对员工幸福感的影响也就较少地通过目标接纳来传导。由此,本部分提出以下研究假设:

H4 目标接纳在包容性领导与员工幸福感之间的中介作用受到 POS 的调节。POS 越高,目标接纳对包容性领导与员工幸福感关系的中介作用越强,反之越弱。

(三) 研究方法

1. 样本和数据收集

首先在成都、江苏等地区的合作企业中进行预调研,回收 45 份企业问卷,借以完善量表的修订工作。实际调查时,对成都、重庆、天津、深圳等不同地区的企业进行调研和数据收集。问卷主要通过邮寄的方式进行,全部由企业员工填写。最终回收问卷的企业数量为 108 家,回收的问卷总数为 967 份;由于数据缺失和无效,最终有效问卷为716 份,问卷有效回收率为 74.04%。样本中,性别方面,男性占 51.1%、女性占

43.2%;年龄方面,25 岁及以下占 17.0%、26~30 岁占 33.4%、51 岁及以上占 2.0%;教育程度方面,高中/中专占 9.5%、专科占 27.8%、成人本科占 14.8%、全日制本科占 36.9%、硕士研究生占 4.5%、博士研究生占 0.4%;任职期限方面,最短为 1 个月,最长为 449 个月,均值为 56.93 个月;收入水平方面,2 000 元及以下占 2.5%、2 001~3 000 元占 20.8%、3 001~4 000 元占 20.5%、4 001~5 000 元占 16.5%、5 000 元及以上占 23.1%。

2. 变量测量

除控制变量外,其他变量的测量均采用 Likert 7 点法进行测度,1~7 表示从"完全"不同意"到"完全同意"。鉴于部分量表来源于西方研究文献,因此,采用"双向翻译"的形式对量表进行翻译。

(1) 包容性领导。该变量的测量采用 Carmeli 等开发的量表,包括开放性、易接近性、可用性 3 个维度,共 9 个题项,如"乐于倾听新观点"等。该量表的 Cronbach's α 值为 0.960。

(2) 员工幸福感。该变量的测量采用 Diener 等开发的量表,共 5 个题项,如"到目前为止,在本公司我得到了我生活中最重要的东西(如友谊、成就等)"。该量表的 Cronbach's α 值为 0.925。

(3) 目标接纳。该变量的测量采用 Shalley 等开发的量表,共 4 个题项,典型的题项如"我致力于达到我的绩效或任务目标"。该量表的 Cronbach's α 值为 0.917。

(4) POS。该变量的测量采用 Eisenberger 等开发的广泛运用于中国样本研究的量表,并采用因子载荷比较高的题项进行测量,共选取了 7 个题项,如"公司重视我对公司的贡献"等。该量表的 Cronbach's α 值为 0.855。

(5) 控制变量。本研究中的控制变量,主要选择了与员工的人口统计学特征相关的变量,包括员工的性别、年龄、教育程度、在该企业的任职期限及其平均月收入。

(四) 研究结果

1. 问卷信度与效度检验

研究采用 SPSS21.0 和 LIRSEL8.7.1 两种软件进行数据分析,包括问卷的信度与效度检验、样本描述统计和相关分析、层级回归分析,以及 POS 的调节效应。为确保研究的可靠性和有效性,研究对量表的信度和效度进行了检验。信度检验见前文各变量测量中的 Cronbach's α 值。结果表明,研究采用的量表具有较好的内部一致性系数,满足研究的需要。此外,由于目标接纳在国内研究较少,因此,对目标接纳进行了探索性因子分析(EFA),以保证其在中国情境下的适用性。对目标接纳量表进行的分析显示,量表 KMO 值为 0.843,总体 Bartlett 球形检验 χ^2 值为 2 086($df=6,p<0.01$),证明适合做因子分析。根据碎石图和因子特征根值,对该变量采取一因子模型,其解释总

方差的 80.14%,各题项的因子负荷见表 6.2.1。

表 6.2.1　目标接纳的探索性因子分析结果

题项	因子
1. 我感觉在完成绩效或任务目标方面,我做出很高程度的个人投入	0.870
2. 我致力于达到我的绩效或任务目标	0.925
3. 我对于我的工作任务与目标非常明确	0.911
4. 如果我达到了绩效目标,我会有很强的成就感	0.874

注:主成分分析法,表中数字为 Varimax 旋转后因子负荷。

对于区分效度,研究采用了 LIRSEL8.7.1 对 4 个变量进行了验证性因子分析 (CFA)。具体结果见表 6.2.2。由表 6.2.2 可知,相比其他模型,四因子的基本模型对实际数据的拟合效果较为理想。数据拟合指标为 $\chi^2 = 844.96$、$df = 217$、$NNFI = 0.98$、$CFI = 0.98$、$IFI = 0.98$、$RMSEA = 0.064$,说明四因子模型具有较好的区分效度。鉴于本部分研究采用同源数据,因此,利用"不可测潜在方法因子检验"进行有关分析,即加入一个潜在的共同方法变异因子,使各题项既负荷在各自的理论变量上,又负荷在共同方法变异因子上。尽管加入潜在方法因子的五因子模型($\chi^2 = 696.79$、$df = 197$、$NNFI = 0.98$、$CFI = 0.98$、$IFI = 0.98$、$RMSEA = 0.064$)优于四因子模型,但改善程度不大,表明研究不存在严重的共同方法偏差。

表 6.2.2　验证性因子分析结果

模型	所含因子	$\chi^2/2$	df	NNFI	CFI	IFI	RMSEA
单因子模型	IL+GA+WB+POS	7 699.95	230	0.82	0.83	0.83	0.213
二因子模型	IL,GA+WB+POS	4 561.83	229	0.89	0.90	0.90	0.163
三因子模型	IL,GA+WB,POS	3 285.62	227	0.92	0.93	0.93	0.137
四因子模型	IL,GA,WB,POS	844.96	217	0.98	0.98	0.98	0.064
五因子模型	IL,GA,WB,POS,Z	696.79	197	0.98	0.98	0.98	0.064

注:IL 即包容性领导;GA 即目标接纳;WB 即员工幸福感;POS 即感知组织支持;Z 即共同方法变异因子。

2. 描述性统计分析

变量的均值、标准差和自变量、因变量、控制变量之间的相关系数见表 6.2.3。由表 6.2.3 可知,包容性领导与员工幸福感呈正向相关关系($\beta = 0.537$,$p < 0.01$);包容性领导与目标接纳呈正向相关关系($\beta = 0.568$,$p < 0.01$);目标接纳与员工幸福感呈正向相关关系($\beta = 0.536$,$p < 0.01$)。这些结果为假设 1 和假设 2 提供了一定的支撑。

表 6.2.3　变量的均值、标准差及变量间的相关系数

	Mean	SD	1	2	3	4	5	6	7	8
1 性别	1.370	0.591								
2 年龄	3.550	1.650	0.167**							
3 教育程度	2.830	1.322	0.259**	0.072						
4 任职期限	56.930	67.308	0.016	0.607**	−0.080*					
5 平均月收入	3.230	2.253	0.102**	0.326**	0.302**	0.261**				
6 包容性领导	5.647	1.137	0.157**	0.055	0.138**	0.019	0.103**			
7 员工幸福感	5.244	1.236	0.128**	0.097**	0.020	0.063	0.036	0.537**		
8 目标接纳	5.623	1.026	0.138**	0.180**	0.085*	0.067	0.170**	0.568**	0.536**	
9 感知组织支持	4.770	1.073	0.052	0.095*	0.062	0.047	0.055	0.588**	0.651**	0.456**

注: * $p<0.05$, ** $p<0.01$, *** $p<0.001$,下同。

3. 假设检验

研究采用层次回归方法来检验目标接纳的中介作用(见表 6.2.4)。表 6.2.4 中,由模型 1 可知,在控制了性别、年龄、教育程度、任职期限和平均月收入后,包容性领导对员工幸福感具有显著的正向影响($\beta=0.537, p<0.001$)。由此,假设 1 得到支持。由模型 4 可知,包容性领导对目标接纳具有显著的正向影响($\beta=0.552, p<0.001$);由模型 2 可知,包容性领导和目标接纳同时进入回归模型后,目标接纳对员工幸福感具有显著的正向影响($\beta=0.350, p<0.001$),而包容性领导对员工幸福感的显著影响减弱($\beta=0.344, p<0.001$),表明目标接纳部分中介了包容性领导对员工幸福感的作用效果。由此,假设 2 得到支持。进一步,通过 Bootstrap 方法,将再抽样设定为 5 000 次获得的结果显示,目标接纳通过包容性领导对员工幸福感的间接效应在 99% 的置信区间内介于 0.135~0.299 之间,这个区间不包括 0,系数为 0.210,间接效应显著。由此,假设 2 再次得到支持。

表 6.2.4　目标接纳中介作用检验结果

变量	员工幸福感			目标接纳	
	M0	M1	M2	M3	M4
性别	0.117	0.048	0.038	0.099	0.028
年龄	0.062	0.058	−0.001	0.171	0.167
教育程度	−0.014	−0.061	−0.046	0.006	−0.042
任职期限	0.024	0.021	0.047	−0.070	−0.072
平均月收入	0.002	−0.029	−0.059	0.118	0.086
包容性领导		**0.537*****	**0.344*****		**0.552*****

（续表）

变量	员工幸福感			目标接纳	
	M0	M1	M2	M3	M4
目标接纳			0.350***		
R^2	0.022	0.299	0.378	0.061	0.354
ΔR^2	0.022**	0.277***	0.079***	0.061***	0.293***
F	3.147	50.162***	61.230***	9.176	64.285***

为检验 POS 的调节作用,研究使用层级调节回归方法来检验(见表 6.2.5)。在表 6.2.4 中,由模型 4 可知,包容性领导对目标接纳具有显著的正向影响($\beta=0.552$, $p<0.001$)。在表 6.2.5 中,由模型 7 可知,包容性领导和 POS 对目标接纳均具有显著正向影响($\beta=0.444$, $p<0.001$; $\beta=0.180$, $p<0.001$)。进一步检验,由模型 8 可知,包容性领导与 POS 的交互项对目标接纳有显著正向影响($\beta=0.190$, $p<0.001$),且 $\Delta R^2=0.029$($p<0.001$)。由此可以判断,POS 显著调节了包容性领导和目标接纳之间的关系。有关调节效应见图 6.2.2。由图 6.2.2 可知,在高 POS 下,包容性领导对目标接纳有正向影响;在低 POS 下,包容性领导对目标接纳有负向影响。但相比于低POS,高 POS 下包容性领导对员工幸福感的影响更大。由此,假设 3a 得到支持。

表 6.2.5　感知组织支持调节作用检验结果

变量	员工幸福感				目标接纳				
	模型 0	模型 1	模型 2	模型 3	模型 4	模型 5	模型 6	模型 7	模型 8
性别	0.117	0.073	0.063	0.075	0.075	0.065	0.099	0.038	0.032
年龄	0.062	0.015	−0.031	−0.035	−0.036	−0.024	0.171	0.152	0.151
教育程度	−0.014	−0.053	−0.017	−0.039	−0.039	−0.045	0.006	−0.041	−0.030
任职期限	0.024	0.023	0.062	0.047	0.048	0.043	−0.070	−0.071	−0.075
平均月收入	0.002	−0.016	−0.062	−0.040	−0.041	−0.040	0.118	0.090	0.093
包容性领导		0.273***				0.131**		0.444***	0.544***
目标接纳			0.544***	0.310***	0.308***	0.261***			
感知组织支持		0.476***		0.510***	0.513***	0.452***		0.180***	0.092*
包容性领导× 感知组织支持		0.075*				0.025			0.190***
目标接纳× 感知组织支持					−0.006				
R^2	0.022	0.472	0.300	0.505	0.505	0.513	0.061	0.375	0.403
ΔR^2	0.022**	0.004*	0.278***	0.205***	0.000	0.041***	0.061***	0.021***	0.029***
F	3.147	78.633***	50.387***	102.741***	89.782***	82.090***	9.17	60.271***	59.381***

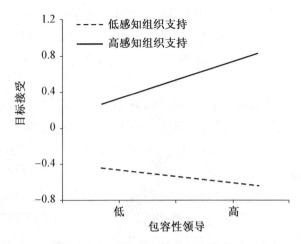

图 6.2.2　感知组织支持的调节作用

在表 6.2.5 中,由模型 2 可知,目标接纳对员工幸福感具有显著的正向影响($\beta=0.544,p<0.001$);由模型 3 可知,目标接纳和 POS 对员工幸福感均具有显著正向影响($\beta=0.310,p<0.001$;$\beta=0.510,p<0.001$)。进一步检验,由模型 4 可知,目标接纳和 POS 的交互项对员工幸福感无显著的影响关系($\beta=-0.006,p>0.05$)。由此可以判断,POS 在目标接纳和员工幸福感之间不具有显著的调节作用,即在研究模型中 POS 只调节了模型的前端部分。

本部分研究采用文献提出的方法来验证假设 4。在表 6.2.5 中,由模型 1 可知,在包容性领导、POS 和两者交互项对员工幸福感的回归中,交互项系数显著($\beta=0.075$,$p<0.05$)。由模型 8 可知,在包容性领导、POS 和两者交互项对目标接纳的回归中,交互项系数显著($\beta=0.190,p<0.001$)。由模型 5 可知,在包容性领导和 POS 交互项对员工幸福感的回归中,其交互项系数不显著($\beta=0.025,p>0.05$),目标接纳的系数显著($\beta=0.261,p<0.001$),说明包容性领导和 POS 的交互作用完全通过目标接纳为中介而影响员工幸福感。此外,运用 Bootstrap 方法来检验其调节作用,将再抽样设定为 5 000 次获得的结果显示,目标接纳对应的被调节的中介效应检验在 99% 的置信区间下,区间 0.022~0.090 不包含 0,系数大小为 0.050。由此,假设 4 得到支持。

(五) 结论与讨论

1. 研究结论

(1) 包容性领导积极影响了员工幸福感。这同已有研究发现一致,进一步验证了积极性的领导行为是影响个体心理和行为的一个重要因素,并会增加员工的幸福体验的观点。本部分研究认为,当今员工日益多元化的幸福需求,可通过领导对其的尊重和重视、听取意见、关注需求、鼓励和欣赏其付出的努力来满足。员工于工作场所中的幸福体验,必然受到包容性领导这种积极的领导行为方式的影响,包容性领导行为就像员工幸福感的"外部源泉"，能够源源不断地让员工体验到幸福。

（2）包容性领导对员工幸福感不仅有直接影响，且部分是通过目标接纳的中介作用来传递。基于目标设置理论视角，当领导行为具有包容性时，会关注员工差异化需求、乐意倾听意见、鼓励参与，从而影响员工目标接纳；当员工具有较高目标接纳时，会更致力于达成目标，并在目标达成时获得很强的成就感，即员工目标接纳最终影响了员工的幸福感。包容性领导可以通过满足员工的需求来影响员工目标接纳，并通过员工对目标的认可和实现意愿，即目标接纳这个传导机制对员工幸福感产生正向影响，是员工幸福感的"助推器"。

（3）POS 在包容性领导与目标接纳之间起调节作用。首先，相比低 POS 的员工，在高 POS 的员工中，包容性领导对目标接纳的影响更大；其次，POS 调节了目标接纳对包容性领导与员工幸福感关系的中介作用，即员工 POS 越强，目标接纳的中介作用越大。具体而言，当员工 POS 处于较高水平时，员工的目标接纳总是高于在低 POS 下的员工。但是，当员工 POS 处于低水平时，目标接纳反而随着包容性领导水平的增加而降低。本部分研究推测其中可能的原因是，低 POS 与高包容性领导的强烈对比，会促使员工以更消极的心态去看待领导行为，从而造成员工目标接纳水平更低。此外，POS 在目标接纳与员工幸福感之间不具有显著的调节作用，其可能的原因在于较高的目标接纳意味着员工对目标具有高度的认同，以及愿意为达成目标而不懈努力。此时，员工已将目标内化为自身行为的内在动机，组织支持与否较难改变员工在目标达成这一过程中的情感体验；反之亦然。

2. 理论贡献

（1）丰富了包容性领导的研究。以中国企业员工为对象进行的包容性领导研究，不仅对拓展包容性领导在不同文化背景下的适用性、完善包容性领导研究的理论框架具有重要的理论意义，还对丰富包容性领导与员工态度/行为之间的研究具有重要的理论价值。

（2）基于目标设置理论视角，发现并证实了目标接纳在包容性领导与员工幸福感之间起中介作用。本研究基于马斯洛需求层次理论和目标设置理论，选择目标接纳作为中介，来探讨包容性领导对员工幸福感的内在影响机理，不仅对领导行为与员工态度/行为之间"黑箱"机制的研究具有重要的理论意义，还从领导行为风格方面对员工幸福感的前因研究进行了有益的拓展，从而为目标接纳和员工幸福感的研究提供了全新的视角。

（3）通过情境化导向分析，为包容性领导影响员工幸福感界定了更为匹配的条件。通过对 POS 调节作用的实证分析，发现并验证了 POS 具有正向的调节作用。这进一步表明，包容性领导与员工幸福感之间的关系会受到组织因素的影响。研究对这种情境化导向进行实证分析，为深入探讨包容性领导对员工幸福感的影响机制提供了研究方向。

3. 管理启示

（1）员工幸福感能比工作满意度更好地预测工作表现，对组织的可持续发展非常重要。领导作为影响员工幸福感的一个重要因素，应该多倾听员工意见、关注他们的需求，以满足其多元化的诉求，从而增强员工幸福感。特别是在现代组织中，员工呈现多样性，为提高团队有效性，必然要求团队"求同存异"，使每个差异化个体能在团队中快乐地工作，并获得幸福感。作为团队关键人物的领导者，既可能是员工幸福感的外部源泉，也可能导致员工失去幸福感。如果领导者自身不能容忍这些差异化个体的存在，存在歧视，不愿倾听和关注员工的需求，难免造成员工负面情感的膨胀和团队的分崩离析。鉴于此，团队领导者应关注不同员工的需求、倾听其意见，并公平对待，通过践行包容性领导，满足团队中差异化个体的需求，从而最终提升员工幸福感。

（2）目标接纳是目标能否达成的关键，其程度的高低对员工的幸福体验具有重要影响。通常个体的目标接纳水平越高，其努力实现目标的动机越强，最终体验到的幸福也越多。由此，为保证团队任务的有效实施和完成，提升员工的幸福感，团队领导者应注意提高员工的目标接纳程度，最大限度发挥包容性领导的影响力。在包容性领导行为践行中，可以通过让员工直接参与目标的制定，来提高员工的目标接纳。此外，领导者还须从提高自身知识技能、战略眼光等方面提升自己的领导能力，从而影响员工的目标接纳。包容性领导的能力越强，其带领团队实现成功的机率越大，团队成员也越信服包容性领导。否则，即使包容性领导关注员工需求、乐意倾听意见，但若能力有限，将削弱团队成员对领导行为的积极预期，降低包容性领导对团队成员的影响力，从而降低员工对团队目标的接受，影响员工积极的心理健康状态。

（3）POS作为包容性领导与员工幸福感之间有效的情境条件，它能增强目标接纳的中介作用。企业可以通过给予员工支持、改善工作条件等方式，来增加员工的POS，从而增强目标接纳和员工幸福感。但是需要注意的是，当员工的POS水平较低、包容性领导较高时，两者之间强烈的反差，反而会造成员工消极地看待领导行为，抵触领导安排的工作，并降低员工目标接纳和员工幸福感。由此，在低POS的企业里，企业在认识和发挥POS作用的同时，应该注意POS与包容性领导之间的适配性，不能只关注其一，而忽略其他。对于组织而言，可以在考虑和制定员工目标的同时，通过领导与员工共同探讨达到目标的新途径；在不忽视员工抱怨的同时，通过领导积极与员工探讨并解决其遇到的问题等方式来增强两者之间的适配性，使员工POS与包容性领导协调一致、同步前行，从而最终提升员工的幸福感。

4. 研究局限性与方向

本部分研究也存在一些局限性：① 采用横截面数据开展研究，可能会导致内生性问题，未来研究可以进一步采用纵向数据研究来探讨变量间的因果关系；② 仅考虑了目标接纳作为包容性领导与员工幸福感之间的中介变量，未来研究可以从其他视角，选取不同的变量进行研究；③ 在调节变量方面，除了 POS 这一因素外，后续研究可以从团队和组织层面的因素考虑可能存在的调节效果；④ 研究样本为中国企业，研究的普适性有待进一步检验，未来研究可采用国内外样本进行对比分析。

三、感知组织支持对员工幸福感的影响

（一）前言

由于人们的生活不断变化，组织必须考虑员工的"工作"和"家庭"角色。虽然这些角色带来了快乐，但有时它们会成为生活中冲突的根源（Kahya and Kesen，2014）。组织的一个重要实践是提供社会支持，以帮助员工在工作和家庭中扮演好他们的角色。这种社会支持减少了工作与家庭角色之间的冲突，并帮助员工实现工作与家庭的平衡，这被称为工作家庭充实（Work-Family Enrichment）（Hamid and Amin，2014）。对组织支持的高度认知会产生与工作相关的积极情绪，从而使个人更健康（ARnold and DupRé，2012）。此外，个人因工作条件（如汇报关系与培训）而感知到组织支持（POS）可能会显著影响其对雇主的态度，从而促使个人参与福祉活动（GioRgi，et al.，2016）。

为减少工作家庭冲突（WFC），促进工作家庭充实，应在员工、团队和组织层面采取不同的措施，如针对工作量、情绪不协调、主管反对和组织支持感（GhislieRi，et al.，2017）采取相应措施。组织支持感定义了对组织贡献的评价以及组织关心员工幸福感的感知。有研究表明，组织支持感对员工绩效和幸福感有重要影响（Eisenberger，et al.，2001）。

工作场所的个人幸福感存在于社会环境中。组织内的生活方式、经理人和就业变化这些社会关系都会影响个人的生活。尽管存在这些影响，但人们对基本的身体和心理支持的需求是不变的。基于这一点，员工不断寻求雇主的帮助，以改善个人幸福感，因为大部分生活都是与工作相关的（Reneebaptiste，2008）。Kurtessis 等（2015）提供的证据表明，组织支持感对于组织绩效产出和员工幸福感至关重要。UçaR 和 Ötken（2013）指出，如果员工从组织中获得支持、关心和价值，他们就会建立对组织的归属感和情感依恋。这种支持有助于减少因工作而产生的工作家庭冲突。

工作家庭冲突指的是一种角色间冲突，其中工作和家庭领域的角色压力在某种程度上是不匹配的（Greenhaus and Beutell，1985）。现有研究表明，角色冲突与组织支持感负相关（Foley，et al.，2005；Warren and Johnson，1995）。不管工作与家庭角色间冲突结果是正向还是负向的，都说明相互之间缺乏契合。例如，对工作家庭冲突的研究表明，这些压力对工作质量、家庭和幸福感有负面影响（Frone，et al.，1992）。

组织对员工的工作程序予以说明是很有必要的。此外，必须在工作环境中提供支持，以尽量减少工作场所的冲突（Nasurdin and O'driscoll，2012）。由于工作家庭冲突对员工幸福感的负向影响，工作家庭冲突在工作家庭领域被广泛研究（Amstad，et al.，

2011)。

　　研究表明,在心理上,与获得失去的资源相比,失去已有的资源更为让人难以接受。因此,WFC 及其对员工幸福感的影响是由于资源流失造成的,其中环境需求引起了资源枯竭以及对家庭投资的阻碍(Brummelhuis and Bakker,2012;Nohe, et al.,2015)。当与工作相关的需求妨碍其他事务时,WFC 就产生了,例如将工作带回家并以牺牲家庭时间为代价完成工作。相反,家庭工作冲突发生在因家庭责任而推迟工作活动时,例如在孩子生病时取消重要会议(Frone, et al.,1992)。

　　研究表明,这两种冲突都很重要,都会对员工的健康和幸福感产生不利影响。几项研究表明,这两种类型的冲突都与健康问题有关,例如心理紧张、焦虑和抑郁(Lapierre and Allen,2006)。工作家庭促进(Work-Family Foster,WFF)是指"通过在特定生活领域获得的资源改善另一生活系统"(Grzywacz and Butler,2008)。WFF 相关的文献表明,工作家庭促进的结果可能包括改善身体健康和福祉(Frone, et al.,2003;Grzywacz and Marks,2000)。比起工作中的幸福感和总体幸福感,工作对家庭溢出的正向效应更为显著(Kinnunen, et al.,2006)。Hill 等(2007)表示,员工不仅需要工作环境的灵活性,而且需要在工作和家庭生活中得到更多便利。

　　在过去的 20 年中,工作家庭方面的文献显著增加,但大多数工作家庭相关研究都在西方情境中进行。关于这些结果是否适用于东方社会的文献研究甚少。本部分研究关注于工作家庭层面,从中国不同地区抽取样本,将工作家庭研究扩展到中国背景下,这将为确定工作家庭理论的普遍性提供额外的证据(Zhang, et al.,2014)。此外,Li 和 Angerer(2014)认为,WFC 在中国的雇佣关系中是重要的心理社会因素之一。

　　Nicklin 和 Mcnall(2013)证实了主管支持感对工作家庭充实的影响,并建议考虑其他形式的工作支持,如 POS 和同事支持。然而,很少有研究检验 POS 与 WFC 和 WFF 之间的关系。Drummond 等(2017)最近的研究表明,与英美国家相比,中国员工的工作压力更大。然而,他们无法确定这些差异是否源于亚洲国家的个人必须长时间工作且面临大量的工作需求,或是来自汇报关系的差异。西方国家的一些研究表明,组织支持和灵活的工作安排有助于减少 WFC 和提高幸福感(Kossek, et al.,2011;Moen, et al.,2011)。而在中国,这样的 WFC 研究仍显匮乏。因此,本部分研究的主要目的是分析 POS 对 WFF 和 WFC 的影响,并最终分析其对员工幸福感的影响。这项研究的创新在于对 POS、WFF 和 WFC 研究进行了整合。

(二) 理论背景和假设

　　本部分研究基于社会支持理论理解 POS 和员工幸福感之间的关系。Schwarzer 和 Leppin(1991)曾表示:"社会支持是指社会关系的功能和质量,例如帮助或支持的实际可获得性。它伴随着互动过程产生,与利他主义、义务感和互惠感相关。"社会支持可以有不同来源,例如组织、同事、家人、朋友、社区关系或宠物。这些资源可以是信息、情感,包括有形和无形的。根据压力及其应对的视角,支持可以通过增加应对的资源来减少危险情况,降低对健康的负面影响。此外,对支持可获得性的看法使压力情况变得不那么消极(Lakey and Cohen,2000)。Cohen 和 Hoberman(1983)认为,感知到支持的可获得性可以保护个人免受压力的不良影响。一些研究指出了社会支持与幸福感之间的关系。缓冲假说指出,社会支持通过保护人们免受压力的有害影响来改善健康和幸福感。并且,本部分研究主效应的假设认为,无论人们是否面临压力,社会支持都可以改善健康,使他们能够应对挑战(Cohen and Wills,1985)。获得社会支持对健康生活非常重要(Mattson and Hall,2011)。Inagaki 和 Orehek(2017)指出,拥有密切的社交关系的人往往生活愉快,易于保持身心健康。社会关系和幸福感之间的联系通常可以用获得他人支持和关怀的好处来描述。社会支持可以为社会以及个人的身体和心理带来好处,当提供支持是非强制性的并有用时,这些益处更显而易见。此外,Orehek 和 Forest(2016)指出,当接受者认可被给予的支持时,也可以增强支持提供的感知价值。再者,Hornstein 和 Eisenberger(2017)认为,社会支持与积极的健康结果有关。研究进一步表明,这种社会支持的存在,有时只是作为一个信号,就能减少压力对生理和心理的威胁。

1. 组织支持感和工作家庭促进

工作家庭促进即协调工作和家庭的关系。工作是一种责任,在工作中获得的知识、与工作相关的技能和从工作中获得的情感满足,帮助个人更好地从事与家庭有关的活动。工作与家庭促进带来了工作场所的经验、机会和技能,这有助于家庭生活的发展(Andrade and Matias,2009;Voydanoff,2004)。当工作角色和家庭角色的贡献分别受益时,就产生了工作家庭促进。工作家庭促进是指个人参与工作角色有助于其扮演家庭角色的程度(Hussin,2015)。当组织支持员工时,这对组织来说是有利的,有助于实现其目标。这意味着为员工提供的价值实际上为组织带来了实惠。研究认为,与人格、组织和家庭相关的变量可以预测 WFF,如工作社会支持、家庭社会支持和工作控制(Demir,2012)。Ghislieri 等(2017)指出,POS 与工作家庭充实有着显著的正向关系。提供环境要素(例如社会支持)的资源与工作家庭充实有着显著关系(Lapierre, et al.,2017)。Lapierre 等(2017)指出,提供工作家庭充实资源的行为与工作家庭充实显著相关。如果丈夫在工作中获得支持,那么其家庭工作冲突水平较低。有趣的是,工作支持对男性和女性工作家庭经历的影响不同。男性可以将工作支持视为缓解多重角色所带来的压力和冲突的重要方式,而女性可以将工作支持作为丰富其工作和家庭领域的有效资源(Ho, et al.,2013)。

H1 组织支持感对工作家庭促进产生正向影响。

2. 组织支持感和工作家庭冲突

社会支持是帮助员工在工作和家庭中发挥作用的关键因素。它有助于减少员工工作与家庭角色之间的冲突,实现工作与家庭之间的平衡,促进家庭工作充实(Hamid and Amin,2014)。POS 被认为是一种积极要素,它为员工提供保障,即组织在有压力的工作中为员工提供支持(Arogundade, et al.,2015)。

WFC 则讨论了工作对家庭生活的干预。WFC 即工作和家庭的期望和需求之间存在差异,并且在很难满足这些期望和要求时产生的。学者们对工作和家庭冲突的负面影响进行了广泛的研究。诸如工作家庭和家庭工作之间的冲突方向本质上是不同的,并且具有独特的效果(Frone, et al.,2003)。

Foley 等(2005)发现 POS 对 WFC 有负向影响。Foley 等(2005)、Kossek 等(2011),以及 Somech 和 Drach-Zahavy(2012)的研究表明,POS 对 WFC 产生了负向影响,被认为是减少 WFC 的一个重要因素。一些研究还发现,POS 与工作家庭冲突和家庭工作冲突呈负相关(Lee and Lin,2013;Lei, et al.,2013)。

随着员工的组织支持感的增加,工作家庭冲突的水平将会下降(Kahya and Kesen,2014)。POS 与家庭工作冲突和工作家庭冲突均呈负相关关系(Gurbuz, et al.,2013)。当发生冲突或促进的原因是工作时,POS 很重要,而当已经对个人家庭产生影响时,POS 就不再重要(Wojtkowska, et al.,2016)。此外,组织社会支持感与移民西班牙裔人之间的工作家庭冲突水平显著相关,非移民西班牙裔则并非如此(Rudolph, et al.,2014)。Lembrechts、Dekocker 等(2015)的研究表明,组织支持中减少工作量和少加班可以减弱 WFC,POS 与 WFC 呈负相关关系(Ghislieri, et al.,2017)。

H2　组织支持感对工作家庭冲突产生负向影响。

3. 组织支持感和员工幸福感

POS 是员工信任公司对其服务的评价及组织关心个人和满足其服务的感知。它显示了组织认可员工并关心员工的幸福感的程度(Al-Homayan, et al.,2013)。员工的心理、身体和情感健康被称为员工幸福感,并且假设为对员工幸福感的积极评价(Cartwright and Cooper,2009)。Eisenberger 等(1986)证明了员工更愿意描述雇主对员工贡献的重要性和员工幸福感的关心程度。Kurtessis 等(2015)指出,POS 对于组织绩效产出和个人幸福感都至关重要。组织可以采用许多有效的方法来增强 POS,从而有利于员工的身体健康。例如,雇主与员工打交道时使用公平的方法等(Arnold and Dupré,2012)。Arslaner 和 Boylu(2017)建议,应为请病假的员工提供组织支持,确保他们不被解雇。可采取法律措施保障员工在休息日不会失去工作,以充分体验到雇主的支持。组织还可以通过相关政策保护个人的权利。此外,Caesens 等(2016)指出,每周的 POS 与每周员工的工作投入正相关,这反过来又改善了员工的每周幸福感。

H3　组织支持感对员工幸福感产生正向影响。

4. 工作家庭促进和工作家庭冲突的中介作用

WFC 与工作环境中的健康、组织产出和幸福感等许多因素相关联,这些变化更加有利于工作家庭关系,其中就业环境起到了积极的作用,塑造了良好的就业和社会成果

(Ernstkossek,et al.,2010)。通过减少工作量来降低 WFC,不但可以改善身心健康,而且可以减少员工患病(Winefield,et al.,2014)。

根据 UçaR 和 Ötken(2013)的观点,当员工感受到组织的价值、关怀和支持时,他们会对组织产生归属感和情感依恋。因此,这些预期会减少来自工作的 WFC。WFC 已被归结为员工幸福感、态度和行为原因的一部分(Carlson,et al.,2009)。根据 Rashid 等(2011 年)的说法,从一项责任(工作)中获得的支持可以提高第二责任(家庭)的生活质量,反之亦然(Greenhaus and Powell,2006)。工作家庭促进的指标实际上与员工的心理和身体健康的改善有关(Grzywacz and Bass,2003)。Grzywacz 和 Marks (2000)发现 WFF 导致的结果可能包括促进身体健康和幸福感。Drummond 等(2017)强调,对于不同类型的人,各种类型的支持将减轻家庭工作干扰和工作家庭干扰,从而增强他们的心理健康,改善工作态度。Zhang 等(2013)指出,工作对家庭的干扰与丈夫和妻子的生活满意度呈负相关,这表明溢出效应是显而易见的。Liu 和 Cheung(2015)强调了双职工家庭之间的工作家庭经历存在交叉影响,这样员工的工作家庭关系不仅会影响自己的幸福感,还会影响配偶的幸福感。因此,减轻 WFC 和增加 WFF 的组织努力可能是提高员工及其配偶幸福感的有效措施。例如,得到雇主支持的儿童保育和提供促进家庭角色的政策将有助于减轻 WFC 相关的压力,从而改善员工以及配偶的健康和满意度(Liu and Cheung,2015)。

H4 工作家庭促进对组织支持感和员工幸福感的关系具有中介作用。

H5 工作家庭冲突对组织支持感和员工幸福感的关系具有中介作用。

根据以上讨论,我们提出了图 6.3.1 所示的实证模型。

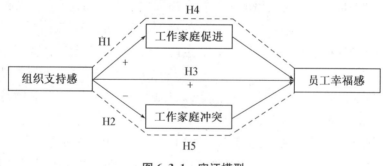

图 6.3.1 实证模型

(三)研究方法

1. 步骤与采样

2014 年 12 月至 2015 年 3 月,我们收集了来自江苏、安徽、四川、广东和天津企业的数据。为了确保数据质量,我们请当地政府机构帮助调研。我们请员工自我汇报了他们的 POS、WFF、WFC 和员工幸福感。在 150 家公司中分发了调查问卷,共发放 1 500 份员工问卷。每家公司的人力资源经理随机选择 10 名员工参与调查。最终,我们收到 146 家公司的回复,共包括 1 340 名员工。员工的最终有效回复率为 89.3%,平均每家公司有 9.2 名员工回复。表 6.3.1 提供了样本的人口统计数据。

表 6.3.1　样本的描述性统计

1 340 名员工		146 家企业	
性别(%)		**企业性质(%)**	
男	54.4	国有	27.1
女	45.6	外资	12.9
年龄(%)		私营	52.9
<20	0.2	其他	7.1
21~30	18.1	**所属行业(%)**	
30~40	67.5	制造业	37.9
40~50	11.7	非制造业	62.1
50~60	2	**企业年龄**	
>60	0.2	均值	19.4
婚姻状况(%)		标准差	16.77
未婚	33	**员工数(%)**	
已婚	67	<50	7.1
受教育情况(%)		51—100	10.6
初中及以下	11.3	101~500	38.3
高中	32	501~1 000	13.5
大专	14.8	1 001~2 000	14.2
本科	37.1	>2 000	16.3
硕士及以上	5	**企业阶段(%)**	
月收入(元,%)		初创期	2.8
<2 000	3.3	成长期	48.9
2 000~4 000	46.6	成熟期	20.6
4 000~8 000	40.3	转换期	26.2
>8 000	9.7	衰退期	1.4

2. 变量测量

组织支持感。本研究采用的是由 Eisenberger 等(1986)开发并由 Lambert(2000)发展的量表,示例题项为"公司愿意在我有特殊需求的时候帮助我"。组织支持感的 Cronbach's α 系数为 0.890。

工作家庭促进。本研究采用 Grzywacz 和 Marks(2000)开发的量表进行测量,示例题项为"在工作中度过愉快的一天会使你在回家后成为更好的伴侣"。工作家庭促进的 Cronbach's α 系数为 0.823。

工作家庭冲突。本研究采用 Grzywacz 和 Marks(2000)开发的量表进行测量,示例题项为"家庭压力使你在工作中变得易怒"。工作家庭冲突的 Cronbach's α 系数为 0.912。

员工幸福感。本研究采用 Diener 等(1985)开发量表进行测量,示例题项为"本公司的生活条件很棒"。员工幸福感的 Cronbach's α 系数为 0.923。

人口统计学变量。人口统计学变量包括了年龄、性别、教育、婚姻状况、收入和任职年限。

3. 分析策略和初步分析

由于所有变量都是员工自我汇报,我们使用了 LISREL8.80,通过 CFA 检验变量的测量效度。根据拟合指标将四因子模型与三个三因子和单因子模型进行了比较。三因子模型结合了四个因子中的两个,如 WFF 和 WFC、POS 与 WFF、WFC 与员工幸福感。基准模型拟合良好,其中 $\chi^2(146)=938.020, RMSEA=0.064, CFI=0.976, IFI=0.976, NFI=0.972$。结合了 WFF 和 WFC 的三因子模型,其 $\chi^2(149)=4795.913, RMSEA=0.166, CFI=0.835, IFI=0.835, NFI=0.832$。结合了 POS 和 WFF 的三因子模型,其 $\chi^2(149)=2975.483, RMSEA=0.130, CFI=0.900, IFI=0.900, NFI=0.896$。将 WFC 与员工幸福感相结合的三因子模型,其 $\chi^2(149)=5864.339, RMSEA=0.216, CFI=0.723, IFI=0.723, NFI=0.720$。将 POS、WFF、WFC 和员工幸福感相结合的单因子模型,$\chi^2(152)=8432.21, RMSEA=0.233, CFI=0.672, IFI=0.6720, NFI=0.669$。使用 χ^2 差异检验比较四种模型[$\Delta\chi^2(3)=3857.9, p<0.05; \Delta\chi^2(3)=2037.46, p<0.05, \Delta\chi^2(3)=4926.31, p<0.05, \Delta\chi^2(6)=7494.18, p<0.05$],结果表明四因子模型的拟合数据优于其他模型。表 6.3.2 提供了模型的比较结果。

表 6.3.2　模型的比较结果

指标	χ^2	Df	$\Delta\chi^2$	RMSEA	CFI	NFI
四因子模型	938.01	146		0.063	0.976	0.972
三因子模型	4795.9	149	3857.9	0.166	0.835	0.831
三因子模型	2975.5	149	2037.5	0.129	0.9	0.896
三因子模型	5864.3	149	4926.3	0.215	0.722	0.719
单因子模型	8432.2	152	7494.2	0.232	0.671	0.668

(四) 研究结果

1. 描述性统计

表 6.3.3 报告了主要变量及控制变量相关的平均值、标准差和拟合指标。可以看出,POS 与 WFF 呈正相关($r=0.315; p<0.01$),与 WFC 呈负相关($r=-0.259; p<0.01$),与员工幸福感呈正相关($r=0.609; p<0.01$)。WFF 与员工幸福感正相关($r=0.277; p<0.01$)。WFC 与员工幸福感呈负相关($r=-0.293; p<0.01$)。表

6.3.3 显示了变量的描述性统计和拟合指标。

表 6.3.3 变量间的描述性统计与相关系数($N=1\,340$)

变量	均值	标准差	1	2	3	4	5	6	7	8	9
1. 性别	1.46	0.498									
2. 年龄	3.77	1.479	-0.10^{**}								
3. 婚姻状况	1.68	0.483	-0.02	0.58^{**}							
4. 教育背景	2.92	1.165	-0.03	-0.23^{**}	-0.15^{**}						
5. 任期	54.8	58.462	-0.04	0.58^{**}	0.35^{**}	-0.15^{**}					
6. 收入	3.97	1.931	-0.18^{**}	0.21^{**}	0.24^{**}	0.24^{**}	0.15^{**}				
7. 组织支持感	4.8264	1.20633	-0.04	0.02	0.03	-0.05	-0.02	0.02			
8. 工作家庭促进	3.9939	1.44189	-0.03	0.05^{*}	-0.00	0	0.06^{*}	0.01	0.31^{**}		
9. 工作家庭冲突	3.2412	1.52454	-0.08^{**}	0.02	0.01	0.05	0.11^{**}	0.06^{*}	-0.25^{**}	0.01	
10. 员工幸福感	5.1766	1.27182	0.05^{*}	0.02	0.04	-0.06^{*}	-0.01	-0.02	0.60^{**}	0.27^{**}	-0.29^{**}

注：$^{*}\,p<0.05$；$^{**}\,p<0.01$。

2. 检验工作家庭促进和工作家庭冲突的中介作用

本部分研究通过 LISREL8.80 使用结构方程模型（SEM）来检验模型拟合。SEM 为全模型提供更多的拟合指标，从而提供更优的实证结果（HaiR, et al. ,2006）。表 6.3.4 展示了 POS 对员工幸福感的直接效应和间接效应。表 6.3.4 中的第一个模型假设 POS 对员工幸福感的影响将由 WFF 和 WFC 完全中介，提供数据如下：$\chi^2(148)=1\,257.69, RMSEA=0.073, NFI=0.963, CFI=0.967, p<0.05$。完全中介路径如图 6.3.2 所示。为了进一步评估模型拟合，我们添加了从 POS 到员工幸福感的直接路径，以检验部分中介。替代模型的结果是 $\chi^2(147)=901.341, RMSEA=0.063, NFI=0.97, CFI=0.976, p<0.05$。我们发现替代模型的直接路径的显著性强，且更为简约。因此，我们接受了替代模型，即 WFF 和 WFC 部分中介了 POS 与员工幸福感之间的关系。H4 和 H5 得到了部分支持。POS 与 WFF 呈正相关（$\beta=0.37, p<0.05$），与 WFC 呈负相关（$\beta=-0.28, p<0.05$），WFF 与员工幸福感呈正相关（$\beta=0.14, p<0.05$），WFC 与员工幸福感负相关（$\beta=-0.16, p<0.05$）。本部分研究中 H1 预测 POS 与工作家庭促进正相关，H2 预测 POS 与工作家庭冲突呈负相关，H3 预测 POS 与员工幸福感正相关。因此，H1，H2 和 H3 得证。部分中介模型如图 6.3.3 所示。

表 6.3.4   组织支持感与员工幸福感间的直接效应和间接效应

路径	直接效应	间接效应	总效应	中介结果
模型1				
POS-WFF-WB		$(0.40 \times 0.36) = 0.14$	0.14	完全中介
POS-WFC-WB		$(-0.290) \times (-0.31) = 0.08$	0.08	完全中介
模型2				
POS-WFF-WB(间接)		$(0.37 \times 0.14) = 0.05$	$0.54 + 0.05 = 0.59$	部分中介
POS-WB(直接)	0.54			
POS-WFC-WB(间接)		$(-0.28) \times (-0.16) = 0.04$	$0.54 + 0.04 = 0.58$	部分中介
POS-WB(直接)	0.54			

注:POS即组织支持感;WFF即工作家庭促进;WFC即工作家庭冲突;WB即员工幸福感。

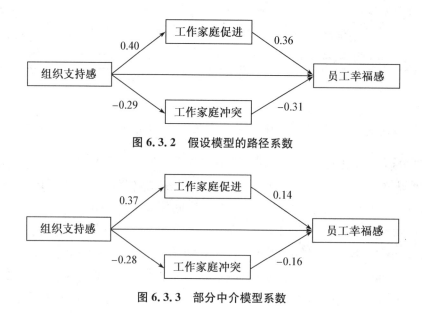

图 6.3.2   假设模型的路径系数

图 6.3.3   部分中介模型系数

(五) 讨论

本部分研究探讨了中国企业员工关系中的POS与员工幸福感的关系以及对WFF和WFC与WB关系的中介效应。我们发现POS与WFF呈正相关,与WFC呈负相关。Hamid 和 Amin(2014)的研究支持了这一结果,并提出了社会支持是帮助员工在工作和家庭中承担责任的重要因素之一。社会支持有助于最大地减少员工的WFC,并增加工作与家庭之间的积极交互。这一结果也与 Selva Rajan、Cloninger 和 Singh(2013)的研究结果一致,后者表明,从组织获得高水平支持的员工可以将一些福利转移至家庭,从而减少员工在家庭中的焦虑。因此,组织的支持可以帮助员工减少 WFC。Wong(2014)建议组织建立一个支持性的工作环境,以减少员工感受到的负面情绪和压力。由于员工的工作职责增加,他们希望获得有益于履行其工作和家庭义务的福利

(Parker and Allen,2001)。组织应考虑员工的需求以支持他们。为了满足员工的需求,组织不仅应该提供经济利益,还应该鼓励员工或承认他们的努力(Colakoglu,et al.,2010)。此外,研究结果表明,WFF 和 WFC 未能完全中介 POS 与员工幸福感之间的关系。除了间接效应,我们还发现了 POS 对员工幸福感的直接效应,即组织支持可以提升员工幸福感。因此,研究 POS 对员工幸福感的影响富有意义。根据 O'Donnell 等(2012)的观点,员工在不断努力平衡着工作和家庭的需求。Ki Rk 和 B Rown(2003) 证明了员工支持项目可以帮助员工管理压力并促进员工幸福感提升。

1. 理论意义

本部分研究的主要贡献之一是将 POS、WFF 和 WFC 研究结合在一起。过往的工作家庭研究要么关注 WFC 要么关注 WFF,而本部分研究中的理论模型探讨了 POS、WFF、WFC 与员工幸福感之间的关联。此外,还探讨了 WFF 和 WFC 在前因变量和结果变量之间的中介效应。因此,研究结果可帮助在中国情境下深入理解 WFC 和 WFF。另一项重要发现是,POS 与员工幸福感有着直接的正相关关系。

2. 实际意义与结论

本部分研究具有一定的实践指导意义。研究结果表明,高水平的组织支持与 WFF 增加和 WFC 减少显著相关,而这又提升了员工幸福感。因此,组织应提供实用资源,以提高员工的 WFF 水平。组织应该建立一个支持性的工作环境,以减少员工的负面情绪。因此,组织和人力资源管理从业者应该为员工引入支持性政策。例如,可以为员工制定解决工作问题的政策,帮助员工减少工作中的冲突,促进他们的家庭生活改善。管理人员还可以实施各种灵活工作安排以加强 WFF,帮助员工满足其工作和家庭需求。组织应制定家庭友好型的政策,以减少 WFC 并加强 WFF。组织还可以制定员工支持项目,以提高员工幸福感。员工支持项目被视为提升员工幸福感的主要工具之一。此外,从组织获得高水平支持的员工认为,他们的组织将为其提供减少冲突的资源。这些干预措施有助于提高员工幸福感。

总的来说,研究通过将 WFF 和 WFC 同时纳入模型来检验 POS 对员工幸福感的影响。在社会支持理论的基础上,我们将 POS、WFF 和 WFC 结合在一起,并假设当员工有灵活的工作安排时,他们感受到更多的工作家庭促进,更少的工作家庭冲突,从而增加员工幸福感。

本部分研究表明,POS 对员工幸福感的直接效应强于间接效应,员工幸福感取决于其组织的支持程度。组织支持不仅可以帮助员工减少工作和家庭角色之间的冲突,还可以鼓励员工在工作和家庭领域之间进行资源的积极交换。研究还发现,WFF 有助于提高员工幸福感,而 WFC 则减少了员工幸福感。中国企业的人力资源经理和从业人员应该了解员工个人对工作和家庭的看法,以便在满足员工挑战性要求的同时找到适合他们的待遇。因此,引入提升员工幸福感的政策非常重要。

3. 局限性

首先,所有假设都是通过横截面数据检验的。未来可考虑用纵向研究设计以更深入地研究这种因果关系。其次,未来的研究可以考虑各种组织支持的来源,例如陪产假和灵活的工作时间。建议未来的研究纳入双向冲突和促进来扩展当前模型。再次,在模型的结果方面可以包括其他变量,例如组织公民行为和离职倾向。建议考察与员工幸福感相关的其他变量(例如"个人和其他组织资源")来扩展研究结果。最后,本部分研究样本仅限于中国组织,未来研究可以将该模型扩展到其他国家进行比较分析。

一、员工特质、职业召唤与工作态度

（一）引言

近年来，本源于西方基督教用来描述神职人员的职业召唤（Calling）一词逐渐"还俗"，走进了普通大众和普通职业，不仅引起职业心理学的关注，也日益成为组织管理领域关注的新焦点。召唤一词深深根植于西方文化价值观，在从神学、宗教，到组织、大众的演进历程中，其内涵也发生了显著的变化。一大批学者推动了重构召唤内涵的研究进程，大量的研究结果表明，做符合自己内心召唤的职业能为一个人的工作和生活注入意义感，给他们带来生活幸福和心理成功。因此，召唤这一概念的提出使我们看到人们的职业选择或发展不仅仅在于找一份工作，而是在寻找自己内心的职业召唤，除了经济奖励和职位提升等外部激励外，人们还会追求个人价值和职业对个人的意义和使命感。

目前关于职业召唤的研究基本还局限于以基督教为背景的西方世界。不同文化存在不同的宗教、信仰和传统文化，西方文化主要受基督教影响，目前在中国，只有台湾地区的少数学者对职业召唤进行实证研究，大陆关于职业召唤的实证研究还相当少见。本部分研究尝试在中国大陆进行职业召唤调研，探索中国情境下知识型员工的职业召唤与工作态度的关系，验证和完善西方学者关于职业召唤的研究成果，探究召唤角度下对知识型员工的管理。

目前关于职业召唤的研究大多是采用一般职业的员工作为样本，尽管一般员工也包括了知识型员工在内，但仍然有必要进行专门的研究，因为研究知识型员工的职业召唤比研究一般员工的职业召唤更具有实践意义，基于以下两点理由：① 知识型员工更可能去寻找职业召唤，将工作视为生命意义。由于知识型员工比其他员工更具个性化，更加独立自主，容易有强烈事业心和使命感，具有较强的精神等高层次需求以及对职业（专业）更高的忠诚度等特点。因此，知识型员工这个群体比其他员工更可能将工作视为自己的生命意义，以上论点在后面的假设部分有进一步的基于动机决定理论的推导。② 知识型员工更有可能实现自己的职业召唤。Duffy 等（2013）

认为,职业召唤的实现可能性与一个人的文化教育程度显著相关,文化教育程度越高,实现自身职业召唤的可能性越大。而个体只有真正实现了自己的职业召唤才能促进组织认同感和工作满意度等工作态度的提升。因此,知识型员工更有可能具有较高水平的职业召唤,也更容易实现自己的职业召唤,进而改善工作态度,研究知识型员工群体职业召唤具有更为重要的意义。目前西方学者还没有专门针对知识型员工这一群体的职业召唤展开研究,本部分研究选取知识型员工为职业召唤的研究对象,以弥补这一不足。

(二) 相关研究评述和研究假设

1. 概念界定及研究评述

Calling 一词在中国学术界存在多种译法,田喜洲等(2012)将 Calling 翻译成呼唤,赵小云等(2012)将 Calling 翻译成感召,赵海霞等(2013)将 Calling 翻译成工作使命感。本部分研究综合以上学者关于 Calling 的中文翻译,将 Calling 翻译为职业召唤。因此,本部分研究除在引用上述学者观点时采用他们提出的译法,其他部分均统一用职业召唤一词。

田喜洲等(2014)通过梳理对呼唤的研究,认为从神学、心理学和组织行为学 3 个角度对呼唤的界定有很多重叠之处,但有明显不同的侧重点,神学角度的呼唤强调服务上帝,心理学角度的呼唤强调突出真实的自我,而组织行为学角度的呼唤则聚焦于工作本身。这一总结非常精炼地对职业召唤界定的 3 个阶段进行了清晰、准确的梳理,本部分研究基于国外学者对职业召唤的界定,并借鉴田喜洲等(2014)提出的神学、心理学和组织行为学 3 个角度,围绕服务上帝的神职、一种连续性的主观心理构念以及工作对个人和社会的意义 3 个视角梳理职业召唤概念,并进行相应的研究评述。

职业召唤概念最早来自西方基督教,关于职业召唤概念的界定在很多学者的研究中还没有摆脱神学色彩,职业召唤被界定为服务上帝的神职,这些职业仅局限于服务上帝的特定职业,如一些神职工作。Davidson 等(1994)认为职业召唤是个体受上帝的召唤而从事的特定职业或是为了响应上帝的召唤而服务他人的意愿;Dalton(2001)认为职业召唤是受上帝召唤去从事的特定工作。因此,在职业召唤的研究初期,很多学者认为拥有较高职业召唤的人很有可能是宗教信仰者。在服务上帝的神职框架下,职业召唤的研究视角狭窄,无法真正拓展,没有包括普通工作,因此,这种定位远非我们今天所探讨的职业召唤。

后来学者认为职业召唤与宗教信仰之间不存在必然关系,且职业召唤在非宗教信仰的人群中也是存在的。职业召唤的定义逐渐去上帝化,学者越来越多地发现无宗教信仰的普通人群中也存在职业召唤。

田喜洲等(2012)对召唤研究进行回顾,认为在职业生涯领域获得广泛影响的研究是 1985 年 Bellah 提出的,其认为职业召唤是一种工作价值导向,个体的工作价值观有谋生导向、职业导向和呼唤导向，三者之间有显著区别。谋生导向的人将工作视为谋生手段，其工作的意义在于获得报酬；职业导向的人将工作视为职业发展的需要，目的是获得晋升、权利和声望，同时接受工作的挑战；呼唤导向的人认为工作是其人生不可分割的一部分，是其内在激励和职业成功的源泉。呼唤导向的人工作不完全为了经济收入和职务提升，更多的是为了实现个人的主观成就。

此后，职业召唤的研究者们进一步从工作对个人和社会的意义角度研究职业召唤，关于职业召唤的概念和内涵的研究也越来越深化、细致。Wrzesniewski 等（1997）将职业召唤定义为个体为寻求自我实现和对社会的影响而定位的工作方向，认为职业召唤是人与工作的 3 种关系之一，3 种关系分别是任务、职业和召唤。3 种关系隐藏着不同的工作价值观和工作动机，人与工作的任务关系仅仅是满足经济需要，工作仅仅是人们生存的手段；职业关系则会使人们的工作动机更为强烈、愿意投入更多精力在工作中，工作可以给个人带来更多成就感；当人与工作的关系是召唤时，工作对人来说是一种使命，此时人与工作的关系已经密不可分，召唤会驱使个人为工作持续付出，而这份工作也被个人认为是对社会和他人有贡献的，因此当人与工作的关系是一种召唤时，工作已经不仅仅是工作了。此外，Hall 等（2005）认为职业召唤是一种目的感，即一个人打算去做的工作，且该工作被其视为活着的目的；Dik 等（2009）综合各种关于职业召唤的定义，认为职业召唤是一种超然的呼唤，一种起源于自我超越的体验，其目的是用一种能够展现或获得目的感和意义感的方式来实现一个特殊的生命角色，并以利他导向的价值观和目标作为其主要的动力来源。上述定义都是从工作对个人和社会的意义视角，并以定性研究的方式为职业召唤做出界定，还缺乏定量的研究。

更进一步，学者从工作动机、主观心理知觉角度深入探讨职业召唤，并尝试进行定量测量和研究。最具代表性的是 Dobrow 等（2011）的研究，他们认为对于每个人来说，职业召唤并不是有或者没有的一个非此即彼的状况，每个人的职业召唤水平都是一个介于有与没有之间的连续性心理构念，可以进行定量的测量，测量对象则是个人与特定职业领域之间能够达到一种满足感、成就感以及与个人的生命意义相关联的强度。为此，Dobrow 等（2011）把职业召唤重新定义为个体对从事某个领域的职业发自肺腑的强烈而富有意义的激情，并认为职业召唤是针对特定职业领域的，并且是由高到低连续性分布的变量。Dobrow 等（2011）进一步解释职业召唤可以让个体产生一种强烈的激情，并使个体在从事特定领域工作时获得一种沉浸其中的满足感，同时职业召唤是富有意义的，即是有利于个体自身、家人和社会的。这一界定综合了工作对个人和社会的意义，并将这种定性的工作意义描述上升成一种定量的心理知觉，为职业召唤的定量研究奠定基础，同时也更清晰地界定了职业召唤的内涵和主体。

本部分研究基于国内外学者们的研究，综合工作对个人和社会的意义以及一种连续性的主观心理构念等视角，将职业召唤定义为个人将自己的职业视为其生命意义的程度的心理知觉。职业召唤的基本特点是：针对工作领域的召唤；具有强烈目的感和意义感；具有亲社会性，强调职业对社会的贡献；是一种连续性心理构念，一种主观的心理知觉。

2. 职业召唤与工作态度

自职业召唤概念被去宗教化之后,职业召唤与工作态度的关系被广泛讨论。工作态度是指个体对其所从事工作的持久性感情或评价。目前得到关注比较多的员工工作态度是工作满意度和组织承诺,也包括负向态度,如离职意愿。工作满意度是个人对工作产生的正向或愉悦的情绪状态,组织承诺是个人对特定组织的认同和参与程度,离职意愿是指离职念头与寻找其他工作机会的倾向。本部分研究选取工作满意度、组织承诺和离职意愿共同构成衡量工作态度的变量。

学者们就职业召唤与工作满意度、生活满意度、工作意义感和工作热情等的关系进行了大量研究,Duffy 等(2007)研究发现,职业召唤能够提高个人的工作承诺、工作满意度,并会降低离职倾向和缺勤率;Freed 和 Peterson 等(2002)研究发现,职业召唤会带来更高的工作满意度;Cardador 等(2009)研究发现,职业召唤可以带来更高的组织承诺和组织认同。同时,Wrz-esniewski 等(1997)和 MaRkow 等(2005)从负向态度的角度研究,发现职业召唤还可以带来更低的缺勤率和离职倾向等;Hirschi(2011)认为,由于职业召唤较高的人已经达到职业认同,会更大程度地专注于个人职业生涯发展,因此职业召唤会产生更为积极的组织结果,而具有较高职业召唤的人也在职业上具有更强的信心。还有学者进一步将职业召唤的研究拓展到大学生的学业,研究表明职业召唤水平高的学生个体的学业满意度也更高。以上研究结果表明,职业召唤对个体的工作态度具有比较明显的正向预测作用。因此,提高企业员工的职业召唤无疑对提高员工对组织的工作满意度、组织承诺,以及降低离职意愿等具有重要意义。

此外,学者们还研究职业召唤对工作态度的影响机制,分析影响职业召唤与工作态度关系的因素。Cardador 等(2011)研究职业召唤与组织归属感(组织认同和离职倾向)的关系,结果表明,组织文化调节职业召唤与离职倾向的关系,具体来说是安全导向的企业文化弱化了召唤导向与组织归属感的负相关关系,组织工具性直觉(员工把组织当做实现自己目标的工具的感觉)对召唤导向与组织归属感的关系起中介作用;Duffy 等(2010)针对大学生的研究表明,职业决策效能和工作希望中介了召唤与学术满意度的关系;Bunderson 等(2009)以动物饲养员为研究对象,发现职业认同中介了职业召唤与工作意义感和职业重要感之间的关系,同时道德责任感中介了牺牲意愿与组织责任感的关系,且两条路径均为正向关系;Steger 等(2009)研究发现,职业召唤可以通过提升工作意义感进而提升员工在工作中的心理适应能力,即工作意义感中介职业召唤对心理适应能力的影响。上述研究进一步解释了职业召唤对工作态度的影响。

然而,目前职业召唤的研究结论几乎都来自西方国家,由于国家的宗教背景和民族文化的差异,当代中国人对职业召唤的理解很可能与西方人不同,这一差异是否会影响对职业召唤的理解及研究结论,这需要在中国情境下进一步验证。同时,目前还没有针对知识型员工这一群体进行专门的职业召唤与工作态度的研究,因此本部分研究以中国情境下的知识型员工为研究对象,验证西方的职业召唤与工作态度的研究结论。

如前所述,Dobrow 等(2011)从工作动机的角度对职业召唤进行界定,认为职业召唤是一种主观的心理知觉,因此与个体的内心动机密切相关,而这种动机是一种源自个体内部的自主性动机;根据 Ryan 等(2008)的工作动机的自我决定理论,个体可根据自己工作情境中的自主支持性程度以及他们本身的自主归因方向预测其工作的自主性动机的程度;孙岚等(2008)认为自主动机可以促进工作绩效和幸福感的产生,而控制动机则会削弱工作的上述产出,尤其对需要创造力或信息深加工的工作,其影响更显著。因此,当个体对工作的职业召唤水平越高,个体工作的自主性动机也就越高。因此,本部分提出以下研究假设。

H1a　知识型员工的职业召唤水平与工作满意度呈显著正相关关系。

H1b　知识型员工的职业召唤水平与组织承诺呈显著正相关关系。

H1c　知识型员工的职业召唤水平与离职意愿呈显著负相关关系。

3. 职业召唤与职业承诺

职业召唤与职业承诺具有相似性,与职业召唤不同的是,职业承诺是一个人对其职业的承诺,而职业召唤则是一个人界定其工作和生命意义相连接的程度。龙立荣等(2000)将职业承诺定义为个人对职业或专业的认同和情感依赖,对职业或专业的投入和对社会规范的内化而导致的不愿变更职业的程度,尤其指知识员工对其专业和职业的热爱而不愿放弃的忠诚程度;龙建等(2002)认为职业承诺是个人承受某种职业责任的承诺,是个人内心与职业签订的心理合同;Dik 等(2009)认为职业承诺概念虽然也强调了工作的重要性,但却忽略了工作对个人的意义,也没有涉及职业召唤中对社会贡献的部分。

关于职业召唤与职业承诺关系的大量研究均表明员工的职业召唤水平越高,员工目前及将来的职业承诺均会越高,两者之间具有很强的正向关系。此外,Duffy 等(2011)针对大学生的研究发现,个体的职业召唤水平越高,就越有利于个体的职业发展。职业召唤水平较高的大学生对自身的兴趣和能力有清晰的认知,对他们的职业生涯抉择感到满意,对自己未来可能从事的职业比较认可,会在职业生涯发展过程中表现得更为成熟;Elangovan 等(2010)认为将职业视为职业召唤的人也倾向于对自己的职业具有更高水平的职业承诺。因此,本部分提出以下研究假设。

H2　知识型员工的职业召唤水平与职业承诺呈显著正相关关系。

4. 职业承诺与工作态度

目前很多研究表明职业承诺对工作满意度、组织承诺和离职意愿有正向预测作用。Blau(1989)研究发现,职业承诺可以有效预测工作满意度并存在正向关系;Carson 等(1998)通过实证研究发现,高职业承诺的图书馆员的满意度要显著高于低职业承诺的图书馆员。

Blau(1988)发现职业承诺与组织离职行为显著负相关;Lee 等(2000)对职业承诺

的元分析结果显示,职业承诺与离职意愿有显著的负相关关系。

学者针对职业承诺与组织承诺的关系也做了很多研究,Chang(1999)认为员工对职业的态度会影响到他对待组织的态度,但职业承诺与组织承诺的不同点在于,一旦组织不能满足职业追求,员工就可能放弃对组织的承诺,发生离职行为。因此,可以说,员工对职业的承诺并不意味着对组织的承诺,尤其对于知识型员工来说,他们对职业的忠诚通常远远大于对组织的忠诚。但是,Wallace(1993)通过元分析发现,当个体职业价值观与组织价值观相互融合时,职业承诺与组织承诺会呈现显著的正相关关系。因此,本部分提出以下研究假设。

H3a 知识型员工的职业承诺与工作满意度呈显著正相关关系。

H3b 知识型员工的职业承诺与组织承诺呈显著正相关关系。

H3c 知识型员工的职业承诺与离职意愿呈显著负相关关系。

5. 职业承诺对职业召唤与工作态度的中介作用

综上所述,职业召唤对职业承诺具有正向的预测作用,而职业承诺又对工作满意度、组织承诺和离职意愿等工作态度具有影响。Duffy 等(2011)通过对 370 名从事不同职业的员工进行研究,结果表明职业召唤与职业承诺、工作满意度、组织承诺中度相关,职业承诺完全中介职业召唤与工作满意度的关系,部分中介职业召唤与组织承诺和离职意愿的关系。

由于宗教背景和文化的不同,中国与西方国家对职业召唤、职业承诺的理解可能会存在相当大的差异,中国人对职业承诺的理解可能更多的是出于一种职业道德和忠诚的角度,也就是说更倾向于道德和义务层面,而较少出于个人兴趣层面,这也是本研究为何要选择职业召唤—职业承诺—工作态度这一路径进行中国情境下实证研究的主要原因。本研究以中国情境下知识型员工为对象,验证国外学者关于职业承诺对员工的职业召唤及工作态度的中介作用。因此,本部分提出以下研究假设。

H4a 知识型员工的职业承诺对职业召唤与工作满意度的关系起中介作用。

H4b 知识型员工的职业承诺对职业召唤与组织承诺的关系起中介作用。

H4c 知识型员工的职业承诺对职业召唤与离职意愿的关系起中介作用。

(三) 研究方法

1. 样本和数据收集

本部分研究在选取调研对象的过程中考虑到知识型员工这一内涵的争议性,并结合大量的已有研究,最后选取被学术界普遍认同的、可以作为知识型员工代表的技术研发人员、管理人员、营销人员、专业人员(如会计、律师)等作为调研对象。本次调研问卷发放和回收时间为 2013 年 12 月至 2014 年 2 月,调研问卷发放采用集中发放和分散发放两种形式。集中发放问卷的对象为北京某机械仪表公司、吉林长春一汽、南京交通银行和上海一家民营企业,分散调查的知识型员工则分散于不同性质的企业和行业,地区主要集中于华北地区的北京、太原,东北地区的吉林,华东地区的南京、上海、苏州,华南地区的广州、深圳,西部和西南的四川、云南、陕西等,还包括香港地区的知识型员工。调研共发放问卷1 200份,最后共收回1 059份调查问卷,剔除数据缺失和无效问卷,最终样本量为981份,有效回收率为92.635%。总体而言,不同类别、不同层次的调研对象的分布相对均匀。

统计调研对象得到的基本情况如下。性别方面,男性占49.335%,女性占50.665%;年龄方面,25岁以下的占16.208%,26~35岁的占60.856%,36~45岁的占17.737%,45岁以上的占5.199%;教育程度方面,大专学历的占28.499%,本科学历的占50.868%,硕士及以上学历的占20.633%;工作年限方面,2年以下的占22.370%,2~5年的占26.353%,6~10年的占26.353%,11~20年的占18.080%,20年以上的占6.844%;企业性质方面,国有企业占26.960%,民营企业占48.120%,外资或合资企业占13.320%,其他占11.600%;行业性质方面,制造业占38.168%,服务业占61.832%。

2. 变量度量

(1) 职业召唤

研究采用Dobrow等(2011)通过对1 500名参与者进行历时7年(2001~2008)的跨时段纵向跟踪研究编制的量表,该量表应用比较广泛,包含12个题项。该量表尚未在中国公开发表的文献里翻译使用,因此,研究进行预调查,调整量表部分题项,使其更适合中国人阅读,翻译后的量表为Likert7点量表,让被评估者感受自己的职业召唤程度,1为完全不同意,7为完全同意。

(2) 职业承诺

研究采用Blau(1989)编制的单维度结构量表,共7个题项。翻译后的量表为Likert7点量表,让被评估者感受自己的职业承诺程度,1为完全不同意,7为完全同意。

(3) 工作态度

① 工作满意度。选择Rice等(1991)的整体工作满意度量表,测量工作满意度,包括6个题项。翻译后的量表为Likert7点量表,让被评估者感受自己的工作满意程度,1为完全不同意,7为完全同意。

② 组织承诺。Allen等(1990)提出组织的情感承诺是指员工被卷入组织、参与组织的程度,也是个体对组织的一种情感依赖,具有较高情感承诺的员工将会对组织产生依恋并倾向于强烈地将自己与组织联系在一起,并且也非常享受自己作为组织中的一分子。研究用情感承诺代表组织承诺进行衡量,选取Allen等(1990)编制的量表中的情感承诺量表进行测量,共6个题项,主要测量员工对组织的感情及他们愿意为组织做贡献的程度。翻译后的量表为Likert7点量表,让被评估者感受自己的组织承诺程度,1为完全不同意,7为完全同意。

③ 离职意愿。研究采用 Farh 等(1998)开发的量表，包含 4 个题项。需要说明的是，第 3 个题项"我计划在公司/单位做长期的职业发展"为反向题，研究用 8 减去实际得分值作为最后的统计得分。翻译后的量表为 Likert7 点量表，让被评估者感受自己的离职意愿程度，1 为完全不同意，7 为完全同意。

(四) 研究结果

1. 因子分析、信度分析和效度分析

研究利用 SPSS17.0 对问卷进行信度和效度分析，主要以 Cronbach's α 系数作为信度指标，用探索性因子分析和验证性因子分析检验问卷的结构效度，探索性因子分析采用主成分分析法、正交方差最大化旋转法提取公共因子。表 7.1.1 给出所有研究变量的测量题项、因子载荷和 α 值。由表 7.1.1 可知，各个因子的 Cronbach's α 系数在 0.837~0.948 之间，全部大于可接受水平 0.700，表明问卷中所有测量题项具有较高的内部一致性，即具备较高的信度。由于先前职业召唤量表几乎没有在中国使用，因此本研究进行探索性因子分析，由表 7.1.1 可知，测量题项的因子载荷在 0.597~0.872 间，并且大多数项目的因子载荷都在 0.800 以上，无多重负荷的情况，证明量表具有较好的判别效度。表 7.1.2 给出本部分研究主要变量之间的 Pearson 相关性分析结果，表明职业召唤与职业承诺显著相关，职业召唤和职业承诺与 3 种工作态度均显著相关，为验证职业召唤、职业承诺与工作态度的关系提供了初步证据。

表 7.1.1　探索性因子分析和信度指标

变量	项目	测量题设	因子载荷	Cronbach's α 系数
	CA1	我对我的工作充满热情	0.808	
	CA2	我享受做我的工作胜过其他任何事情	0.855	
	CA3	从事我的职业让我有巨大的满足感	0.853	
	CA4	为了我的职业，我会不惜一切代价	0.718	
	CA5	每当向别人描述我是谁时，我通常首先想到的是我的职业	0.597	
职业召唤	CA6	即使面临重重困难，我仍将坚持选择从事我的职业	0.826	0.944
	CA7	我的职业将一直是我生命的一部分	0.779	
	CA8	我对我的职业感到有一种使命感	0.807	
	CA9	在某种意义上，我内心深处一直装着我的职业	0.753	
	CA10	即使没有做这份工作时，我也常考虑要从事它	0.711	
	CA11	投身目前的职业让我活得更有意义	0.884	
	CA12	从事我的职业能够深深地触动我的内心，给我带来喜悦	0.872	

（续表）

变量	项目	测量题设	因子载荷	Cronbach's α系数
职业承诺	CC1	我的职业非常理想,我决不会放弃它	0.885	0.948
	CC2	即使有更好待遇的新的职业机会出现,我也不会放弃现在的职业	0.785	
	CC3	如果让我重新做一次选择,我还会从事现在的职业	0.909	
	CC4	我非常愿意在现在这个职业领域发展自己	0.911	
	CC5	即使不需要工作就有足够多的财富,我依然会从事现在的职业	0.852	
	CC6	我对当初选择这个职业感到很庆幸	0.904	
	CC7	我现在从事的职业非常理想,值得我"托付终身"	0.896	
工作满意度	JS1	如果让我再做一次选择,我仍然选择现在这份工作	0.877	0.942
	JS2	如果一个好朋友问我他/她是否去找一份像我现在这样的工作,我会强烈建议他/她去	0.837	
	JS3	这份工作与我理想中的工作非常接近	0.929	
	JS4	回想起来,我现在的这份工作非常符合我刚开始接触它时的想象	0.828	
	JS5	我对这份工作感到很满意	0.888	
	JS6	总的来说,我非常喜欢现在的工作	0.929	
组织承诺	OC1	我很乐意在目前公司/单位干一辈子	0.787	0.917
	OC2	我把我们公司/单位的事当我自己的事	0.842	
	OC3	我感觉我是公司/单位这个大家庭的一分子	0.827	
	OC4	我跟我的公司/单位的感情很深	0.845	
	OC5	我的公司/单位对我而言有着很多的个人意义	0.862	
	OC6	我对公司/单位有一种强烈的归属感	0.892	
离职意愿	TI1	我常常想辞去我目前的工作	0.856	0.837
	TI2	我到明年可能会离开公司/单位另谋高就	0.904	
	TI3	我计划在公司/单位做长期的职业发展	0.705	
	TI4	假如我继续留在公司/单位,我的前景不会好	0.805	

表 7.1.2　变量的均值、标准差及相关系数

变量	均值	标准差	职业召唤	职业承诺	工作满意度	组织承诺	离职意愿
职业召唤	4.657	1.368	1.000				
职业承诺	4.458	1.475	0.849**	1.000			
工作满意度	4.527	1.552	0.771**	0.852**	1.000		
组织承诺	4.594	1.520	0.708**	0.703**	0.762**	1.000	
离职意愿	3.369	1.499	−0.461**	−0.524**	−0.588*8	−0.591**	1.000

2. 研究结果和假设检验

研究利用 Lisrel15.0 结构方程模型检验知识型员工的职业承诺是否在职业召唤对工作满意度、组织承诺和离职意愿的影响中起中介作用。按照 Baron 等(1986)的研究，判定中介作用需要依次符合如下 4 个条件：① 自变量对中介变量进行回归，回归系数达到显著性水平；② 自变量对因变量进行回归，回归系数达到显著性水平；③ 中介变量对因变量进行回归，回归系数达到显著性水平；④ 自变量和中介变量同时对因变量进行回归，此时中介变量的回归系数达到显著性水平，同时自变量的回归系数减少。

自变量回归系数减少分为两种情况，如果自变量的回归系数减少，并且变为不显著时，说明中介变量在自变量与因变量之间起完全中介作用；如果自变量的回归系数虽然减少但仍然达到显著性水平，则说明中介变量在自变量与因变量之间只起部分中介作用。

（1）职业召唤对工作态度的影响

表 7.1.3 给出职业召唤对工作态度的影响分析结果，列出标准化路径系数、t 值及是否支持假设，图 7.1.1 为根据表 7.1.3 的分析结果绘制的职业召唤对工作态度的影响模型。由表 7.1.3 和图 7.1.1 可知，职业召唤对工作态度的路径模型的拟合效果比较理想，绝对拟合优度指数 $x^2/df = 8.412$，小于 10；$RMSEA = 0.090$，低于建议值 0.100；相对拟合指数 $CFI = 0.975$，$NFI = 0.972$，$NNFI = 0.973$，$RFI = 0.970$，均优于建议值。因此，结构方程模型有效。由表 7.1.3 可知，职业召唤与工作满意度的标准化路径系数为 0.841，在 $p < 0.001$ 的水平上显著；与组织承诺的路径系数为 0.772，在 $p < 0.001$ 水平上显著；与离职意愿的标准化路径系数为 -0.507，在 $p < 0.001$ 水平上显著。H1a、H1b 和 H1c 均得到验证。

表 7.1.3　职业召唤对工作态度的影响分析

变量关系	标准化路径系数	t 值	是否支持假设
职业召唤→职业承诺	0.841***	25.181	支持 H1a
职业召唤→组织承诺	0.772***	21.512	支持 H1b
职业召唤→离职意愿	−0.507***	−15.113	支持 H1c
拟合优度指标：	$\chi^2/df = 8.412, RMSEA = 0.090$ $CFI = 0.975, NFI = 0.972, NNFI = 0.973, RFI = 0.970$		

注：*** $p < 0.001$。

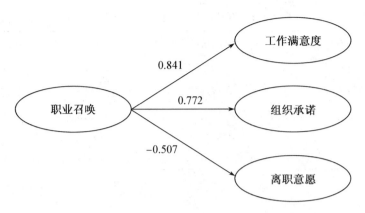

图 7.1.1　职业召唤对工作态度的影响模型

（2）职业召唤对职业承诺的影响

表 7.1.4 给出职业召唤对职业承诺影响的分析结果,列出标准化路径系数、t 值及是否支持假设。分析结果表明,职业召唤对职业承诺的路径模型的拟合效果比较理想,绝对拟合指数 $\chi^2/df=9.854$,小于 10;$RMSEA=0.098$,小于建议值 0.100;相对拟合指数 $CFI=0.977,NFI=0.975,NNFI=0.972,RFI=0.974$,均优于建议值。因此,结构方程模型有效。由表 7.1.4 可知,职业召唤与职业承诺在 $p<0.001$ 的水平上显著相关,H2 得到验证。

表 7.1.4　职业召唤对职业承诺的影响分析

变量关系	标准化路径系数	t 值	是否支持假设
职业召唤→职业承诺	0.900**	27.411	支持 H2
拟合优度指标:	$\chi^2/df=9.854,RMSEA=0.098$		
	$CFI=0.977,NFI=0.975,NNFI=0.972,RFI=0.974$		

注:** $p<0.01$。

（3）职业承诺对工作态度的影响

表 7.1.5 给出职业承诺对工作态度的影响分析结果,列出标准化路径系数、t 值及是否支持假设,图 7.1.2 为根据表 7.1.5 的分析结果绘制的职业承诺对工作态度的影响模型。由表 7.1.5 和图 7.1.2 可知,职业承诺对工作态度的绝对拟合指数 $x^2/df=9.489$,低于建议值 10;$RMSEA=0.093$,低于建议值 0.100;相对拟合指数 $CFI=0.978,NFI=0.976,NNFI=0.976,RFI=0.973$,均优于建议值。因此,结构方程模型有效。由表 7.1.5 可知,职业承诺与工作满意度的标准化路径系数为 0.909,在 $p<0.001$ 的水平上显著;与组织承诺的路径系数为 0.751,在 $p<0.001$ 水平上显著;与离职意愿的标准化路径系数为 -0.551,在 $p<0.001$ 水平上显著。H3a、H3b 和 H3c 得到验证。

表 7.1.5　职业承诺对工作态度的影响分析

变量关系	标准化路径系数	t 值	是否支持假设
职业承诺→职业承诺	0.909***	32.920	支持 H3a
职业承诺→组织承诺	0.751***	23.311	支持 H3b
职业承诺→离职意愿	−0.551***	−17.978	支持 H3c
拟合优度指标:	$\chi^2/df=9.489, RMSEA=0.093$ $CFI=0.978, NFI=0.976, NNFI=0.976, RFI=0.973$		

注:*** $p<0.001$。

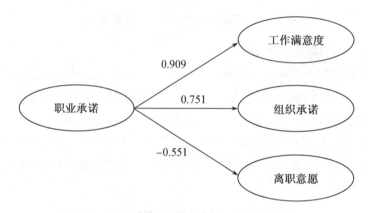

图 7.1.2　职业承诺对工作态度的影响模型

（4）以职业承诺为中介的作用模型

表 7.1.6 给出职业召唤对工作态度作用的直接和间接模型,并就标准化路径系数和 t 值进行比较。绝对拟合指数 $df=7.039$,符合模型拟合指数标准;$RMSEA=0.083$,低于建议值 0.100;相对拟合指数 $CFI=0.977, NFI=0.978, NNFI=0.978, RFI=0.974$,均优于建议值。因此,以职业承诺为中介的作用模型的拟合比较理想。

由表 7.1.6 可知,加入职业承诺作为中介变量的间接作用模型,职业召唤与工作满意度的路径系数降低到 0.064,且变得不显著;同时职业召唤与离职意愿的路径系数也降低到 0.131,不显著;职业召唤与组织承诺的路径系数从 0.772 降低到 0.361,在 $p<0.001$ 的水平上显著,但 t 值显著降低。以上结论说明职业承诺在职业召唤与工作态度之间存在中介作用,具体来说,职业承诺完全中介职业召唤与工作满意度和离职意愿的关系,部分中介职业召唤与组织承诺的关系,H4a、H4b 和 H4c 得到验证。图 7.1.3 给出职业承诺对职业召唤与工作态度的间接作用结果,即中介作用模型。

表 7.1.6 职业召唤对工作态度的直接与间接作用结果比较

假设回归路径	直接作用模型		间接作用模型	
	标准化路径系数	t 值	标准化路径系数	t 值
职业承诺→职业承诺	0.841***	25.181	0.064	1.339
职业承诺→组织承诺	0.772***	21.512	0.361***	5.938
职业承诺→离职意愿	−0.507***	−15.113	0.131	1.664
拟合优度指标：	$\chi^2/df=7.039, RMSEA=0.083$ $CFI=0.977, NFI=0.978, NNFI=0.978, RFI=0.974$			

注：*** $p<0.001$。

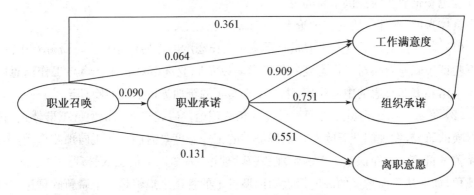

图 7.1.3 职业承诺对职业召唤与工作态度的中介模型

3. 研究结果讨论

本部分研究结论与 Duffy 等（2011）的研究结论基本一致，细微的不同之处在于，职业承诺完全中介职业召唤与离职意愿的关系，这一差异可能来自以下几点原因。

（1）文化背景不同导致职业召唤与职业承诺的相关性的差异。本部分研究发现中国情境下，调研结果中职业召唤与职业承诺高度相关，相关系数为 0.900，$p<0.010$，而 Duffy 等（2011）在西方情境下，调研结果表明职业召唤与职业承诺只是中度相关，相关系数为 0.480，$p<0.010$，中国人职业召唤与职业承诺比西方人更难以区别，也许是对职业召唤本身还不够熟悉和理解。在调研中也发现很多中国人将两者看作一回事，因此这一差异对最后结论会产生一定影响，关于职业召唤与职业承诺之间的差异是否与文化背景有关还需要在未来进一步研究。

（2）知识型员工群体与一般员工的差异。由于本部分研究调研对象是知识型员工，因此，一个可能的解释是知识型员工的职业召唤是完全通过职业承诺来影响离职意愿的，而一般员工则未必如此，关于这一原因的确证还需要做进一步的研究。

（五）结论

基于职业召唤理论和自我决定理论，以中国知识型员工为对象，深入分析并实证检验职业承诺对职业召唤与组织承诺、工作满意度、离职意愿等工作态度之间的中介作用。研究结果表明，知识型员工的职业召唤对组织承诺、工作满意度和离职意愿等工作态度具有正向的预测力；知识型员工的职业承诺对工作满意度具有显著的正向影响，并在职业召唤与工作满意度之间起完全中介作用；知识型员工的职业承诺对组织承诺具有显著正向影响，并在职业召唤与组织承诺之间起部分中介作用；知识型员工的职业承诺对离职意愿具有显著负向影响，并在职业召唤与离职意愿之间起完全中介作用。

本部分研究在中国情境下验证了西方关于职业召唤的研究结论，昭示了职业召唤的培养对提高企业知识型员工的职业承诺、组织承诺和工作满意度以及降低离职率均具有十分重要的作用，为职业召唤理论在中国情境下的验证和完善，以及知识型员工的管理理论和企业实践提供了新的视角。

具体来说，本部分研究在理论上具有以下两点意义：

（1）丰富和验证了西方关于职业召唤对工作态度的作用机制理论。研究在中国情境下验证了职业召唤对工作态度的积极影响以及职业承诺对职业召唤与工作满意度、组织承诺和离职意愿的中介作用，进一步丰富了源于西方的职业召唤理论。

（2）完善了知识型员工管理和激励的相关理论。研究选取知识型员工群体进行职业召唤的研究，发现职业召唤对知识型员工的工作态度具有明显的正向预测作用，丰富和完善了目前关于知识型员工的管理和激励理论，为知识型员工的管理提供了新的理论视角，如何从生命意义的高度探索知识型员工的管理之道将是一个崭新的理论课题。

（3）为企业对知识型员工的管理实践打开了一扇窗。根据研究结论，职业召唤对知识型员工工作态度具有显著的积极影响，知识型员工的职业召唤水平越高，他们的职业承诺、工作满意度和组织承诺等也会相应越高。因此，要提升知识型员工的工作满意度、组织承诺，降低离职意愿，可以通过提高他们的职业承诺水平来实现，而职业召唤又可以显著带来更高的职业承诺。这些结论启发企业要从职业与生命意义相结合的高度探索知识型员工的管理之道，重视职业召唤所强调的工作对个人的意义和使命感，从职业的社会贡献等方面寻找新的管理和激励措施。

基于研究结论可以对企业提出以下几点建议：

（1）在知识型员工的招聘选拔及人岗配置中对职业召唤进行有效跟踪评估。在知识型员工招聘过程中，应采用量表、面试访谈等工具对应聘者的职业召唤水平进行测量，优先选拔那些具有较高职业召唤水平的员工；同时考察员工个人的职业使命感与企业使命的契合度，进而从入职环节保证所甄选的员工具有更高的职业承诺以及更良好的工作态度。Dobrow(2013)的研究表明，一个人的职业召唤是动态的而非静止的，且受多种因素的影响，一个人可以产生多个职业召唤；赵小云(2011)等提出员工在职业生涯发展中，其职业召唤可能不止一个，即职业召唤具有时效性。因此，职业召唤具有多元性和时效性，要对知识型员工的职业召唤进行跟踪。

（2）在企业文化建设过程中进行职业召唤渗透。企业文化需要强调企业的使命和愿景，在落实过程中要与员工的个人职业召唤相结合，使知识型员工对职业的召唤与企业的文化相契合,从而提高员工工作满意度和组织承诺,降低离职意愿。

(3)在知识型员工的培训中强化职业召唤教育。理论上知识型员工的职业召唤水平相对较高,但从动态角度看,职业召唤可能会出现"存在职业召唤""搜寻职业召唤"或"无法实现职业召唤"3种不同状态,后两种状态可能会有消极作用,需要针对后两种状态加强企业培训。一方面要求知识型员工针对其职业及相关专业,在技术方面进行研讨和进修;另一方面还要求就知识型员工所从事的职业对企业和社会的意义展开教育,通过树立榜样的方式强化知识型员工对职业的真心热爱,进而提升他们的职业承诺,并通过职业承诺的提升进一步提高员工工作满意度和组织承诺,降低离职意愿。

(4)加强知识型员工的自主性和参与性,建立适应知识型员工职业召唤的灵活、开放的管理机制,以吸引高水平召唤的知识型员工。由于知识型员工的自主性很强,而企业能否满足高水平职业召唤的知识型员工则取决于如何支持他们的职业召唤。Wrzesniewski等(2011)曾提出可以根据员工职业召唤的需要来主动、积极地重塑(2012)他们的工作环境,加强其与管理层的合作,而不是使其被动地接受现有的工作环境;张春雨等(2012)提出在组织中的员工可以借助工作重塑等方式将现有职业转变为自己喜欢的职业。本部分研究认为给予知识型员工更大的自主空间,鼓励知识型员工积极参与到有利于实现他们的职业使命和意义的相关管理规则、方式的制定,是吸引高水平召唤的知识型员工的措施,能提高知识型员工的工作满意度和组织承诺,并尽可能降低其离职率。

(5)帮助和促进知识型员工实现职业召唤。近来学者将职业召唤分为职业召唤搜寻、职业召唤感知和职业召唤实现3个阶段,且最新关于职业召唤的研究表明,职业召唤实现比其他两个阶段更能实质性影响一个人的工作态度,使其更能感知到工作意义,提高组织认同感,且职业召唤实现比前两个阶段能够带来更高的工作满意度。学者也就职业召唤实现这一关键阶段开发了用于测量职业召唤实现程度的量表,即呼唤实现量表(LCS),用于测评职业召唤的实现状况。因此,企业需要跟踪知识型员工的职业召唤实现情况,更精确、动态地管理知识型员工的职业召唤。

本部分研究尚存在以下不足之处:

(1)研究采用横截面研究,关于职业召唤、职业承诺和工作态度的相互关系在未来还需要进一步通过纵向研究来分析。

(2)研究所调查的变量都是员工主观感受层面的变量,缺乏一些客观的结果性变量,未来可以进一步检验如职业召唤对组织公民行为、工作绩效等变量的影响。

(3)研究探讨职业召唤的影响,关于职业召唤的决定因素和前因变量的研究,如个性、价值观、家庭背景等是否对一个人的职业召唤水平产生影响等问题在未来有待进一步探讨。

(4)研究关于职业召唤变量的测量采用国外量表,由于中国人的思维方式与西方不同,对职业召唤与职业承诺的理解容易发生混淆,导致二者的测量区分度不高,未来还需要结合中国情境进行修订。

（5）现有研究大多数强调职业召唤对工作态度具有积极的作用，但职业召唤也可能存在消极作用，如可能一意孤行、盲目乐观、被剥削利用、承担过度压力等。

（6）目前关于职业召唤的研究主要停留在对常见变量的影响，职业召唤到底会给个体及所属组织带来怎样的影响还需要更加开放的研究，未来还需要结合访谈、案例等定性研究方式针对职业召唤开展更加深入的研究。

二、组织人性化的"神奇"力量

（一）引言

富士康的"十三连跳"引发了社会对人性化管理的关注，同情员工的痛苦遭遇是组织人性化管理的重要标志。工作场所中痛苦遭遇时有发生，给组织及其雇员带来了巨大的财务、心理和社会成本（Frost，2003）。根据痛苦恢复机构的统计，企业因与痛苦相关的事件造成的损失每年高达 750 亿美元（Zaslow，2002）。若得不到有效处理，痛苦遭遇不仅会降低生产率和绩效（Frost，2003），还有可能演变为员工倦怠和工作场所暴力（Maslach，1982），甚至是富士康"十三连跳"那样的极端悲剧。相反，若组织能够给予痛苦遭受者同情，会给遭受者（Lilius，Worline，Maitlis，Kanov，Dutton and Frost，2008）、同情者（Cosley，Mccoy，Saslow and Epel，2010）、目击者（Grant，Dutton and Rosso，2008）以及组织（Dutton，Lilius and Kanov，2007）以积极的影响。因此工作场所同情的作用不可忽视。遗憾的是，并非所有的组织都能够对组织成员的痛苦遭遇给予及时和准确的同情，这使得深入研究工作场所同情变得极为重要。

如今学者们已经探索了个体同情过程（Atkins and Parker，2012）、个体同情的影响因素（Atkins and Parker，2012；Dutton，Workman and Hardin，2014）、个体同情影响的结果（Lilius，et al.，2008）、集体同情过程（Kanov，Maitlis，Worline，Dutton，Frost and Lilius，2004）、集体同情的效果评价（Dutton，Frost，Worline，Lilius and Kanov，2002）、集体同情的组织过程（Dutton，Worline and Frost，2006）、组织同情能力（Lilius，Kanov，Dutton，Worline and Maitlis，2012）、集体同情能力的微观基础（Lilius，Worline，Dutton，Kanov and Maitlis，2011）、集体同情能力的涌现（Madden，Duchon，Madden and Plowman，2012）以及集体同情的结果（Mcclelland，2010；Lilius，et al.，2008；Dutton，et al.，2007）等。这些研究使工作场所同情从组织研究的边缘逐步走向研究的中心位置（Taylar，1997；Dutton，et al.，2014）。

虽然取得了一定的成果，但是工作场所同情研究却依然存在以下不足之处：首先，不同的组织对组织成员的痛苦遭遇具有不同的回应是工作场所同情研究的基本现象；但是尚未有文献解释为何有的进行集体同情，有的进行个体同情，有的则对痛苦遭遇进行忽视和冷漠处理。其次，事件系统理论认为组织经历的新颖的、重要的以及破坏性的事件会对组织的特征、行为以及未来的事件产生一定的影响（Morgeson，Mitchell and

Liu,2015)。虽然有学者意识到,作为对组织及其成员具有重要影响的事件,痛苦遭遇可能会导致组织不同的同情反应(Dutton, et al. ,2006),可是至今尚未研究其作用机制。第三,工作场所同情研究形成了泾渭分明的个体和集体同情两个层面,至今尚未有文献对两个层面进行整合。理论上,多层次理论的发展要求我们既要考虑自上而下的构建过程,又要考虑自下而上的涌现过程;整合功能相似的集体同情过程和个体同情过程的前导因素和结果的差异,有助于深化对工作场所同情的理解。实践上,理解个体同情过程和集体同情过程之间的交互关系,对组织实施同情具有十分重要的作用。第四,在非西方文化背景的工作场所,有关同情及其跨文化的研究极为匮乏(Dutton, et al. ,2014)。虽然对中国产生重大影响的"儒道释"中,儒家一直强调"仁"和"恻隐之心"等观点(Bockover,1995;陈立胜,2011),而佛教主张"无缘大慈,同体大悲",但是工作场所同情研究尚未引起中国当代学者们的关注和兴趣,更没有文献探索中国文化背景下工作场所同情与西方有何异同。上述缺陷都在一定程度上阻碍了工作场所同情尤其是中国文化背景下工作场所同情研究的进展。

出于弥补上述工作场所同情研究的缺陷以及推动中国情境下研究的目的,本部分介绍了同情的定义、学科基础以及发展历程,回顾了个体及集体同情的相关研究,进而提出了工作场所同情的多层次的动态整合模型。首先,该模型认为个体同情过程和集体同情过程是"双向互动"的:在同情使能特征的作用下,个体同情过程可以涌现为集体同情过程;而集体同情过程也会促进个体同情过程的发展。其次,在该模型中,组织的集体同情能力被认为是组织的动态能力。新涌现出来的同情能力可以不断补充组织现有的同情能力,从而使组织获得持续的竞争优势。再次,在已经形成集体同情能力或者同情涌现使能特征较高的情况下,之前的痛苦遭遇的总数和多样性可以影响集体现有的同情能力。最后,采用4个输入变量——痛苦遭遇是否是之前发生的类型、集体同情能力是否已经形成、同情使能特征的高低以及个体同情能力的高低——来对工作场所同情类型、可能性及效果进行预测。同时还分析了中国文化背景下个体同情以及集体同情,与西方文化背景下可能存在的不同。该模型弥补了工作场所同情的现有研究缺陷,响应了关注组织人性化、做对社会负责的学术(徐淑英,2015)以及"具有同情心的学术"(Tsui,2013)的号召,呼吁国内学者关注并发展工作场所同情研究,并对组织实践者、学者和教师等也具有重要的启示作用。

(二) 同情的定义、学科基础和发展历程

本部分所讲的"同情"的英文是Compassion,是与痛苦遭遇(Suffering)相关的两个拉丁词根"Passio"和"Com"的组合。同情具有宗教神学、哲学、社会学、心理学、生物学以及医学和护理学基础。世界上流传最广的佛教、基督教、伊斯兰教以及犹太教无不将同情作为基本要求(Armstrong,2011)。哲学上,中外哲学家也都同样强调同情的重要性。西方哲学家亚里士多德、卢梭和叔本华认为同情有助于幸福和道德。其中最具代表性的是亚里士多德的观点,他认为同情是个人先天的属性,是一种意在指向他人的感

情。他还认为同情的产生有 3 个条件:痛苦遭遇必须是严重的,同样的痛苦遭遇可能发生在自己身上,获得痛苦遭遇的人不是罪有应得。中国儒家思想也强调"仁"和"恻隐之心",将同情作为其伦理的情感基础(陈立胜,2011)。生物学研究尤其是神经学通过分析发现,同情与大脑的某一个区域相关(Davidson and Harrington,2002;Davidson,Kabat-Zinn,Schumacher,Rosenkranz,Muller,Santorelli and Sheridan,2003;Nitschke,2001)。以情绪工作和情绪工作者为主要研究对象的医学和护理学将同情作为其职责和工作。来自这些学科的成果也成为同情研究的重要来源。而诸如 Davis(1983)以及 Baston 和 Oleson(1991)这些社会心理学家,研究证实了同情的感受与反应两个子过程之间存在关系。这些学科和历史来源为工作场所内同情的研究奠定了基础。

学者们对同情的定义各异,本部分研究综合前人的观点,将其总结为态度观、情绪观、特征观、过程观 4 大类,见表 7.2.1 所示。自从 Clark(1997)提出过程观,虽然对具体过程的看法有所差别,但之后的研究者主要采用这一定义方式(Dutton, et al.,2006;Kanov, et al.,2004;MilleR,2007;Frost,Dutton,Mailis,Kanov and Worline,2006;Atkins and Parker,2012)。学者们大多都认同同情这个构念至少包含认知(注意)、情感(感受)以及行为(回应)这 3 个部分。本部分也将在后文中采用过程观对个体以及集体同情进行深入的分析。该观点可以将同情与同理心(Empathy)、同情心(Sympathy)以及关照(Care Giving)等相似的构念进行明确的区分。同理心只是涉及了同情的感受部分,却不包含行动部分。同情心可以和同情混用,学者们一般将其看作是同义词。而关照则主要涉及行为,这些行为不一定来源于对组织成员痛苦遭遇的注意和感受。

(三) 工作场所个体同情和集体同情研究

从泰勒的科学管理开始,自利主义和理性成为工作场所最重要的原则。对它们的强调虽然可降低组织所面临的不确定性,却忽视掉组织的人性化等重要部分(Walsh,Webber and Margolis,2003),直接促进了优胜劣汰的进化论观点的主导地位,导致只强调股东权益最大化的功利主义的泛滥,而且使与这种主流逻辑存在冲突的同情,在组织研究中长期处于不合法的地位。Frost(1999)之后,管理学者才开始致力于同情研究(Rynes,Bartunek,Dutton and Margolis,2012)。随后工作场所同情逐步从组织研究的边缘走向中心位置(Dutton, et al.,2014)。最具有标志性意义的事件是,作为美国管理学会(Academy of Management)2011 年度年会主席的徐淑英教授将该年度主题定为"敢于关爱(Dare to Care)";美国《管理学会评论》(*Academy of Management Review*)在 2012 年刊发"论学术之同情:为什么我们应该关爱?"的会议主题论文。工作场所同情研究分别在个体层次和集体层次以及跨文化研究中取得了一定的进展,本部分将在这一部分对这些研究进行系统的回顾。

表 7.2.1　同情的不同观点

	代表人物	基本观点
态度观	Blum（1980）；SpRecheR and FehR（2005）	同情是同情的爱和同情的痛苦的态度
情绪观	LazaRus(1991)；Nussbaum（1996）；Goetz，KeltneR and Simon-Thomas（2010）	同情是一种情绪
	Hoffman(1981)	同情是一种间接的情绪
特征观	Cosley,et al.（2010）	同情是人的一种特征
过程观	Clark(1997)；Dutton ,et al.（2006）；Kanov,et al.（2004）；Frost ,et al.（2006）	同情是包含了注意、感受、回应的多维度过程
	Atkinsand Parker(2012)	同情是包含了注意、评估、感受以及反应的多维度过程
	MilleR（2007）	同情是包含了注意、连接和反应的三维度的过程

1. 工作场所个体同情研究

工作场所个体同情是当组织成员发生痛苦遭遇时,组织其他个体成员对痛苦遭遇的注意、评估、感受和反应的过程。本部分将先后介绍组织成员的痛苦遭遇、个体同情过程、个体和集体层面的促进/抑制因素以及个体同情的结果。

（1）组织成员的痛苦遭遇

组织成员的痛苦遭遇是引起个体以及集体同情的前提,因此本部分研究将痛苦遭遇作为个体同情和集体同情研究的起点。痛苦遭遇指的是一个人或者一群人经历的能够威胁到其个体存在意义的痛苦和损失(Reich,1989),因此痛苦遭遇既可以是个体层面的变量,也可以是集体层面的变量。对于工作场所痛苦遭遇的来源,不同的学者有不同的划分。

采用最多的痛苦遭遇分类来源于 Frost(2003)的划分,他将痛苦遭遇分为来自工作场所内(冲突、不公平的待遇、降薪等)和工作场所外(婚变、疾病等)两种。之所以在研究工作场所同情时考虑来自工作场所之外的痛苦遭遇,原因是人们一般都会有意或无意地将工作场所外的痛苦遭遇对自己的不良影响带到工作之中(Meyerson,1998)。后来 Kanov 等(2004)在 Frost(2003)研究的基础之上,进一步将痛苦遭遇细分为个人生活工作相关因素、组织行为因素、其他组织的行为以及不可抗力等。

（2）个体同情的过程

在同情的定义部分,本研究总结了 3 种类型的同情过程观。在这 3 种观点中,学者们较少采用 Miller(2007)的注意、连接和反应三过程观,而较多采用 Clark(1997)的注意、感受以及反应三过程观。Atkins 和 Parker(2012)在该观点的基础之上,认为在注意与感受之间应当存在评估过程,Zhang、Reyna、Qian 和 Yu(2008)的跨文化研究证实了评估过程是普遍存在的。因此,在论述工作场所个人和集体同情过程中,本研究采用 Atkins 和 Parker(2012)的注意、评估、感受和反应四个子过程观。

个体同情的第一个子过程是注意,指的是在工作场所内个体意识到其他人存在痛苦遭遇。当然,注意这个过程可以是同情者对他人痛苦遭遇主动观察和扫描,也可以是被动地听到痛苦遭受者或者其他目击者的诉说。对工作场所中发生的事情保持开放和接受的态度、关注别人的情绪变化以及感知日常接触中微妙的线索有助于个体观察到别人的痛苦遭遇。组织如果能够提供一个心理安全的环境使组织成员愿意诉说或者传播他人的痛苦遭遇,则有助于组织成员被动地注意。

个体同情的第二个子过程是评估。评估的内容包括:该痛苦遭遇是否有可能发生在自己身上? 自己与痛苦遭受者的相似程度如何? 该痛苦遭遇是否对自己的目标产生影响? 痛苦遭受者是否罪有应得? 自己有没有能力和资源去对遭受者的痛苦进行回应? 当组织成员认为痛苦遭受者不是罪有应得、该痛苦有可能发生在自己身上以及对自己目标的实现产生影响时,组织成员产生感受(第三个子过程)的可能性会大大增加。而只有当组织成员认为自己有能力或者有资源对该痛苦遭受者进行帮助时,他才会做出行为回应。

感受是个体同情的第三个子过程。同情感受类似于移情关怀(Batson,1994; Davis,1983),指的是一个人想象或者感受到处于痛苦遭遇中的人的情形,因此同情感受将一个人和其他人的痛苦遭遇联系起来。同情感可以极为强烈,也可能程度较轻(Clark,1997)。

个体同情的最后一个子过程是反应,指的是个体采取行动来帮助痛苦遭受者减轻或摆脱痛苦(VonDietze and ORb,2000;Kanov, et al.,2004;Reich,1989)。反应有很多种方式,可以是情绪支持、财务支持以及提供时间和灵活性等实质性的方式(Dutton, et al.,2006;Frost,Dutton,Worline and Wilson,2000;Lilius, et al.,2008),或者仅仅是一杯热咖啡、倾听痛苦遭受者的诉说等象征性的方式(Taylor,1997)。

虽然在理论上,同情包含以上 4 个具有先后顺序的子过程,但是现实中可能很难清晰地辨别(Dutton, et al.,2014),这在一定程度上增加了对同情过程进行观察、分析的难度。另外,前一个子过程的发生,并不会无条件地触发后一个子过程。举例来讲,如果组织成员认为痛苦遭受者罪有应得,那么注意到他的痛苦并不会导致同情感受。而后一个子过程的产生并不一定非要经由前一个子过程。举例来讲,对痛苦遭受者进行反应可能源于感受,也有可能是出于鼓励痛苦遭受者的目的。

(3) 个体同情的影响因素:个体同情能力

工作场所中的个体并不是总能够对痛苦遭遇进行同情。造成组织成员个体对工作场所中他人做出不同反应的主要影响因素是个体同情能力。个体同情能力是指个体用来处理他人的痛苦遭遇所拥有的知识、资源等。个体同情能力可能影响个体同情的一个或多个子过程。

　　组织成员的个体同情能力受到同情者的依恋类型、性别、社会经济地位、心理灵活性以及性格特征等的影响。具体来说,Mikulincer 和 Shaver(2005)的研究指出安全依恋类型的人相较于其他依恋类型的人,会表现出更多的同情。个人的同情能力与大五人格中的宜人性、经验开放性以及外向性高的人相关(Shiota,Keltner and John,2006)。女性相比于男性(Mercardillo,Díaz,Pasaye and Barrios,2011),低社会经济地位的人相比于高社会经济地位的人(StellaR,Manzo,KRaus and KeltneR,2012;KRaus,Côté and KeltneR,2010),其做出同情回应的可能性更大。Atkins 和 Parker(2012)指出同情者的心理灵活性以及处理同情的自我效能可以增强工作场所个体同情。心理灵活性有正念(Mindfulness)和价值指导行为两个维度。正念可以促进个体对组织其他成员的注意、评估和感受。价值指导行为可以促进个体的同情行为。处理同情的心理效能是指个体感知到自己有能力对其他人的痛苦遭遇进行反应的程度。当然,经历过痛苦遭遇的同情者相比于那些没有经历过的人来讲,由于储备了处理该类型痛苦遭遇的相关知识,个体的同情能力可能较高。Dutton 等(2006)的案例研究发现,在对遭遇了火灾的大学 MBA 学员进行集体回应时,那些曾经经历过火灾的人发挥了较为重要的作用。

　　个体同情能力除了受到同情者自身因素的影响之外,其作用的发挥还受到痛苦遭受者特征(Clark,1987)、痛苦遭遇的特征、同情者与痛苦遭受者的关系、组织的惯例、价值观、网络(Dutton, et al.,2006)和结构因素(Mccleland,2010)等的影响。

　　同时这些因素还会直接影响到个体同情的过程。举例来讲,如果组织的任务对时间的要求比较紧迫,那么组织成员有可能不会注意到来自其他人的痛苦和遭遇(Frost,2003;Hallowell,1999)。领导者对同情的支持和象征行为可以增强个体的心理安全感,从而增加其同情反应的可能性(Dutton, et al.,2006)。而在同情作为组织角色重要组成部分的组织中,个人也能够更好地处理对组织其他成员的同情。

　　(4) 个体同情的结果

　　工作场所个体同情可能会对痛苦遭受者、同情者以及目击者都带来积极的影响(Lilius, et al.,2012)。对痛苦遭受者来说,得到同事的同情使他们感受到来自组织成员的关照(Frost, et al.,2006),增强他们感知到的与他人的相似性(Oveis,HoRbeRg and KeltneR,2010),这样就不会感到孤立无援(Frost, et al.,2006;Kahn,1993),从而产生积极情绪,并有利于他们从痛苦中恢复过来(Lilius, et al.,2008)。对同情者来讲,表现出同情心的个体更乐于接受其他人的社会支持,这反过来会帮助他们处理自己的心理压力和痛苦(Cosley, et al.,2010)。同情对那些从事的工作不可避免会伤害到其他人的组织成员尤为重要,因为同情会帮助他们从艰难的境遇中走出来(Molinsky and Margoris,2005),并保持自己的道德身份(Grant, et al.,2008)。对同情的目击者来说,目击到组织成员同情可以帮助他们重新定义自己的组织和同事(Rhee,Dutton and Bagozzi,2008),并且激励他们也参与到同情中来(Grant, et al.,2008;Lilius, et al.，2008）。

当然，鉴于同情需要消耗一定的精力和物质资源（Figley，1995；Kanov，et al.，2004），个体同情除可能带来积极影响之外，也在某些情况下对同情者、痛苦遭受者和目击者都产生消极影响。同情者尤其是那些情绪工作者和情绪劳动力经常会产生同情耗竭和疲劳（SpRang，Clark and Whitt Woosley，2007）。对痛苦遭受者来说，他（尤其是高权力的人）可能会因为受到别人的同情而感到羞愧（Frost，et al.，2000）。而对目击者来讲，他们有时并没有感觉到组织其他成员的痛苦，却迫于集体同情的压力不得不做出反应，此时也会造成情绪负担，带来怨恨、异化和耗竭等（Figley，1995；Hochschild，1983；Maslash，1982）。

个体同情对结果变量影响的方向和强度也会受到个体同情能力和集体因素的调节。举例来讲，一般情况下个体同情会给同情给予者带来积极结果。但是，如果同情给予者同情能力较低，此时做出同情反应更加有可能造成他的同情疲惫。另外，虽然同情者经过同情回应之后会有积极的心态，但是如果这个人并没有感受到其他人的痛苦而是迫于组织压力，则可能会对自身产生消极的结果（Figley，1995；Hochschild，1983；Maslash，1982）。

工作场所个体同情研究在同情研究中较早受到关注，也是成果较为丰富的研究方向。但是随着多层次理论发展（Kozlowski and Klein，2000），在组织个体同情研究的基础之上，越来越多的学者将同情作为一个集体层面的现象对待（Kanov，et al.，2004；Dutton，et al.，2006；Lillis，et al.，2011；Madden，et al.，2012）。

2. 工作场所集体同情研究综述

工作场所内的同情不仅存在于个体层面，还可以存在于集体层面（Kanov，et al.，2004）。本部分所讲的集体可以是工作团队、部门或者是整个组织。Dutton 等（2006）、O'Donohoe 和 Turley（2006）以及 Powley（2009）的案例研究提供了集体同情存在的证据。相比于个体同情，学者们对集体同情的了解相对较少（Lilius，et al.，2012）。本部分将集体同情定义为对组织成员的痛苦遭遇进行集体的关注、评估、感受和反应的过程。这里应当指出的是，集体同情虽然和个体同情具有相同的子过程，却并非是个体同情的简单加总，而是包含了不同组织成员之间的协调和整合（Kanov，et al.，2004；Dutton，et al.，2006）。本部分将分别介绍集体同情过程、效果评价标准、集体同情能力以及集体同情可能产生的结果。

（1）集体同情过程及其效果评价标准

工作场所集体同情是对组织成员的痛苦遭遇进行的集体注意、评估、感受和反应的过程。与引起个体同情的痛苦遭遇相同，痛苦遭遇可能是来源于个人的也可能是来源于组织集体的。集体注意不是简单地指某些组织成员独立意识到其他人的痛苦，而是指某些人集体意识到某些或某个组织成员正在经历痛苦遭遇。组织评估指的是组织成员共享的关于该痛苦遭遇是否与组织目标实现相关、痛苦遭受者是否罪有应得，以及组织是否有充足的资源和能力来帮助痛苦遭受者等评估内容。集体评估会影响到组织成员的集体感受和集体反应。集体感受是指组织内成员集体共享的对痛苦遭受者经历的移情关心。集体反应是指组织成员对工作场所内存在的痛苦进行的协调行为反应。协调可以通过正式的组织流程，也可以是由某个人或者团队涌现出来担任的(Dutton，Worline，Frost and Lilius，2003)。因此，集体同情过程和个体同情过程是功能上相似结构上存在差异的两个层面的构念。

Dutton 等(2002)提出评价工作场所集体同情效果可以用范围、规模、速度和定制化4个维度表示。范围指的是组织集体对经历了不幸遭遇的人提供的资源的多样性，规模是指提供的资源的数量，速度是指提供这些资源的及时性，而定制化则是指提供的资源能够符合受害者的需要和环境的程度。后来工作场所集体同情的研究都以此为评价标准(Dutton, et al.，2006；Lilius, et al.，2012)。因为集体同情本身是一个消耗精力和资源的活动，并不是说集体同情的范围、规模越大越好，集体同情应该控制在适度的范围和规模内，以保持同情获得的收益高于成本。但是反应速度越快和定制化水平越高，集体同情的效果就越好。

(2) 集体同情的促进因素：集体同情能力

根据 Aldrich 和 Ruef(2006)的定义，组织能力是组织用来达成某种目的以及满足利益相关者期望所使用的资源、知识和进程等。组织能力嵌入在组织的政策、文化、惯例、角色等特征中。集体同情能力是指集体用来处理组织成员痛苦遭遇所使用的资源、知识和进程等(Madden, et al.，2012)。具有集体同情能力的表现是：不同层次的员工都将同情作为其工作角色的一部分；组织文化将同情纳入价值体系中；形成了协调组织集体同情反应的惯例；扫描系统对组织成员的痛苦遭遇较为敏感等。同情在工作角色、文化以及扫描系统中的优先度越高，处理集体同情的惯例越多，集体的同情能力越高。集体同情能力越高，工作场所对组织成员的痛苦遭遇进行集体的注意、感觉和回应的可能性越大。集体同情能力的建立也可以有效地提高组织集体同情的效果(Madden, et al.，2012)。例如，处理同情惯例的建立可以节省组织成员调动资源对痛苦遭遇进行反应的时间，加快集体同情的速度。组织成员对其他人所具备的认知、情绪等资源的了解越深入，就越能将同情反应控制在一定的范围之内，还能将这些资源与痛苦遭受者的需求进行匹配，进而增强同情回应的定制化。

鉴于对集体同情的重要作用，集体同情能力的形成一直是集体层面学者们关注的焦点。集体同情能力可以是组织自上而下有意识地构建(Lilius, et al.，2012)，也可以是自下而上涌现的(Dutton, et al.，2006；Madden, et al.，2012；Lilius, et al.，2011)。

那些出于增强合法性目的所建立的、象征性的却不发挥实际作用的资源和规章等不是我们所讲的集体同情能力。只有出于理性的目的，能够切实地促进集体同情自上而下建立的资源、知识和惯例等才能形成集体同情能力。自上而下建立的组织能力如：包含了同情在内的角色设定和处理组织成员痛苦遭遇的正式的程序等(Lilius, et al.，2011)。

通过自下而上的涌现过程也可以形成集体同情能力。Dutton 等(2006)对某大学 MBA 学生遭遇火灾之后学校对他们的同情反应过程做了案例研究。他们指出,在组织同情的过程中,会在原来的文化、网络以及惯例的基础上创造出新的角色和即兴的惯例,这些角色和惯例促进了集体同情过程的产生。Lilius 等(2011)以实践理论为依据,指出了产生集体同情能力的微观基础。知晓、庆祝、给予帮助、直接处理问题以及集体的决策等日常实践形成了高质量的互动联系。庆祝、适度玩耍以及直接处理问题等形成了动态的边界渗透规范。组织成员之间高质量的互动联系和动态的边界渗透规范有助于形成组织同情能力。这些研究都在一定程度上触及了组织同情能力自下而上的涌现。Madden 等(2012)的研究真正明确了组织同情能力涌现的过程。首先,组织成员的痛苦遭遇造成了组织成员不均衡状态的出现。其次,当组织成员的多样化程度、角色互依性、社会互动较高时,组织成员会做出同情的组织公民行为并相互协调处理痛苦遭遇。最后,同情行为逐步放大,使得组织不得不将同情纳入自己的价值体系和角色要求中,从而形成了集体同情能力。本研究借鉴 Ployhart 和 Moliterno(2011)所用的术语,将组织成员的多样化程度、角色互依性以及社会互动等因素称为同情使能特征。同情使能特征越高,越有助于集体同情能力的涌现。

本部分研究认为,自上而下构建的和自下而上涌现的同情能力共同构成了集体同情能力。这两种同情能力之间的关系并非相互替代,而是相互补充和增强。自上而下构建的集体同情能力保持了集体同情的稳定性,自下而上的涌现机制则促进了集体同情的灵活性和动态性(O'Donohoe and Turley,2006)。

(3) 集体同情过程的结果

集体同情会带来一系列对组织有利的结果。组织的同情能力不仅可以提高组织韧性(Kanov, et al. ,2004)、组织成员的合作能力(Lilius, et al. ,2012)、组织的协作能力(Dutton, et al. ,2007),也有利于提高客户对组织的评分和口碑(Mccleland,2010)、组织的声誉和组织之外利益相关者的支持(Coombs,1999)。长期来看,可以使组织获得更高的市场份额(Mccleland,2010)。集体同情还能增强痛苦遭受者的组织承诺(Lilius, et al. ,2008)和组织公民行为(Meyer,Stanley,Herscovitch and Topolnytzky,2002),降低了员工的离职率和工作压力(Lilius, et al. ,2008)。

3. 工作场所同情的跨文化研究

工作场所同情是否会存在跨文化差异,存在两种不同的观点:进化论观点和文化差异观点。进化论观点认为,在人类进化过程中同情有助于以群居和协作为基础的人类照顾后代、选择配偶以及协作。因此同情是人类拥有的本能,不会随着国家文化的不同而有所区别(Goetz, et al. ,2010)。该观点得到了哲学、宗教学、心理学等相关理论、文献以及实验证据的支持。亚里士多德的早期作品、儒家的经典著作以及佛教等都将同情作为核心的价值观和概念。现代心理学及其研究者分别在巴西、印度、中国、日本、印度尼西亚、马来西亚、西班牙以及德国等国家或地区进行了相关的研究,发现同情在这些文化中是普遍存在的(Goetz,et al.,2010)。

文化差异观点则不同于进化论观点。它认为在不同的文化背景下,同情可能具有微妙的差异。虽然大部分学者支持文化差异的观点,但是 Dutton 等(2014)却发现目前依然缺乏同情跨文化差异研究的文献,尤其是非西方文化背景的同情研究。虽然如此,一些学者依然采用集体/个体主义和互依/独立的自我建构为研究同情的跨文化差异提供证据。Uchida 和 Kitayama(2001)的研究证明,在美国和日本的样本中,互依的自我建构以及集体主义都与同情正相关。Kitayama 和 Markus(2000)认为,在互依的自我建构的文化中,一个人的幸福和给予以及接受别人的同情紧密联系,而独立的自我建构的文化中则较少强调这些。Sullivan、Landau、Kay 和 Rothschild(2012)的研究指出,在集体主义的国家中人们更倾向出于使人遵守社会规范的目的,将人们的痛苦遭遇解释为是遭受者对社会规范的违背而不是较差的运气,这会增加人们认为痛苦遭受者是罪有应得的概率,从而不利于同情感受和回应的产生。

(四) 工作场所同情的多层次动态整合模型

虽然工作场所同情的理论研究和实证研究取得了上述进展,却依然存在一定缺陷。首先,个体同情与集体同情研究泾渭分明,缺乏整合。其次,虽然有学者认为痛苦遭遇的不同可能会导致组织同情回应的差异(Kanov,et al.,2004),至今却未有人对其做进一步的探讨。最后,不同的组织会产生不同的同情方式,这一现象的内在原因尚未得到直接解释。基于以上缺陷,本部分以 Morgeson 和 Hofmann(1998)所提的发展多层次研究的指导原则为基础,提出了工作场所同情的多层次的动态整合模型。该模型解释了个体同情和集体同情的"双向互动"过程(Weick,1979)以及集体现有同情能力的来源。本模型还可以预测组织对不同类型的痛苦遭遇的同情反应以及效果,因此对推进工作场所同情研究具有重要作用。

House、Rousseau 和 Tomas-Hunt(1995)指出,整合不同层次的构念对理解某一组织现象具有重要意义。个体同情研究和集体同情研究的隔阂不仅不利于学者推进工作场所同情研究,还不利于企业在实践中发展集体同情过程和积极的同情能力,因此对个体和集体同情研究进行整合具有必要性。除了必要性之外,将二者进行整合也具有可行性。Morgeson 和 Hofmann(1998)在发展多层次理论的指导原则中指出,功能上的相似可以成为不同层次构念整合的基础。个体同情过程和集体同情过程的一个重要功能是对组织成员的痛苦遭遇进行回应,因此个体同情过程和集体同情过程是功能上相似、结构上差异的两个构念。这使得整合两个层面的研究具有一定的可行性。依据 Morgeson 和 Hofmann(1998)发展多层次理论的指导原则,本部分建立了工作场所同情多层次的动态整合模型,如图 7.2.1 所示。

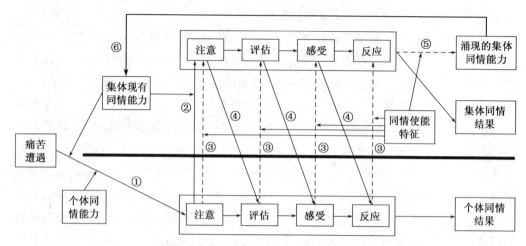

图 7.2.1　工作场所同情多层次动态整合模型

注:为了区分涌现机制与其他机制的区别,文中所有的涌现机制都以虚线表示,如图中路径③和路⑤。

Parsons(1951)指出,所有社会系统分析的基本单位是个体行动。因此,本部分研究认为多层次动态整合模型的起点应该是个体对组织成员痛苦遭遇的注意(见图 7.2.1 中路径①)。这也与 Kanov 等(2004)的观点一致,他们指出,组织无法直接注意到痛苦遭遇的发生,必须由组织中的个体成员率先注意到组织其他成员的痛苦遭遇。

个体能否注意到组织成员的痛苦遭遇受到个体同情能力以及集体现有同情能力的影响。本研究将集体现有同情能力定义为在当下自上而下的组织制定和自下而上涌现两个过程形成的集体同情能力的总和。因此集体现有同情能力是一个状态变量。具有高的个体同情能力的人拥有对别人的痛苦遭遇快速觉察的认知资源(比如前文中探讨的正念),因此往往率先从他人的行为、表情等非言语表现中发觉他可能正处于痛苦遭遇中。现有集体同情能力高的组织或者团队允许员工表达自己的痛苦遭遇,并且正式的扫描系统也时刻关注可能的痛苦遭遇(Madden et al.,2012),因此也有助于个体成员注意到他人的痛苦遭遇。因此本部分研究提出命题 1a 和 1b:

P1a　组织现有同情能力越高,工作场所个体成员注意到组织其他成员发生痛苦遭遇的可能性越大。

P1b　组织成员的个体同情能力越高,工作场所个体成员注意到组织其他成员发生痛苦遭遇的可能性越大。

理解个体同情与集体同情过程的"双向互动"是构建工作场所同情多层次动态整合的关键。在本部分中,所谓"双向互动"是指个体的同情影响了集体,集体的同情也影响了个人(Weick,1979)。当个体发现了其他成员的痛苦遭遇之后,组织成员可能独立展开个体同情过程,也有可能相互协调和互动,进行集体同情。本研究认为,已经形成集体同情能力或者高同情使能特征是形成集体同情过程的重要条件。

当已经形成了集体同情能力时,同情成为角色、文化所强调和容纳的部分,这确保了组织成员具有共享的同情感受和行为。另外,帮助处理痛苦遭遇的惯例使组织成员有效地协调,有助于形成集体同情过程。此时单个组织成员功能不良只能形成局部的影响,并且很快就有其他同事补充其作用,进一步保证了集体同情过程的完成。因此,一旦个体成员注意到组织其他成员的痛苦遭遇,就极有可能通过图7.2.1路径②形成集体同情过程。当已经形成了集体同情能力时,对组织成员的痛苦遭遇进行集体同情回应的可能性较高。此时集体同情能够保持适中的同情规模和范围,以及迅速的反应和高度的定制化,即集体同情效果较好。

而如果尚未形成集体同情能力,也可以在个体注意到组织成员痛苦遭遇之后,通过个体同情向集体同情涌现的过程形成集体同情(见图7.2.1中路径③)。根据 Madden 等(2012)的观点,组织成员之间密切的交往,角色之间的高度互依以及集体成员的高度多样化等高同情使能特征可以促进个体同情向集体同情过程的涌现。涌现过程具有非最优、不可控、不可预测、不可知以及非即刻的特征(凯文・凯利,2010),因此通过该路径形成组织集体同情的可能性要低于通过集体现有同情能力来形成集体同情的可能性。我们认为,差异不仅体现在集体同情的可能性上,还会体现在集体同情的效果上。具体来讲,由于不可控,通过涌现使能特征的作用形成的集体同情往往不能处在合理的范围和规模。非即刻的特征决定了反应速度也会较慢。因此通过同情使能特征使个体同情涌现为集体同情,相比于通过集体同情能力这条路径,其集体同情过程的效果也相对较差。因此本部分研究提出命题2和3:

P2　组织现有同情能力越高,在个体注意到组织成员的痛苦遭遇之后,形成集体同情过程的可能性越大。

P3　组织的同情使能特征越高,个体同情过程涌现为集体同情过程的可能性越大。

命题2和命题3指出了个体同情过程影响集体同情过程的方式,而 Weick(1979)的"双向互动"不仅包含了个体构念对集体构念的影响,还包含了集体构念对个体构念的影响过程。Kozlowski 和 Klein(2000)的多层次理论指出,由于个体层面的认知、情感和行为变化要比集体层面变化更快,因此相比于自下而上的涌现效应,自上而下的效应更加普遍和直接。本研究也将该思想应用于我们所构建的多层次动态模型之中。由个体同情过程向组织同情过程的涌现需要组织形成同情能力或者有较高的同情使能特征;而集体同情过程促进个体同情的过程则不需要这些条件(见图7.2.1中路径④)。具体来讲,我们认为组织集体的注意可以使组织成员更高地评估自己可以调动用来帮助痛苦遭受者的资源。集体评估认为该人的遭遇与实现公司目标相关时,可以促进那些将组织目标视为自己目标的个体对痛苦遭受者的同情。集体的感受可以提高组织个体对行为得到组织支持的感知,从而促进个体进行同情反应。因此本部分研究提出命题4:

P4　集体同情促进个体同情过程的发展。

至此,研究已经阐述了个体和集体同情过程二者之间的"双向互动"情形。集体同情使能特征越高,个体同情涌现为集体同情过程的可能性越大。不仅如此,高程度的集体同情使能特征还能促进组织通过集体同情过程进一步发展出集体同情能力(Madden, et al.,2012),即图 7.2.1 中的路径⑤。该结论已由 Madden 等(2012)阐述过,这里不再过多解释。因此本部分研究提出命题 5:

P5 集体同情使能特征越高,由集体同情过程发展出组织同情能力的可能性越大。

Morgeson 和 Hofmann(1998)指出,很多集体构念的产生需要时间的积累,因此其本质是一种动态的构念。但是目前,工作场所同情研究者较少考虑组织同情能力可能是一种动态能力。本研究的多层次动态整合模型认为,新发展出来的集体同情能力可以丰富集体现有同情能力(如图 7.2.1 路径⑥所示)。因此,组织的同情能力是一种动态能力(Teece,Pisano and Shuen,1997)。该能力是路径依赖的,具有不可模仿性,使组织对组织成员的痛苦遭遇既能保持持续性的回应,又能在痛苦遭遇普遍存在的环境中获得持续的竞争优势。因此本研究提出命题 6:

P6 集体同情能力是组织的一种动态能力,有助于组织在痛苦遭遇极为普遍的环境中获得持续的竞争优势。

没有深入探讨痛苦遭遇对工作场所同情回应的差别性影响是目前工作场所同情研究的一个重要缺陷。Morgeson 和 Hofmann(1998)指出,某些集体构念的产生不仅需要人与人之间的互动过程,还需要激发构念形成的重要事件的发生,因此不可忽略这些重要事件。组织成员的痛苦遭遇是激发工作场所同情的必要条件,因此从痛苦遭遇出发,研究其对集体同情能力的影响可以帮助我们深入理解工作场所同情。本研究认为,组织之前经历的痛苦遭遇增强了组织成员处理这些痛苦遭遇的知识,在同情使能特征的进一步作用下,丰富了组织现有同情能力。Dutton 等(2006)证实了在对发生火灾的MBA 学生进行集体同情的组织之中,那些曾经经历了火灾的个体发挥了重要的作用。他们认为之前的经验使他们拥有处理该种类型的痛苦遭遇的知识。组织之前经历的痛苦遭遇的次数越多,集体所储备的处理痛苦遭遇的知识量越大。痛苦遭遇的多样性越大,那么知识的多样性也越大。如果组织拥有较高的同情使能特征,会促进集体现有同情能力的发展,从而增大集体现有同情能力的存量。因此本部分研究提出命题 7:

P7 当组织具有较高的同情使能特征时,组织成员之前经历的痛苦遭遇次数越多,多样性越大,组织的现有同情能力越高。

至此,研究已经阐述了工作场所同情多层次动态整合模型的基本命题。利用该模型不仅可以解释,还可以预测工作场所同情回应的类型、可能性及其效果。

如表 7.2.2 所示,研究认为痛苦遭遇的特征(该痛苦遭遇是之前发生过的类型还是新类型,其主要影响个人及集体是否具有处理该类型痛苦遭遇的相关知识和惯例)、集体现有同情能力是否存在、同情使能特征的高低以及个体同情能力的高低这 4 个变量,是决定工作场所同情回应类型、可能性及其效果的最重要的因素。根据上述 4 个变量,研究共列出了 8 种可能的类型。

表 7.2.2　对工作场所同情类型及其可能性和效果的预测

类型	痛苦遭遇特征	集体现有同情能力	同情使能特征	个体同情能力	同情类型及其可能性、效果
1	之前发生过	存在			集体同情,可能性极大
2	之前发生过	不存在	高		集体同情,可能性和效果较类型1低
3	之前发生过	不存在	低	高	个体同情,可能性极大
4	新类型	存在	高		集体同情,可能性和效果比类型1低
5	新类型	存在	低		集体同情,可能性和效果比类型4低
6	新类型	不存在	高		集体同情,可能性比类型2低
7	新类型	不存在	低	高	个体同情,可能性比类型3较低
8		不存在	低	低	不表现出任何类型的同情,而是冷漠和无视

当面对之前发生过的类似的痛苦遭遇时:① 如果集体同情能力存在,那么极有可能通过图7.2.1路径②发生集体同情过程,并且集体同情会产生较好的效果(类型1)。② 当不存在集体现有同情能力时,如果同情使能特征较高,当组织遇到之前发生过的痛苦遭遇时,此时有可能通过图7.2.1路径③产生集体同情过程。由于该路径具有非及时性以及不可控性等特征,发生集体同情的可能性要低于类型1,且效果也相对较差(类型2)。③ 当不存在集体现有同情能力,且同情使能特征较低时,即使面对之前发生过的类似的痛苦遭遇,也不可能产生集体同情过程(图7.2.1路径②和路径③都不发挥作用)。当个体同情能力较高时,之前发生过的痛苦遭遇使个体成员具备了处理该痛苦遭遇的知识,因此有较大的可能性会产生个体同情过程(类型3)。

当面临新类型的痛苦遭遇时:① 由于缺乏处理该类型的痛苦遭遇的相关知识,即使存在集体同情能力且同情使能特征较高,发生集体同情的可能性也较类型1低,效果也较类型1差(类型4)。如果同情使能特征较低,这种新类型的痛苦遭遇通过图7.2.1路径③成为集体同情能力的可能性和效果则进一步降低(类型5)。② 由于尚未有处理该痛苦遭遇相关的知识,当集体同情能力不存在、同情使能特征较高时,形成集体同情的可能性较类型2较低(类型6)。③ 当集体同情能力不存在、同情使能特征也相对较低时,即使个体同情能力较高,也不可能发生集体同情(类型7)。相比于类型3,由于个体可能缺乏处理该种类型痛苦遭遇的知识,因此发生个体同情过程的可能性也较类型3低。

最后,当不存在集体同情能力、同情使能特征较低且个体同情能力也较低时,无论面对何种类型的痛苦遭遇(以前发生过的或新发生的),工作场所都不可能表现出任何类型的同情,而是对其冷漠和无视(类型8)。

(五) 结论和讨论

1. 结论

本部分建立了工作场所同情研究的多层次的动态整合模型。该模型指出个体同情和集体同情之间是一个"双向互动"的过程:通过集体同情能力的作用,在个体注意到组织其他成员痛苦遭遇之后,极有可能直接产生集体同情过程。除此之外,在同情使能特征的作用下,个体同情过程也可以涌现为集体同情过程。集体同情过程反过来也会促进个体同情过程的发展。在该模型中,组织的集体同情能力被认为是组织的动态能力。新涌现出来的同情能力可以不断补充集体现有的同情能力,从而使组织获得持续的竞争优势。之前的痛苦遭遇的总数和多样性可以在组织已经形成集体同情能力或者同情涌现使能特征较高的情况下,影响组织现有的同情能力。最后,虽然不同的组织对痛苦遭遇的回应有差异是工作场所同情研究的基本现象,但是至今却没有理论模型对该现象作出合理的解释。采用该模型中的 4 个输入变量:痛苦遭遇是否是之前发生的类型、集体同情能力是否已经形成、同情使能特征的高低以及个体同情能力的高低这 4 个变量,可以解释并预测面对不同类型的痛苦遭遇时工作场所同情反应的类型及其可能性和效果。

2. 理论与实践意义

本研究拓展了工作场所同情及组织德行的相关研究。工作场所同情的多层次动态整合模型的提出,有助于学者更加深入地了解个体同情过程和集体同情过程之间的关系。该模型还在之前学者提出的痛苦遭遇不同会导致不同工作场所同情反应的基础之上(Dutton et al. ,2006),论证了之前的痛苦遭遇如何影响组织现有的同情能力。通过该模型,可以解释工作场所同情研究的一个基本现象,即不同的组织对痛苦遭遇的回应有差异。总之,该模型对推进工作场所同情研究具有重要的意义。未来的学者可以采用案例或者其他实证方法来验证本研究提出的命题。另外,组织同情能力是组织德行的一个维度(Cameron,2003;Cameron, Bright and Caza,2004;Lilius, et al. ,2011;Lilius, et al. ,2012),组织德行是积极组织学术研究的重要内容。本研究认为组织同情能力是组织的动态能力,可以为组织带来持续的竞争优势。这对目前组织德行研究者具有一定的启示。组织德行和同情研究都是积极组织学术研究的重要方面,因此本研究同样贡献于积极组织学术研究。

除了上述可能的理论贡献之外,本研究还具有重要的实践启示。自从泰勒的科学管理开始,商业界就有一种将工作场所看作是理性和机械的地方的倾向。管理者关注的是股东价值的最大化,组织中的人经常被看作是"会说话的机器"。除非阻碍了组织的日常运转,否则管理者很少去关注员工的情绪和感受。这种非人性化的管理方式和商业理念在某些企业,尤其是一些劳动密集型的制造业企业依然盛行。忽略组织中的情绪和人性化代价高昂,富士康的"十三连跳"就是鲜活的例子。对工作场所同情的研究驳斥了将人性化和理性对立起来的理念(Frost,1999),呼吁组织管理者将注意力转移到员工的日常生活和普通行为上来,将工作场所变为一个充满人性的地方。对工作场所来讲,在组织中建立组织同情能力以及发展同情使能特征,这对工作场所对员工的痛苦遭遇进行反应极为重要。这要求公司将同情作为员工的角色、组织文化和价值观的基本组成部分,使公司的扫描系统对员工的痛苦遭遇敏感,促进处理员工痛苦遭遇的组织惯例发展。在公司的日常活动和角色设计中,强调组织成员之间的互动和角色依赖,在招聘过程中也注意招聘多样化的员工,这样有助于组织同情能力的发展。

重视管理中同情等人性化要素,对学者和管理学教育者的工作提出了更高的要求。徐淑英(2015)指出,如今研究和教育工作的第一要务是实现对社会的价值。Tsui(2013)在美国管理学年会上的主题演讲中强调,学者要做"具有同情心的研究,使学术能够更好地服务于社会,让社会变得更加美好"。学者们应当提高自己的研究与社会的融合性,而不应仅仅以发表论文为主要目的。管理学教师在教授经典的领导和组织理论时,也应当向学生(尤其是 MBA 和 EMBA 学生)灌输人性化、同情、组织德行等思想,而非仅仅教授经典的机械组织、控制以及股东利益最大化等理念。以上要求也是学者和管理学教师践行"对社会负责的学术"的重要体现。

3. 未来研究方向

应当指出的是,本部分研究的目的并非穷举所有与工作场所同情研究相关的文献和结论。我们在叙述个体同情的影响因素时,省略了目前研究较少的痛苦遭受者的特征对工作场所个体同情的影响。例如,高职位的人如果经历了痛苦遭遇,一般会得到其他人更多的关注和帮助(Frost,2003),然而他们也更有可能出于保护自己的考虑而选择掩饰或者隐藏痛苦遭遇(Frost,2003)。另外同情者与痛苦遭受者之间的关系特征的作用也不可忽视。这些因素包括他们之间的相似性、亲密度、社会权力关系(Dutton,et al.,2014),以及同情者与被同情者之间的信任、熟悉程度、之前相互帮助的经历等(Lilius,et al.,2012)。目前工作场所同情的研究较少去讨论痛苦遭受者、同情者与痛苦遭受者的关系对同情过程的影响,学者可以对此做进一步的探讨。

学者可以在理论以及实证研究上对现有的工作场所同情研究进行拓展。在同情的理论发展方面,研究工作场所的跨文化差异、自我同情以及社区和社会同情可能是较为有意义的方向。本研究将工作场所同情定义为组织成员对其他组织成员的痛苦遭遇的注意、评估、感受和反应的过程。最近 Neff、Kirkpatric 和 Rude(2007),Neff 和 Vonk(2009)将同情研究发展到自我同情上来。自我同情对工作场所的健康和个人的幸福同样具有重要的影响。未来学者们可以关注这一现象,比较自我同情与他人同情之间的区别,更深入地理解工作场所同情的过程及其作用。

另外,同情不仅可以发生在工作场所之中,整个社区乃至整个社会的同情都值得我们关注。2008 年中国的抗震救灾就是整个社会同情的例子。未来的研究者可以响应

Lilius等(2012)的号召，研究社区或者整个社会的同情，这是践行"对社会负责的学术研究"的重要体现。

目前学者们对工作场所同情的大部分研究都是理论发展，只有极少数的文章进行了实证检验。对工作场所同情做实证研究需要对工作场所同情进行测量。虽然学者们已经发展了一些有用的量表，例如Lilius等(2008)使用来自领导者、同事的间接经历以及员工个人的直接工作经历3个方面来反映员工所经历的工作场所个体同情，Mccleland(2010)开发了组织同情惯例的测量量表，但是这些量表开发过程的科学性及其普适性都有待检验。未来的研究可以加强这方面的实证工作。

4. 中国情境下工作场所同情研究分析与展望

虽然目前仍缺乏非西方情境尤其是中国情境下的工作场所同情研究，但由于同情在中国情境的切题性和重要性，理应得到国内研究者的重视。本研究在总结与同情相关的零星文献的基础之上，对中国情境的工作场所同情作出以下的分析和讨论。

同情的跨文化研究不仅存在着进化论观点与文化差异观点之争，这两种观点的关注点也有所区别。进化论观点更多地关注同情在不同文化中的普遍性，文化差异观点则更加关注不同的文化对同情各个子过程可能产生的不同影响。因此，两种观点应该是互相补充而非竞争的关系。本研究认为中国情境下工作场所个体同情与集体同情的过程与西方是一致的，即也会经历个体/集体注意、个体/集体评估、个体/集体感受以及个体/集体回应4个子过程。中国与西方社会文化情境不同，可能会对同情的4个子过程产生不同的影响。同情相关的跨文化研究大多选用集体/个体主义这个维度进行区分。为了更好地与现有文献进行对话，本研究也结合此维度对中西方情境工作场所同情存在的差异进行进一步的分析和探索。

Triandis(1995)认为，集体主义与个体主义，其文化的区别主要在于集体主义文化强调的是互依的自我而非独立的自我，集体的目标而非个人的目标，社会规范而非自己的利益实现，保持关系而非任务的完成。中国等东亚国家是典型的集体主义国家，而美国等西方国家则个体主义倾向更高一些。

目前学者们已经证实了国家文化对个人的认知、价值观、态度、情感、信念以及行为都有重要的影响。我们推断可能面对不同类型的痛苦遭遇，组织中的个体在东西方文化下会产生不同的同情反应。集体主义文化强调集体的目标(Ali，Taqi and Krishnan，1997)、和谐的人际关系和氛围(Chen and Pan，1993)。因此，遭受者本身更愿意把因为保全集体利益、维护社会规范以及人与人之间的和谐关系而引起的痛苦遭遇表达出来，而隐瞒因自我利益、破坏人与人之间的关系规范而导致的痛苦遭遇。对前者，中国文化背景下更可能产生积极的评估、移情的感受以及积极的回应；而对后者，则会认为罪有应得，较少对其产生移情的感受，产生同情反应的概率较小。Leung(1998)以及Wong和Hong(2005)发现在集体主义的中国和日本，人们对帮助"圈内人"的可能性要高于美国，而美国帮助"圈外人"的可能性要高于中国和日本。我们推断，东西方对"圈内人"

和"圈外人"进行同情的区别对待程度可能不同。在中国情境中,组织成员对"圈内人"的痛苦遭遇关注度更高,给予积极评估、移情感受以及积极反应的可能性更大,因此对"圈内人"表现出个体同情的可能性要高于西方文化。相反,对"圈外人"的痛苦遭遇可能会漠不关心,更易将其归因为对社会规范的违背,进而表现出比西方文化背景下更低的个体同情。

组织的结构、认知以及行为方式都会受到国家文化影响的观点得到了制度理论(Dimaggio and Powell,1983;Meyer and Rowan,1977)和种群生态理论(Hannan and Freeman,1977)的支持。采用 Lilius 等(2012)对环境如何影响集体同情的观点,我们认为,集体主义国家文化塑造了组织或团队和谐、注重人与人之间的关系以及遵守社会与组织规范的文化氛围(Nelson and Goplan,2003;Tsui,Wang and Xin,2006),同时将人与人之间的关系、强调组织和团队的和谐以及遵守社会和组织规范注入企业领导者的价值观中(Laurent,1983)。组织及团队文化以及领导者的价值观和基本假设的差异,导致了东西方在集体同情上的微妙差异。我们推断受到集体主义国家文化、和谐的组织文化的影响加之领导者的推动,总体来看中国情境下产生集体同情的可能性要高于西方文化背景。与个体同情相似,中国情境下对那些因促进和谐氛围、维护集体利益而导致的痛苦遭遇更有可能进行集体注意、感受以及回应,并更可能产生有利的评估。鉴于"圈内人"在集体主义文化背景下的重要性,本研究认为,当组织或者团队成员具有较高的整体认同时,中国文化背景下产生集体同情的可能性要高于西方。而当组织或团队形成了小圈子或者断裂带时,中国文化背景下产生集体同情的可能性则要低于西方。

最后,我们呼吁国内学者重视工作场所同情研究。未来的研究可以采用实证方法检验上述推断,还可以采用其他的维度(比如权力差距)探索中国与西方在工作场所同情的差异,通过与现有文献的不断对话(贾良定、尤树洋、刘德鹏、郑祎、李珏兴,2015),最终发展出有助于指导中国实践的工作场所同情理论。

第四篇

基于雇佣关系模式优化的中国企业人力资源管理创新研究

一、高绩效工作系统对学习战略的影响

(一) 引言

十几年来,学术界对高绩效工作系统进行了诸多研究,实证研究大都证明高绩效工作系统和组织绩效之间存在正向关系,并已在汽车行业、服装行业、服务业、钢铁行业,以及高科技企业得到了证明。高绩效工作系统指的是"公司内部高度一致的、确保人力资源服务于企业战略目标的一系列政策和活动,主要包括仔细的招聘、广泛培训、工作保障、薪酬激励、分散化决策以及自我管理等组成的高绩效人力资源实践"。近年来,越来越多的学者开始对这一理想模型进行研究,很多实证结果也支持了高绩效工作系统与企业绩效之间的正向关系。然而,在这些研究中常常存在两个争议。首先,高绩效工作系统究竟是普遍适用的还是情景适用的。根据普适的视角,存在一种最优的人力资源管理实践,而现实中之所以存在多种类型的人力资源实践,是由于人们没有认识到这种高绩效人力资源实践的好处。并且,很多企业即使认识到高绩效人力资源实践的益处,也没有将其作为一种系统的、坚定的方式执行下去。而根据情景适用的视角,高绩效工作系统需要根据特定的企业情景和外部竞争环境进行调整。其次,高绩效工作系统究竟通过何种机制影响企业绩效。如果说传统的制造业企业和现代高科技企业都通过高绩效工作系统取得了竞争优势,二者在高绩效工作系统的结构组成方面存在哪些差异? 为什么人力资源管理方式需要形成这些差异? 从某种意义上来讲,传统企业需要提高创新能力,而高科技企业也需要提高组织的运行效率。

根据企业创造以及利用知识的过程,March(1991)将组织学习分为探索式学习和利用式学习两种方式,组织需要在利用式学习和探索式学习之间取得平衡。传统上,组织可以采取分开设立两个独立部门和团队的方式来获得利用式学习和探索式学习的平衡。一个部门负责旧的产品和市场,另外一个企业负责新的产品和市场。学术界常常将这种方式称为组织的结构双元性。通过结构双元性的方法,组织可以同时实现利用式学习和探索式学习。然而,这要求组织

具有丰富的资源,同时能够允许组织以冗余的方式进行运作。这两个不同的部门在运作的过程中常常会产生竞争和资源的浪费。同时,企业也可以通过人员管理的方式实现利用式学习和探索式学习的平衡,有学者将这种方法称为情景双元性。而高绩效工作系统在促进利用式学习的同时,也强化了组织的开发式学习,从而建立组织的情景双元性。本部分试图通过实证研究进一步论证高绩效工作系统通过何种学习方式影响企业的创新绩效,同时对组织环境中存在的人际信任等调节变量进行探讨。论证基于理论研究,提出在企业建立自主创新的过程中,既需要调整组织的人力资源实践,同时也需要改变组织与员工的信任模式。

(二) 文献综述与研究假设

1. 高绩效工作系统与组织创新绩效

组织管理需要在相互矛盾的目标中进行权衡,例如效率和灵活性,差异化和低成本,全球化整合和当地响应。在组织内部存在两种典型的学习方式,即利用式学习和探索式学习。利用式学习战略指的是组织能够通过成功利用现有的公司知识,特别是通过维持现有生产活动的高效率和可靠性获得竞争优势。探索式学习战略指的是组织通过使用新的技术开发新产品、在现有和潜在的顾客市场中开发出一个新的目标市场来获得竞争优势的战略。一个组织过分采取利用式学习方式,虽然可以提高效率,但失去了对环境的适应性。相反,组织如果过分依赖探索式学习,虽然提高了对环境的适应性,但是会面临成本过高的问题。成功的组织常常需要平衡利用式学习和探索式学习。组织可以利用双重结构的方式实现两者的平衡,例如将利用式学习和探索式学习的职能分别放在两个不同部门,或者将两者放在企业流程的不同环节。然而对于中小型高科技企业而言,这种方式带来的问题是对资源的要求过高。

如果员工能够在工作中合理分配时间和精力,满足岗位要求和环境变化的要求,也可以实现组织双元性,也就是情景双元性(Contextual Ambidexterity)。然而情景双元性由于环境中员工行为的不确定性、因果关系的模糊性、员工的分散性而很难实现。Ghoshal 和 BaRlett(1994)提出可以通过纪律、目标延伸以及员工支持和信任,实现组织的利用式学习和探索式学习的平衡。其中,纪律和目标延伸与利用式学习有关;员工支持和信任与探索式学习有关。合理分工、明确员工的工作规范、反馈和奖励可以帮助员工明确与自身行为相应的任务范围,从而实现纪律目标。给予员工较高目标,推动员工提高工作效率,对高目标进行奖励可以帮助组织实现目标延伸。相反,给予员工自愿、关系和自主权可以提高员工支持度。在组织中建立公平的氛围、改进领导方式、提高员工参与可以建立信任关系。Patel 等(2013)认为高绩效工作系统中既包含了激励和目标提升的相关实践,同时也包括员工支持和信任的相关实践。他们通过实证研究表明高绩效工作系统对组织绩效具有积极的影响。综上,我们提出假设1:

H1 高绩效工作系统对组织创新绩效具有积极的影响。

2. 高绩效工作系统对利用式学习的影响

利用式学习是指对现有产品、策略和制度等其他知识的进一步发展和利用,以及对组织中群体和个体的认知和行为再塑造的过程。在利用式学习过程当中,组织会通过选择、提炼、实施、执行和生产等活动对企业现有知识库中的知识进行更深入的学习,将组织的知识转化为组织中成员个体的知识,从而影响个体认知和行为模式。因此利用式学习是一种有目标的学习方式,强调利用现有的知识,避免变化,其实质就是挖掘组织已经拥有的知识,进而充分利用,并把组织以往的制度进行贯彻落实。虽然这是一种比较简单的学习方式,只是在组织内部进行,让组织中的群体和个体对组织现有知识进行学习和掌握,但是这种学习方式可以帮助组织逐渐适应环境中一些微小的变化,对任何组织都不可或缺。经验可以给企业带来以下三个好处:一是降低生产的单位成本;二是提高企业后续的学习能力;三是降低交易成本,帮助企业进行决策、实施和控制。企业采取利用式学习战略实际上就是从经验中学习的过程,因而可以降低生产成本,提高后续学习能力,对组织市场绩效具有正向的作用。

在利用式学习战略下,企业的目标是在现有的产品领域,改进产品质量、提高生产效率、获得竞争优势。因此,企业会对员工现有的知识进行最大限度的利用。员工甄选、员工意见调查和反馈、丰富的技能培训等人力资源实践活动会使企业获得技能较高的员工,这些员工本身对公司现有的产品领域具有更多了解,因而更能提升现有的产品质量和生产效率;团队工作设计、工作轮换、信息分享、团队小组、质量圈和问题解决小组等人力资源实践活动不仅能促进部门内部员工之间的交流、知识分享,还会打破部门之间的界限,促进部门之间的交流,使得员工可以获得本岗位以外的知识。Jansen 等人认为个体投入创新活动是为了提升绩效,获得潜在的收益,因此绩效考核和奖励可以促进员工充分发挥自己现有的知识和技能来提高效率,获取期望的收益。但是,个体对奖励的反应不仅取决于奖励本身,还依赖于个体对任务的认知。创新的过程本身包含一定的不确定性,而且对现有产品领域改变越大的创新,其结果的不确定性也就越大。由于探索式学习强调采用全新的知识、技术和方法,其面临的风险相对较高,而利用式学习是建立在现有的知识基础之上,强调改进现有的技术和产品,所以需要投入的努力较少,因而更容易在短期内取得成功,获得更优厚的绩效奖励。综上,我们提出假设2:

H2　高绩效工作系统通过利用式学习提高了组织创新绩效。

3. 高绩效工作系统对探索学习的影响

探索式学习是指企业通过利用新知识、新技术、新产品以及新市场来获得竞争优势,从而适应不断变化的环境。它包括搜索、变化、试验、风险承担、灵活性、开发以及创新等活动,通过这些活动所发展的知识通常会和组织现有的知识库中所具有的知识具有非常大的差异。探索式学习是一种较高水平的学习,也是一个创造知识的过程,在这个学习过程中,组织成员会把自己所拥有的知识以及技能整合为群体的知识,最终转化为组织的知识，这样可以帮助组织改变一些固定的思维模式和行为方式，从而形成新的规则和新的知识。探索式学习通过两种途径获取新知识：第一种是吸收外部新知识，这要求组织具有强大的吸收能力；第二种是开发新知识，这种获取新知识的途径对组织的研发能力有较高的要求。在这种学习方式下，组织虽然需要承担较大的研发成本和风险，但对新技术和新市场的探索往往能带来巨大的、长期的收益。同时，企业通过探索式的学习战略往往会开发出全新的产品，这种先发的优势会吸引那些寻找创新产品的顾客，促进他们购买组织的产品，从而提高组织绩效。

对于探索式学习方式，高绩效工作系统中的利润分享、团队工作、培训以及内部晋升等政策能够降低员工的自利行为，鼓励他们加强沟通和合作，互相分享知识和经验，这能促进员工之间的思想碰撞，进而开发探索式学习的创新思维，更好地发现和把握市场中的新机会，提升组织的创新绩效。根据以上分析，提出假设3：

H3 高绩效工作系统通过探索式学习影响组织创新绩效。

4. 人际信任关系的调节作用

企业的自主创新需要实现从利用式学习向探索式学习的变革。在变革过程中，人际信任关系发挥着关键的作用。根据 Mayer(1995)的定义，信任是指在"不考虑监督与控制对方行为能力的基础上，对于对方会采取和自己利益高度相关的特定行为的预期"。目前大部分学者比较认同的是将信任划分为认知信任与情感信任。认知信任产生的前提是理性计算以及相互交换，其表现主要是能力信任、历史的信任、基于第三方的信任、基于角色以及正式规则的信任；与之形成对比的是情感信任，产生的条件是人际的互相吸引和交往，主要体现为基于人格特征的信任、基于社会分类的信任、基于价值观与规范的信任。由于信任实际上是在有风险的情况下对对方行为的积极预期，相对而言，由情感驱动的情感信任对这种客观风险的评估更为模糊。在不同的人际关系类型中，人们常常建立不同的信任关系模式。人际关系存在四种基本的形式：群体共享关系、权威等级关系、平等匹配关系和市场定价关系。群体共享关系即建立在群体身份共享基础上的人际关系。家庭是这种关系的典型代表。在这种关系中，情感信任占据主体。权威等级关系是基于等级、地位和权力而形成的关系。典型代表是军队、企业等官僚制组织。在这种关系中，通过理性计算形成的认知信任占据主体。平等匹配关系是基于平等、互惠和平均原则上建立的人际关系。典型代表是朋友、室友等非正式组织。与群体共享关系类似，情感信任占据着重要地位。最后，市场定价关系是一种基于投入和产出的效率原则的关系。典型代表是老板和雇员关系。在这种关系中，认知信任具有关键作用。

创新是一个具有高投入、高风险和高不确定性的行为和活动。个体在工作场所中所表现出创新行为不仅是因为内在兴趣，还包含潜在的成本和收益。从效率导向角度来看，人们在工作场所中进行创新活动的一个主要原因是为了提升绩效，新方法和新技术往往优于现有的方法和技术，因而人们会创造并应用新方法和技术来改进绩效，提高收益。新的过程本身包含一定的不确定性,而且对现有产品领域改变越大的创新,其结果的不确定性也就越大。相对于利用式学习,探索式学习强调采用全新的知识、技术和方法,其面临的风险更高。因此,在探索式创新过程中,员工的心理安全感、归属感和组织认同感具有关键的作用,而且组织中高度的情感信任会使员工感受到情感支持、归属和认同。然而,由于情感信任是建立在长期交往的熟人基础上,情感信任让员工难以离开组织,保持员工的相对稳定,这影响了组织吸引外部的新知识和技能,以及能力更强的员工。私人关系是由情感、喜爱和认同的需求所驱动的,而商业关系则由利益和成就的需求所驱动。商业关系中利益和情感的冲突常常是同时并存的。因此说,组织中过强的情感信任可能反过来降低组织的探索式创新能力。相反,由于每个人的偏好和行为方式存在很大的不一致,基于理性认知的信任通常需要多次重复交易才能够建立。并且,随着环境的不确定性增加,认知信任建立的难度也在不断增加,原有的信任关系可能破裂。在动态变化环境中,认知信任既能够保证组织和员工之间的目标一致性,同时也能够保证组织根据环境变化调整关系的内容和强度。过分紧密或者过于稀疏的人际关系都可能降低组织的创新能力。相对于情感信任而言,认知信任的关系强度较弱。但是相对于陌生人而言,认知信任的关系强度较强。因此,我们提出假设4:

H4　认知信任和情感信任都能够正向调节探索式学习和创新绩效之间的关系。其中,认知信任的影响更为显著。

综上所述,本部分主要的研究模型为:

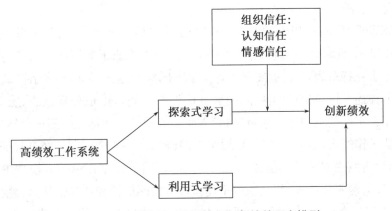

图 8.1.1　高绩效工作系统与创新绩效研究模型

(三) 研究方法

1. 样本

本研究选取了江苏南京和苏州开发区的制造业企业作为研究对象,对南京大学商学院 EMBA、MBA 和研究生进修班的学员进行问卷发放。本次问卷调查一共发放问卷 200 份,实际回收问卷 165 份,回收率为 82.5%。扣除严重回答不完整的 7 份问卷后,有效问卷为 158 份,有效率 95.7%。问卷的填写者男性、女性各占 50%;其中高层管理 16 人(10.1%),中层管理 73 人(46.2%),基层管理 18 人(11.4%),技术人员 51 人(32.3%)。被调查的企业中,国有企业 65 家(41.1%),外商独立企业 24 家(15.2%),中外合资企业 17 家(10.8%),私营企业 44 家(27.8%),集体企业 8 家(5.1%)。特别的是,高科技企业达到 63 家,占总样本的 39.9%。对问卷中的几个关键变量进行无回答误差测量之后,我们发现 t 检验的结果表明检验的变量在 0.05 的水平上不存在显著性差异。对 63 家高新技术企业与 95 家非高新技术企业的比较也未发现回答误差。

2. 变量的测量

(1) 高绩效工作系统

本研究采取 Ichniowski 等(1997)测量高绩效工作系统开发的量表,该量表包括"是否按照员工个人的工作绩效来支付薪酬,是否对一般员工(非管理人员)实行工作轮换,在招聘时是否评估申请者的团队合作能力"等 16 个问题。量表采取 0～1 哑变量,0 代表该公司没有采取该项人力资源管理政策,1 代表该公司采取了该项人力资源管理政策。与采取聚类等其他分类方法不同,我们参照 Guthrie(2008)的方式,用一个连续变量测量企业所采取的高绩效工作系统程度。当企业采取了较多的创新型人力资源政策时,也就是说这 16 个变量所相加得到的指数越高,则说明该企业越重视高绩效工作系统。

(2) 人际信任

本研究采取了 McAllister(1995)开发的认知信任和情感信任的量表,量表由 Chua,Paul 和 Morris(2008)进行中文翻译,并进一步验证了其较好的信度与效度。该量表为 5 点李克特量表,1 表示被调查者完全不同意问题的描述,5 表示被调查者完全同意问题的描述。情感信任的测量包括"你能够与他们自由地分享想法、感受和希望,他们倾向于在工作关系中投入大量感情"等 4 个问题。认知信任的测量包括"他们是认真对待团队工作的人、他们是能够完成团队工作的人"等 4 个问题。经过验证性因子分析(CFA),分析结果支持情感信任和认知信任的两因子模型比单因素模型更合适。同时,因为量表结构非常清晰,研究采取平均值代替情感信任和认知信任。信度检验的结果表明情感信任的 Cronbach's α 系数为 0.853,认知信任的 Cronbach's α 系数为 0.891。

(3) 组织创新绩效

本研究中组织创新绩效的测量选择的是相对绩效测量法。虽然相比而言,绝对绩效测量的信度更高,但是在实际中,大部分亚洲国家公司准确的绝对财务绩效很难获得。同时,很多实证研究表明,企业的绝对财务绩效与相对财务绩效有很强的相关性。因此,使用相对财务绩效来替代绝对财务绩效是可行的。组织创新绩效的测量量表包括 3 个条目:"与同行竞争对手相比,过去两年本公司新产品的销售增长情况","与同行竞争对手相比,过去两年公司研发投入(R&D)占年销售额的比例","与同行竞争对手相比,公司过去两年年开发新产品的数量"。该量表同样采取李克特 5 点量表,1 代表很低,5 代表很高。Cronbach's α 系数是 0.852。

（4）组织学习战略

对于学习战略的测量,我们使用的是 Jansen(2006)开发的 14 个项目的量表。探索式学习战略包括"经常利用新市场中的新机会,经常利用新的分销渠道,经常在新市场中寻找并获得新的客户"等 7 个条目,利用式学习战略包括"不断提高产品和服务供应的效率,注重在现有市场中增强规模经济性,注重为现有客户扩大服务范围"等 7 个条目。量表采用李克特 5 点量表,1 代表完全不同意,5 代表完全同意。验证性因子分析(CFA)的结果表明,利用式学习战略和探索式学习战略的两因子模型要优于单因子模型。利用式学习战略 Cronbach's α 系数为 0.867,探索式学习战略 Cronbach's α 系数为 0.852。

（5）控制变量

在中国的政治经济文化背景下,企业的所有制特征会对企业的绩效产生很大的影响,因此本研究引入企业所有制特征作为控制变量,将企业所有制特征划分为 5 类,分别是外商独资企业、中外合资企业、国有控股企业、私营企业以及其他类型。此外,研究发现大型企业更倾向于采用层次化与规范化的人力资源实践,小企业则与之相反,因而企业规模也被引入为控制变量。

（四）数据与结果

表 8.1.1 是本研究涉及的各个变量的描述性统计变量、Cronbach's α 系数与 Pearson 相关系数。

表 8.1.1 描述性统计变量、Cronbach's α 系数与 Pearson 相关系数

	α	企业规模	国有	外资	合资	私营	HPWS	探索式学习	利用式学习	认知信任	情感信任
国有		0.385**									
外资		0.080	−0.354**								
合资		0.083	−0.209**	−0.147							
私营		−0.349**	−0.528**	−0.267**	−0.174*						
HPWS	0.772	0.267**	0.068	0.089	0.035	−0.158*					
探索学习	0.852	0.102	0.010	0.030	0.063	0.066	0.340**				
利用式学习	0.867	0.158*	0.007	0.135	−0.067	0.003	0.442**	0.667**			
认知信任	0.853	0.170*	0.021	0.085	−0.035	−0.046	0.409**	0.386**	0.522**		
情感信任	0.891	0.039	−0.001	0.029	−0.025	0.026	0.403**	0.382**	0.541**	0.713**	
创新绩效	0.852	0.145	−0.106	0.159	0.040	0.013	0.308**	0.254**	0.410**	0.332**	0.338**

注:*** $p<0.001$, ** $p<0.01$, * $p<0.05$,下同;HPWS 表示高绩效工作系统。

为了检验自变量以及中介变量对因变量的影响,本研究以创新绩效为因变量,引入企业规模和企业所有制特征等控制变量,形成模型1。然后依次加入高绩效工作系统、探索式学习和利用式学习为自变量,假设为模型2、模型3和模型4。结果如表8.1.2所示。

表8.1.2　线性回归结果

变量	创新绩效			
	模型 1	模型 2	模型 3	模型 4
企业规模	0.119*	0.078	0.106*	0.077
国有	−0.118	−0.099	−0.325	−0.247
外资	0.410	0.361	0.179	0.143
合资	0.112	0.112	0.119	0.045
私营	0.144	0.177	0.096	−0.045
HPWS		1.134**		
探索式学习			0.239**	
利用式学习				0.428***
F	2.180	3.960**	3.430**	6.416***
R^2	0.259	0.369	0.346	0.451

模型2显示,引入HPWS后,方程的解释力增强,同时HPWS与企业创新绩效有显著正相关关系($\beta=1.134, p<0.01$);模型3显示,加入探索式学习之后,方程的解释力增强,且探索式学习与企业创新绩效之间有显著正相关关系($\beta=0.239, p<0.01$);模型4表明,加入利用式学习之后,方程的解释力得到显著增强,且利用式学习与创新绩效之间显著正相关($\beta=0.428, p<0.001$);由此,我们认为假设1得到验证。Baron等(1986)的研究表明,中介变量的检验要满足4个条件:自变量对中介变量有影响;自变量对因变量有影响;中介变量对因变量有影响;当中介变量得到控制时,自变量对因变量的影响变弱或者完全消失。其中,第2个和第3个条件已经由表8.1.2中的数据验证。因此,为了检验假设2和假设3,即第一个条件,本研究分别以探索式学习和利用式学习为因变量,采用层级回归,依次引入各控制变量以及HPWS作为自变量,得到模型5、模型6、模型7和模型8。其结果如表8.1.3所示。

表8.1.3　线性回归结果

变量	探索式学习		利用式学习	
	模型 5	模型 6	模型 7	模型 8
企业规模	0.056	0.004	0.098*	0.041
国有	0.865**	0.890**	0.302	0.329
外资	0.967**	0.905**	0.624*	0.556*
合资	0.965**	0.964**	0.158	0.157

（续表）

变量	探索式学习		利用式学习	
	模型 5	模型 6	模型 7	模型 8
私营	1.004***	1.046***	0.441	0.487*
HPWS		1.433***		1.573***
F	2.876*	6.096***	2.265	7.767***
R^2	0.294	0.442	0.263	0.486

模型 6 显示，引入 HPWS 后，方程的解释力增强，同时 HPWS 与探索式学习有显著正相关关系（$\beta=1.433, p<0.001$）；模型 8 显示，加入 HPWS 之后，方程的解释力增强，且高绩效工作系统与利用式学习之间有显著正相关关系（$\beta=1.573, p<0.001$）。由此，我们认为假设 2 和假设 3 得到了部分验证，假设 1 得到验证。

表 8.1.4 继续以创新绩效作为因变量，为了讨论检验中介变量的第 4 个条件，加入探索式学习和利用式学习作为控制变量，来检验 HPWS 对企业创新绩效的影响，得到模型 9 和模型 10。模型 10 与模型 2 对比表明，加入 HPWS 后，HPWS 与企业创新绩效之间的正相关关系不显著，也就是说，在控制了中介变量后，自变量对因变量的影响消失。因此，中介变量的中介效应得以验证，即假设 2 和假设 3 成立。

表 8.1.4　线性回归结果

变量	创新绩效			
	模型 9	模型 10	模型 11	模型 12
企业规模	0.077	0.062	0.087	0.092
国有	−0.229	−0.189	−0.259	−0.265
外资	0.158	0.181	0.172	0.196
合资	0.069	0.093	−0.069	0.025
私营	−0.025	0.031	−0.075	−0.043
探索式学习	−0.029	−0.045		
利用式学习	0.450***	0.396***		
HPWS		0.575		
探索式学习×认知信任			0.054***	
利用式学习×情感信任				0.023*
F	5.478***	5.193***	5.128***	2.267*
R^2	0.451	0.467	0.411	0.287

为检验假设 4，本研究以企业创新绩效作为因变量，依次引入控制变量探索式学习与认知信任的交互项、利用式学习和情感信任的交互项做线性回归分析，假设模型分别为模型 11 和模型 12。模型 11 表明，加入探索式学习和认知信任的交互项之后，方程的解释力度显著增强，而且探索式学习和认知信任的交互项与企业创新绩效具有显著

的正相关关系($\beta=0.054$,$p<0.001$);模型12同样表明,引入利用式学习和情感信任的交互项之后,方程的解释力度也显著增强,利用式学习和情感信任的交互项与企业创新绩效具有显著正相关关系($\beta=0.063$,$p<0.001$)。然而,情感信任的调节作用显著性小于认知信任的作用。由此,假设4得到了验证。

(五) 结论与讨论

以往的大量研究发现,高绩效工作系统能够提升企业的创新绩效,但对具体作用路径的研究并不完善。本研究试图从学习战略及组织内人际信任的角度来阐述这个问题。组织有两种不同的学习战略,分别是探索式学习和利用式学习。前者是对新知识的追求,后者则是对已有知识的利用。研究结果表明,高绩效工作系统既可以促进组织的利用式学习,同时也可以促进组织的开放式学习,通过两种不同的学习战略来影响企业的创新绩效。高绩效工作系统中包括了重视短期、提高效率和降低成本的人力资源实践,例如目标制定、绩效考核和奖励制度等,这些人力资源实践可以有效促进组织的利用式学习。另外,高绩效工作系统中也包括鼓励学习、强调探索、自主决策的人力资源实践,例如广泛培训、自主管理团队和员工授权等。这些人力资源实践可以有效促进组织的开发式学习。某种意义上来说,所有的公司都存在利用式和开发式的创新,只不过程度不同而已。组织在从利用式学习向开发式学习变革的过程中,需要改变其信任关系氛围。较高的认知信任条件下,员工之间更倾向于采取合作行为,从而产生更高的创新绩效;而较高的情感信任意味着员工之间更深层次的交往,保持并提高员工对组织的忠诚度,有利于组织探索式学习。

虽然情感信任和认知信任都能够促进组织的创新行为。然而相对于认知信任,情感信任的显著性较低。虽然情感信任有利于员工建立强烈的组织认同和归属感,然而情感信任也可能导致员工之间形成过紧的人际关系氛围。过松和过紧的人际关系都可能降低组织的创新行为。对于从事高度创新业务的公司而言,一定的人员流动性是必需的。外部员工相对于公司现有员工而言,掌握了更新的知识和技能,内部缺乏的有用的新信息。一定的员工流动性能够让组织保持新鲜血液。相反,对于利用式学习的公司而言,主要竞争优势来自不断改进工作流程,提高工作效率。稳定的雇佣能够让员工产生安全感,从而乐意提高工作效率。同时稳定雇佣也可以保证员工与员工之间,部门与部门之间相互交流信息。新老员工的相互合作,可以让公司的原有工作经验得到传承。对于高度创新的公司而言,必须要努力平衡好短期和长期、效率和创新之间的关系。从人际信任的角度来看,管理者要重视认知信任和情感信任,在组织中开展员工社会化、团队薪酬和信息分享等有助于建立人际信任的工作。本研究同样存在很多不足之处。比如样本量不够大,而且问卷没有实现领导—下属的配对,可能出现同源方差的问题。在对情感信任和认知信任的探讨中,只研究了团队中员工之间的人际信任,而没有考虑到下属与上级之间的信任同样可能对组织绩效产生影响。这些都有待于进一步的理论和实证研究。

二、无边界思维方式如何增强外籍工作绩效

(一) 引言

之前关于国际派遣的研究主要集中在个人层面的成功,如职业发展、外部可雇佣性(Benson and Pattie,2008;Starr and Currie,2009;Tung,1988)或者关注组织层面的结果,如绩效(组织关键目标的实现和组织任务的完成)、专业知识的传递、关系和网络的构建以及员工的保留(Bonache and Noethen,2014;Chang,Gong,and Peng,2012;Kraimer and Wayne,2004)。本研究关注的是组织层面上的外派成功。

传统的外派成功研究侧重于压力视角,即将外派成功视为外派员工为应对跨文化任务带来的生活变化的压力和工作环境中的不确定性而进行心理调整的过程(Bhaskar-Shrinivas,et al.,2005;Black,et al.,1991;Takeuchi,et al.,2005)。因此,不同的压力源和社会支持是外派成功的重要预测因素(Kraimer and Wayne,2004)。从动机视角考察的外派成功认为,主动追求国际外派目标和机会的个体能有效地应对周围环境、管理压力和适应跨文化环境,以达成外派成功(Chen,et al.,2010;Ren,et al.,2014)。虽然这条研究路径已识别出积极从事海外工作的动机,包括个人挑战、国际探索带来的发展、国际工作经验、享受和发展全球职业能力的机会等(Shaffer,et al.,2012)。但是很少有实证研究探究个体动机对外派员工成功的作用机制和边界条件(Chen,et al.,2010;Wang and Takeuchi,2007)。

为了解决这一问题,本部分从激励的角度及其效率机制进行研究,以期为中国外派员工的成功提供新的视角。Cerdin 和 Le Pargneux(2009)针对以往的外派成功研究未能考虑到个人在职业态度方面的差异,从理论上将个人职业特征与外派成功联系起来。基于这样的假设:具有较高无边界职业态度的个人更多地被国际旅行以及与文化有差异的人一起工作所吸引,并且更加适应他们的非工作生活中断,Shaffer 等(2012)提出未来的研究应考察个人对国际派遣的主动选择的无边界职业态度。我们通过特别关注"无边界心智"的概念来回应并拓展这一呼吁,这个概念是指一个人在跨越各种边界工作的一般性态度(Briscoe,et al.,2006)。我们的目标是研究无边界心智如何促进任务绩效和情境绩效,这也是在组织层面评价外派员工成功的一个具体标准(Cerdin and Le Pargneux,2009;Kraimer and Wayne,2004)。外派工作的挑战包括个体的不确定性(如压力、身份转变)和工作需求(如结构性和感知到的障碍)(Shaffer,et al.,2012)。工作要求-资源(JD-R)模型,强调工作资源在降低工作需求中的作用(Bakker and Demerouti,2007;Demerouti,et al.,2001),我们关注一系列主动获取资源策略,主要包括个人在工作场所为获取信息、建立关系和获得情感而采取的行为(Ren,et al.,2014)。通过区分内在动机和外在动机,自我决定理论(SDT)(Deci and Ryan,1985)为理解个体自主(自我启动)行为的原因提供了理论基础。根据这一理论和无边界心智的概念,尤其在主动性行为和工作绩效研究中,无边界心智会自主地驱动外派员工主动获

取资源,从而提高外派员工的工作绩效。

然而,以往文献并不清楚在复杂的跨文化背景下,积极主动的策略是否总是有利于外派员工的工作表现。这一点很重要,因为积极主动的策略是在具有特殊文化规范和标准的海外实施的。我们关注外派员工的行为文化智力,将其定义为一个人在与来自不同文化背景的人交往时,表现出适当的语言和非语言行为的灵活性(Earley and Ang,2003)。我们将外派员工的行为文化智力看作是影响主动获取资源策略效果的边界条件,以此研究行为文化智力在主动获取资源策略与外派工作绩效之间的调节作用。假设关系将在后续部分提出,研究模型如图 8.2.1 所示。

图 8.2.1 无边界心智与工作绩效理论模型

外派的成功取决于情境因素,中国为我们理解这一观点提供了重要的案例。据中国商务部统计,2014 年,中国在 156 个国家和地区的外商直接投资(FDI)达到 1 028.9 亿美元。截至 2013 年底,中国在海外设立外商直接投资企业 25.4 万家,并且这一数字在 2019 年以后逐年增加。中国跨国公司在外派员工的选拔、培训和管理方面面临着巨大的挑战(赵,2016),但我们对中国外派员工成功的经验却知之甚少。从激励的角度探讨外派员工的成功符合中国国情和现实状况。中国以家庭为基础的工作伦理认为,工作是为了家庭的福祉(Redding and Wong,1986);如果家庭成员一方在外派中获得可观的财务收益和职业发展(Shen and Jiang,2015),则家庭成员身在不同的地方是可以接受的。尽管家庭问题是外派失败的首要原因(Dupuis and Haines,2008;Fischlmayr and Kollinger,2010;Tung,1987),但与非中国外派员工相比,中国外派员工面临的工作与生活平衡的压力较小。中国快速的全球化要求个人参与国际事务,其海外经验和跨文化能力对职业发展非常重要。研究表明,无论为了内在动机(如享受和满足)还是外在动机(如金钱、职位和职业发展),中国员工将国际派遣视为非常难得的机会(Shen and Edwards,2004)。并且,无边界心智与中国当前的就业环境非常契合。在中国经济转型和改革的大环境下,中国员工在工作中面临着就业形势的变化和不稳定。利用机会提高自己的就业能力和促进自身的职业发展被中国员工普遍接受和认同。随着就业关系和职业的演变,在中国探讨无边界心智是适时的。

综上所述,我们的研究对外派成功文献做出了 4 个主要贡献:① 通过将无边界心智与外派工作绩效联系起来,将外派员工成功的前因变量扩展到无边界心智;② 通过考察主动获取资源策略的中介作用,将无边界心智与外派员工的工作绩效联系起来,并为之提供了理论基础;③ 通过检验行为文化智力的调节作用,我们发现了外派员工主动获取资源策略独特的边界条件;④ 运用中国外派员工样本对理论模型进行检验,非西方背景下的研究结果拓展了当下对全球外派员工成功的理解。

(二) 研究假设

1. SDT 和工作动机

自我决定理论(SDT)是一个具有影响力的个人动机理论,可以用来理解许多个体行为(Deci and Ryan,1985)。该理论提出了一种自我决定的连续统一体,从无动机(完全缺乏自我决定)到内在动机(恒定地自我决定)。在无动机和内在动机的连续统一体中,有 4 种类型的外在动机,从最小的自我决定到更多的自我决定。它们包括外部调节(最小的自决权)和三种内部化——内化、认同和整合(Deci and Ryan,2000;Gagne and Deci,2005)。内化是指个体接受外部动机,但没有接受它们为自己的动机。当个体认可自己选择目标行为的潜在价值时,就会发生认同。整合则将行为的重要性与自我的其他方面结合起来。内在动机和每一种外在动机都反映在不同的行为原因中,这些原因为评估动机类型提供了手段(Ryan and Connell,1989)。例如,内在动机行为是典型的自主行为,由个体对活动本身的兴趣推动;一个自主外在动机的行为要求个人根据自己选择的目标来识别这种行为的价值(Gagne and Deci,2005)。

2. 无边界心智和国际派遣

Defillipp 和 Arthur(1994)将无边界的职业定义为"一系列超越单一就业环境边界的工作机会"。它侧重于在多个层次的分析中跨越职业的客观和主观方面,包括组织职位、流动性、灵活性、工作环境和机会结构,同时强调不依赖组织晋升和职业道路(Arthur,1994)。无边界职业的概念在稳定就业关系逐渐瓦解的背景下发展起来,尤其是中国。无边界职业与传统组织职业的主要区别在于,前者是通过绩效和灵活性获得就业能力,而后者注重通过组织忠诚获得工作保障(Smith and Sheridan,2006)。无边界心智是一个可操纵的变量,反映了 Briscoe 等(2006)开发的无边界职业的心理维度。具有无边界心智的个体愿意从一个固定的地点跨越组织边界,追求与工作相关的关系,并且受到新经验和新情境的激励(Briscoe, et al. ,2006)。此外,具有无边界心智的个体更渴望获得知识和技能,发展人脉网络,并保持持续的可雇佣性(Lazarova and Taylor,2009)。

国际派遣可以实现对无边界心智的追求(Caligiuri and Lazarova,2001;Caligiuri and Santo,2001)。一方面,从事外派工作是一种跨界的自然流动。这种工作环境的转变虽然没有跨越公司的边界,但却跨越了国家、文化和部门的边界,带来了多元化、创新的和全新的人际关系(Dowling, et al. ,2013)。另一方面,在外派期间,外派员工可以获得先进的知识和技能、管理经验和跨文化沟通技巧。外派的经历是一种有竞争力的资产,可以提高雇佣市场上的雇佣竞争力,并可以自由地选择雇主(Caligiuri and Lazarova,2001),增强外派员工的心理流动性。

实证研究表明,无边界的职业态度符合国际派遣工作的要求。基于对德国跨国公司的外派员工调研,Stahl、Miller 和 Tung(2002)发现,接受国际派遣最重要动机是个人挑战,对工作本身和职业发展很重要,绝大多数受访者认为,即使不留在原公司,外派是技能发展和未来的职业发展的机会。Tung(1998)调查了外派到 51 个国家 409 名员工,受访者认为外派可以获得国内无法获得的技能和经验,并且成功完成外派将会对他们在当前组织或其他地方的职业发展产生积极影响。根据 Cerdin 和 LePargneux (2009)的研究,积极的出国动机和自由选择(志愿者)接受外派符合外派工作的特性,将导致外派成功,也为我们的研究奠定了理论基础。

3. 无边界心智与主动获取资源策略之间的关系

国际外派是相当具有挑战性的,需要外派员工投入大量的努力以有效地适应并行动(Chen, et al. ,2010)。跨文化环境的复杂性和不确定性不仅给外派员工带来了压力,也增加了员工的工作要求(Dowling, et al. ,2013)。根据 JD－R(工作要求-资源)模型,员工的幸福感和绩效是由两组特定的工作条件、工作需求和工作资源产生的。工作资源可以降低工作需求以及相关的生理和心理成本,并有助于实现工作目标,促进个人成长、学习和发展(Bakker and Demerouti,2007;Demerouti, et al. ,2001)。因此,应对工作需求不仅需要资源,而且资源本身也很重要(Hobfoll,2002)。Hobfoll(2002)指出,人们寻求获得、保留和保护他们所珍视的东西(如物质、社会、个人或精力资源)。个体处于压力、变化和不确定的环境(如跨文化环境)中更有可能主动寻求支持性资源(Aragon-Correa,1998;Briscoe, et al. ,2012;Ren, et al. ,2014)。

主动获取资源策略是指通过寻求信息、建立关系和积极建构(Positive Framing)来创造确定性和改善现状的行为(Ashford and Black,1996;Ren, et al. ,2014)。信息搜寻是指员工对工作、组织或现实情况的搜寻和获取;建立关系是建立友谊网络和配置社会支持;而积极建构是使用认知的自我控制或自我管理去感知结果的正面收益,而不去看选择的损失(Ashford and Black,1996)。Ashford and Black(1996)发现,新员工可以通过主动策略获得与任务相关、与人际关系相关和与影响相关的资源,从而获得更高的工作绩效。Ren 等(2014)借鉴了国外成功的主动策略案例,采用外派中的积极获取资源策略作为自变量——信息寻求、关系建立和积极建构,发现其在外派中的作用有些模糊,因为获取信息的基础是建立关系,积极建构推动个人从事信息搜寻和建立关系(Ashford and Black,1996)。在国外学者对相关构型研究的基础上,如感知组织支持和跨文化适应(Kraimer and Wayne,2004;Ren, et al. ,2014;Wu and Ang,2011),我们将寻求信息、建立关系和积极建构整合在一起作为主动获取资源的策略。

我们认为无边界心智激发了外派员工主动获取资源的策略。这是由于,无边界心智个体更喜欢追求跨组织边界与工作的关系(Briscoe, et al. ,2006),这表明他们有建立关系的内在动机。具有无边界心智的个体愿意提高自己的能力,并提供绩效证据来提高雇佣能力(Smith and Sheridan,2006;Sullivan and Arthur,2006),增加工作中的信息资源,以及完成组织和社交网络效益任务和知识积累(Farh,et al.,2010)。这意味着,具有无边界心智的个体可能会为识别、整合自己的目标寻找有价值的信息,形成寻找信息的外在动机。此外,具有无边界心智的个体喜欢挑战性的环境,使其能够体验新事物(Briscoe,et al.,2006)。这个偏好可能通过积极的建构去认识他们的工作内容,从而内在地驱动他们塑造工作环境(Wrzesniewski and Dutton,2001)。根据SDT,自主行为的动机是一个人对该行为的兴趣(内在动机)或是因为该行为的价值和行为的调节已纳入自我中(整合外在动机);个体认为这是自我的主动行动,而不是盲从(Deci and Ryan,1985;Gagne and Deci,2005)。

实证研究支持我们的观点。Briscoe 等(2012)发现无边界的心智能使员工更好地应对变化,并解释说无边界的心智在激励中发挥了内在作用,导致个人在组织工作时采取主动性行为,并寻求适应性优势。其他的研究提供了间接的证据,比如无边界的职业态度与主动性人格有关,这是各种主动性行为的前提(Briscoe,et al.,2006;Uy,et al.,2015)。一些主动行为类似于主动获取资源的策略,如建立社交网络(Lambert,et al.,2005)和获得组织政治知识(Seibert,et al.,2001)。我们提出假设 1:

H1　外派员工的无边界心智与主动获取资源策略呈正相关。

4. 无边界心智、主动获取资源策略与外派工作绩效的关系

由于外派工作目标的多样性,外派工作需要在任务绩效之外的维度上取得正的绩效。Caligiuri(1997)对外派成功进行了分类,强调了同时检验任务绩效和管理绩效以及外派的具体情境绩效的必要性。Kraimer 和 Wayne(2004)将外派员工的任务绩效定义为外派员工在满足工作目标和工作技术方面的表现;情境绩效是超出了特定的工作职责,但在外派工作中对绩效至关重要,包括与东道国的同事互动,与主要的东道国商业联系人建立关系,并适应外国的商业习惯和规范。本研究中使用了以上定义。

我们认为,积极主动的资源获取策略促进了外派员工的任务绩效。主动寻求信息和建立关系的策略可以提供与组织、任务和工作角色相关的外派技巧、专业知识以及工作技能(Morrison,1993)。此外,还为外派员工提供了重要的支持资源,使他们能够理解和适应不确定的工作环境(Farh,et al.,2010)。有了积极的解读,外派员工可以获得积极的影响,以迎接工作挑战,并将其视为机遇(Farh,et al.,2010),然后他们可能会感到积极主动,并有动力更好地完成任务和目标。因此,我们认为积极主动的资源获取策略能够促进外派员工更有效地执行他们的任务,从而实现高任务绩效。

积极获取资源策略也将有助于提高外派员工的情境绩效。寻求信息使外派员工能够了解其需要融入的跨文化环境的主流规范和价值观(Ashford and Black,1996)。凭借对东道国和工作环境中普遍存在的规范和价值观的认识,外派员工能够与同事或商业伙伴建立关系,并更有效地与他们互动。当外派员工与同事发展关系并使之成为其

正式社交活动的一部分时，他们可以改变工作角色的关系边界，建立自己的关系网络（Wrzesniewski and Dutton，2001）。通过积极构建获得积极的情感资源，外派员工可能更愿意也更有能力完成与情境绩效相关的额外工作，如帮助行为和团队合作。

大量的研究支持了我们的观点。工作资源已被证明能够带来敬业和积极的结果，包括奉献和角色外绩效（Bakker，et al.，2004；Schaufeli and Bakker，2004）。建立关系和积极构建是工作绩效的重要前因变量，促进了外派工作的嵌入性和跨文化适应（Ren，et al.，2014），（Chen，et al.，2010；Feldman and Ng，2007；Kraimer and Wayne，2004；Wang and Takeuchi，2007；吴昂，2011）。因此，我们提出假设2：

H2 积极主动的资源获取策略与(**a**)任务绩效和(**b**)情境绩效有关。

在 SDT 和工作动机研究中，Gagne 和 Deci（2005）提出，在复杂任务（有趣的）和不那么复杂的任务（需要纪律约束的）的情况下，混合了内在动机和整合了外在动机的自主动机更有效。这意味着，高无边界心智的个体具有自主动机参与国际派遣，并主动获取资源，可能会在任务和情境方面获得较高的工作绩效。结合假设1和假设2所提出的关系，我们认为无边界心智驱动外派员工主动地获取资源，从而提高外派员工的任务绩效和情境绩效。

相关研究强调了主动性行为在动机和工作绩效之间的重要性，为探索主动获取资源策略的中介作用奠定了基础。例如，Kanfer 和 Ackerman（1989）发现积极目标奋斗是个体有目的地寻求实现积极目标的行为和心理机制。Chen 等（2010）、Wang 和 Takeuchi（2007）发现积极的跨文化动机和目标导向通过外派的跨文化工作调整提高了工作绩效。这种关系的机制是外派员工不断努力调整去适应国际派遣。Briscoe 等（2012）发现积极应对变化是无边界心智和工作绩效之间的中介。我们假设，主动获取资源策略可以调节无边界心智对外派任务绩效和情境绩效的影响。即无边界心智提高了外派员工的任务绩效和情境绩效，至少部分原因是无边界心智提高了外派员工主动获取资源的能力。因此，我们提出假设3：

H3 主动获取资源策略调节(**a**) 无边界心智与任务绩效之间的关系，(**b**) 无边界心智与情境绩效之间的关系。

5. 行为文化智力的调节作用

文化智力是指个体在具有文化多样性的情况下有效适应的能力（Earley and Ang，2003）。文化智力解释了个体在适应新的文化环境方面的差异。Ang 等（2007）将文化智力视为一个多维结构，包括元认知、认知、动机和行为成分。我们关注行为文化智力的作用。在外派文献中，文化智力与外派适应和工作绩效呈正相关关系（Ang，et al.，2007；Kim，Kirkman，and Chen，2008；Templer，et al.，2006）。Wu 和 Ang（2011）发现文化智力的某些维度与外派支持行为共同影响外派适应，但对行为文化智力的调节作用不显著。我们认为，行为文化智力是外派员工在跨文化环境中表现出主动获取资源策略的一个重要条件。Saks 等（2011）指出，努力能否获得主动的结果，既取决于行为本身,也取决于他人的反应。行为文化智力可能是影响在外派员工主动获取资源策略过程中与之互动的人的反应因素。

行为文化智力可以增强主动获取资源策略对外派任务绩效的影响。任务绩效依赖于技术和专业知识资源。只有当外派员工采取适当的方式与技术人员和专业人员进行互动时,他们才能共享与任务相关的信息。高行为文化智力的外派员工拥有广泛的语言和身体语言表达能力,能够捕捉到来自他人的微妙文化信号,并适应与其他文化的人交谈(Ang and VanDyne,2008;吴昂,2010)。因此,他们在工作中能更有效地与上司、同事和下属互动,从而获得执行任务所需的信息资源。

行为文化智力还可能增强主动获取资源策略,从而对外派员工情境绩效产生影响。情境绩效建立在与东道国国民的关系及与当地雇员的工作关系之上(Caligiuri,1997)。在与同事和其他相关伙伴建立关系的过程中,高行为文化智力的外派员工可以按照组织和国家的文化规范行事。因此,外派员工更有可能受到欢迎,而不是被当地人冒犯。同时,高行为文化智力可以减少跨文化误解和焦虑,与当地员工和合作伙伴顺利沟通(Wu and Ang,2011)。有了行为文化智能,外派员工更有能力与东道国国民发展新的人际关系,并与当地团体成员密切互动(Kraimer, et al. ,2001),从而更有效地履行他们的非工作职责(Bhaskar-Shrinivas, et al. ,2005;Kraimer and Wayne,2004)。

从以上分析可知,当外派员工运用积极主动的资源获取策略时,行为文化智力会提高积极的绩效。相反,当行为文化智力较低的外派员工采用积极主动的资源获取策略时,他们可能因为不恰当的行为无法取得良好的结果,还可能造成跨文化误解和冲突,进一步降低外派员工的任务绩效和情境绩效。因此,我们提出假设4:

H4 行为文化智力调节(**a**)主动获取资源策略与任务绩效之间的关系,(**b**)主动获取资源策略与情境绩效之间的关系。当外派员工具有高行为文化智力时,主动获取资源策略与任务和情境绩效的关系更为积极。

(三) 研究方法

1. 样本和数据收集程序

从2014年3月开始,我们利用校友会的网络,基于方便抽样原则,联系了10家大型中国跨国公司进行调查。样本由煤矿集团、铝业公司、石油化工公司、石油工程建设公司、国有银行、纺织服装公司、港口集团公司、外贸集团公司、传媒集团公司和家电集团公司组成(以上均为国有企业)。在中国,这些组织提供较高的工作保障、有吸引力的薪水和良好的待遇。换句话说,这些公司的人才流动(人员流动)相对较低,因为员工珍惜自己的就业机会。研究这种"安全"企业中的无边界心智尤其具有指导意义。

我们的调查对象包括工程技术人员和这些公司总部派往海外的白领员工。每个公司的人力资源部门都向我们提供了外派员工的电子邮件地址,并发送了一封邮件鼓励他们参与学术研究。我们的问卷,包括保密承诺和自愿参与的封面信,一起分发给了外派员工。

我们对调查问卷进行了编号，使每个员工的回答与他/她的主管的回答相匹配。我们进行了三段数据收集，间隔两个月，以减少潜在的共同方法偏差。在第一阶段（时间1）中，620名外派员工接受了人口特征、无边界心智和行为文化智力方面的调查；共有531名外派员工参与了调查。在第二次调查中（时间2），531名受访的外派员工填写了主动获取资源策略的题项；共有489名外派员工参与了调查。在最后一次收集中（时间3），要求这489名外派员工将工作绩效的调查表给他们的主管填写。我们提供了电子邮件地址，并要求监督人将他们的调查结果直接反馈给研究人员。最终总共有389份调查问卷收回。在对主管人员和外派员工进行问卷调查后，利用389对外派—主管数据对假设进行检验，有效回复率为62.7%。

受访者的东道国涵盖了非洲、美洲、中东、欧洲、亚洲和大洋洲33个国家。在调查问卷中，年龄40岁以下的外派员工占77.1%；71.4%是男性；本科及以上学历82.6%；71.7%的人结婚；20.1%有配偶陪同前往；平均任期为28个月；37.5%有国际经验；64%的人精通当地语言。

2. 数据测量

所有研究项目均采用李克特6点量表（1=非常不同意，6=非常同意）。调查问卷由英文翻译成中文，并提交独立的英文版本，以确保意思的准确性。双语专家进行了几轮修订，直到没有发现更多的翻译错误。

（1）无边界的心智

使用Briscoe等（2006）开发的8题项量表来测量无边界心智。示例题项如"我喜欢需要在自己部门之外工作的工作任务"。

（2）主动获取资源策略

采用Ashford and Black(1996)提出的10题项测量主动获取资源策略，这些题项涉及信息寻求、建立关系和积极构建维度。为了保持理论模型的简约性，从整体上检查主动获取资源策略的作用，我们将这些维度得分标准化，并将其平均起来，从而为我们的回归分析创建一个总分。为了检验将主动获取资源策略维度表示为一个单维整体构念是否合适，我们进行了二阶验证性因子分析，其中信息寻求、建立关系和积极构建负荷在主动获取资源策略的更高阶结构上。这个二阶，三因素模型具有良好的拟合度（$GFI=0.952$；$AGFI=0.918$；$CFI=0.979$；$RMSEA=0.071$；$SRMR=0.042$）。在高阶结构上，三个维度的Gammas均有统计学意义（$p<0.01$）；在寻求信息、建立关系和积极建构方面，标准化的Gammas分别为0.64、0.41和0.71。我们为主动获取资源策略创建了一个单维的量表。示例题项为："我试着以个人为基础，尽可能多地了解当地公司其他部门的人"。

（3）外派工作绩效

使用Kraimer和Wayne(2004)设计的四题项量表分别测量任务绩效和情境绩效。

示例题项分别是"符合绩效标准和期望"和"与东道国同事互动"。

（4）行为文化智力

行为文化智力采用 Ang 等（2007）开发的五题项量表进行测量。示例题项是"当需要跨文化交流时，我会改变我的面部表情"。

（5）控制变量

我们使用了一些控制变量来剔除与模型结果相关因素的影响：年龄、性别、婚姻状况、教育水平、任务任期（月）、配偶陪同、先前的国际经验和语言流利度。

3. 描述性统计与初步分析

表 8.2.1 给出了本研究中所有变量的均值、标准差、Cronbach's α 值和相关关系矩阵。研究变量之间的假设关系在相关性中表现得很好。具体而言，无边界的心智与主动获取资源策略呈正相关（$r=0.15$，$p<0.01$），而主动获取资源策略又与任务绩效（$r=0.24$，$p<0.01$）和情境绩效（$r=0.38$，$p<0.01$）呈正相关。

使用验证性因素分析（CFA），验证测量模型每个测量项目是否会显著地加载到与它们相关的量表上。整体 CFA 的结果和五因子模型的拟合优度统计数据表明，数据非常吻合（在 392 自由度上 χ^2 为 1 203.34；$CFI=0.91$；$TLI=0.90$；$RMSEA=0.07$）。我们还研究比较了两个备选模型：一个单因素模型和一个四因子模型，其中将任务绩效和情境绩效的项加载到一个因素上。单因素模型的结果产生以下拟合优度统计量（405自由度的 χ^2 为 6 084.22；$CFI=0.34$；$TLI=0.29$；$RMSEA=0.19$）。对于四因子模型，实现了以下统计数据（在 396 自由度上的 χ^2 为 2 570.70；$CFI=0.75$；$TLI=0.72$；$RMSEA=0.12$）。两个嵌套模型（单因子和四因子模型）和基准模型（五因子模型）之间存在显著差异，进一步支持了五因子模型拟合度更优。总的来说，这些发现表明假设的五因子模型更好地拟合了数据。

（四）研究结果

我们使用普通最小二乘回归分析测试了假设。表 8.2.2 显示了无边界心智模式的回归分析结果，以及主动获取资源策略对任务绩效和情境绩效的回归分析结果。表8.2.2中的模型 1 和模型 5 是基本模型，包括控制变量。模型 2 和模型 6 呈现了无边界心智对因变量的直接影响。我们发现，无边界心智与任务绩效（$\beta=0.16$，$p<0.01$）和情境绩效（$\beta=0.21$，$p<0.01$）显著相关。

表 8.2.2 为检验假设 1 至 4b 的结果。在排除控制变量的影响之后，无边界心智与主动获取资源策略（M10，$\beta=0.44$，$p<0.01$）显著相关，从而支持假设 1。主动获取资源策略与任务绩效（M3，$\beta=0.32$，$p<0.01$）以及情境绩效（M7，$\beta=0.35$，$p<0.01$）显著相关，从而为假设 2a 和 2b 提供支持。假设 3 预测了无边界心智与工作绩效之间关系中主动获取资源策略的中介效应。按照 Baron 和 Kenny（1986）提出的程序，当主动获取资源策略被输入回归方程时，程序将进一步检验无边界心智的影响变化。如表8.2.2

表 8.2.1　均值、标准差、相关性和信度

变量	Mean	S.D.	1	2	3	4	5	6	7	8	9	10	11	12	13
1. 年龄	—	—	—												
2. 性别	—	—	0.07	—											
3. 婚姻状况	—	—	0.14**	0.42**	—										
4. 教育水平	—	—	-0.16**	0.06	-0.13*	—									
5. 任期	—	—	0.10	0.35**	0.19**	-0.07	—								
6. 配偶陪同	—	—	-0.02	0.21**	0.29**	-0.05	0.06	—							
7. 先前的国际经验	—	—	-0.10	0.30**	0.08	0.24**	-0.02	0.04	—						
8. 语言的流利度	4.27	0.96	-0.07	-0.11	-0.08	0.03	-0.03	0.14*	0.14*	—					
9. 无边界心智	4.10	0.83	-0.05	-0.03	-0.11*	0.09	-0.04	-0.01	0.04	0.18**	(0.87)				
10. 主动策略	4.36	0.88	0.05	0.06	-0.05	0.04	0.02	0.11*	0.15**	0.41**	0.15**	(0.89)			
11. 任务绩效	4.07	0.83	0.08	0.12*	-0.02	0.00	0.05	0.02	0.00	0.22**	0.20**	0.24**	(0.88)		
12. 情境绩效	4.44	0.86	0.05	0.17**	0.00	0.02	-0.07	0.14**	0.08	0.26**	0.18**	0.38**	0.23**	(0.88)	
13. 行为文化智力	4.48	0.86	0.09	0.18**	-0.13*	0.09	0.08	0.02	0.08	0.26**	0.28**	0.40**	0.50**	0.45**	(0.88)

注:主动策略即主动获取资源策略; * p<0.05, ** p<0.01,下同。

表8.2.2　无边界心智与工作绩效的回归分析结果

	任务绩效				情境绩效			主动策略		
	模型 1	模型 2	模型 3	模型 4	模型 5	模型 6	模型 7	模型 8	模型 9	模型 10
步骤一：控制变量										
年龄	0.04	0.049	−0.01	−0.01	0.16*	0.17*	0.10	0.11	0.18*	0.15
性别	0.12*	0.122*	0.08	0.08	0.06	0.06	0.01	0.02	0.14*	0.08
婚姻状况	−0.07	−0.07	−0.01	−0.01	−0.04	−0.04	0.03	0.02	−0.19**	−0.16**
教育水平	0.03	0.009	0.00	−0.01	0.10	0.08	0.07	0.05	0.11	0.06
任期	0.02	0.017	0.01	0.01	−0.05	0.05	−0.06	−0.06	0.03	0.03
配偶陪同	0.16**	0.157**	0.16**	0.15**	0.19**	−0.19**	0.19**	0.19	0.012	0.01
先前的国际经验	0.12*	0.133*	0.12*	0.13*	−0.07	−0.06	−0.07	−0.06	−0.004	0.03
语言的流利度	0.39**	0.364**	0.30**	0.29**	0.27**	0.23**	0.17*	−0.15*	0.29**	0.23**
步骤二：自变量										
无边界心智		0.16**		0.10		0.21**		0.14*		
步骤三：中介变量										
主动策略			0.32**	0.29**			0.35**	0.31**		
R^2	0.236	0.024	0.09	0.07	0.14	0.04	0.08	0.07	0.15	5.45*
F	9.7**	8.195*	31.39**	25.82**	5.23**	12.31**	27.81**	22.16**	5.45**	68.09**

中的模型 4 和模型 8 所示,当主动获取资源策略被纳入模型时,无边界心智对任务绩效的显著影响变得不再显著($\beta=0.10$,ns),并且无边界心智对情境绩效的显著水平也降低了($\beta=0.14$,$p<0.01$)。因此,主动获取资源策略完全中介无边界心智和任务绩效之间的关系,并部分地中介了无边界心智和情境绩效之间的关系,从而支持假设 3a 和 3b。

假设 4a 和 4b 关注行为文化智力对主动性资源获取策略与任务绩效和情境绩效之间关系的调节作用。表 8.2.3 中的模型 1 和 4 是包含控制变量的基本模型。将主动获取资源策略和行为文化智力分别纳入回归模型,然后是主动获取资源策略和行为文化智力的交互项。表 8.2.3 中的结果表明,行为文化智力对主动获取资源策略与任务绩效之间的关系,以及主动获取资源策略与情境绩效之间的关系具有显著的调节作用,见模型 3 和模型 5。

表 8.2.3　调节效应的回归分析结果

	任务绩效			情境绩效		
	模型 1	模型 2	模型 3	模型 4	模型 5	模型 6
步骤一:控制变量						
年龄	0.042	−0.014	−0.018	0.16*	0.095	0.091
性别	0.114*	0.072	0.078	0.05	0.006	0.013
婚姻状况	−0.074	−0.013	−0.016	−0.052	0.02	0.016
教育水平	0.03	−0.003	−0.011	0.099	0.066	0.053
任期	0.017	0.006	0.014	−0.049	−0.06	−0.052
配偶的存在	0.16**	0.156**	0.153**	0.195**	0.188**	0.184**
先前的国际经验	0.121**	0.122*	0.127*	−0.073	−0.074	−0.067
语言的流利度	0.394**	0.303**	0.312**	0.27**	0.175**	0.188**
步骤二:中介变量						
主动策略		0.312**	0.31**		0.367**	0.36**
步骤三:调节变量						
行为文化智力		0.002	0.012		−0.040	−0.03
主动策略×行为文化智力			0.13*			0.17**
R^2	0.235**	0.084**	0.015*	0.142**	0.104**	0.026**
F	9.592**	15.236**	5.633*	5.128**	16.887**	8.896**

图 8.2.2 和图 8.2.3 描绘了交互效应图。图 8.2.2 显示,当行为文化智力高时,主动性资源获取策略与任务绩效之间的关系更加积极,这为假设 4a 提供了支持。图 8.2.3 显示,当使用主动获取资源策略时,具有高行为文化智力的外派员工具有更高的情境绩效水平,支持假设 4b。

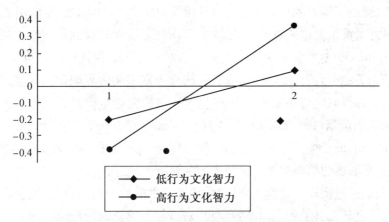

图 8.2.2　行为文化智力对主动获取资源策略与任务绩效的调节作用

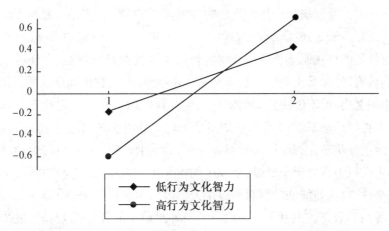

图 8.2.3　行为文化智力对主动获取资源策略与情境绩效的调节作用

（五）讨论与结论

本研究提出并验证了一个模型如下：无边界心智影响外派任务绩效和情境绩效，主动获取资源策略为中介，行为文化智力具有调节作用。研究结果表明，无边界心智通过主动获取资源策略完全或部分地与外派任务绩效和情境绩效相关，并且当外派员工拥有高水平的行为文化智力时，主动获取资源策略与外派员工任务绩效和情境绩效更相关。

1. 理论意义

首先，从动机视角扩展了对外派员工的研究，确定无边界心智是外派员工追求外派任务自主动机的来源，进一步揭示了无边界心智与外派任务绩效和情境绩效的关系。我们认为，对外派本身的兴趣、提高就业能力和提升职业发展的潜力是无边界心智的个人追求外派的动机和取得成功的主要原因。本研究的结论是对压力视角下的外派研究的有益补充,强调了压力源和社会支持对外派成功的重要影响。事实上,外派员工感知组织支持对外派员工工作绩效产生了正向、负向和非线性效应的不一致结果(Kraimer and Wayne,2004)。这意味着来自组织的外部激励并不能保证外派的成功,需要考虑与自主激励相关的个人属性。此外,我们的研究丰富了无边界职业的文献。尽管许多研究人员将无边界职业与外派联系起来,但很少有研究通过检验无边界心智对外派成功的作用来提供证据(Briscoe, et al.,2012;Cakmak-Otluoglu,2012)。我们的研究发现,无边界心智有助于提升外派员工的工作表现,补充了现有关于无边界心智影响的研究,并对无边界心智的功能提供了更深入的见解。

其次,我们通过描述和检验中介机制,扩展了之前的外派研究,该机制解释了无边界心智如何促进外派员工的工作绩效。我们发现,主动获取资源策略在无边界心智与任务绩效之间的关系中起着完全中介作用,在无边界心智与情境绩效之间的关系中起着部分中介作用。通过揭示个体动机影响外派成功的"黑箱"机制,为外派研究增添了新的内容。正如 Wang 和 Takeuchi(2007)、Chen 等(2010)研究的那样,我们的研究超越了将外派员工的自我调适作为中介来解释工作绩效的影响机制,为外派文献做出了贡献。我们认为,外派员工自我调整本身是一个结果变量,它体现出外派员工在工作和海外生活中的努力,但不能决定如何实现调整。我们的研究在一定程度上弥补了这一空白,让我们更好地理解激励因素是如何帮助他们在外派的环境下达到理想的结果。此外,我们通过证明职业态度的差异显著影响了他们在工作环境中的主动获取资源策略,从而为主动行为研究做出贡献,增加了侧重于组织规范、文化和领导等背景因素的影响,以及个性、自我效能和掌握权力等个人归因的主动行为文献(Crant,2000)。

第三,我们的研究在识别主动获取资源与外派员工的任务绩效和情境绩效之间关系的边界条件方面也是独特的。已有研究表明,采用主动获取资源策略是适应不确定环境的另一种积极方式(Ren, et al.,2014)。本研究通过定义行为文化智力的边界条件来扩展这一观点,这使得主动资源获取策略能够对外派员工的成功施加影响。我们对主动获取资源策略的有效性有了更全面的认识。也就是说,高行为文化智力能够更好地促进主动获取资源策略对外派任务绩效和情境绩效的正向影响。本研究也对 Wu 和 Ang(2011)的研究做出了回应,他们探索了行为文化智力的调节作用,但没有发现外派支持实践与外派调整之间关系的影响。他们给出的解释是,行为文化智力可能更多的是情境特异性[例如,"当跨文化互动需要时,我改变我的语言行为(口音、语调)"](Wu and Ang,2011)。本研究与这一推断一致,认为行为文化智力在外派员工使用主动获取资源策略的特定情境下具有强化作用。

最后,本研究将外派成功研究扩展到非西方国家。以往关于国际派遣的研究通常基于发达国家的跨国公司,而关于跨国公司如何管理其在发展中国家的全球劳动力的研究较少(Chang, et al.,2012;Fan,Zhang and Zhu,2013)。随着中国经济转型和全球化进程的推进,高素质外派员工的问题日益突出,在中国的每一家跨国公司都在争夺具有国际经验的人才,将其视为国际派遣成功的战略资源(Zhao,2016)。这一现实促使研究人员对中国外派员工的管理给予关注。我们的研究为中国外派管理研究提供了线索,证据表明即使是在相对安全的就业环境中,中国员工已经拥有了无边界心智。

2. 管理启示

本研究对外派员工选择、培训、发展和职业规划方面的管理具有现实意义。首先,研究鼓励管理者将无边界心智视为选择外派员工的一个重要标准,因为它有利于外派员工的工作绩效。此外,组织需要为员工提供一个长期的职业发展计划,让他们有机会跨界工作(例如跨文化和跨部门的边界),同时满足他们学习和成长的需求。由于高无边界心智的员工对于他们的职业,其态度是现代的和积极的(Briscoe, et al. , 2006),主管需要关注到这些员工对当前组织的承诺较少(Briscoe and Finkelstein, 2009;Cakmak-Otluoğlu,2012;Zaleska and Menezes,2009)。其次,研究结果表明,高行为文化智力是外派员工在跨文化交互过程中获得更好行为结果的重要条件,行为文化智力也应被视为选择外派员工不可忽视的因素,尤其需关注那些在海外,拥有无边界心智,且有寻求信息、建立关系以及积极建构偏好的人。第三,无边界心智是一种态度,而不是一种潜在的人格特征,可以有效地传授和发展(Briscoe, et al. , 2006)。国际组织的管理者应该通过培训和发展措施,从跨国界的角度而不是跨组织的角度来提高员工的无边界心智。由于文化智力是一种类似状态的能力,可以随着时间累积(Wu and Ang, 2011),跨国公司也应该以各种方式加强对外派员工的文化智力的培训和发展。

3. 局限性与未来研究

本研究也存在一定的局限性。从研究方法来看,虽然我们使用纵向和多来源数据创建了模型,但我们采用的调查设计排除了强因果关系的推论。我们还将样本限制在中国的 10 家大型跨国公司,不包括中小型跨国公司。虽然样本可能会控制企业规模的影响,但仍可能会影响结论的普遍性。此外,研究所采用的量表都是西方国家开发,而不是在中国本土开发的。它们在多大程度上适合中国员工是一个有争议的问题。未来研究应该从中国的样本中开发量表,采用混合研究设计,并从更多的跨国公司收集数据。本研究从理论角度探讨无边界心智如何通过主动获取资源策略影响外派员工的工作绩效,以及行为文化智力如何调节主动获取资源策略与工作绩效之间的关系。然而,研究中没有实现对中介和调节机制的整合分析。鉴于外派成功是一个复杂的现象,未来研究需要进一步探索其他可能的中介和调节机制的整合。此外,我们认为具有高无边界心智的员工具有追求国际外派的自主动机。尽管有实证研究支持这一观点,概念模型中并没有包含自主动机的相关变量。未来研究应进一步揭示自主动机在个体参与国际外派中的作用。

三、TMT 构建网络人力资源实践对企业绩效的作用机制

(一) 引言

由于信息技术革命和全球化的快速发展,21 世纪以来,企业面临着巨大的外部不确定性。因此,如何在高动态环境下获得可持续竞争优势已成为战略管理领域的重点问题之一。Sanchez(1997)指出,处理环境不确定性的基本方法是建立战略灵活性。Hitt 等(1998)也指出,组织应首先依靠培养战略灵活性来实现组织目标。总体而言,战略灵活性研究在战略管理领域引起了广泛关注。

战略人力资源管理(SHRM)影响企业绩效的"黑箱"一直是 SHRM 领域的焦点问题(Zhao, et al. ,2011)。尽管以前的 SHRM 文献更多地讨论高绩效工作系统,高管团队(Top Managers Team,TMT)的人力资源系统在很大程度上未得到充分发掘。Collins 和 Clark(2003)定义了人力资源实践,将 TMT 社交网络发展为"构建网络人力资源实践"。为了强调上述 TMT 社交网络的重要性,本部分将此概念描述为"TMT 构建网络的人力资源实践"。已有文献发现,构建网络人力资源实践可以有效地增强TMT 拥有的社交网络,并可以极大提高企业绩效(Collins and Clark,2003)。但鲜有文献研究 TMT 构建网络的人力资源实践如何影响企业绩效。现有研究发现,TMT 及其社交网络可以增强企业的战略灵活性(Hitt, et al. ,1998;Pe'rez,2010;Gutie'rrez and Pe'rez,2010)。也有研究认为,组织能力在 SHRM"黑箱"机制中起了作用(Wright and Snell,2009),但战略灵活性作为一种动态的潜在能力,尚未在构建网络人力资源实践与公司绩效关系中被探讨。

不确定性是组织环境重要特征,也是组织研究的关键变量(Lewis and Harvey,2001)。与西方国家相比,中国正处于经济转型的关键时期,与此同时又面临着经济全球化、日益加剧的竞争和技术革命所带来的各种外部威胁和挑战。因此,环境不确定性被看作公司决策的主要因素之一(Zhang,2005a,b)。

基于动态能力视角,本研究首次探讨了 TMT 构建网络的人力资源实践、战略灵活性和公司绩效之间的关系,并研究了环境不确定性在这些关系中的调节作用。本研究有 4 个主要贡献:首先,基于动态能力观,首次考察了战略灵活性在 TMT 构建网络的人力资源实践和企业绩效关系的中介作用,将动态能力观引入国内 SHRM 领域,并对其在组织层面的发展提供了见解。其次,该研究讨论了中国 TMT 构建网络的人力资源实践的有效性,促进了 SHRM 的创新。再次,该研究还检验了 TMT 构建网络的人力资源实践对战略灵活性的影响。因此,本研究丰富了战略灵活性的前因变量研究,阐明了企业实施战略灵活性的重要意义。最后,在中国特定的经济转型背景下,首次探讨了环境不确定性对 TMT 构建网络的人力资源实践、战略灵活性和企业绩效之间关系的影响,为中国企业提供了有益的建议。

（二）文献综述和假设

1. TMT 构建网络的人力资源实践和公司绩效

TMT 构建网络的人力资源实践是旨在开发和管理 TMT 社交网络的人力资源实践。这些实践包括各种措施，如培训、绩效评估和薪酬，以鼓励 TMT 成员发展社交网络（Collins and Clark，2003）。TMT 构建网络的人力资源实践帮助并鼓励高级管理人员与公司内外的利益相关者建立关系，以提高公司绩效（Collins and Clark，2003）。TMT 构建网络的人力资源实践作为差异化人力资源框架的一种形式，专注于满足公司的需求来发展 TMT 社交网络。因此，TMT 构建网络的人力资源实践是 TMT 人力资源系统的重要组成部分，并扩展了 SHRM 领域的研究。但国内外均缺乏此类研究。

TMT 构建网络人力资源实践的理论、实践研究与应用都具有重要意义。一方面，对 TMT 构建网络人力资源实践的探索加速了 TMT 人力资源管理系统的创新和发展。现有的 SHRM 文献侧重于高绩效工作系统，以讨论普通的 SHRM 系统而不是管理人员的 SHRM 系统（Collins and Clark，2003；Lin and Shih，2008）。TMT 构建网络的人力资源实践作为一种差异化的人力资源框架，扩展了现有人力资源系统的研究，并对人力资源系统的创新和发展，特别是对 TMT 的人力资源实践具有重要意义。另一方面，TMT 构建网络的人力资源实践专注于企业投资 TMT 社交网络的组织行为。近来，TMT 社交网络受到了广泛关注。社交网络通常被看作是个人关系或个人联系，它有助于获取知识、信息和其他资源（Birley，1985）。特别是，TMT 社交网络在公司的发展中发挥着重要作用（Collins and Clark，2003）。现有的文献已经证明了 TMT 社交网络不仅有助于在竞争环境下获得更多资源，还会影响公司的凝聚力和决策质量（Johannisson，1987；Tang and Lu，2009）。然而，只有 TMT 成员努力才能建立 TMT 社交网络（Forsgren and Johanson，1992）。TMT 构建网络的人力资源实践可以帮助满足公司的实际需求。因此，本研究强调了 TMT 构建网络的人力资源实践在中国的有效性。

近几年，人力资源管理的作用已从人事管理上升为战略价值（Lengnick-Hall，et al.，2009；Becker and Huselid，2006）。因此，越来越多的研究认为人力资源系统是获取竞争优势的源泉（Lado and Wilson，1994；Snell，et al.，1996）。实证研究也证明了人力资源系统对企业绩效的影响（Huselid，1995；Datta，et al.，2005）。然而，很少有文献讨论以管理者为主的人力资源系统与公司绩效之间的关系（Collins and Clark，2003；Lin and Shih，2008）。也有一些例外，Collins 和 Clark（2003）提出了 TMT 构建网络的人力资源管理实践与 TMT 社交网络有显著的正相关性，并能极大提高企业绩效。Lin 和 Shih（2008）认为，"侧重团队合作的管理者 SHRM 实践"可以改善公司的绩效。

基于以上分析认为，TMT 构建网络的人力资源实践能有效增强公司的 TMT 社交网络，以低成本获取丰富和可靠的信息（Granovetter，1985），做出快速和高质量的战略决策,最终提升公司绩效(Eisenhardt,1989)。因此,提出如下假设 1：

H1 TMT 构建网络的人力资源实践与公司绩效呈显著正相关。

2. TMT 构建网络的人力资源实践和战略灵活性

在不确定和快速变化的环境中,战略灵活性被认为是竞争优势的重要来源(Hitt, et al.,2009)。随着全球化和技术革命的发展,企业面临更大的不确定性,需要更多关注战略灵活性。

基于 Sanchez(1995)、Zhou 和 Wu(2010)的研究,我们将战略灵活性定义为一种企业动态能力,它通过快速调整战略和快速配置资源,帮助企业在动态环境中获得竞争优势。之前的研究主要从技术层面、组织层面和个人层面讨论战略灵活性的前因。显著影响战略灵活性的要素主要包括：先进的制造技术、信息系统的输入、技术能力、信息系统的灵活性和技术创新(Lei, et al.,1996；Zhang,2005a,b；Zhou and Wu,2010；Palanisamy,2005；Sanchez,1995)。在组织层面,还发现了组织结构和企业文化对战略灵活性的影响(Roca-Puig, et al.,2005；Zahra, et al.,2008)。在个人层面,更多关注TMT 对战略灵活性的影响,而只有 CEO 人格及其社交网络对战略灵活性的影响得到了证实(Hitt, et al.,1998；Nadkarni and Herrmann,2010；Pe'rez,2010；Gutie'rrez and Pe'rez,2010)。总之,组织和个人层面的研究正处于探索阶段,人力资源管理和 TMT 对战略灵活性的作用机制仍需进一步探索。因此,该研究将检验 TMT 构建网络人力资源实践对战略灵活性的影响,以促进战略灵活性的前因研究。

通过文献梳理,鲜有研究探讨 TMT 构建网络的人力资源实践能否提升企业战略灵活性,然而已有文献发现 TMT 构建网络的人力资源实践可以有效改善 TMT 的社交网络(Collins and Clark,2003)。最近,Pe'rez(2010)、Gutie'rrez 和 Pe'rez(2010)指出,TMT 的社交网络可以有效地提高公司的战略灵活性。由此,我们认为,在中国的背景下,TMT 构建网络人力资源实践对战略灵活性有显著正向影响。基于此,提出如下假设 2：

H2 TMT 构建网络的人力资源实践与战略灵活性具有显著的正相关性。

3. 战略灵活性的中介作用

(1) 战略灵活性和公司绩效

战略灵活性是竞争优势和公司绩效的源泉(Das and Elango,1995)。随着技术创新和全球化的快速变化,战略灵活性被视为组织在 21 世纪实现竞争优势的关键因素(Hitt, et al.,1998)。由于经营条件不确定,公司的"战略承诺"将逐渐消失,而对"战略灵活性"的关注将不断增加(Sanchez,1997)。鉴于公司快速适应环境的变化和及时抓住外部机会的重要性,战略灵活性降低了企业运营的风险,增加了企业成功的可能性(Hitt, et al.,2009；Das and Elango,1995)。Grewal 和 Tansuhaj(2001)、Dreyer 和 Gronhaug(2004)、Nadkarni 和 Narayanan(2007)以及 Nadkarni 和 Herrmann(2010)都发现战略灵活性对公司绩效有积极影响。而且,Wang 等(2004)和杨等(2010)在中国也得出了类似的结论。因此,我们提出假设 3:

H3　战略灵活性与公司绩效有显著的正相关关系。

(2)战略灵活性的中介效应

SHRM 影响企业绩效的"黑箱"是什么引起了学者们的关注。根据静态资源的观点,人力资源被视为 SHRM 与企业绩效之间的一种联系。相关文献主要关注人力资源实践对人力资本和社会资本的直接影响,员工的态度和行为始终被视为中介变量(Wright and Snell,2009;Gerhart,2005)。然而,静态资源视角因忽略了快速变化的环境而受到质疑。因此,本研究试图结合动态能力观来丰富人力资源管理的"黑箱"研究。

资源基础观侧重于稳定的背景,并没有充分解释公司在动态条件下的竞争优势的来源,而动态能力观点弥补了这种理论上的不足(Priem and Butler,2001;Teece, et al.,1997)。因此,动态能力观点在战略管理领域更受青睐(Barreto,2010)。动态能力观点强调能力,特别是动态能力,可以在多变的环境中获得竞争优势(Teece, et al.,1997),而资源基础观的逻辑认为,靠资源可以获得竞争优势。与公司的其他能力一样,动态能力是一种特殊能力,具体而且嵌入在内部组织结构中(Teece, et al.,1997)。更重要的是,动态能力在获取资源的前提下以中介变量的形式存在,通过提高资源的效率,促进企业获得竞争优势(Amit and Schoemaker,1993)。到目前为止,大多数关于动态能力的研究都集中在战略管理领域,资源、能力和竞争优势之间的关系在动态环境中趋于一致。具体而言,内部资源对企业的竞争优势没有直接影响,但内部资源通过动态能力对企业的竞争优势产生间接影响(Festing and Eidems,2011)。

事实上,SHRM 研究人员已经开始关注动态能力。Wright 等(2001)指出,人力资源实践可以增加员工的知识存量,从而建立公司的动态能力,提高公司的核心竞争力。Becker 和 Huselid(2006)提出了一种理论模型,将战略能力视为 SHRM 与企业绩效关系的关键中介变量。因此,基于能力的分析扩展了 SHRM 领域现有的"黑箱"研究。然而,现有研究仍较欠缺(Wright and Snell,2009;Hansen and Güttel,2009)。

在此背景下,本研究从动态能力视角探讨了战略灵活性在 TMT 构建网络的人力资源实践与中国企业绩效关系中的中介作用。一方面,战略灵活性是一种典型的动态和组织能力,是企业面临环境变化时的重要竞争优势来源。战略灵活性具有组织能力的基本特征,因此战略灵活性的形成应依赖于信息,并在资源和竞争优势的关系中起中介作用(Amit and Schoemaker,1993)。另一方面,TMT 构建网络的人力资源实践可以有效增强 TMT 社交网络,进一步提供信息以提高战略灵活性。因此,基于动态能力观点,本研究提出作为动态能力的战略灵活性可以有效地整合从 TMT 构建网络人力资源实践中获得的资源,并在动态环境中为新的竞争优势做出贡献。即,战略灵活性整合了从 TMT 构建网络人力资源实践中获得的资源,然后对公司绩效产生影响。基于上述讨论,我们提出假设 4:

H4　战略灵活性中介了 TMT 构建网络人力资源实践与企业绩效之间的关系。

4. 环境不确定性的调节作用

资源依赖理论认为,开放市场中的公司由权变的环境因素决定(Pfeffer and Salancik,1978)。因此,当管理者制定或调整战略决策时,他们必须考虑环境因素的影响(Li and Atuahene-Gima,2001)。由此,我们推断 TMT 构建网络的人力资源实践和战略灵活性的实施受到这些环境因素的影响。特别是,过去 30 多年来,中国正处于计划经济到市场经济的关键转型期,这不仅导致经济发展模式的转变,而且还带来了社会文化环境的巨大变化(Zhao,2009)。与此同时,随着经济全球化的推进,中国企业正面临着更加动态和不确定的经济环境(Zhang,2005a,b)。因此,我们将进一步探讨环境不确定性在 TMT 构建网络人力资源实践、战略灵活性和公司绩效的关系中的边界影响。参考 Milliken 的定义,环境不确定性是状态不确定性的一种形式,意味着很难准确预测环境的变化(Milliken,1987)。

(1) 环境不确定性调节了 TMT 构建网络的人力资源实践和战略灵活性两者之间的关系。

在高度不确定的环境条件下,战略决策迅速变化,公司很难延续其最初的战略。在这种情况下,战略灵活性在处理这些变化方面起着关键作用。但是,在高度不确定的环境中制定战略灵活性时,存在三个障碍。首先,注意力的障碍意味着高层管理者总是忽视他们决策结果的负面信息,这是因为他们的惯性逻辑或过度自信。其次,评估障碍意味着决策者在面临损失时往往不承认错误或是在碰运气。除了缺乏有效的监督外,管理者还坚持以前的战略决策。最后,即使他们已经认识到环境的不确定性,但又很难准确地估计这种情况,行动障碍会让管理者抵制战略变化(Shimizu and Hitt,2004)。现有文献表明 TMT 构建网络的人力资源实践改善了 TMT 的社交网络,TMT 从主要利益相关者那里得到更多信息(Collins and Clark,2003;Burt,2000;Moran,2005)。因此,TMT 构建网络的人力资源实践帮助管理者打破惯性逻辑,及时感知准确的信号,并获得更多有关外部环境的信息。因此,管理人员可以快速提高他们的能力,并更有信心执行战略灵活性。基于上述讨论,我们提出假设 5:

H5 TMT 构建网络的人力资源实践与战略灵活性之间的关系受到环境不确定性的调节,当环境不确定性高时,这种关系会更强。

(2) 环境不确定性调节了战略灵活性与企业绩效之间的关系。

当环境不确定时,战略灵活性被认为是使企业适应环境然后形成竞争优势的基本方法(Sanchez,1995;Hitt, et al.,1998)。具体而言,战略灵活性通过快速响应环境,有效利用资源和降低生存威胁,产生更好的企业绩效。相反,在稳定的条件下,战略灵活性将导致更高的成本,给管理者增加压力,使得他们忽略现有的战略决策。因此,管理者倾向于维持现有策略以提高公司绩效,对战略灵活性的需求较低(Das and Elango,1995)。现有的文献也发现环境不确定性可以调节战略灵活性与公司绩效之间的关系(Grewal and Tansuhaj,2001;Yang, et al.,2010)。因此,我们预测:

H6 环境不确定性调节了战略灵活性与企业绩效之间的关系,当环境不确定性更高时,这种关系会更强。

综上,总结出本研究的理论模型,如图8.3.1所示。

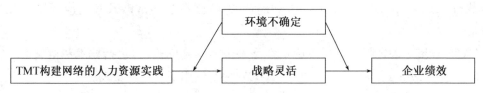

图8.3.1 战略灵活性的中介作用和环境不确定性的调节作用

(三) 方法

1. 数据和样本

本研究采用便利抽样方法和雪球抽样方法收集数据。首先,从商学院校友会和相关政府部门获得公司名单及其联系信息,在北京、天津、上海、江苏和浙江等地区进行调研。其次,通过电话和电子邮件向公司说明调研目的、参与者和程序等问题。如果公司同意参与调研,就使用以下两种方法向公司发放调查问卷:一是面对面地要求参与者完成问卷调查,鼓励参与者根据实际情况提供信息,联络人当场进行指导。二是与政府合作发放问卷,将问卷和详细说明放在信封中。

为了确保数据的可靠性和避免常见的方法偏差,使用配对样本数据。调查问卷包括TMT构建网络的人力资源实践、战略灵活性和环境不确定性。总经理填写以上3个变量,副总经理评估公司的绩效。该方法为每个公司发放一组配对的问卷。这些题项量表回复是:从1非常不同意到6非常同意。我们对390家公司进行了调查,发放780份调查问卷,回收562份问卷。不完整和未配对的问卷未包括在统计分析中,只有241份配对问卷可用(回收率为61.8%)。241个样本中私营企业占48.2%,国有企业占10.7%,合资企业占8.9%,外商投资企业占20.5%,集体企业占4.9%,其他类型占6.7%。企业规模方面,100~500人,占41.8%;低于100人的,占17.3%;500~1 000人的,占16.9%;1 000~2 000人的,占12.4%;高于2 000人的,占11.6%。

2. 测量

本研究采用了西方的成熟量表,其中一些量表已在中国使用。遵循Brislin's(1970)的建议,在英语专业人士的帮助下进行直译(从英语到中文)和回译(从中文到英语),从而建立中国战略管理和人力资源管理的量表。此外,在大规模调查之前,我们已经与参与者确定了最终量表。

(1) TMT构建网络的人力资源实践。使用来自Collins和Clark(2003)的TMT构建网络人力资源实践量表的7个题项。"TMT就如何与其他员工培养工作关系进行互相指导"的项目被删除了。这是因为专业人士和从业人员都认为,考虑到面子问题,TMT 成员不会在工作关系上相互指导。换句话说,这个题项在中国情境中不适用。

(2)战略灵活性。我们基于早期研究的 7 个战略灵活性项目(Bierly and Chakrabarti,1996;Grewal and Tansuhaj,2001),强调公司战略及其适应环境变化的功能。

(3)环境不确定性。环境不确定性是一个多维度的构念,包括技术和市场的不确定性。基于 Miller(1987)和 Chen 等(2005)研究,使用了 8 题项量表。

(4)企业绩效。现有研究发现,TMT 成员对企业绩效的主观评价与客观财务绩效密切相关(Peng and Luo,2000)。因此,研究采用的是 TMT 成员对公司绩效的主观评价,并且使用 Wang 等(2003)的 7 题项量表。

(5)控制变量。参考已有研究(Youndt, et al. ,1996;Zhang and Li,2009),企业所有权和企业规模是两个主要的控制变量。

3. 分析程序

采用 SPSS17.0 和 AMOS17.0 软件进行数据分析。分析步骤如下:首先,进行信度分析和验证性因子分析(CFA)测试以评估信度和区分效度。其次,应用描述性统计和相关分析初步检验主要变量之间的关系。然后,检验了战略灵活性在 TMT 构建网络人力资源实践和企业绩效关系中的中介作用。最后,进行层级回归,以检验环境不确定性在 TMT 构建网络的人力资源实践与战略灵活性的关系中,以及战略灵活性与企业绩效的关系中的调节作用。

(四) 数据分析

1. 信度分析和效度分析

Cronbach' α 系数用于衡量量表的信度。结果如表 8.3.1 中对角线粗体数字所示。所有 CRonbach' α 系数的值均超过 0.80,表现出良好的信度。此外,我们检验了变量的区分效度。测量模型包括 3 个构念:TMT 构建网络的人力资源实践、战略灵活性和企业绩效。结果表明三因子模型拟合结果最优($\chi^2/186=540.441, p=0.000, RMSEA=0.086, NFI=0.860, TLI=0.890, CFI=0.903$)。此外,CFA 还检验了环境不确定性结构的有效性。双因子模型拟合结果最优($\chi^2/189=69.826, p=0.000, RMSEA=0.102, NFI=0.918, TLI=0.910, CFI=0.939$)。总的来说,这些量表的信度和效度较好。

表 8.3.1　描述性统计与双变量相关分析

变量	平均值	标准差	1	2	3	4
1. NHRP-TMT	29.62	6.20	(0.90)			
2. 战略灵活性	31.87	5.34	0.47***	(0.89)		
3. 企业绩效	31.25	6.00	0.20**	0.32***	(0.94)	
4. EU	34.69	6.69	0.43***	0.56***	0.12	(0.81)

注：* $p<0.05$，** $p<0.01$，*** $p<0.001$；括号里是 Cronbach' α 系数；NHRP-TMT 即构建网络人力资源实践，EU 即环境不确定性。

2. 描述性统计分析

表 8.3.1 显示了变量之间的平均值、标准差、信度和相关系数。变量之间的相关性分析结果表明，TMT 构建网络的人力资源实践与企业绩效（$r=0.20$，$p<0.01$）和战略灵活性（$r=0.47$，$p<0.001$）正相关。战略灵活性与企业绩效（$r=0.32$，$p<0.001$）也正相关。因此，假设1、假设3得到初步验证。且环境不确定性与 TMT 构建网络的人力资源实践（$r=0.43$，$p<0.001$）和战略灵活性（$r=0.56$，$p<0.001$）正相关。基于上述分析，我们考虑了控制变量并进行了多元回归分析，以获得更加稳健的实证结果。

3. 假设检验

假设 1 和假设 2 假定 TMT 构建网络的人力资源实践与公司绩效和战略灵活性分别正相关。如表 8.3.2 所示，假设1、2 得到验证，因为 TMT 构建网络的人力资源实践是企业绩效（$\beta=0.22$，$p<0.001$）和战略灵活性（$\beta=0.42$，$p<0.001$）的重要预测指标。表 8.1.9 还给出了假设 3 检验的结果。假设 1 得到支持是因为战略灵活性与公司绩效正相关（$\beta=0.34$，$p<0.001$）。上述结果确定了中介关系所需的 1 至 3 步骤（Baron and Kenny,1986）。为了进一步验证假设 4，假定它对战略灵活性起着中介作用，我们对考虑 TMT 构建网络的人力资源实践和战略灵活性的公司绩效进行了回归。结果表明，一旦将战略灵活性添加到模型中，TMT 构建网络的人力资源实践不再是公司绩效的重要预测指标，见模型 6。因此，假设 4 得到了支持。

表 8.3.2　战略灵活性的中介效应

变量	SF			FP		
	模型 1	模型 2	模型 3	模型 4	模型 5	模型 6
（常量）	30.27	17.04	25.76	18.636	15.37	13.76
国有企业	−0.17	0.61	0.51	0.93	0.57	0.76
合资企业	2.44	3.16	2.08	2.47	1.25	1.57
外商投资企业	1.31	1.56	2.05	2.18	1.60	1.73

（续表）

变量	SF			FP		
	模型 1	模型 2	模型 3	模型 4	模型 5	模型 6
私营企业	1.34	1.41	3.39**	3.42**	2.93*	3.02**
集体企业	3.43	2.66	6.80**	6.39**	5.63*	5.63*
企业规模	0.12	0.47	1.21***	1.39***	1.17***	1.26***
NHRP-TMT		0.42***		0.22***		0.10
SF					0.34***	0.29***
R^2	0.02	0.24***	0.10	0.15	0.19	0.20***
ΔR^2	0.02	0.22***	0.10**	0.05***	0.09***	0.05***
F	0.87	9.95***	4.09**	5.52***	7.34***	6.74***

注：* $p < 0.05$，** $p < 0.01$，*** $p < 0.001$；括号里是 Cronbach'α 系数；NHRP-TMT 即构建网络人力资源实践，EU 即环境不确定性，SF 即战略灵活性，FP 即企业绩效。

假设 5 认为，环境不确定性会调节 TMT 构建网络的人力资源实践与战略灵活性之间的关系。为了检验环境不确定性的调节作用，我们考察了三种情况：

（1）TMT 构建网络的人力资源实践对战略灵活性的重大影响。

（2）TMT 构建网络的人力资源实践和环境不确定性对战略灵活性的重大影响。

（3）在控制 TMT 构建网络的人力资源实践和环境不确定性之后，TMT 构建网络的人力资源实践与环境不确定性的交互作用在预测战略灵活性方面具有重要意义。

如前所述，表 8.3.2 已经检验第一种情况。其他两种情况的结果如表 8.3.2 所示。表 8.3.3 的结果支持了 TMT 构建网络的人力资源实践和环境不确定性与战略灵活性的正向关系。此外，当将 TMT 构建网络的人力资源实践与环境不确定性的交互项添加到上述回归方程中时，能有效预测战略灵活性（$\beta = 0.52$，$p < 0.05$）。因此，假设 5 被证实。

假设 6 认为，环境不确定性会调节战略灵活性与企业绩效之间的关系，这意味着战略灵活性对企业绩效与 TMT 构建网络人力资源实践之间关系的中介效应受环境不确定性的调节。为了进一步验证这种被调节的中介效应，我们遵循 Wen 等（2006）的管理检验以下四种情况（如表 8.3.3 所示）：

（1）基于 TMT 构建网络人力资源实践和环境不确定性，对企业绩效进行回归，并检验 TMT 构建人力资源实践相关系数（$\beta = 0.21$，$p < 0.01$）。

（2）基于 TMT 构建网络人力资源实践和环境不确定性，对战略灵活性进行回归，并研究与 TMT 构建网络人力资源实践相关系数（$\beta = 0.25$，$p < 0.001$）。

（3）基于 TMT 构建网络的人力资源实践、环境不确定性和战略灵活性，对企业绩效进行回归，并检验与战略灵活性相关系数（$\beta = 0.35$，$p < 0.001$）。

（4）基于 TMT 构建网络的人力资源实践、环境不确定性、战略灵活性以及环境不确定性和战略灵活性的交互作用，对企业绩效进行回归。

交互项 SF×EU 不显著($\beta=0.32$,$p>0.05$)表明,战略灵活性对 TMT 构建网络人力资源实践与企业绩效关系的中介效应不受环境不确定性的影响。因此,假设 6 没有得到验证。

为了进一步验证假设 5 和假设 6,我们研究了环境不确定性对 TMT 构建网络人力资源实践与企业绩效之间关系是否有调节作用。根据 Wen 等(2006)的研究,我们对 TMT 构建网络人力资源实践、环境不确定性及其两者交互作用对企业绩效的影响进行了回归分析。交互项的相关系数不显著表明环境不确定性不是 TMT 构建网络的人力资源实践与企业绩效的关系的调节变量,见表 8.3.3 模型 12。因此,环境不确定性只是在 TMT 构建网络的人力资源实践与战略灵活性的关系中起到调节作用。

表 8.3.3　环境不确定性的调节作用

变量	SF			FP		
	模型 7	模型 8	模型 9	模型 10	模型 11	模型 12
(常量)	8.76	9.14	18.15	15.06	14.55	18.08
国有企业	1.75	1.55	1.00	0.38	0.23	1.04
合资企业	3.72**	3.51**	2.50	1.19	1.10	2.54
外商投资企业	2.48*	2.19*	2.23	1.36	1.24	2.29
私营企业	1.92*	1.72*	3.45**	2.77*	2.54*	3.49**
集体企业	3.84*	3.56*	6.46**	5.10*	4.99*	6.51**
企业规模	0.34	0.30	1.39***	1.27***	1.27***	1.39***
NHRP-TMT	0.25***	0.26***	0.21***	0.13	0.10	0.21**
EU	0.37***	0.36***	0.02	−0.11	−0.11	0.03
NHRP-TMT×EU		0.52*				−0.10
SF				0.35***	0.39***	
SF×EU						0.32
R^2	0.42	0.43	0.15	0.21	0.22	0.15
ΔR^2	0.39***	0.01*	0.15***	0.06***	0.01	0
F	19.16***	17.78***	4.83***	6.31***	5.84***	4.28***

注:* $p<0.05$,** $p<0.01$,*** $p<0.001$;括号里是 Cronbach'α 系数;NHRP - TMT 即构建网络人力资源实践,EU 即环境不确定性,SF 即战略灵活性,FP 即企业绩效。

为了更直观地说明环境不确定性对 TMT 构建网络的人力资源实践与战略灵活性关系的调节作用,我们绘制了均值上下 1 个标准差的简单斜率。如图 8.3.2 所示,无论环境不确定性程度如何,TMT 构建网络的人力资源实践都可以提高战略灵活性。当环境不确定性较高时,斜率较高,即当环境不确定性高时,TMT 构建网络的人力资源实践与战略灵活性正相关性更强。

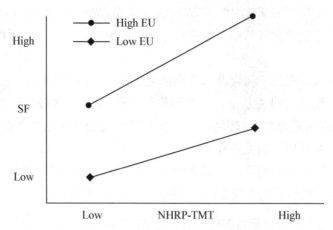

图 8.3.2　**TMT 构建网络的人力资源实践与环境不确定性的交互作用**

注:NHRP－TMT 即构建网络人力资源实践;SF 即战略灵活性;EU 即环境不
确定性。

(五) 讨论和结论

1. 结论

基于动态能力观,该研究引入了战略灵活性,以探索 TMT 构建网络人力资源实践影响企业绩效的机制。基于中国转型经济的背景,我们将环境不确定性视为这些关系中的调节变量。根据实证分析,我们得出以下结论。

首先,TMT 构建网络的人力资源实践与公司业绩具有显著的正相关关系。这一结果与 Collins 和 Clark(2003)的发现一致,后者以 73 家高科技公司为样本,证明了 TMT 构建网络的人力资源实践可以增加 TMT 的社交网络并提高公司绩效。此外,该结果认为 SHRM 领域(Lin and Shih,2008)开发和研究 TMT 人力资源实践具有重要性。

其次,战略灵活性完全中介了 TMT 构建网络人力资源实践与企业绩效之间的关系。结果表明,战略灵活性作为一种典型的动态能力,在 TMT 构建网络的人力资源实践与企业绩效之间起着关键的中介作用。也就是说,TMT 构建网络的人力资源实践通过战略灵活性显著影响企业绩效。具体而言,战略灵活性可以吸收从 TMT 构建网络人力资源实践中获得的所有资源,提高这些资源的效率并最终提高公司绩效。我们阐明了 TMT 构建网络的人力资源实践影响企业绩效的过程,并证实了 Becker 和 Huselid(2006)、Wright 等(2001)将能力作为 SHRM 和公司绩效之间关键的中介变量。

再次,TMT 构建网络的人力资源实践对战略灵活性具有显著的正向影响。实证结果表明,环境不确定性调节了 TMT 构建网络人力资源实践与战略灵活性之间的关系。当企业的环境不确定性增加时,TMT 构建网络的人力资源实践对战略灵活性的影响更强。因此,在高度不确定的环境中,TMT 构建网络的人力资源实践对战略灵活性的影响更大。

最后,战略灵活性对公司绩效有显著的正向影响。实证结果表明,战略灵活性是竞争优势的重要来源,这与之前的研究一致(Nadkarni and Herrmann,2010;Grewal and Tansuhaj,2001;Dreyer and Gronhaug,2004; Nadkarni and Narayanan,2007)。我们还考察了环境不确定性在战略灵活性与企业绩效关系中的调节作用。这种调节效应并不显著,表明战略灵活性对企业绩效的影响具有一定的刚性,并且战略灵活性和企业绩效两者之间的关系和强度不受外部环境变化的影响。此外,已有国内研究得出了两个截然不同的结论:一个是环境不确定性可以调节战略灵活性和公司绩效之间的关系(Yang, et al.,2010),而另一个则相反(Wang, et al.,2004)。我们的研究结果支持后者的观点。其中可能的原因是,在中国经济转型期间,很多企业必须采取灵活的战略来扩张和发展自己。即,公司已经建立并培养了诸如战略灵活性等动态能力。此外,由于近几十年来西方战略管理理论的影响越来越大,中国企业的"战略承诺"观点不像西方国家那样根深蒂固。因此,环境不确定性对中国企业的战略灵活性与绩效关系的影响,不像其他国家企业影响那么大。诚然,环境不确定性对中国企业的战略灵活性产生了显著的正向影响,这说明环境不确定性可以促进企业战略灵活性的增长。

2. 理论含义

本研究为试图在动态环境中获得竞争优势的公司提供了有意义的借鉴。研究首次将战略灵活性作为一种重要动态能力引进到 SHRM 影响公司绩效的过程中。从 SHRM 的角度来看,该研究为"资源-能力-竞争优势"逻辑链提供了实证支持,阐明了战略灵活性完全吸收、转移 TMT 构建网络人力资源实践的输入并改善公司绩效的过程,是对已有 SHRM 研究的重要拓展。本研究还通过引入环境不确定性作为上述中介过程的调节变量,丰富了人力资源管理领域资源依赖理论的应用。

已有的 SHRM 研究主要关注与高绩效工作系统相关的普通 SHRM 系统,并研究了人力资源管理在公司中的管理角色。本研究的重点是人力资源管理实践,旨在改善 TMT 成员的社交网络,并研究跨文化领域"TMT 构建网络人力资源实践"概念的效用。我们通过研究中国差异化的人力资源管理系统的创新,加强了 SHRM 概念的理论和实证价值。我们还提供了 TMT 构建网络的人力资源实践对战略灵活性的影响的见解,扩展了人力资源管理在协调内部资源与外部环境关系中的作用。这些观点对中国企业在经济转型中学习和发展创新的人力资源管理职能具有潜在的作用。

首先,根据研究结果,战略灵活性完全中介了 TMT 构建网络人力资源实践与企业绩效之间的关系。因此,发展 TMT 构建网络的人力资源实践可以使公司提高战略灵活性并为公司绩效做出贡献。这表明,当公司实施 TMT 构建网络的人力资源实践时,应该足够重视战略灵活性,以便 TMT 构建网络的人力资源实践能够获得预期的结果。

其次,TMT 构建网络的人力资源实践的积极效应可以帮助企业识别和培养潜在的战略领导者。为了应对快速变化的环境,战略领导者必须提高决策的灵活性(Boal and Hooijberg,2000)。TMT 构建网络的人力资源实践有助于 TMT 获得更丰富、更可靠的信息,这是灵活决策的关键来源。因此,公司可以通过 TMT 构建网络的人力资源实践,在动态环境中培养战略领导者。

再次,公司应该特别强调战略灵活性。研究发现,环境不确定性并不能调节战略灵活性对公司绩效的影响。因此,为了适应环境变化并提高公司绩效,公司可以适当地建立灵活性战略,重新分配资源并及时调整现有战略。

最后,如果企业能够根据环境不确定性调整对 TMT 构建网络人力资源实践的投入,那么企业就能控制战略灵活性的程度。应该使企业感知外部环境的变化,判断战略灵活性的程度,并决定适合企业发展的人力资源实践的投入。

3. 限制和未来研究

本研究还存在一些局限性,为未来的研究提供了方向。首先,我们只讨论 TMT 构建网络人力资源实践视角下的差异化人力资源框架,而没考虑其他差异化的人力资源框架。如果我们分析了 TMT 的不同人力资源框架系统之间的相互作用,那么研究将更加全面。此外,未来还可研究 TMT 构建网络的人力资源实践与高绩效工作系统之间的交互关系,以便对人力资源框架进行全面探索。其次,我们只探讨 TMT 构建网络的人力资源实践、战略灵活性和公司绩效之间的关系,没有分析 TMT 构建网络的人力资源实践对 TMT 拥有的社交网络特征(如规模、范围和实力)的影响。因此,依据 Collins 和 Clark(2003)和本研究的结果,未来可以同时测量 TMT 构建网络的人力资源实践对 TMT 拥有的社交网络、战略灵活性和公司绩效的影响。此外,运用社会资本理论和动态能力观,对 SHRM 影响企业绩效的机制也可以进一步探索。再次,我们的研究依赖于 Collins 和 Clark(2003)开发的用于衡量"TMT 构建网络的人力资源实践"的量表,未来研究可以探索中国制度背景下的新测量工具。最后,我们将企业所有权和企业规模作为两个主要控制变量,但还有许多其他因素影响企业绩效,如行业、企业年限和地区差异,未来研究也可以设法控制以上因素来检验结果。

4. 注释

(1) 值得注意的是,Collins 和 Clark(2003)开发构建网络的人力资源实践量表的所有题项都集中在 TMT 社交网络的发展上。本研究也强调了"TMT"在"构建网络人力资源实践"中的重要性。

(2) Lepak 和 Snell(1999)首先提出了构建人力资源架构,该架构用于描述单个组织中人力资源系统的多种组合。Becker 和 Huselid(2006)进一步将人力资源架构分为最佳架构和差异化架构。他们认为,由高绩效工作系统组成的最佳架构可以满足组织的一般需求,而基于可能性视角的差异化架构是为了满足组织中各种特殊人力资源战略需求。

四、雇佣关系和人力资源转型:基于新生代员工管理

(一) 引言

2016年是中国"十三五"规划第二年,中国"转型经济"进入了一个专注于创新,协调发展,开放和包容性增长的阶段(Koleski,2017)。这种转变有利于加强国内竞争并进一步推动市场主导的经济增长,且快速变化的环境要求公司做出更快的响应(Li and Liu,2011)。在转型阶段,企业人力资源管理(HRM)政策在提高组织效率方面发挥着不可或缺的作用(Ferris, et al. , 1998)。在 Delery 和 Doty(1996)以及 Pfeffer(1998)研究基础上,Li 和 Liu(2011)指出,系统地提高人力资源管理实践的适应性可以有效提升中国转型经济中的组织效率。并且,员工的适应性是有效的人力资源管理实践的先决条件,如何改善新生代员工的适应性给中国管理者带来了挑战。

21世纪初,当新生代开始进入职场时,新生代和老一辈的差异就日益显现,包括就业期望、职业道路选择和个人价值观等。"每一代人都受到其成长时代的深刻影响"(Kotler and Keller,2006),也就是说,"年代差异会对管理各方面提出要求"(Parry and Urwin,2011),对于中国新生代员工,即 1980 年以后出生的独生子女尤其如此。有学者(Parry, et al. ,2012;Yang,2016;Yi,Ribbens and Morgan,2010)明确指出,中国的新生代与以往代际、其他国家的新生代均有所不同,具体体现在对成功的追求、管理冲突的方式,以及对工作和家庭中贡献的认可程度上。

随着更加透明和高效市场的出现,新生代员工作为中国劳动力的重要组成部分,将在工作政策和工作流程方面寻求更大的灵活性。新生代已成为塑造未来十年经济和社会动力的力量(Howe and Strauss,2009)。中国的新生代员工有可能重新定义和塑造组织。Gorman、Nelson 和 Glassman(2004)提出,在转型经济中,尤其对依赖信息技术获得竞争优势的组织而言,人力资源经理需要在不同年代的员工之间进行能力双向交互转移。

由于中国是世界上最大的劳动力市场,而新生代已成为这一市场的重要组成部分,我们迫切需要了解新生代行为、需求和抱负等方面的变化。更重要的是分析代际之间的差异如何影响管理政策和实践。大多数研究都只是关注新生代的个人特征、影响因素、离职意愿、激励因素,以及人力资源管理背景下更广泛的组织策略,很少去探究中国新生代的需求和抱负(Zhu, et al. ,2015)。

为了有效解决代际之间的差异,本研究主要探讨两个问题:第一,公司的人力资源管理政策和制度是否会影响中国新生代员工的职业态度;第二,随着新生代员工数量增加,公司应该采用何种人力资源管理转型方法来促进新生代员工积极的态度和行为。

本研究将讨论中国新生代的特征,并基于中国人力资源开发情况,进一步剖析新生代员工如何改变了中国的人力资源管理。接下来,对制造业、互联网和社交媒体、饮料和金融领域的 6 家公司的新生代员工进行访谈。最后,总结出研究的理论贡献和对管

理实践的启示。其中,实际管理意义强调:① 组织需要将复杂而富有创新性的战略 HRM 功能与标准化实践分开,以促进新生代员工积极的工作态度;② 组织需要实施更多的职场策略;③ 组织应推动新生代员工自我实现的领导行为;④ 组织应发展更好的机制向新生代员工授权。

(二) 文献回顾

学者们通常从双重环境的视角研究新生代员工,一方面考察宏观因素,如政治、法律、经济、教育和文化等;另一方面,从微观视角,考察家庭结构等如何影响新生代员工的特征(Fu and Duan,2013)。例如,从微观环境来看,在观察不同代际员工的认知和行为时,学者们运用不同的理论来解释这种现象。最常见的是成熟视角和生命历程视角(Espinoza and Schwarzbart,2015;Thompson,2015)。成熟视角将生物体的发展视为行为的主要决定因素。它的前提是同一代人在其生命周期的同一阶段经历同样的事件。例如,在 20 多岁的时候,个体在长辈眼中是天真、傲慢和浮躁的,而随着他们变得成熟将逐渐脱离这些属性。生命历程观点强调宏观事件创造了同一年龄组内大多数人共享的经验。根据这种观点,同一代际中的个体具有贯穿一生的价值观、态度和观点。

中国新生代成长于国内外发生巨变的时期,例如性别平等运动,对 LGBT(女同性恋、男同性恋、双性恋和变性人)更为包容,以及光明的未来和稳定增长的经济环境(Codrington and Grant-Marshall,2012)。1978 年之前,中国的就业是稳定不变的,"劳动力的供给和需求由政府规划而不是市场决定"(Yueh,2004)。鉴于国有企业的作用,企业之间很少有竞争(Warner,2014)。然而,在 1978 年以后,特别是 1992 年中国实行社会主义市场经济体制之后,市场很大程度地决定了劳动力在内的产品和服务的价格。公司之间的竞争改变了组织对技术、人才和知识的争夺。从宏观角度来看,由于这些经济和社会深刻变化,新生代失去了曾经可以完全预测的生命周期阶段。

一些经济学家认为,"整合经济和行为视角,考察新生代员工如何进入工作"是至关重要的(Levenson,2010),也为理解新生代员工的行为发展提供了更加综合的框架。从企业管理的角度来看,运用人力资源管理理论就是综合方法之一。面对来自独生子女家庭的新生代员工,中国的人力资源管理者不得不重新思考适用于新生代员工的人力资源管理政策和实践。针对以上问题,人力资源管理理论为分析新生代员工的特征提供了包含工作文化和环境背景的综合框架。

1. 新生代员工的特征

首先,了解新生代至关重要,因为他们"正在逐渐成长为劳动力资源,并将迅速成为商业组织的未来领导者"(Weber,2015)。Sirota 和 Klein(2013)将出生于 20 世纪 80 年代至 2000 年的人称为"Y 一代",也称为千禧一代,或"新生代"(Qian, et al.,2015;Yi, et al.,2015)。在将出生于"婴儿潮"(出生于 20 世纪 40 年代至 60 年代)和 X 一代(出生于 20 世纪 60 年代至 70 年代)员工与新生代员工进行比较时,研究人员发现,新生代员工受教育程度更高,他们在数字时代长大,并通过互联网、教育和旅行体验了东西方文化的融合(Tapscott,2008)。

新生代员工在很多方面与老一代员工不同。研究表明,新生代为职场带来了广泛而独特的个人经验,并体现出对技术的适应性,而老一辈员工可能会因为与新生代并肩工作而感到烦恼和困惑,因为新生代员工更习惯于生活在广阔透明的世界中(Weber,2015)。新生代期望他们的工作具有挑战性:创造性和活力(Espinoza and Ukleja,2016),更愿意为那些在培训和发展方面投入巨资的雇主工作(Parry, et al. ,2012)。新生代重视团队合作,期望得到其他员工的支持,并希望管理者关注自己(Sirota and Klein,2013)。对新生代员工职业期望的研究发现,新生代对未来持乐观态度。因此,这一群体努力改变他们在社会和工作中的地位,但在经济环境和劳动力市场波动情况下,尚未做好充分的准备来调整他们的期望和行为(Ng, et al. ,2010)。

为了解决人口增长问题,中国政府出台了计划生育制度,只允许一对夫妻生一个孩子。新生代员工与其他代际员工之间两个最主要的区别在于:第一,中国的新生代是在独生子女政策下诞生的,这一时期与中国经济改革和现代化阶段相吻合(Chen and Tang,2014)。中国家庭结构的"4-2-1"模式由四个祖父母、父母双方和一个新生代的孩子组成。中国新生代受到了父母和祖父母前所未有的关注。对比20世纪70年代出生的中国人,鲍(2012)发现中国新生代更加关注高等教育。然而,进入职场之后,新生代发现,教育优势并没有带来预期的就业结果,反而增加了其社会压力和职业压力。童年时期父母和祖父母的关爱,以及前所未有的物质享受(Stanat,2006)并不一定能为成年生活带来无限助力,因为中国人的价值取向存在"显著的代际差距"(Sun and Wang,2010)。Sun和Wang(2010)对2 350名中国新生代进行研究,受访者更加世俗化,并将自我成就视为工作中最重要的目标。而老一辈的中国人有更多的传统价值观,比如为国家做贡献和照顾家庭。鉴于这一思想代沟,中国的新生代发现很难向父母或祖父母寻求与工作有关的帮助,特别是在职业生涯发展时期。

类似于西方社会,中国新生代重视成功和团队合作的个人动力,表现出强烈的自尊和自信(Qing and Yang,2010)。一些学者提出,独生子女政策下出生的孩子"以自我为中心,很少合作,不会与同龄人相处"(Cameron, et al. ,2013)。在最近的一项研究中,学者比较了美国、英国、南非和中国新生代员工职业成功的三大定义。该研究表明,中国新生代最重视财务成就、工作任务的范围和多样性,以及工作满意度;而美国新生代重视财务成就、工作满意度和有所作为(Parry and Urwin,2011;Parry, et al. ,2012)。许多中国新生代,特别是大学毕业的自由职业者,都表现出"对自我成就的渴望","对成功的热情"和"对决定自己生活方式的渴望"(Ren,Zhu and Warner,2011)。通过对新生代员工的访谈,赵(2016)观察到,中国新生代员工有自己独特的生活方式,例如他们愿意面对挑战,具有平衡工作与生活的价值观,重视个人时间,不愿意加班。

较前几代人而言,中国新生代在成长过程中受到更多关注和关怀,但他们在进入劳动力市场后面临更大的压力。这其中可能有许多原因,包括他们需要在没有父母帮助的情况下学会独立并养活自己,以及必须面对与老一辈员工争夺晋升机会的挑战。在职场中,中国新生代员工倾向于表达想法和展现创造性行为。但当他们的意见被忽视或是创造性的想法得不到充分认可时,就会产生问题(Fu and Duan,2013)。中国新生代还会表现出对自我观点的坚持,尤其是当职场突出个人主义时,他们可能会偏离传统的工作方式。陈和宋(2014)认为中国新生代是追求自我实现,以及平等和谐的组织关系氛围的员工。此外,受到西方文化的影响,中国新生代形成了多元化的价值观和态度。因此,中国新生代的价值观和态度创造出一种独特的社会认知框架。

2. 分析中国新生代员工:人力资源管理和自我决定理论的视角

鉴于文化、经济和环境背景深刻地影响着中国的新生代,这一代又重新定义了人力资源的管理方式。从人力资源管理的角度看,挑战在于如何激励新生代员工达到适当的绩效水平。

为了分析新生代员工的动机,本研究借鉴了自我决定理论(Deci and Ryan,1980)。与其他动机理论不同,自我决定理论(SDT)假设不同目标和成就对人们能够满足自身需求和抱负的程度产生影响(Deci and Ryan,1980,1985,2000)。SDT认为外部环境会影响人的情绪,而一个人的需求、欲望和志向对于持续的心理成长、诚信和幸福感至关重要。

近年来,越来越多的中国新生代进入劳动力市场,新生代的需求和抱负与传统雇主的期望并不一致。新生代与管理者的不和谐,即管理者发现很难将新生代员工的职业期望与其对成功的乐观情绪联系起来(Espinoza and Ukleja,2016)。《2014年度新生代员工职场生态调查》(中国招聘公司,Zhaopin. com)报告称,有超过50%的新生代劳动力在公司中担任重要职务,超过15%的人担任中层管理职位。同年的《智联招聘新生代员工职场生态调查》数据库除了定期进行职场调查外,还包含超过3.8亿名员工的职业数据。根据这项调查,超过80%的新生代至少换过一次工作,超过50%的新生代已经换了4~5次工作。假设员工需要大约2~3年才能了解公司的基本运营情况并建立自己的核心竞争力,那么与工作变动频率相关的数据就相当令人惊讶。这些数据表明,中国新生代对职业道路和人生目标缺乏深思熟虑(虽然他们有明确的职业期望),且公司不知道如何有效地管理新生代员工。

《2014年度智联招聘新生代员工职场生态调查》(智联招聘,2014)显示,老一代员工和公司人力资源管理实践对新生代员工存在认知偏差,他们认为这些员工的传统观念薄弱、自律能力差、个人特征过度、有挑战权威的倾向、情绪不适应并且缺乏心理承受能力。而新生代员工认为自己是负责任、能够快速学习、善于完成工作、独立思考和自信的工作者。新生代和人力资源经理答案的差异有助于解释这两个群体之间的分歧,也揭示出人力资源专家在管理新生代员工方面的问题。例如,只有10.5%的人力资源经理认为新生代能做好工作,61.1%的新生代并不认同;15.3%的人力资源经理认为新生代能够抵抗压力,47.4%的新生代不认同。显而易见,中国人力资源经理尚未真正识别激励新生代员工的因素。

当我们对这种认知差异进行分类,人力资源经理和新生代员工之间 65％的认知差异与新生代的特征有关,35％与新生代行为有关。

综上,中国人力资源经理面临的挑战不仅是平衡个人需求和抱负,还要通过规划人力资源政策和人力资源管理转型来更好地管理新生代员工,并与其抱负相契合。

3. 当前中国的人力资源管理转型

基于新生代员工,探讨中国人力资源开发与转型是组织管理最为关注的问题之一。中国的人力资源管理方式正在从计划经济体制下的传统人事管理模式向社会主义市场经济体制中的人力资源管理模式转变(Zhao and Du,2012)。21 世纪,人逐渐成为组织发展的核心要素,人力资源管理作为国家竞争力的基本组成部分,正在被提升到国家战略的高度。

赵和杜(2012)将中国人力资源管理的发展分为三个阶段:引入阶段、探索阶段和系统强化阶段。其他学者将这一发展分为三个阶段:早期、中期和后期(华纳,2009)。特别是在后期阶段(主要是在 21 世纪初),华纳(2009)认为,大型中国企业,尤其是那些合资企业(JVs)施行了实质性人力资源管理系统。到了后期,人们集中关注人力资源管理的战略层面。华纳指出,在战略人力资源管理研究中,高绩效工作系统(High Performance Work System,HPWS)在中国的跨国公司、私营企业和国有企业中越来越受欢迎(Warner,2009)。HPWS 作为战略人力资源管理的组成部分,"包括与员工共享信息,提供发展技能培训,以及将薪酬和奖金与绩效评估联系起来等实践"(Qiao,et al.,2009)。随着 HPWS 的引入,年轻且受过教育的中国员工更加能够接受人力资源管理以及组织的变革(Warner,2004)。

中国人力资源管理转型的新阶段始于 2016 年,即"十三五"规划时期。以经济年均增长 6.7％为目标,中国经济正逐渐从"基础设施建设、出口拉动型增长转向消费拉动型和高附加值增长"(Koleski,2017)。"十三五"规划的重点议题是"中国制造 2025"和"互联网＋",这带来了行业重组和人才保留的机遇,及人力资本投资的挑战。由于中国产业结构的调整,高失业率和供过于求的劳动力市场仍然存在(Wang,2016)。中国的人力资源管理需要通过管理手段平衡员工、业务和市场驱动型经济的需求,将人力资源需求和预测与公司整体战略的实施相结合。

(三) 研究问题

本研究的核心问题是中国人力资源管理转型与新生代员工如何相互影响。在经济变化的背景下,劳动力性质的变化表明企业需要具备学习能力以不断获取高技能人才(Li and Nimon,2008)。管理者面临的重大挑战是要改变适用于上一代员工的人力资源管理实践,帮助新生代获取新技能,采取完全不同于以往且更有针对性的人力资源管理政策和实践(Yi,et al.,2015)。

赵(2016)基于人力资源管理-组织关系有效性和组织文化的社会背景模型,开发了
员工态度/行为形成的概念模型(Ferris, et al. ,1998)。赵认为,员工的动机和认知水
平在员工态度和行为的形成中起着不可或缺的作用。员工动机和认知方面主要包括:
需求、个人特质、价值观、民族文化、工作设计、人际情境契合认知和情感反应等
(Latham and Pinder,2005)。工作特征与新生代员工福祉关系的研究表明,通过考察
工作特征并平衡员工的心理需求和抱负,可以更好理解新生代员工的人文福祉(赵,
2016)。工作特征与新生代员工福祉关系的研究表明,通过考察工作特征,平衡员工的
心理需求和抱负,可以更好理解新生代员工的人文福祉(赵,2016)。赵在 2014 年 11 月
至 2015 年 4 月对来自 60 家公司的 700 名员工(其中包括 519 名新生代员工)进行了数
据调研。研究发现,将中国新生代员工与非新生代员工(特别是 1960 年代与 1970 年代
出生的员工)进行比较时,心理需求的中介效应和导致员工福祉差异的内在抱负的调节
效应存在显著差异,如表 8.4.1 所示。

表 8.4.1　中国新生代员工与非新生代员工福祉之间差异的比较

属性	维度	新生代员工			非新生代员工		
		工作生活满意度	心理幸福感	享乐幸福感	工作生活满意度	心理幸福感	享乐幸福感
工作特征与员工福祉之间的关系		显著	显著	显著	显著	显著	显著
心理需要的中介效应	自主	显著	显著	显著	显著	显著	不显著
	能力	显著	显著	显著	不显著	显著	不显著
	关系	显著	显著	显著	不显著	显著	不显著
内在抱负的调节作用	个人成长	显著			不显著		
	有意义的关系	显著			不显著		
	集体贡献	不显著			不显著		
外在抱负的调节作用	声誉	显著		显著	显著		显著
	形象	显著		显著	显著		显著
	财富	不显著		不显著	不显著		不显著

如前所述,中国新生代员工和管理者之间的大部分差异都与其特征和行为有关,而
组织效率基于员工的态度与行为。那么,影响新生代员工态度和行为的因素是什么?
表 8.4.1 为回答此问题提供了广泛的视野,诸如心理需求和抱负等。赵(2016)指出需
要分析动机形成、员工态度和行为之间的联系(重点考察职业态度和行为的关联)。此
外,还需要进一步说明人力资源管理在促进新生代员工积极态度和行为方面的作用。

基于上述分析,本研究提出两个问题,这些问题对于进一步测量跨层数据以及员工
和组织级别变量至关重要。研究问题是:

RQ1　公司的人力资源管理政策和体系如何影响中国新生代员工的职业态度?

RQ2 面对持续增长的新生代人才库,需要采取哪些人力资源管理转型方法来促进积极的态度和行为?

(四) 研究方法

基于赵(2016)的研究,进一步细化调研,重点关注三个领域:当前的职业目标、激励因素和影响工作态度或行为的条件。示例题项包括:"你目前的工作是否符合你自己设定的职业目标?""你认为每天上班的内在动机是什么?""有什么激励你每天来上班的外在激励因素?""你对迄今为止的职业成就感到满意吗?""你认为有改进的地方吗?""影响你工作态度或行为排在前三位的条件是什么?""什么会改善你在公司的福祉?"

1. 数据收集和分析

在2016年12月至2017年2月期间,研究者对中国江苏省和浙江省6家公司的150名新生代员工进行了访谈。这6家公司是从2016年调研的前60家公司中选。它们代表了制造业、互联网、社交媒体、饮料和金融等不同行业。在参与第一次问卷调查的新生代中随机选择员工参加第二次访谈,所有员工任职期都超过6个月。主要通过一对一的访谈获取数据。

根据 Miles 和 Huberman(1984)的观点,定性数据能够保持时间流,评估局部因果关系,并得出富有成效的解释。在分析访谈数据时,遵循 Plowman 等(2007)、Dutton 和 Dukerich(1991)提出的方法,在访谈分析中提炼出关键词而不是主题。

第一步是使用接触汇总表记录6家公司150名新生代员工的所有访谈数据。每个公司都由两个字母标记,每个访谈记录都标有公司编号和唯一的员工编号。在每次访谈结束后,访谈中的关键词被标注在访谈记录的底部,并且每个关键词都注明了访谈期间正在处理的问题相关代码。

第二步是编码每个关键词和相关问题用于分析和跟踪。一共编写了10个关键词和4个相关问题。关键词例如"领导风格""团队氛围""薪酬"和"工作挑战";相关问题包括"公司程序""动机""管理支持"和"企业文化"。

2. 访谈结果

领导风格、薪酬和团队氛围是访谈中提到最多的三个关键词。公司业绩是新生代员工的职业激励因素之一。员工提到,如果公司表现良好,那么员工就会感觉良好和积极,因为他们有成就感。新生代员工也指出健康是一个重要问题,特别是在加班的情况下。当公司提供员工更多的空闲时间与家人共度或参加健身活动时,会使组织和个人受益。从表8.4.2中可以看出,关键词大多与动机和管理支持的类别相匹配。表8.4.3列出了不同行业新生代员工的访谈回答样本。

表 8.4.2 样本关键词与问题匹配

访谈编号	问题:公司程序	问题:激励	问题:管理支持	问题企业文化
AO_EMP1		领导风格	职业规划	
AO_EMP2	薪水			
ST_EMP1		技能培训		
ST_EMP2			公司业绩	
XL_EMP1	管理政策			领导风格
XL_EMP2		工作挑战		
PH_EMP1			团队氛围	
PH_EMP2				企业文化
YH_EMP1		领导风格		企业文化
YH_EMP2				

表 8.4.3 新生代员工访谈回答样本

行业	访谈回答
员工(合资制造企业)	我对这个行业的兴趣是促使我来上班并做好工作的原因。我的团队领导拓展了我的洞察力,并教会了我做好工作的技能。我以前在其他公司工作过,但我认为现在公司的人力资源政策和制度为我们提供了更多成长和发展优势的机会。然而,和我的同事一样,我不喜欢加班,所以下班后我会平衡生活,并尝试慢跑。我的同事和我有一个微信(中国社交媒体工具)群,在那里我们可以分享我们每天的慢跑结果。
员工(社交媒体企业)	我在高压力的环境中工作,因为社交媒体行业需要最新的新闻和娱乐。让我做好工作的动力是获得高薪并从老板那里得到关怀。尽管我们有良好的企业文化,但有时我的新生代同事无法应对压力,员工离职率很高。我不认为我们现有的人力资源系统可以有效处理新生代的员工离职问题,因为每个新生代的员工都不同。有一次,我的老板评价了一个广告设计,我的同事认为我的老板对他太过苛刻,然后他第二天就离职了。人力资源应该如何处理这种问题?
员工(私营制造企业)	我认为我将来不会留在现在的公司。尽管我们的薪酬很高,但我们无法发表自己的意见,因为我们公司的大多数领导都是 60 后。他们有自己的处事方式。例如,人力资源部门每周都会为所有工厂员工举办培训课程,但我认为这对我的工作没有帮助。当我赚到足够的钱时,我会去创业。
员工(饮料制造企业)	我出生于 1995 年,我来到这家公司是因为我父母希望我来。我有亲戚在这里工作,所以我的父母希望我尝试这份工作。这是我的第一份工作,我从没想过我想要做什么,所以我在这里。我与我的经理和同事相处很好,或许是因为他们与我的年龄相似。因此,当我们一起工作时,会有很多乐趣,而且不会感到有压力。我的经理是 80 后,他与我们沟通非常随意。我们有严格的人力资源政策,但它不会影响我的工作,我只是做我必须做的事情。

(五) 讨论与建议

访谈结果展现了中国新生代员工职业态度的概况，并指出对新生代的工作动机产生重要影响的关键领域。该研究结果显示，新生代员工的价值观、需求和抱负与其他代际员工存在许多差异。管理者认为，新生代员工行为呈现复杂性的原因与新生代员工自己认定的核心价值观相符。这一结论与 Espinoza 和 Ukleja(2016)的结论一致，他们识别出 9 个新生代的内在价值观，包括：工作与生活的平衡、奖励、自我表达、注意力、成就、非正式性、简单性、多任务处理和有意义。此外，正如内在价值观数据所证实的那样，代际之间的认知存在明显差异。例如，新生代偏好多任务处理。管理者认为，这是新生代工作中的不专注。新生代也需要更好地理解管理者的期望和优先事项原则(Espinoza and Schwarzbart,2015)。以上这些感知差异和严格的工作流程可以解释为什么新生代员工会在工作场所遇到严峻的挑战。本研究的数据还显示，中国人力资源经理与中国新生代员工之间的认知差异取决于新生代员工是否愿意证明自己的能力，能否实现他们自认为是负责任的人和快速学习者的信念，以及是否愿意被倾听和接受。

就本部分第一个研究问题"公司的人力资源管理政策和制度如何影响中国新生代员工的职业态度?"，我们认为目前人力资源管理的政策和制度只能满足中国新生代员工的基本需求，无法满足其长期职业抱负。因此，现有的人力资源管理政策包括积极和消极的职业属性。

对本部分第二个研究问题"当面对新生代员工人数的增加，公司应该采用何种人力资源管理转型方法来促进新生代的积极态度和行为?"，研究表明许多关键词与激励和管理支持相关。关于新生代员工的心理需求和抱负的研究结果表明，企业应开发与人力资源相关的政策，以更好地赋予新生代员工权力；为他们提供发展核心竞争力的机会，形成支持型工作环境，并关注新生代员工的工作设计和职业规划。

新生代员工授权和核心能力发展应与他们个人成长和关系发展的内在抱负保持同步。这不仅关系到新生代员工的福祉，也有助于其提高工作自主性，为日常工作赋予更多的权力和责任。赋权不仅涉及权力和责任，还要求公司人力资源部门具有制定灵活的薪酬政策、工作政策和管理手段的能力。

此外，企业创造一个支持型工作环境有助于展现新生代员工的价值观，因为新生代经常表现出帮助他人的意愿，可以与同龄人和老员工建立有意义的联系。在管理新生代员工时，要引导他们重视在公司内外的自我形象。对于新生代的员工来说，企业重视其外在抱负也有助于提高他们的工作生活满意度和幸福感。

关于人力资源管理的研究，需要继续解决与工作性质变化相关的问题(Kowalski and Loretto,2017)，并了解工作性质的变化对人力资源经理和员工的影响。新生代员工倾向于实现个人职业目标，这些目标有时夸大化、不现实，奖励与绩效脱节(Ng, Schweitzer and Lyons,2010)。人力资源经理经常面临新生代员工积极寻求管理自己职业生涯而不信任组织的困境(Gu, et al.,2010)。

越来越多的新生代员工追求并实现他们父辈未曾想过的梦想。当然,早期的员工经历了截然不同的经济社会事件,形成了不同的世界观和更保守的观点(Sirota and Klein,2013)。因此,从有意义的工作经验角度来看,研究人员应该进一步研究新生代员工,将新生代的需求和态度与他们的行为联系起来。从管理的角度来看,企业还应注重企业家精神的培养和塑造变革中的企业文化,培养自我形象意识、职业发展经验和利他价值观,帮助新生代成为未来的领导者。

当今中国人力资源管理必须正视经济社会环境发生的巨变。人力资源管理实践仍只是员工运营管理的一种手段,尚未提升到实现长期组织有效性的战略地位。目前,中国的人力资源管理理论和模型主要源于西方发达国家。为更好地服务于中国企业,研究人员和从业者需要更多地关注与国内环境相关的理论框架。企业必须切实解决中国背景下的人力资源管理问题(Zhao and Zhao,2014),这要求人力资源管理框架和应用能够融入当地文化环境,并关注不断增长的新生代员工的需求。中国人力资源管理政策和实践必须做出转变,更好地满足中国新生代员工的需求和抱负。根据分析,得出以下几个结论。

在组织层面,有必要将复杂性和创造性的战略人力资源管理功能与传统标准化的人力资源管理系统分开。根据访谈结果,中国新生代员工认为,目前的人力资源管理政策和制度只能满足其基本需求,无法实现其长期愿望。显然,除了参与日常运营的人力资源活动外,人力资源部门应主动将人力资源管理战略与公司战略相匹配。人力资源管理战略应成为制定总体人力资源目标的指导原则,包括招聘、预算和关键绩效指标。结合中国新生代员工的实际需求时,应使人力资源管理职能如员工培训、绩效管理、薪酬管理和职业规划等更具价值。其他人力资源管理职能如人力资源规划、招聘和资源分配等是更加标准化的职能,对实现新生代员工的目标和抱负很重要。

在考虑到职场灵活性战略时,人力资源管理的主要战略目标应该是在预算范围内培养员工绩效。Kossek 和 Thompson(2016)表明西方企业的人力资源经理正在将职场灵活性作为正式的员工政策。通过对中国新生代员工的访谈,可以明显看出他们希望更好地平衡工作与生活,包括在职场拥有更多的灵活性。Kossek 和 Thompson(2016)还提到,与工作-生活需求相关的职场灵活性可以为员工提供控制其工作条件的权利,从而满足他们的工作-生活需求并促进员工做出贡献。Kotey(2017)表示,职场灵活性还包括调配工作场所/位置、工作量和工时、假期以及职业连续性的灵活性。中国人力资源经理应根据新生代员工的实际需求制定职场灵活性战略。

在个人层面,公司应该倡导有助于中国新生代员工自我实现的领导行为。研究访谈中,领导风格是最常提到的关键词。领导力、价值观和管理是企业有效运营的三个关键点。因此,在考虑培养新生代员工并帮助他们制定职业规划时,人力资源管理政策和实践需要一个新的视角。由于新生代员工的需求和抱负与前几代人有所不同,调整新生代员工与上一代员工期望之间的差距对中国企业的领导者和职能经理也是一项挑战。新生代员工终将成为领导者,制定促进自我实现领导行为的政策和实践至关重要。

(六) 局限性与未来研究方向

本研究的局限性即是未来研究的方向。首先,研究只是关于员工—人力资源管理-组织效率关系框架内长期研究项目的第一步。此框架中的每个要素都需要对跨层数据进行收集和分析。其次,对中国新生代员工的访谈样本较为有限,未来还应进一步扩展。本研究只对新生代员工进行了采访;未来应该对管理者和员工的观点进行比较,以更全面地获取新生代和雇主之间人力资源关系的信息,并解析人力资源管理与组织效率之间的关系。再次,未来还需要对中国新生代员工的态度和行为进行定量分析,混合定量-定性方法采取连续三角测量(Morse,1991,2003),更好地揭示变化的程度以及产生态度和行为的原因。因此,未来研究还需要新生代员工样本来扩展数据集。应该考虑定量研究方法以扩展定性研究,并进一步测试新生代员工的认知、态度和工作环境中行为之间的联系。采用中国更多公司的纵向数据以进一步验证定性分析的研究结论。最后,未来研究还应该考察中国新生代员工如何看待中国的人力资源管理,以及他们对未来人力资源管理转型发展的期望。

五、组织和区域对中国采用高度参与的人力资源系统的影响

(一) 引言

战略人力资源管理(SHRM)相关研究认为,高质量人力资源(HR)的获取和部署使组织能够创造长期价值(Coff and Kryscynski,2011)。基于企业的资源基础视角(RBV),大量的实证研究表明,一系列相互加强的人力资源实践,也就是人力资源系统的采用可以提高员工的技能、动机和执行力,并能使员工保持士气高昂,带来高水平的组织绩效(Combs, et al. ,2006)。

然而,不同公司之间人力资源系统的采用存在很大差异,这突出了理解 SHRM 理论边界条件的重要性(Lepak, et al. ,2006)。为了解决这个问题,本研究探讨了一系列影响中国人力资源系统采用的组织和区域特征。具体而言,我们使用单一标签,高参与HR 系统(High Involving Human Resource System,HIHRS),用以包含有相似名称的相关绩效-增强 HR 系统(Batt,2002;Boxall and Macky,2009)。因此,HIHRS 代表了一系列实践,包括培养技能发展,促进授权和参与,以及引导员工将他们的个人努力与组织目标相结合。本研究整合了资源依赖理论(RDT)的观点,扩展了现有 SHRM 理论的研究范围。资源依赖理论认为外部利益相关者可能会制约企业的雇佣决策(Pfeffer and Davis-Blake,1987;Pfeffer and Salancik,1978)。我们研究了三个对财务资源供给至关重要的群体角色:进行大量投资并拥有企业运营控制权的所有者,通过股票交易和外部市场评估发挥影响力的资本市场中介机构,以及那些购买力能够影响企业所需的人力资本数量和质量的顾客。此外,我们还研究了在企业决定采用 HIHRS

时,区域差异可能发挥的作用。

本研究从三个方面为 SHRM 做出贡献。首先,我们结合 RBV 和 RDT 扩展了 SHRM 研究的理论基础。尽管 RBV 学者预测人力资源资本投资可以在相对稳定的环境中增强公司的竞争优势,但他们还没有充分解释为什么在快速变化、不可预测的环境中难以获得这种效益(Barney,1997)。为扩展这方面的研究,本研究整合了 RDT 视角,认为中国企业在采用人力资源系统时,要用心管理与其强大的利益相关者之间相互依存的关系。

其次,虽然之前研究已经检验了人力资源系统对员工和组织产出的影响,但我们对促进或制约不同国家环境中采用这些系统的因素知之甚少(Liang, et al.,2012)。在将情境化方法应用于 SHRM 研究的基础上,我们聚焦于一系列与社会经济和文化环境有关的前因。

再次,很少有研究系统地探讨中国企业在做人力资源决策时是否会考虑区域特性。在本研究中,我们收集了 21 个省的 247 个呼叫中心的数据来研究这个问题。与制造业相比,呼叫中心运营不受与客户、供应商或公司总部地理上接近程度的制约。因此,这种背景提供了一个宝贵的机会,可以比较全国性样本中 HIHRS 在内陆和沿海省份同类企业中的采用情况。

(二) 假设

SHRM 研究认为,企业会采用促进技能发展、参与和奖励的管理实践来获得竞争优势(Wright, et al.,2014)。尽管西方背景下的研究提供了充足的证据支持这一观点,但它在新兴经济体中的适用性却得出不同的结果。我们将 RDT 纳入 RBV 框架,认为 HIHRS 在中国的采用不仅反映了公司对长期增长的承诺,而且还是一个深思熟虑的决策,用来管理企业对强大利益相关者的依赖性,包括有控制权的所有者、资本市场中介和客户。此外,我们还探讨了区域差异是否会调节外部利益相关者对采用 HIHRS 的影响。

1. 所有权身份

拥有控制权的所有者不仅会通过提供金融资本,而且会通过选择和任命关键职位的经理来发挥其影响力。在本研究中,我们认为拥有控制权的所有者的独特身份和动机将影响企业对 HIHRS 的采用。

国内的企业(以下称私营企业)由企业家拥有,他们通常优先考虑经济效率而不是人力资本等无形资产的投资(Pistrui, et al.,2001)。在中国私营部门工作的个人的高流动性倾向加剧了这种缺乏激励的状况。这些员工经常将企业间的流动视为促进职业发展的重要途径,而不会被单一组织内的长期诱因所吸引(Wang, et al.,2011)。由于高员工流动率降低了人力资本投资的回报,私营企业主更不愿意投资人力资源系统。

外商投资企业(包括外商独资企业和合资企业)的所有者将人力资源系统作为一项

战略举措,并将总部和海外分支机构的最佳实践传播给中国子公司(Smale, et al.,2013)。此外,外商投资企业的管理人员更有能力采用 HIHRS,因为他们拥有丰富的知识和社交网络支持(Frear, et al.,2012)。相比之下,私营企业的管理人员没有充分接触这些新想法,有时缺乏将人力资源系统转移和应用到企业所需的专业知识的能力。因此,提出假设 1a:

H1a 外商投资企业与私营企业相比更有可能采用 HIHRS。

中央和地方政府会通过所有权控制和优先获取公共资源,影响国有企业(SOEs)人力资源系统的应用。为了获得政府支持,国有企业会采用与政府倡导的和谐工作关系相一致的人力资源实践,这就需要对员工的发展和幸福做出承诺。同时,尽管国有企业拥有改革前终身雇佣的传统,但它们在 20 世纪 90 年代实施了大规模的裁员。这些相互矛盾的历史导致公众对国有企业雇佣情况的审查越来越严格。因此,提出假设 1b:

H1b 央企和地方国企与私营企业相比更有可能采用 HIHRS。

最近,很多有趣的文献在研究中央和地方国有企业之间的显著差异(Bruton, et al.,2015)。这些研究发现,央企会受到更严格的官僚控制和政治审查,因为其高层管理人员与中央政府有更强的联系,并有填补上级政府职位的可能。也就是说,为了提升政治级别,央企的高管倾向于优先考虑国家所有制的社会政治目标,并且会通过采用 HIHRS 维护积极的工作环境。相比之下,地方国有企业的决策结构比较分散,高度依赖地方政府来获取商机和社会资源(Walder,1995)。由于地方官员有很强的职业激励来促进经济增长,他们非常有可能将收入、利润增加等商业目标强加给地方国有企业。因此,虽然我们推测是否采用 HIHRS 在国有企业和私营企业之间会存在普遍差异,但这种差异在央企和私营企业之间可能比在地方国有企业和私营企业之间更为突出。因此,提出假设 1c:

H1c 央企与地方国企相比更有可能采用 HIHRS。

2. 资本市场中介机构

企业通过银行和股票市场等市场中介机构获取金融资源,以维持和扩展其业务。企业财务研究建立了从银行筹集资金作为金融资源的关系模型(Davis,2009)。这项研究表明,银行看重的是公司的良好运作及其在贷款期间偿还应计利息和债务的能力,而不是短期利润(Boot and Thakor,1997)。此外,由于企业有义务定期向其贷方提供私人信息,如新专利、主要人事决策和投资计划,银行和公司很可能会减轻信息不对称的不利因素并发展基于信任的相互依赖关系(Uzzi and Lancaster,2003)。

相比之下,基于证券交易所上市的金融市场模型给管理者带来了压力,因为这要求他们提供短期财务业绩(Davis,2009)。股票市场的交易机制主要使用每股收益等财务标准,但它无法充分显示企业相对于竞争对手的运营优势(Zuckerman,2000)。而当一家公司无法满足季度盈利预期时,低股价会对公司重组构成潜在威胁,甚至会导致现有管理层的更换。RDT 预测,处于这种压力下的经理人将维持高股价,专注于短期投资,并最终在如何经营公司的问题上遵循以股东为导向的意识形态(Davis,2009)。实际上,来自北美的证据,强调股东回报会减少公司在员工技能、员工参与和长期激励方面的投资(Liu,et al.,2014)。因此,我们预期上市公司采用 HIHRS 的可能性低于非上市公司。本研究假设 2a 如下:

H2a 非上市公司与上市公司相比更有可能采用 HIHRS。

越来越多的文献研究表明,在不同股票市场上市的公司会受不同的规范理念和意识形态、治理规则和投资者特征的影响,从而导致这些公司的人力资源实践发生变化(Conway,et al.,2008)。在中国,导致股票市场公司上市多样性的原因包括沪市和深市的增长、中国公司的海外上市以及外国上市公司的投资。

我们认为,在中国证券交易所上市的公司比海外上市公司更有可能关注短期回报并减少对 HIHRS 的投资,原因有两个:首先,海外股票市场已经建立了独立董事会、外部审计和透明度披露等公司治理实践,但这些举措在中国并没有很好地发挥作用(Pistor and Xu,2005)。例如,中国证券监督管理委员会在评估公司的首次公开募股要求时,仅根据股权收益等会计处理方法来确定是否剔除业绩不佳的公司。其次,中国股市吸引了大量零散的投资者,他们几乎没有什么专业知识,无法了解公司的内部优势(Gao,2002)。这或许可以解释为什么中国上市公司会经常放弃研发并且通过裁员来增加短期收益。相比之下,纽约和纳斯达克证券交易所等海外股票市场制定了更高的公司治理标准,以遏制这些机会主义倾向。因此,提出假设 2b:

H2b 在海外证券交易所上市的公司比在中国证券交易所上市的公司更有可能采用 HIHRS。

3. 客户服务策略

高价值客户的要求通常是复杂的、特殊的,并且需要高水平的执行自由度,比如定制捆绑和特殊定价安排(Heskett and Schle Singer,1994)。因此,为高价值客户提供服务要求员工接受关于产品知识、服务提供以及谈判和沟通技巧的持续培训。此外,公司要有动力创建自主的工作环境,使员工感到有能力并能有效地满足客户需求(Batt,2000)。相比之下,为低价值客户提供服务的公司可能会依赖自动化和流程标准化来最大化其服务能力。他们倾向于实施控制导向的管理实践,例如电子监控和基于效率的绩效指标,从而提高劳动效率并减少服务中断(Holman,et al.,2002)。因此,提出假设 3a:

H3a 服务于高价值客户群的公司比服务于低价值客户群的公司更有可能采用 HIHRS。

此外,我们预测客户所在的地理范围会影响公司采用 HIHRS 的动机。与服务于本地客户的公司相比,在地理位置分散的地区为客户提供服务的公司会遇到更多不同的客户需求(Davenport,2005)。例如,由客户评定的服务结果(如速度与可靠性)的相对重要性可能在空间上有所不同(Mittal,et al.,2004)。在中国,区域方言和地方文化进一步增加了为不同地点的客户提供服务的难度。因此,地理位置不同的客户群会要求公司高度依赖积极主动的员工队伍。此外,当其客户在地理上集中在同一地区时,公司会面临特定地点的经济干扰。而当呼叫中心向多个地点提供服务时,地理多样化降低了需求波动的风险,从而为长期规划提供了机会。因此,提出假设 3b:

H3b 为地理位置分散的地区客户提供服务的公司比仅为当地客户服务的公司更有可能采用 HIHRS。

4. 区域差异的作用

发展经济学和地理学的相关文献记录了中国沿海和内陆地区之间的巨大差异,表现在市场发展、经济增长和商业传统等方面,但区域差异对人力资源的影响却被忽视了(Li and Sheldon,2010;Sheldon and Li,2013)。本研究中,我们认为位于沿海地区的公司比位于内陆地区的公司更有可能采用 HIHRS,原因有两个。

首先,沿海地区拥有领先的公司、雇主协会网络、大学和其他市场支持机构,这是推动采用 HIHRS 的主要手段。例如,外商投资企业采用这些系统可以激励当地竞争对手效仿,同时,雇主协会和大学可以通过传播成功案例和促进从业者之间的知识共享来促进 HIHRS 的采用(Lee, et al. ,2011)。

其次,沿海地区公司的员工对采用 HIHRS 的要求高于内陆地区。一方面,由于劳动力萎缩,生活成本飙升以及对移民雇员的歧视政策,沿海地区的城市缺乏熟练员工,而内陆地区的劳动力供应仍然充裕。另一方面,沿海地区的求职成本较低,员工很容易了解其他就业机会。有时,即使不主动寻找新职位,员工也可能被竞争对手挖走(Li and Sheldon,2010)。为了吸引新员工并留住在职员工,沿海公司更有可能采用 HIHRS,提供比内陆地区更高的薪水、更多的培训和更好的职业发展机会。因此,提出假设 4:

H4 位于沿海省份的企业比内陆地区的企业更有可能采用 HIHRS。

此外,我们还提出了在采用 HIHRS 上,区域差异和组织特征之间的交互效应。我们预测由于内陆企业的控股方、资本市场所有者和客户能施加比沿海企业更大的影响力,因此更有可能在采用 HIHRS 方面表现出比较大的差异。

与环境资源聚集度有关的研究表明,那些拥有关键资源的利益相关者可以在资源稀缺程度较高的环境中增加自己的相对权力并进行更多控制(Dess and Beard,1984)。与沿海地区相比,内陆地区的经济增长受到财政资源不足的阻碍更大。由于内陆地区对吸引资金和投资的需求特别高,相比于在沿海地区,内陆的大型企业所有者、金融投资者和客户更有能力决定其首选雇佣结构。

此外,相较于沿海地区,内陆地区的利益相关者倾向于保持其在当地突出的身份和价值,因为某地区特定文化和历史路径依赖的影响往往会超过基于市场安排的同构力量。例如,在沿海地区,私营企业更有可能效仿沿海地区的外商投资企业,这是因为沿海地区的企业对西方管理原则和完善的专业网络有更充分的了解,高参与人力资源理念在沿海企业中传播度更广。同样,由于全面的监管改革和政府在经济干预中的作用减弱,沿海地区的中央和地方国有企业往往在业务重点和管理实践方面与私营企业相比有更多的相似之处。

基于上述认知,我们提出如下假设 5、6、7:

H5 区域差异调节了所有权身份对采用 HIHRS 的影响,使得外商投资企业、中央国有企业、地方国有企业和私营企业在内陆省份采用 HIHRS 的差异比沿海省份更大。

H6 区域差异调节了股票市场上市对 HIHRS 采用的影响,使得非上市公司、在海外证券交易所上市的公司和在中国证券交易所上市的公司在内陆省份采用 HIHRS 的差异比沿海省份更大。

H7 区域差异调节了客户服务战略对 HIHRS 采用的影响,使得服务于不同客户群和地理范围的公司在内陆省份采用 HIHRS 的差异比沿海省份更大。

(三) 研究方法

1. 数据和样本

我们的数据来自 2008 年和 2012 年对中国呼叫中心机构的大规模调查。数据进行的是机构层级的调查。员工人数越少,人力资源实践越趋于同质化,因此他们的回复也更加可靠(Gerhart, et al. ,2000)。我们选择总经理和高级人力资源经理作为目标受访者,因为他们熟悉公司的人力资源实践。为了减少由于多个人力资源系统共存而导致的测量误差,我们要求受访者主要关注所占规模最大的非管理层员工群体。结合两年的数据可以增加样本量,并考虑了临时变化,从而产生更加稳健和精确的参数估计(Dielman,1983)。

为了构建一个抽样框架,我们从专业协会的成员目录、供应商的客户名单、报纸和其他来源中确定了 2008 年的 602 家企业和 2012 年的 557 家企业。在与每个中心联系后,我们剔除了雇佣少于 10 名员工、已经关闭或重新安置,并且没有回复的机构。因此,我们的抽样框架就减少到 187 个和 206 个。最后,我们向所有同意参与的机构发送了调查问卷。最终样本包括 2008 年的 73 个呼叫中心(回复率=39%)和 2012 年的 174 个呼叫中心(回复率=84%),这些机构都提供了完整的回复。

为了解决没有答复的问题,我们比较了成功回收问卷的机构与联系了但没有回复的机构。结果发现,这两组在所有权、规模和行业方面是相似的。然后,我们检验了早期受访者(在首次接触后 30 天内完成调查)是否与晚期受访者(90 天后完成调查)存在不同,因为晚回复的受访者与没有回复的受访者有相似之处(Miller and Smith,1983)。结果发现,这两组没太大不同,只是早期受访者更有可能是为低价值客户提供服务的。因此,没有答复对本研究的影响很小。

2. 测量

在 SHRM 相关文献的指导下,我们测量了 HIHRS 作为附加指数的采用,因为这些实践是可替代和相互促进的(Shaw, et al. ,2009)。具体来说,我们计算了 9 项人力资源实践的标准化分数总和(Batt and Colvin,2011;Liu, et al. ,2014):① 在职培训,以一个典型的新员工能完全胜任工作所需培训的天数来衡量;② 持续培训,以一名典型员工在第一年之后每年接受正式培训的天数来衡量;③ 工资,按扣税前年终收入中位数来计算;④ 福利,以雇主提供的福利占年度总收入的比例来衡量;⑤ 内部流动机会,以过去12个月内在较大组织内晋升或转移的员工百分比来衡量;⑥ 就业保障,以具有开放式或可续约的固定期限雇佣合同的雇员所占百分比来衡量;⑦ 员工自由裁量权,以员工对任务和客户在7个条目中互动的自由裁量权来衡量($\alpha=0.74$;Batt,2002);⑧ 问题解决小组的使用,以与主管讨论工作相关问题的线下团队中员工的比例来衡量;⑨ 自我指导的团队的使用,以在线、半自治工作组中员工的比例来衡量。

　　自变量包括所有者、股票市场清单、客户服务策略和地区。我们根据企业的控股所有者来区分四种所有权身份:外商投资企业、中央企业、地方国有企业和私营企业。公开交易状态被视为虚拟变量,表明企业是否是非上市企业,在中国证券交易所(沪市和深市)上市,或在外国证券交易所上市。我们根据呼叫中心最大的客户群体把客户细分作为虚拟变量。当呼叫中心主要为商业客户和利润率高的个人提供服务时,我们将其编码为1,否则为0。地理范围用来衡量企业是否为同一城市(编码为0)或多个城市(编码为1)的客户提供服务。最后,我们将位于内陆省份(编码为0)的呼叫中心与沿海省份(编码为1)区分开来。我们样本中的公司位于中国21个省的35个城市,如图8.5.1所示。

图 8.5.1　研究样本中机构的地理分布

　　最后,研究还包括一些控制变量,包括组织规模、内部运营,是大型组织中的一部分和行业虚拟变量。此外,由于研究汇总了两年的数据,我们加入了一个虚拟变量,来代

表 8.5.1 均值,标准差和研究变量的相关性

变量	Mean	S.D	1	2	3	4	5	6	7	8	9	10	11	12	13	14
1 HIHRS	−0.51	4.23														
2 外企	0.23	0.42	0.16													
3 央企	0.22	0.41	−0.11	−0.29***												
4 地方国企	0.05	0.22	0.11	−0.12	−0.12											
5 深沪上市	0.13	0.33	−0.23**	−0.21	0.24**	−0.03										
6 海外上市	0.33	0.47	−0.07	0.09	0.23**	−0.12	0.1									
7 服务范围	0.88	0.32	0.17	0.17	−0.11	−0.09	−0.05	−0.01								
8 高价值客户	0.43	0.5	0.09	−0.13	−0.02	0.15	−0.03	−0.08	−0.04							
9 沿海区域	0.9	0.3	0.18	0.05	−0.24**	0.01	−0.2	−0.16	0	−0.06						
10 机构规模	5.03	1.61	−0.11	0.02	0.26***	0.02	0.11	0.19	0.07	0.23**	−0.18					
11 内部操作	0.85	0.36	0.05	−0.01	0.04	−0.01	0.09	0.16	0.02	−0.04	−0.03	−0.08				
12 分支	0.77	0.42	−0.06	0.12	0.27***	0.13	0.12	0.31***	0.09	0.03	−0.12	0.31***	0.13			
13 行业:金融	0.21	0.41	−0.01	0.01	0.08	0.07	0.26***	−0.04	0.09	0.07	−0.06	0.02	0.08	0.14		
14 行业:通讯	0.17	0.38	−0.08	−0.12	0.2	0.05	0.02	0.08	−0.1	0.12	−0.16	0.21*	−0.16	−0.02	−0.23**	
15 2012年	0.7	0.46	−0.02	−0.2	−0.13	0.15	0.03	−0.17	−0.02	0.40***	−0.01	0.13	−0.03	−0.15	0.11	0.25***

注意:$N=247$;结果调整为集群鲁棒性标准误差;* $p<0.10$, ** $p<0.05$, *** $p<0.01$。

表观察时间是 2008 年(编码为 0)还是 2012 年(编码为 1)。表 8.5.1 列出了描述性统计和相关性。

3. 数据分析程序

研究运用多元回归模型来检验假设。我们首先用控制变量和假设中涉及的自变量对因变量进行逐步回归分析(表 8.5.2 中的模型 1 至 5),然后将它们全部放到全模型中(表 8.5.2 中的模型 6)。最后,我们使用调节多元回归来检验区域差异的调节作用(表 8.5.3 中的模型 1 至 5)。为了减轻对同一省的企业彼此间更相似的担忧,我们计算了所有模型中系数的聚类鲁棒标准误差。

(四) 研究结果

表 8.5.2 报告了主效应的回归结果。假设 1a 和 1b 预测与私人所有者相比,外国和国家所有者有更大的动机促使公司使用 HIHRS。我们在模型 2 和模型 6 中得出的结果表明,与私人企业相比,外资企业对 HIHRS 的回归系数要高得多。此外,中央和地方国有企业对 HIHRS 回归系数也高于私营企业。尽管如此,与我们的预期相反,地方国有企业比中央国有企业更多地采用了 HIHRS。因此,假设 1a 和 1b 被支持,而假设 1c 不被支持。

假设 2a 和 2b 检验的是股票市场清单的影响。模型 3 和模型 6 中的结果表明,在中国证券交易所上市的公司与非上市公司相比更不可能采用 HIHRS,但并没有发现在外国证券交易所上市的公司与非上市公司之间存在显著差异。因此,假设 2a 被部分支持,假设 2b 得到支持。

表 8.5.2 组织特征和区域效应预测的 HIHRS 的采用:仅为主要效应

	模型 1	模型 2	模型 3	模型 4	模型 5	模型 6
所有权身份[私营]						
外资所有者		1.88***				1.53***
央企所有者		0.18				0.96**
地方国企所有者		2.97				2.93**
股票上市[私营]						
沪深上市			−3.00***			−2.07***
海外上市			−0.37			−0.08
客户特征						
服务范围				2.44***		2.31***
高价值客户				1.33**		1.25**
沿海地区[内陆]					2.24*	1.93*
控制变量						
组织规模	−0.21	−0.21	−0.15	−0.31**	−0.16	−0.26**

(续表)

	模型 1	模型 2	模型 3	模型 4	模型 5	模型 6
内部操作	0.41	0.53	0.72	0.46	0.51	0.79
分支机构	−0.36	−0.81	−0.16	−0.54	−0.27	−0.88
行业:金融	−0.23	−0.31	0.41	−0.37	−0.07	−0.02
行业:通讯	−0.76	−0.67	−0.48	−0.54	−0.44	−0.27
2012 年	0.03	0.12	−0.08	−0.52	−0.05	−0.41
R^2	0.019	0.065	0.071	0.069	0.042	0.158

注:$N=247$;方括号中省略的类别;结果调整为集群鲁棒性标准误差;* $p<0.10$,** $p<0.05$,*** $p<0.01$。

假设 3a 和 3b 预测服务于高价值客户和大范围地理区域的呼叫中心对 HIHRS 的采用会比其他呼叫中心更多。如模型 4 和模型 6 所示,为高价值客户提供服务可提高 HIHRS 的使用率。此外,呼叫中心运营的地理覆盖范围与采用 HIHRS 正相关。因此,假设 3a 和 3b 都得到了支持。

假设 4 是检验采用 HIHRS 是否因地区而异。模型 5 和模型 6 的结果表明,沿海省份呼叫中心的 HIHRS 采用率明显高于内陆省份。这些结果支持了假设 4。

表 8.5.3 报告了区域差异的调节作用。模型 1 至 4 以递进的方式呈现了一个利益相关者影响和区域差异共同作用的结果,而模型 5 报告了一个完整模型,包括所有利益相关者的影响及其与区域差异的交互效应。与我们的预期一致,从模型 5 可以看出,地方国有企业对 HIHRS 的回归系数为 9.16($p<0.05$);沿海地区对地方国有企业与 HIHRS 关系的调节效应显著,系数为 −6.84($p<0.05$)。相对于沿海地区来说,内陆省份地方国有企业采用 HIHRS 与私营企业的差距更大。但外企和私营企业之间以及中央国有企业和私营企业之间的差异并不因地区而异。因此,假设 5 得到了部分支持。此外,同样从模型 5 可以看出,国内上市公司对 HIHRS 的回归系数为 −6.02($p<0.01$);沿海地区对国内上市公司与 HIHRS 关系的调节效应显著,系数为 $\beta=4.44$($p<0.05$)。相对于沿海地区来说,内陆省份国内上市公司采用 HIHRS 与非上市公司的差距更大。但非上市公司与在外国证券交易所上市的公司在采用 HIHRS 方面的差异并不因地区而异。因此,假设 6 得到了部分支持。图 8.5.2 和图 8.5.3 展示了这些结果。最后,预测区域差异可以调节客户服务策略对采用 HIHRS 的影响的假设 4 没有得到支持。

表 8.5.3　组织特征和区域效应预测的 HIHRS 的采用:调节效应

	模型 1	模型 2	模型 3	模型 4	模型 5
所有权身份[私营]					
外资所有者	1.87*	1.61***	1.63***	1.63***	0.80
央企所有者	2.21	0.64	0.70*	0.72**	1.57

(续表)

	模型 1	模型 2	模型 3	模型 4	模型 5
地方国企所有者	9.42***	2.87***	2.93**	2.98**	9.16**
股票市场上市[私营]					
沪深上市	−1.89***	−7.27***	−1.95**	−1.90	−6.02***
海外上市	−0.35	−0.58	−0.34	−0.31	−0.27
客户特征					
服务范围	2.28***	2.38***	3.54	2.37***	3.59
高价值客户	1.23**	1.32**	1.27**	0.52	0.25
沿海地区[内陆]	3.43***	1.87**	3.41	1.84	3.44
调节效应					
沿海×外资	−0.26				0.88
沿海×央企	−1.76				−1.12
沿海×地方国企	−7.04***				−6.84**
沿海×沪深上市		5.64***			4.44**
沿海×海外上市		0.25			−0.05
沿海×服务范围			−1.30		−1.44
沿海×高价值客户				0.82	1.15
控制变量					
组织规模	−0.24*	−0.27**	−0.25**	−0.25**	−0.26**
内部操作	0.68	0.79	0.77	0.75	0.62
分支机构	−0.81	−0.81	−0.86	−0.88	−0.83
行业:金融	−0.11	−0.13	−0.21	−0.20	−0.06
行业:通讯	−0.29	−0.32	−0.31	−0.32	−0.23
2012 年	−0.27	−0.40	−0.42	−0.40	−0.48
R^2	0.158	0.154	0.149	0.149	0.165

注:$N=247$;方括号中省略的类别;结果调整为集群鲁棒性标准误差;* $p<0.10$,** $p<0.05$,*** $p<0.01$。

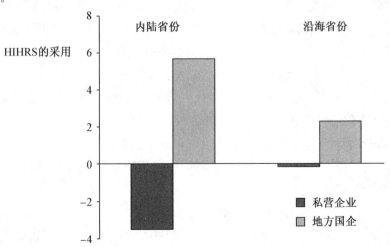

图 8.5.2　区域间所有权类型对 HIHRS 采用的影响

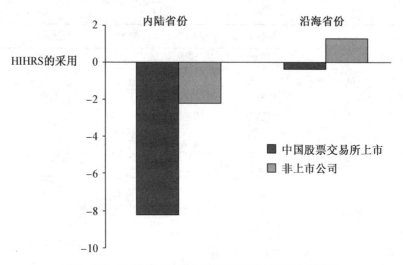

图 8.5.3　区域间股票市场清单对 HIHRS 采用的影响

(五) 讨论

本研究检验了中国企业的组织和地区特征是否影响其采用 HIHRS。我们整合了 RBV 和 RDT 来扩展 SHRM 的理论基础。一方面,虽然 RBV 学者认为企业应采用 HIHRS 来提高绩效,但他们普遍忽略了限制管理者采用这些系统的因素。另一方面,尽管 RDT 强调了外部参与者的影响,但现有研究没有具体说明主要利益相关者的类型及其在制定人力资源决策中的作用。本研究整合了这两种观点,并认为公司对有控制权的所有者、资本市场中介、客户和区域机构的依赖对其采用 HIHRS 有重大影响。

研究中有三项结果特别有趣。首先,HIHRS 的采用取决于所有权特征。具体来说,有一种刚刚兴起但很重要的观点,即将所有类型的国有企业一概而论,掩盖了中央和地方国有企业之间在激励和结构上的显著差异(Bruton, et al. , 2015),我们观察到的结果支持了这一观点。此外,所有者身份对采用 HIHRS 的影响受到地区差异的调节。地方国有企业和私营企业在沿海地区的相似性比在内陆地区要强。这些研究结果表明,经过几十年的经济改革(沿海地区改革更为激烈),相对于内陆地区,沿海地区的地方国有企业采用的人力资源系统与当地私营企业的更相似。

其次,虽然早期研究已经检验了股东压力对组织战略的影响,但我们扩展了这一研究,证明了在中国证券交易所上市的公司对 HIHRS 的采用低于非上市公司或海外上市公司。我们认为,外部监管不力、公司治理薄弱以及中国上市公司所有权高度集中,在一定程度上解释了这一发现。值得注意的是,当公开上市的影响受到控制时,国家所有权对人力资源实践的影响更加明显(表 8.3.2 中的模型 2 和 6)。这一结果反映了中国上市国有企业的双重主体情况,即国有股东和非国有股东都持有大量股份(Xu and Wang,1999)。上市公司的股东价值取向与 HIHRS 的采用呈负相关,但国家所有权倾向于产生相反的影响。在以前的人力资源研究中忽略了这种双重主体情况,而我们的分析为国家所有和股票市场上市对 HIHRS 的抵消效应提供了实证支持。

此外,我们发现由于在经济增长、劳动力市场发展以及劳动法的立法和执行方面的差异,区域特征在公司采用 HIHRS 方面发挥了重要作用。虽然以前的研究已经广泛探讨了各国人力资源实践的差异,但很少有人研究过同一国家内的地区差异。这项研究基于中国各省企业的大量样本,为以往基于较小样本的研究和案例研究提供了重要的扩展。因此,我们的研究结果有助于形成一个有前景的研究导向,也就是承认并接受中国商业环境中新兴的动态、多样性和差异模式(Sheldon, et al. , 2011)。

本研究为管理实践提供了一些借鉴。如果要成功实施 HIHRS,高管人员和人力资源工作者必须运用深思熟虑的沟通策略,来征求公司所有者和其他主要利益相关者的支持和意见。人力资源工作者不仅要传播与最佳实践相关的想法,还要通过评估、设计、执行和评价认真地去践行这些想法。人力资源工作者应该定期评测和分析 HIHRS 对业务的推进效果,如员工留任、组织承诺、生产力和服务质量。对于管理人员而言,需要仔细规划,耐心与公司的外部利益相关者进行公开沟通。

本研究也对公共决策者具有指导意义。虽然中国政府认为首次公开募股是国有企业筹集资金的重要途径,但目前尚不清楚资本市场动荡和投资者压力会如何影响管理决策。我们的研究表明,在缺乏强有力的外部和内部监督机制的情况下,中国证券交易所上市公司很容易拒绝对人力资源等长期资产进行投资。因此,国有企业的公开上市可能会破坏政府建立和谐雇佣关系的努力。中国上市公司中,国家所有者、员工和外部股东之间的利益冲突将导致资本配置扭曲,从而削弱企业利用知识经济的增长实现发展的能力。因此,我们认为建立和加强公司治理机制是中国政策制定者面临的首要挑战。

这项研究也有一些局限性,这些局限为未来的研究提供了一些参考。首先,我们以提供服务和销售业务的呼叫中心为样本研究 HIHRS 的采用情况。虽然这种关注相似机构的方法有助于控制外来影响,但它限制了研究结果的普遍性。第二个限制是研究中使用了横截面设计,这样就做不到有说服力的因果推论。建议未来研究可以使用纵向或准实验设计明确测试这些变量之间的因果效应。第三,鼓励未来研究探索衡量所有者身份、股市压力和区域差异的替代方法。例如,一些研究者不是比较股票市场清单的类型,而是测量股票集中度、股票持有人和管理层的持股水平,来检验管理者的激励和风险倾向,以及他们在与股东有关的组织决策中的权威性。同样,在未来研究中,研究者可以根据文化传统、劳动力市场状况和经济发展来捕捉更细微的区域差异。

综上,我们认为深入分析公司的外部利益相关者,如大股东、资本市场中介、客户和区域机构对于了解公司采用 HIHRS 至关重要。通过整合 RDT 和公司的 RVB,本研究解释了中国管理者在尝试采用能够提高公司长期价值的人力资源系统时可能遇到的挑战和存在的差异。与假设一致,本研究的结果表明,外资和地方国有企业比私营企业更有可能采用 HIHRS。非上市公司和在外国证券交易所上市的公司比在中国证券交易所上市的公司更多地采用 HIHRS。服务于高价值客户群和覆盖范围广的公司比服务于低价值本地客户的公司更有可能采用 HIHRS。更重要的是,这项研究表明,区域差异会调节所有权身份和股票市场清单对采用 HIHRS 的影响。具体而言,相比于内陆省份,沿海省份的地方国有企业和私营企业在采用 HIHRS 方面更具相似性。同样,相比于内陆省份,沿海省份的中国股市上市公司与非上市公司更相似。总体而言,本研究揭示了在中国采用 HIHRS 的实质性区域差异,从而为将区域差异纳入中国人力资源管理学术讨论的前沿,提供了一条有前景的途径。

六、创新驱动下的企业人才开发

(一) 引言

当前中国正处于经济发展从高速增长调整为中高速增长、经济结构不断优化升级、经济发展转向创新驱动的新常态的重要发展转折期,这些变化都为企业和经济发展带来了巨大的转型压力。社会必须通过强化供给领域的结构性改革来解决发展中长期存在的深层次矛盾(刘伟、蔡志洲,2016)。而转型能否成功归根到底取决于能否发挥人的主观能动性,特别是创新动能,创新驱动的人才开发是动能转换的关键。

(二) 研究背景

在新常态背景下,企业之前靠大规模投入、单纯追求规模效益的"野蛮生长"很难奏效。企业必须寻求新的发展方式,政府必须推动人口红利、资源红利之外的制度红利的发展,特别是鼓励创新驱动的制度创新。习近平总书记指出:"抓创新就是抓发展,谋创新就是谋未来。"企业必须依靠创新,推动企业自身和社会、经济的发展,进一步推动经济结构的调整,实现生产要素的最优配置。因此,实施基于创新驱动的经营方式和理念对于提升企业绩效、增强企业竞争力和强化社会经济增长素质都有着重要的作用和意义。2016 年 5 月,中共中央、国务院印发了《国家创新驱动发展战略纲要》(以下简称《纲要》)。《纲要》指出:"创新驱动就是创新成为引领发展的第一动力,科技创新与制度创新、管理创新、商业模式创新、业态创新和文化创新相结合,推动发展方式向依靠持续的知识积累、技术进步和劳动力素质提升转变,促进经济向形态更高级、分工更精细、结构更合理的阶段演进。"2015 年 5 月,国务院印发《中国制造 2025》,文中指出:在全球制造业格局面临重大调整、中国经济发展环境发生重大变化、建设制造强国任务艰巨而紧张的历史背景下,要实施从制造大国向制造强国迈进的国家战略。实现这种转变,必须突出创新驱动,必须提升中国企业在国际产业分工中的价值,推动中国企业从国际产业分工价值链"微笑曲线"的底端向两端提升,从产业的加工向研发和服务端转移。

随着全球范围内的科技与产业变革,企业、产业之间的竞争不断加剧,企业必须不断整合新的自然资源、技术资源、知识资源来作为竞争优势的来源。不进则退,企业整合更多的资源不仅仅是为了获得竞争优势来源,也是其得以生存的方式。缺乏整合能力的企业,无法适应当前社会发展的巨大竞争压力和快速的发展节奏。而这种整合能力必须依靠人的主动性、创造性与创新力。赵曙明(2001)指出,在新的全球经济中,企业的竞争能力将越来越多地依赖于企业所能表现出来的创新能力。拥有全球的、柔性的、创新型的资源,就能拥有更为强大的竞争优势。对于企业而言,是否具有创新能力是其从市场竞争中脱颖而出的先决条件(赵曙明、李乾文、张戌凡,2012)。因为资金、技术等资源能够很迅速地被竞争对手乃至潜在竞争者所模仿,成为竞争优势的可能性越来越小;而人力资本由于是内化于员工的知识和能力,有着很强的背景和路径依赖性,竞争对手很难对其进行模仿,因而可以成为企业的生存之道及核心竞争力。企业得到良好的发展,整体的经济才能趋于良好的增长态势,因此,长期内技术创新和人力资本水平成为促进中国经济增长的新动力(范晓莉、郝寿义,2016)。

人才作为第一资源,是重要的创新供给要素。因此,坚持创新驱动实质是人才驱动,要落实以人为本的理念,尊重创新创造的价值,激发各类人才的积极性和创造性。人才作为重要的生产要素,具有其内在价值。由于企业很好地整合了人力资本与物质资本,成为人力资本发挥自身价值的主要组织(高素英等,2011)。在创新驱动的背景下,基于人力资本和生态系统的视角考察人才的有效开发,具有十分重要的意义。

(三) 创新驱动对中国企业人才开发的需求凸显

近年来中国经济取得了举世瞩目的成就,2010年中国 GDP 总量已经跃居世界第二。与此一致,中国的社会、文化、技术、科技、教育水平也得到了很大的提高。

根据《世界统计年鉴 2014》,在 2000 年、2005 年和 2012 年,全球 R&D 经费支出占国内生产总值比例的世界均值分别为 2.1%、2.0%和 2.1%,其中高收入国家分别为 2.4%、2.3%和 2.3%,中等收入国家分别为 0.7%、0.9%和 1.2%。根据《中国统计年鉴 2015》,2010 年到 2014 年,R&D 经费支出占国内生产总值的比例分别为 1.73%、1.79%、1.93%、2.01%和 2.05%,处于逐年上升趋势。尽管由于统计数据年份的不对等,无法对中国和世界其他国家进行严格的比较,但在中国,国家、政府、企业及其他主体对于科研的重视程度都越来越高。中国的 R&D 经费支出占国内生产总值的比例已经接近世界平均水平,与高收入国家水平的差距也在不断缩小,远高于中等收入国家水平。中国 R&D 支出占 GDP 的比重已超过了 2%的临界点,表明已进入创新驱动阶段的前期。

根据《世界统计年鉴 2014》,在 2000 年、2005 年和 2012 年,公共教育经费支出占国内生产总值的比重,世界平均水平分别为 4.0%、4.3%和 4.9%,高收入国家水平分别为 5.0%、4.9%和 5.2%。根据《中国统计年鉴 2015》,从 2010 年到 2013 年,中国国家财政性教育经费占国内生产总值的比例分别为 4.80%、4.98%、5.38%和 5.21%。因此,在公共教育经费方面的支出,中国已经超过了世界平均水平,已经达到甚至超过高收入国家水平。这也说明了中国对于教育的重视程度在逐步提升。作为科技创新的重要支持和来源,教育的地位越来越多地得到多方的认可。而教育的核心在于持续不断培养具有创新能力的人才。

尽管中国的 R&D 经费支出和公共教育经费支出占国内生产总值的比例均处于较

高水平,但是考虑到中国庞大的人口基数,中国的人均 R&D 经费投入和公共教育经费投入水平就会非常低,效率较差。事实上,根据《中国人口和就业统计年鉴 2014》,在 2013 年的劳动力抽样调查中,受过研究生教育者仅占 0.51%,大学本科占 5.5%,大学专科占 8.5%,高中占 17.1%,初中占 47.9%,小学占 18.5%,还有 1.9% 的劳动力未上过学。与中国经济、社会的发展水平相比,中国的创新人才培养还有很多不足之处。

教育和科研投入是企业创新人才的重要支撑,教育和科研投入的人均水平的落后、高等教育水平的落后严重地影响企业内部的创新人才的数量和质量。同时,根据《国家创新驱动发展纲要》,中国的科技人才队伍大而不强,领军人才和高技能人才缺乏,创新型企业家群体亟须发展壮大。创新人才不足仍然是阻碍中国企业创新发展的最主要因素之一。2015 年《中国企业家成长与发展专题调查报告》显示,60.7% 的企业家认为企业创新人才缺乏。移动互联网的冲击等使得企业转型和多元化发展步伐不断加快,创新人才需求的结构也出现新的变化,传统的单一型人才被逐步边缘化。同时,中国的科技人才也存在着行业、地域发展不均衡的现状,部分行业(如金融行业),聚集了大规模的高知识、高素质的人才,而建筑行业的创新型人才则比较少;同样,东部地区人才聚集度相对较高,西部落后、贫困地区人才聚集度则较低。创新人才的培养既有中外的差异,也有中国内部东中西部的差异。这种差异直接制约了整体创新驱动战略的有效实施。

(四) 创新驱动下人才开发的外部环境变化

习近平总书记指出,人才是创新的根基,创新驱动实质上是人才驱动,谁拥有一流的创新人才,谁就拥有了科技创新的优势和主导权。企业管理者特别是企业家要牢固树立"抓创新优先抓人才,抓人才就是促发展"的理念,牢牢遵循社会主义市场经济规律和人才成长规律,把人才作为企业创新的第一动力来使用。问题的核心在于如何促进创新驱动战略背景下的创新型人才的培养和持续优化,前提在于观念上要实现以下几个思维转变。

1. 从人力资源向人力资本转变

人力资源理论的发展经历了人力成本、人力资源、人力资本和人才资产的演变,也显示了人才在社会组织系统中的重要性。赵曙明(2001)认为,人才是人力资源中具有特殊人力资本的群体。人力资本是指存在于人体中的通过后天努力而获得的体能、知识和技能,可以为组织带来未来的收益和满足,即能为企业带来更大"收益"的资产。人力资本理论强调了人作为劳动力在个体上是存在差异的,人力资本的质量极大地影响着生产结果和收益(萧鸣政、饶伟国,2006)。刘璇和张向前(2015)指出,创新人才通过知识转移,能够形成低位势知识主体,推动知识的传播和维持,带来知识存量的增加;同时,创新人才的存在,会导致创新基础上的具有乘数效应的新的生产函数的出现,同时科技人才队伍的存在有助于创新的扩散,从而推动技术不断趋于成熟,并最终推动经济的增长。从人力资源普遍性的投资,到对不同人才和对人才的不同层次进行差异化的投资和管理成为必然。

2. 单一封闭式创新向开放式创新体系转变

20 世纪 80 年代以来,世界经济呈现全球化、网络化、知识化和信息化发展趋势,并由此衍生出一种不同于工业经济的新的经济形态。企业的行为方式和竞争理念发生了根本的变化,企业由工业经济时代的竞争垄断转变为竞争合作。产业边界不断融合变动,市场、制度、顾客需求也呈现多样化的特征,在这样的背景下,企业创新系统经历了从单一的封闭式企业研发体系,向整合研发、制造和市场的开放式创新体系的转变。企业必须具备从更大区域整合创新人才资源的能力,不能局限于一省一地,也不能局限于一国,而应从全球布局整合创新人才。

3. 从边界束缚向无边界组织转变

传统的观点认为组织都是有边界的:不同的人分工不同,因此边界存在于水平的职能之间;不同的人有着不同等级的权力和影响,边界存在于上司与下属之间;一家公司的内部,员工分工不同,分别与供应商、客户及其他外来者打交道,因此边界存在于企业与外部利益相关者之间。在开放的创新体系下,企业不仅需要打破内部的垂直边界,而且需要打破水平边界、内外部边界,企业的组织形式也越来越趋于无边界组织。这种组织结构的变化不仅是创新驱动的要求,而且也能够进一步促进创新驱动的实施。无边界组织对于人力资源管理的挑战是多方面的,既带来整合的机遇,也带来整合的障碍和波动性。整合创新人力需要更大的人力资源管理智慧。

(五) 创新驱动下企业人才开发的路径探索

党的十八届三中全会明确指出,要"强化企业在技术创新中的主体地位"。党的十八届五中全会提出要"深入实施创新驱动发展战略""强化企业创新主体地位和主导作用"。结合上面的实践和理论背景分析,特提出以下探索路径。

1. 投资人才拉动人力资本提升,提高人才的长期回报力

当前的人力资源资本化(Human Capitalization)(赵宏瑞、孟繁东,2014)要求企业能够不断地发掘并且提升人才的价值。因为人才素质高端化能够保证人才队伍的相对稳定性(江志红、谌新民,2016)。企业和企业管理者要坚持人才投资优先,建立健全多元化的人才发展投资机制和渠道,不断提高人力资本投资比重。人力资本理论的逻辑指出了对人力资本乃至人力资源进行投资的合理性。既然将人才视为资本,就需要考虑到人才的增值,就需要从投资的角度对人才进行考虑,而不是只求短期回报。

首先,企业应树立人才资本优先投入观念,不断加大投入力度。一般认为,人才投资在农业经济时代是"加数效应",在工业经济时代是"倍数效应",在知识经济时代是"指数效应"。长期以来,很多企业在人才资本投入上存在"两个背离":人才资本收益与

人才资本成本相背离;人才资本价格与人才资本实际价值相背离。持续加大人才投资,充分重视员工创造的价值贡献及工作努力,能够有效激发员工的创新潜能,往往可以产生倍增效果。管理大师德鲁克也认为,有效的管理者必须注重贡献,重视对直接成果、价值实现和未来人才发展的绩效产出。因此,需加大对人才的薪酬和福利的投入,真正体现人才的价值和人文关怀;加大培训和开发的投入,提高人才资本的附加值;加大工作、生活环境投入,为人才的进一步发展创造良好条件。

其次,为了人才开发"投资拉动",企业应完善人才评价激励机制和服务保障体系。企业应当借助移动互联网技术和工具,构建"尊重劳动、尊重知识、尊重人才、尊重创造"的综合评价体系。运用大数据手段实现企业人才管理过程定量化、结果可视化,完善企业人才管理信息决策系统,对人才价值创造过程及经营绩效进行客观公正评价。在此基础上,创新企业雇佣关系模式,将员工贡献与激励紧密挂钩,支持人力资本合伙人等制度创新,对创新人才尤其是核心人才给予特别关注、认可或奖赏,提升员工自我管理能力和参与互动意愿,推动人力资本与货币资本对企业的共治、共享与共赢,延伸企业人才价值链。阿里巴巴的合伙制、华为的员工持股计划、海尔的人单合一、苏宁的事业经理人等都是去中心化、发挥人才主体性的代表性举措。

2. 营造创新氛围鼓励自我提升,优化创新人才的评价与激励机制

对于创新人才队伍的建设,首先要积极营造人才成长氛围。营造良好制度环境、工作环境、科研环境和生活环境,在行业内部和公司上下营造尊重人才、珍惜人才、爱护人才、善待人才的浓厚氛围,最大限度调动人才积极性,让各类人才在推动创新发展中发挥关键作用。

企业需要在营造积极的人才成长氛围的基础上,积极建立一支具有创新意识、精神、思维、知识、能力和良好创新人格的人才队伍,为加快推进人才强国战略、建设创新型国家、推动创新驱动战略提供强大的人才支撑和智力支持。这支人才队伍的建设必须要能够凝聚企业内部的共识,让企业的成员在一个共同目标的支持和引导之下,形成对企业未来发展的共识,明确企业需要一支什么样的人才队伍,明白自己在人才队伍中的角色和地位,明白自己能够做什么贡献,明白如何达到这个角色的要求。

企业需要构建一支创新人才队伍,在企业内部形成一种得到充分认同的、具有鲜明特色的、支持和鼓励创新精神的企业文化(赵曙明等,2002)。组织认同对组织的创新力具有正向影响作用,因此对企业创新人才的开发,企业要形成良好的氛围,促进组织认同的形成(王林雪、卓娜,2014)。这种企业文化能够进一步强化企业创新人才的创新能力,推动创新人才自主发力,提升自己,同时能够推动创新人才之间的良好互动,形成合力。这种企业文化需要建立在一种有利于创新人才才能发挥的激励机制的基础之上,这种激励机制包括:物质激励、产权激励、精神激励、文化激励。鼓励创新的企业文化同样需要建立在一种合理的评价机制之上。鼓励创新的市场导向机制,需要建立以能力和贡献为导向的评价和激励机制,突出中长期目标导向,关注创新的长期价值、社会价

值,而不会为了短期利益损害其他人的合理、合法利益。因此,评价重点需要向创新的质量、价值和贡献倾斜(王佳宁、陈劲、张永伟,2016)。

3. 跨越组织边界培育复合人才,激发具有创新容忍的领导力

创新生态系统内各要素相互联系、相互交织,形成了复杂的网络结构。创新生态系统的有效运行离不开人才的作用。由于创新生态系统已经打破了组织的边界,不难发现,企业需要拥有一批具有多层次、多领域知识能力结构的复合型人才。这些能力包括战略意识、市场洞察力、批判性思维能力、沟通协调能力、领导力等。人才的层次需要包括像"桥梁"一样的领军人才,能够彻底消除创新生态中的孤岛,使得不同的企业之间能够快速建立信任,让本来陌生的个体(如创业家、投资者、科学家)迅速减少"戒备心理",促进信息资源的开放共享,减少交易成本,成功创造一条创新价值链。

移动互联网技术和方式的发展进步,促进了企业内部的垂直和水平边界的模糊化,企业人才开发还应本着"适应、调整、变革"的原则,提升和重构组织内部运营模式、组织形态、业务流程、管理机制和工作方式,建立成员间松散、高度适应性的柔性沟通边界,为企业成员间低成本、零距离、无障碍交流提供新的平台。海尔集团董事局主席兼首席执行官张瑞敏所倡导的"企业无边界、管理无领导、供应链无尺度、员工自主经营",正是基于互联网的组织内部管理思维,企业平台化、员工创客化成为海尔创新发展的良好典范。这种模式可以减少企业内部各部门之间各自为政,互相扯皮、推诿等不良的现象,企业的部门边界模糊化,原本来自不同部门的员工现在可以为了共同的目标淡化所谓的部门边界和部门利益,从而实现整体利益的最大化。企业员工要突破企业内部边界,需要企业高层管理者的授权和积极支持。同时,员工要保持一个开放、谦虚、包容的心态,这样才能够更好地理解他人的职责和义务。而创新氛围的基础在于组织是否拥有容忍创新失败的领导力,张瑞敏、马云等无疑是具有创新领导力的企业领袖。

4. 互通互动盘活创新生态,提高企业的创新人力整合力

根据"社会-生态系统"分析框架,不同的利益主体构建了特定的社会系统,再通过社会系统对资源系统施加影响,进而造成一系列社会的、经济的和生态的结果。企业的人才培养受到诸多因素的影响,如政府投入、高校培养、社会文化和道德理念等。因此,企业的人才培养不能单独局限于企业内部,而应该从提升企业人力资本价值的角度,从企业的内部和外部共同努力,才能获得好的人才队伍,实现企业创新绩效的提升。因此,企业要与各利益相关体紧密地联合在一起,打造良好的创新创业生态系统。

首先,如何更好地引进海外留学人才,统筹开发利用国内国际人才资源,是企业人才发展必须直面的问题。要发展创新事业,离不开创新人才的合理使用。企业要积极联合政府、高校等,共同为人才建立良好的实践平台,给他们提供学以致用的机会,从而将自身的价值真正地发掘出来,实现个人与企业、社会利益的共赢;同时,对于人才所带

来的效益和贡献，用人单位要能够提供相对等的回报，这种回报包括了薪酬、福利和机会。只有这样，通过建立"人尽其才"的实践平台和"人获其'财'"的价值平台，人才的供给与需求才实现了对等。有了"人"这一最重要的资源，用人单位才能够获得真正的发展，并进一步推动人才的供需均衡。人才的供需均衡离不开专业人力资源服务行业的支持，但是中国的专业人力资源管理和服务行业发展严重滞后，专业性严重不足。要通过人才的供给侧结构性改革以降低人才的制度性交易成本，人力资源管理行业要进行改革，提高从业人员的能力和素质，并在此基础上进行人力资源管理各职能方面的产品创新。

其次，在移动互联网时代，企业人才开发"互动共享"，推动企业在组织方式、沟通方式和合作方式上的创新变革，推动组织资源共享化、沟通直接化和协作即时化，降低企业沟通成本和时间成本。传统企业人才开发更多的是引导和支持团队成员与周边工作业务相近、工作背景类似的其他成员保持联系，沟通范围相对狭窄，沟通对象相对单一，行为方式和交往方式受到诸多限制，创新主体地位不够明显。为应对上述问题，企业不仅要强化人才的团队协作意识，还要提高人才在互联网背景下的知识学习能力、对外交往能力、信息沟通能力、协作配合能力和环境适应能力，构建创新人才合作胜任力，提升整个企业的合作创新水平。例如，华为公司借助强大的"研发 IT 支撑系统"，广泛普及应用 BBS、APP 等互联网技术，推广管理经验与方法，强调部门和员工间的经验共享。公司适时编写研发常见问题集，及时在"经验库"上发表和公布，大大节省员工查阅问题和解答时间，顺利将个体经验转化为团队经验。华为无疑是知识型企业运用互联网技术实现创新人才开发的典型范例。

最后，企业要有整合性思维，借鉴别人的方法和手段，进行技术上的整合；要能够致力于搭建企业互相合作的平台，并利用平台对其所拥有和掌握的包括社会关系在内的资源进行整合，加强企业自身的核心竞争力（赵曙明、白晓明、赵宜萱，2015）。社会关系是企业和企业家的重要资源，具有其他资源无法替代的作用。企业和企业家社会网络作为企业的社会资本，能够帮助企业获取必要的信息、技术和资源，实现与企业的资源和优势互补，提升企业人才的创新能力和企业的核心竞争能力。

（六）结论

对于企业而言，进行积极有效的创新人才开发尤为重要。企业必须能够在提升创新人才的人力资本价值的基础上，整合不同层次、不同途径和不同渠道的资源。企业人才开发应首先考虑在全球化、信息化和网络化的背景下，实现组织从封闭式创新向开放式创新生态系统的转变，建立无边界组织与员工、合作伙伴、客户的新型关系。从人力资本视角，企业要不断增加人才投入，拉动人力资本提升，营造鼓励创新、容忍失败的氛围，树立人才自主提升、持续学习的心态；从生态系统视角，企业应当跨越边界，培育复合型人才，互通互动，盘活创新生态，从而在组织管理、人员配置、技术支持、团队建设和环境营造等方面加强综合开发，着力培养造就一大批高层次创新型人才，在创新的实践和活动中发掘人才、培养人才、凝聚人才。

一、HRM 能力及其重要性对战略人力资源管理与企业绩效的影响

(一) 引言

随着以信息技术爆炸式增长为核心的移动互联时代的到来,先进的人力资源管理政策和系统正成为获得较高人力资源管理效率的重要基石,但仅仅"引进先进的人力资源管理系统和政策"并不能保证"其有效的执行和落实",有效的人力资源管理实践如果不能与战略和恰当的执行完美结合,其功能就得不到全面发挥,甚至在某些组织中"失灵"。如何正确实施和执行人力资源管理以使其与快速变化的内外环境相契合,越来越成为企业生存和发展的关键。过去 30 年里,以致力于实现企业目标,与企业战略保持高度一致的一系列相互契合的人力资源安排为特征的战略人力资源管理已经得到了高度关注(Wright, et al., 2005),现有实证研究也表明人力资源管理实践对员工和企业绩效的影响取决于许多因素(Lengnick Hall, et al., 2009; Li, et al., 2015),不仅受到诸如区域人力资本质量(Li, et al., 2015)、劳动力市场灵活性(Michie and Sheehan Quinn, 2001)、行业特征(Datta, et al., 2005)和制度环境(李雪峰、蒋春燕,2011)等宏观层面因素的影响,还受到企业战略(Li, et al., 2015)、所有制结构(Wei and Lau, 2008)和企业文化(Chan, et al., 2004)等组织层面因素的制约,以及员工内在动机(Kuvaas and Dysvik, 2010)、员工知觉(Kehoe and Wright, 2013)等个体层面因素的调节。但遗憾的是,这些研究忽视了人力资源管理的执行问题对人力资源管理实践有效性的影响,再好的人力资源管理系统和措施也只有恰当执行和实施才能发挥最佳效果,因此,越来越多的学者开始关注人力资源管理的执行问题,试图从人力资源管理执行的过程视角探讨人力资源管理与组织绩效的关系。

而在制约人力资源管理政策和系统高效运转和执行的因素中,与人力资源管理实践最为密切的人力资源管理部门和高层管理者起到了尤为重要的影响。前者作为人力资源管理系统和实践的设计者和直接实施者,其所具备的 HRM 能力不但影响人力资源实践与企

业战略和外部环境的契合性,而且在很大程度上决定了职能性人力资源管理实践是否能够得到恰当和有力的执行;后者作为企业最重要的资源配置决策者、编排者和管理实践选择者,对人力资源在战略决策制定和实施过程中被考虑到的可能性及执行过程中的资源可得性有至关重要的影响;二者在人力资源管理实践的执行和实施过程中都扮演着关键角色,这与其在战略人力资源管理有效性研究中的缺失极不相称。基于此,本研究考察人力资源管理部门所具备的 HRM 能力和高层管理人员对 HRM 重要性认知对战略人力资源管理与企业绩效之间关系的影响。

(二) 研究假设

1. 战略人力资源管理与企业绩效

战略人力资源管理是指以致力于实现企业目标,与企业战略保持高度契合的一系列内部一致的人力资源安排(Wright and McMahan,1992),它既包括影响企业个体在企业战略需求制定和实施过程中行为和投入度的所有的人力资源活动,也包括为了实现企业目标所进行的政策层次和不同职能层次的人力资源整合(Wei and Lau,2005)。与传统的人力资源管理相比,战略人力资源管理把人力资源活动融入企业战略中,更强调充分利用战略实施过程以促进组织变革和发展,其本质在于人力资源与企业战略的不断契合/匹配,致力于实现人力资源管理的内部一致并与外部契合。内部一致强调人力资源系统内部的一致与协调,是人力资源功能有效执行和外部契合实现的基础;外部契合关注人力资源政策和实践与企业战略及外部环境之间的匹配,是实现卓越绩效的关键。大量研究已经从资源基础理论、行为理论、权变理论等多个视角证实了战略人力资源管理是企业取得竞争优势和卓越绩效的关键因素(Jiang, et al., 2012),它不仅能够给企业带来有价值、稀缺、难以模仿和难以替代的人力资源,还能够开发和调动与环境和战略相匹配的员工能力和行为,从而大幅提升企业的绩效和竞争优势。因此提出假设 1:

H1 战略人力资源管理与企业绩效正相关。

2. HRM 能力的调节作用

HRM 能力是指人力资源管理部门设计、制定和实施人力资源系统的能力(Wei and Lau, 2005;Wei,2006)。这些能力是人力资源管理部门与高层管理团队、其他部门以及员工进行沟通和协调的能力,对人力资源实践的权力、合法性以及战略决策和企业绩效提升效果有重要影响(John and Björkman,2015)。Huselid 等(1997)将 HRM 能力划分为技术性 HRM 能力和战略性 HRM 能力两部分:前者主要涉及人力资源管理的功能层面和操作层面,是人力资源部门利用诸如薪酬、培训、绩效考核、招聘等具体人力资源管理技术,来保证适合企业的人力资源实践得到发展和有效实施的能力;后者则与理解企业经营、构建竞争优势和实现战略紧密相关,是人力资源部门将人力资源活动与内外环境和战略相匹配、满足企业特定人力资源需求的能力。上述划分方法得到越来越多研究的认可。

HRM 能力是影响战略人力资源管理过程和有效性的重要因素（Wei and Lau，2005；Wei，2006），如果企业的人力资源管理部门不具备这些能力，那么战略人力资源管理就不能够得到有效实施和执行。首先，从"外部契合"上看，人力资源部门只有全面理解战略和内外环境，才可能设计出符合战略的人力资源系统（Huselid，et al.，1997）。拥有较高战略性 HRM 能力的人力资源管理部门，可以更好地把握内外环境变化，为战略制定和实施提供更关键的信息和见解，更准确地规划出与之相适应的人力资源管理实践，提高员工行为与企业环境和战略之间的一致性（Huselid，et al.，1997），使得人力资源管理实践在战略决策制定和实施过程中能够塑造与之相契合的企业能力，进而大幅提升企业绩效。其次，从"内部一致"上讲，人力资源管理部门拥有的技术性 HRM 能力越强，越能够根据企业战略吸引、激励和发展合格员工，识别出人力资源管理系统内的不一致或问题，更好地着手调整、整顿不和谐的人力资源系统，真正构建起一个支持企业发展的整体人力资源系统（Wei and Lau，2005；Wei，2006），从而大幅提升员工技能和企业绩效。因此，人力资源部门具备的 HRM 能力越高，对战略人力资源管理系统和政策的执行能力越强，战略人力资源管理的实施和绩效提升效果越好。因此提出假设 2：

H2　企业人力资源管理部门的 HRM 能力越高，战略人力资源与企业绩效的正相关关系越强。

3. HRM 重要性的调节作用

HRM 重要性是指人力资源管理实践和人力资源部门重要性被高层管理人员认可的程度（Wei and Lau，2005）。人力资源管理有效性要得到较高水平的实现，其重要性必须得到高层管理人员的认可和支持（Wei and Lau，2005；Wei，2006）。首先，从资源依赖视角看，战略人力资源管理的发展和实施依赖于企业所提供的资源以及控制资源配置的机构及人员（Pfeffer and Salancik，1978；Tsui，1987）。因天然的成本消耗性、短期难以产出性以及回报在某些情景下的难以计量性，人力资源管理部门常常被企业当做"成本严格控制"的部门，得不到足够的资源配置，而作为企业最重要资源配置决策者的高层管理人员，尤其是首席执行官，是影响人力资源最重要的因素之一（Tsui，1990），他们对人力资源管理实践和预算分配选择的偏好，对人力资源管理有效性有着至关重要的作用。如果高层管理人员认为，人力资源管理对企业发展非常重要，他们就会给予人力资源部门比其他职能部门更多的预算和权力，或至少是平等的资源（Mitsuhashi，et al.，2000），那么人力资源管理部门就有能力支付高额费用来设计或实现高质量的人力资源管理实践，发展企业未来所需的技能和知识，以及雇佣更多专业化人员以更好地建立竞争优势等，这些人力资源管理执行能力的提高无疑会对提升战略人力资源管理的绩效起到促进作用。其次，从战略制定和实施视角看，高层管理人员尤其是首席执行官对HRM重要性的感知,将会提高人力资源问题在战略决策制定和实施过程中被考虑到的可能性(Morrow,2000)。如果企业的高层管理人员认为人力资源管理对企业发展是非常重要的,他们就会给予人力资源管理与战略整合更多的关注,在战略决策制定之初就为人力资源管理施展影响力提供机会,这从根源上增加了人力资源管理政策和实践与企业战略相一致的可能性,企业绩效可能因此而得到大幅提升。简而言之,高层管理人员尤其是首席执行官感知到的HRM重要性越强,人力资源管理获得充足资源和参与战略制定实施的可能性越高,人力资源管理实践的内外契合性和对企业绩效提升作用也就越高。因此,提出假设3:

H3 高层管理人员感知到的HRM重要性越强,战略人力资源与企业绩效的正相关关系越强。

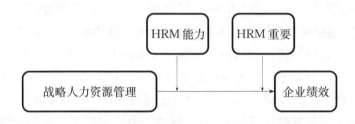

图 9.1.1 **HRM能力、战略人力资源管理与企业绩效理论模型**

(三) 研究方法

1. 研究对象和数据收集

本研究采用了问卷调查的数据收集方法,在京津冀地区5个城市(北京、天津、保定、唐山和廊坊)的经济技术开发区内进行了抽样调查。京津冀地区作为国家区域经济发展的重点区域,其协同发展已经上升到国家战略层面,企业迎来发展新机遇,更积极地进行以创新、新企业创建和战略更新为形式的转型升级活动,这为研究首席执行官的风险倾向如何驱动企业不断进行公司创新提供了非常好的样本。本研究向北京、天津、保定、唐山和廊坊5个城市的550家企业发放了调查问卷,回收到351家企业的有效问卷(63.8%的有效回收率),剔除无法配对和答题不完整的问卷,最终共获得了227家企业的样本数据。

其中,企业成立年限以7~8年和9~12年为主,分别占39.65%、33.48%,在1~3年、4~6年、12年以上的比例分别为6.61%、15.42%、4.85%;来自北京、天津、保定、唐山、廊坊的企业比例分别为28.63%、36.56%、11.01%、11.89%、11.89%;企业规模以100~500人为主,占39.21%,规模在100人以下、500~1000人、1000~2000人以及2000人以上的企业比例分别为20.26%、16.30%、11.89%与12.33%;企业所有制以私营企业为主,比例为42.29%,国有独资企业、外商独资企业、中外合资企业、集体企业以及其他企业比例分别为14.98%、21.59%、9.69%、4.41%、7.05%。根据各城市经济技术开发区所提供有关企业的描述性数据,本研究比较了非回应企业和回应企业的成立年限、所有制、规模和产业,T 检验的结果显示在两类企业之间不存在显著的差别,本研究的样本不存在严重的非回应偏差。

2. 变量测量

(1) 战略人力资源管理

采用了 Wei 和 Lau(2005)所使用的量表,这个量表基于 Huselid(1995)和赵曙明(2001)开发的战略人力资源管理量表,选取了"有正式的人力资源管理战略;明确企业长期发展所需管理人员的特征;依据企业的长期计划制定薪酬及奖励计划"等 11 个题项。该变量的 Cronbach's α 系数为 0.898。

(2) HRM 能力

采用了 Wei 和 Lau(2005)所使用的量表,包含"预测内外环境变化带来的影响;展现对本职能领域及公司全局方面的领导力;具有人力资源管理职能方面高度专业化的知识"等 15 个题项。该量表的 Cronbach's α 系数为 0.964。

(3) HRM 重要性

采用了 Wei 和 Lau(2005)所使用的量表,包含"人力资源管理对于本企业十分重要;人力资源相关问题总是在制定决策时优先考虑的;人力资源部门在预算上相对于其他职能部门有优势"等 5 个题项。该量表的 Cronbach's α 系数为 0.824。

(4) 企业绩效

选用 Wang 等(2003)开发的量表。包含"与同行竞争对手相比,贵公司投资回报率、销售回报率以及资产回报率的状况"等 7 个题项。该量表的 Cronbach's α 系数为 0.939。

(5) 控制变量

以往研究表明,企业的成立年限、行业、所有制、规模、市场不确定性和技术不确定性会对企业绩效产生影响。因此本研究把这些变量作为控制变量处理。其中,我们将企业成立年限取平方根使之符合正态分布;将所有制形式划分为国有企业(国有独资和集体企业)和非国有企业(民营、外资独资、中外合资和其他企业),以国有企业作为参照组设置了一个虚拟变量(0 代表国有企业,1 代表非国有企业);企业规模运用企业员工人数来测量,以中小企业为参照组设置了一个虚拟变量(其中,0 代表中小型企业,员工人数小于等于 500 人;1 代表大型企业,员工人数大于 500 人);将行业划分为非高科技行业和高科技行业,并运用虚拟变量来代表(0 代表非高科技企业,1 代表高科技企业);市场不确定性和技术不确定性两个变量采用了 Chen 等(2005)使用的量表,各包括 4 个题项,Cronbach's α 系数分别为 0.797 和 0.904。

上述量表均为国内外现有文献已经广泛验证过的量表,题项均以 Likert 6 级量表来衡量,1 代表完全不同意,而 6 代表完全同意。所有量表的 Cronbach's α 系数都大于 0.7,表明本研究所采用的量表均具有良好的内部一致性。

(四) 统计分析

1. 同源方差检验

为了避免从单一被试取得所有调查数据带来的同源方差问题,本研究从 1 名总经理,2 名副总经理和 1 名人力资源主管三组参与者处取得了调查数据,其中 HRM 能力、HRM 重要性、市场不确定性和技术不确定性 4 个变量由企业的总经理填写,企业绩效由 2 名副总经理填写再合成为企业层面数据,战略人力资源管理由人力资源主管填写。另外,在统计方面,Harman 单因素检验显示,主成分因子分析析出的 6 个因子解释了总变异量的 66.07%,其中因子 1 解释了 32.19%,单一因子解释绝大部分的变异量的情况,证实本研究不存在严重的同源方差问题。

2. 验证性因子分析

本研究利用 LISRE8.7 对主要变量进行了验证性因子分析,结果显示各题项均与假设的因子结构相对应,所有的因子载荷是可以接受的,拟合优度指标 $[\chi^2(659)=1\,925.59, p<0.01; CFI=0.94, RMSEA=0.09, NFI=0.91, SRMR=0.08]$ 都达到了可接受范围。同时,与三因子、二因子和单因子模型的拟合优度指标有显著性差异,这说明本研究的测量模型具有较好的拟合度和判别效度。

表 9.1.1　验证性因子分析的拟合优度指标比较

模型	χ^2	df	χ^2/df	RMSEA	CFI	FI	SRMR
四因子(SHRM, P, CHRM, IHRM)	1 925.59	659	2.96	0.09	0.94	0.91	0.08
三因子(SHRM, P, CHRM +IHRM)	2 476.32	662	3.74	0.11	0.92	0.89	0.09
三因子(SHRM+P, CHRM, IHRM)	4 206.84	662	6.35	0.15	0.89	0.86	0.12
两因子(SHRM+P, CHRM +IHRM)	4 723.68	664	7.11	0.16	0.87	0.84	0.13
单因子(SHRM+P+CHRM +IHRM)	4 263.97	665	6.41	0.21	0.80	0.77	0.18

注:$N=227$;SHRM 代表战略人力资源管理;P 代表企业绩效;CHRM 代表 HRM 能力;IHRM 代表 HRM 重性。

3. 描述统计

表 9.1.2 总结了本研究所有变量的均值、标准差和皮尔逊相关系数。所有变量两两之间的相关系数均小于 0.65(最大的为 0.48)且每个自变量的方差膨胀因子值(VIF)都小于 2(最大的为 1.40),本研究不存在严重的多重共线性问题。

表 9.1.2 变量的均值、标准差和和皮尔逊相关系数

变量	1	2	3	4	5	6	7	8	9	10
1. 企业成立年限	1									
2. 所有制	0.09†	1								
3. 企业规模	-0.05	-0.10†	1							
4. 行业	0.07	0.16**	-0.02	1						
5. 市场不确定性	-0.10†	-0.05	0.17**	0.03	1					
6. 技术不确定性	-0.11†	0.02	0.01	-0.09†	0.12*	1				
7. 战略人力资源管理	0.00	-0.09	-0.14*	0.02	0.13*	0.24***	1			
8. HRM 能力	-0.09†	0.06	0.03	-0.01	0.09	0.48***	0.22***	1		
9. HRM 重要性	-0.12*	0.07	0.00	0.03	0.40***	0.15*	0.03	0.02	1	
10. 企业绩效	-0.11*	-0.04	0.18**	0.12*	0.22**	0.14*	0.37***	0.27***	-0.01	1
均值	1.74	0.81	0.41	0.48	3.77	4.32	4.75	4.30	3.02	4.49
标准差	0.31	0.40	0.49	0.50	1.03	1.06	0.72	0.96	1.01	0.89

注：$N=227$；*** $p<0.001$，** $p<0.01$，* $p<0.05$，† $p<0.10$；双尾检验。

4. 假设检验

本研究利用层级回归分析对各个假设进行检验,结果报告于表9.1.3。具体来说:① 模型2是企业绩效对控制变量和战略人力资源管理的回归,结果显示战略人力资源管理对企业绩效的回归系数显著为正($\beta=0.38, p<0.001$),与模型1相比,在固定控制变量的影响下,战略人力资源管理能够额外解释高达13%($\Delta R^2=0.13, p<0.001$)的企业绩效变异,假设1得到支持,即战略人力资源管理对企业绩效有显著的正向影响。② 模型4在模型3的基础上加入战略人力资源管理与HRM能力、战略人力资源管理与HRM重要性两个交互项后,回归方程显著($\Delta R^2=0.04, p<0.01$),模型4有效。其中,战略人力资源管理与HRM能力的交互项的回归系数正向显著($\beta=0.16, p<0.05$),HRM能力对战略人力资源管理与企业绩效之间的关系有显著的正向影响,假设2得到支持,即HRM能力在战略人力资源管理与企业绩效之间的关系中起到了正向调节作用。③ 同时,模型4还显示战略人力资源管理与HRM重要性的交互项的回归系数正向显著($\beta=0.11, p<0.10$),HRM重要性对战略人力资源管理与企业绩效之间的关系有显著的正向影响,假设3得到支持,即HRM重要性在战略人力资源管理与企业绩效之间的关系中起到了正向调节作用。根据Aiken和West(1991)提供的程序我们分别绘制了相应的调节效应图9.1.2和图9.1.3。

表 9.1.3　层级回归分析结果

变量	企业绩效			
	模型 1	模型 2	模型 3	模型 4
控制变量				
企业成立年限	−0.08	−0.10	−0.10	−0.10
所有制	−0.04	0.00	−0.00	−0.01
规模	0.14*	0.20**	0.19**	0.20**
行业	0.14*	0.12*	0.12*	0.14*
市场不确定性	0.17*	0.12†	0.15*	0.12†
技术不确定性	0.12†	0.04	−0.04	−0.03
自变量				
战略人力资源管理		0.38***	0.35***	0.36***
调节变量				
HRM能力			0.19**	0.19**
HRM重要性			0.08	0.10
交互项				
战略人力资源管理×HRM能力				0.16*
战略人力资源管理×HRM重要性				0.11†

（续表）

变量	企业绩效			
	模型 1	模型 2	模型 3	模型 4
R^2	0.11	0.23	0.27	0.31
F 值	4.38	9.49	8.78	8.58
ΔR^2	0.11***	0.13***	0.03**	0.04**
ΔF 值	4.38***	35.97***	5.05**	5.91**

注：$N=227$；*** $p<0.001$，** $p<0.01$，* $p<0.05$，† $p<0.10$；双尾检验。

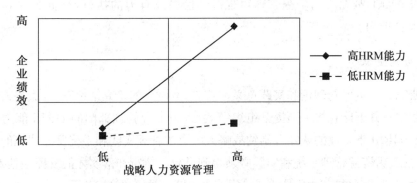

图 9.1.2　HRM 能力在战略人力资源管理与企业绩效关系中的调节效应

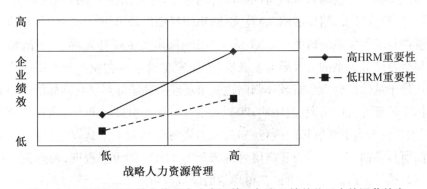

图 9.1.3　HRM 重要性在战略人力资源管理与企业绩效关系中的调节效应

（五）结论与讨论

1. 研究结论

自 Bowen 和 Ostroff（2004）率先从理论上提出人力资源管理执行强度的概念以来，越来越多的研究从过程视角探索人力资源管理与企业绩效之间的关系，研究焦点也从人力资源管理实践本身转移到了人力资源管理实践的执行上。本研究从与人力资源管理实践执行和实施最为密切的人力资源管理部门和高层管理者入手，首次探讨了人力资源部门所具备的 HRM 能力和高层管理人员对 HRM 重要性的认知这两个变量对战略人力资源管理实施过程和结果的影响。京津冀地区 227 家企业的实证研究结果表明:① 战略人力资源管理对企业绩效有显著的积极影响。② HRM 能力对战略人力资源管理与企业绩效之间的关系具有正向调节作用,人力资源管理部门所具备的 HRM 能力越强,战略人力资源管理对企业绩效的促进作用越大。③ HRM 重要性对战略人力资源管理与企业绩效之间的关系具有正向调节作用,高层管理人员对 HRM 重要性的认知性越高,战略人力资源管理对企业绩效的促进作用越大。这意味着只有当企业的人力资源管理部门所具备的 HRM 能力和高层管理人员对 HRM 重要性的认知达到一定程度时,战略人力资源管理的绩效促进作用才能得到发挥;否则,战略人力资源管理很难得到恰当或有力的执行,对企业绩效促进作用也会大打折扣。

2. 研究贡献

本研究具有重要的理论和实践意义。首先,本研究的研究结论表明,战略人力资源管理实践本身并不能直接大幅提升组织绩效,人力资源管理部门的 HRM 能力和高层领导者对 HRM 重要性的认知是制约战略人力资源管理实践和系统发挥功能的重要因素,先进的人力资源管理系统和实践必须得到有效的执行和落实才能发挥最佳效果,否则有效性可能会大打折扣,甚至会"完全失灵"。这不但响应了 Bowen 和 Ostroff(2004)等对重视人力资源管理执行问题研究的呼吁,还对以往主要从制度环境、区域人力资本质量、行业特征、组织战略、企业文化、组织氛围以及组织个体知觉等角度探索人力资源管理与绩效关系的研究(Li, et al. , 2015)做出了重要补充,扩展了战略人力资源管理与企业绩效关系的边界研究。其次,本研究也给中国企业一些重要的启示。中国企业正处于从传统的人事行政体制向适应市场经济和全球经济新挑战的战略人力资源管理体系转变的关键阶段(赵曙明,2009),企业应该在引进先进人力资源管理实践的同时,更加重视人力资源管理的执行,加强人力资源管理政策落地,尽力提升人力资源管理部门所具备的 HRM 能力和高层管理人员对 HRM 的重视程度,否则先进的人力资源管理系统可能形同虚设,难以获得理想的绩效改善效果。

3. 研究局限与展望

本研究存在以下理论和方法上的局限性:① 本研究仅考察了 HRM 能力与 HRM 重要性二者单独对战略人力资源管理与绩效关系的影响,未来研究还应该关注二者的共同影响,即从二者与战略人力资源管理三者交互作用的视角探讨人力资源管理对企业绩效的作用机制。② 本研究仅从人力资源管理部门和高层管理者视角探讨了人力资源管理执行对战略人力资源管理绩效提升的效果,没有直接考虑直线经理的 HRM 能力的影响,未来研究应该从上述多维视角及其交互作用角度考察人力资源管理执行对人力资源有效性的影响。③ 本研究关注点虽然从"对人力资源管理实践本身的选择"转移到了"人力资源管理实践的执行"上,但仅从静态视角考虑了执行能力的问题,未来研究更应该从构建动态执行能力的视角考察人力资源管理实践的有效性。④ 有关 HRM 能力和 HRM 重要性的数据仅仅来自首席执行官,没有考虑其他高层管理人员,未来的研究应该从多名高层管理人员处取得相关数据。⑤ 战略人力资源管理是以长期绩效为导向的,对绩效的影响过程是有一定的作用时间的,而本研究采用的数据只代表某个时间点状况的横截面研究设计,未来研究应该考虑运用纵向研究设计来进一步考察相关变量之间的关系。

二、经验开放性对跨文化管理有效性的作用机制

(一) 引言

21 世纪的企业面临全球化的工作环境,跨国公司经常通过外派经理将母公司与东道国/地区各具优势的实践有机地结合起来,以期形成来自不同文化的合力。但是,由于文化的障碍及其带来的误解和冲突,这种合力并不容易形成。跨文化管理实践中,表现出两个令人费解的现象:一是把在母公司工作出色的管理者外派到东道国/地区担任管理工作时,许多管理者不能胜任,甚至不得不提前返回母国;二是在某东道国/地区颇为成功的外派经理改派他国后却无法取得令组织满意的绩效(Chew, 2004)。"走出去"的中国企业也同样面临文化差异的困境。相对于欧美日等发达国家,中国跨国企业的国际化经营历史较短,经验尚不丰富,面临的挑战更为严峻。

解决上述跨文化管理实践中的难题,首先需要明确什么样的管理者能够取得令组织满意的跨文化管理绩效。Campbell 等的"工作绩效理论"认为,人格特质能够通过"适应特征"影响绩效(Campbell, et al. , 1993),但此处的"工作绩效"是无涉文化情境的"一般有效性"(Rockstuhl, et al. , 2011)。跨文化管理要求在工作中同时面对多文化并存而非一种主导性文化的局面(Bartlett and Ghoshal, 2003)。因此,解决前述外派管理实践中的难题需要在理论上进一步明确:具备何种人格特质的管理者更有可能胜任跨文化工作职责的特殊要求;该人格特质又是通过怎样的机制对跨文化管理的有效性发挥作用的?

根据 Tett 和 Burnett(2003)的"特质激发理论",只有当具备某种特质的个体面临情境中与特质相关的线索时,特质激发的过程才会发生。经验开放性是大五人格特质之一,反映了个体对新事物的好奇心和求知欲,表现为头脑开放,不墨守成规(McCrae, 1987)。适宜激发经验开放性的情境特征为:富于冒险的、经常涉及旅行的、需要容忍他人观点的、差异化的、学习导向的等(Tett and Burnett, 2003)。可以说,跨文化的情境几乎满足了适宜激发经验开放性的所有特征。

实证研究的证据也表明,经验开放性对于预测个体在新情境下的适应绩效(Adaptive Performance)十分关键(Pulakos, et al. , 2000)。"适应绩效"是一个人在满足新的、不确定且无法预测的情境要求时调整其行为的熟练程度(Pulakos, et al.,2000),因而 Chen 等(2010)认为适应绩效是外派有效性的重要组成部分。Oolders 等(2008)的研究显示经验开放性对跨文化适应有正向的预测作用。然而,管理者经验开放性与跨文化管理有效性的关系及作用机制却未被探讨。还有实证研究表明在中国情境中管理者的经验开放性与领导有效性呈显著负向关系(孟慧、李永鑫,2004)。

上述理论与现有实证研究的结果进一步说明了情境在人格特质研究中的重要作用(Schneider and Smith,2004)。由于目前的文献并未对跨文化情境下管理者经验开放性与其管理绩效的关系及作用机制给予明确的解释,因此本研究拟探讨经验开放性与跨文化管理有效性之间的关系。

(二) 理论模型建立

根据 Campbell 等学者提出的"工作绩效理论"(Campbell, et al.,1993),个体固有的基本特质通过"适应特征"影响各种绩效。"适应特征"诸如明示性知识、程序性知识和动机,均可作为中介变量解释个体特质与各种绩效关系的作用机制。Oolders 等(2008)认为文化智力是一种跨文化情境下典型的"适应特征"。文化智力(Cultural Intelligence)是指个体有效应对和处理不同文化间差异的能力,反映了个体在新的文化背景下收集和处理信息,做出判断并采取相应的有效措施以适应新文化的能力(Earley and Ang,2003)。因此文化智力很有可能在外派经理的经验开放性和跨文化管理有效性的关系中发挥中介作用。

Tett 和 Burnett(2003)指出:"明确人格特质在预测工作绩效时发挥的作用,必须关注情境的调节作用,由此建立的模型能够反映特质表达与情境的交互过程。"Olson 等学者认为 Campbell 等的人格-绩效模型并没有关注环境中历史的、规则的和外部期望的因素所施加的影响(Olson, et al.,2001),而上述因素正是不同国家文化的重要组成部分(Hofstede,2001)。文化距离代表东道国/地区文化与母国文化差异的大小(从权力距离、不确定性规避、集体主义/个人主义、阳刚/阴柔气质四个维度衡量)。一方面,高文化距离的环境对"激发"个体的经验开放性提供了更强更多的刺激;另一方面,高文化距离的情境又意味着管理者的工作环境中充满了更多难以理解的信息。因此文化距离在人格-绩效过程中有可能发挥复杂而重要的影响,但现有研究鲜有关注上述文化距离的影响。

综上逻辑,本研究建立了一个有调节的中介模型,如图 9.2.1 所示。其主要目的是:首先,探讨在跨文化情境下,外派经理的经验开放性对跨文化管理有效性的影响;其次,揭示文化智力在连接经验开放性与跨文化管理有效性之间的关系中所起的中介作用;最后,探究文化距离在中介作用的两个阶段的调节作用。

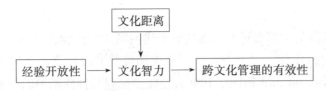

图 9.2.1　经验开放性对跨文化管理作用机制模型

本研究致力于打开经验开放性与跨文化管理有效性关系的理论"黑箱",探讨情境对人格-绩效作用的复杂影响,从而为现有文献中对经验开放性与绩效关系的研究结论提供新的视角,同时为组织管理实践中的外派经理选拔、培养和任用给予相应的理论依据。

(三) 假设提出

1. 经验开放性与跨文化管理有效性的关系

跨文化管理有效性:由于东道国/地区和外派经理母国可能具有截然不同的文化规范,这些差异会显著地影响人们内心深处对"什么是正确的做事方式"的看法,因此对跨文化管理的要求涵盖并超越了一般管理的范畴。如果把整个国际化的组织视为一个有机的整体,任何一个海外分部都不会是母公司的简单复制品,外派管理者也不能是母公司命令的机械传递者。他们不仅需要找到合适的方法尽可能在东道国/地区实现组织的目标,还需要通过在当地的实践向母公司及时且有效地反馈,并且在融合与协调的过程中学习与创新。因此,我们以跨文化管理有效性作为衡量外派经理绩效的指标,将其定义为"管理者在海外分支机构行使其各项职能的有效性",强调跨文化情境下对管理者这种灵活性和能动性的要求。

经验开放性与跨文化管理有效性的关系:大五人格特质包括尽责性(Conscientiousness)、外向性(Extraversion)、神经质(Neuroticism)、宜人性(Agreeableness)和经验开放性(Openness to Experience)(McCrae, 1987)。既往研究显示大五人格模型在刻画个体人格差异方面有很强的解释能力和跨文化通用性(Bhagat and Prien, 1996；Costa and McCrae, 1996；Flynn, 2005),其中经验开放性是唯一一个与心智能力(Mental Ability)相关的特质(Peabody and Goldberg, 1989)。只有头脑开放且深具好奇心的个体才愿意"思考思考的过程",这在跨文化情境下意味着质疑自身原有的文化假设,并以跨文化交往为基础重新检验自己的心智模式(Ang, et al., 2006)。

管理者实际上也是"信息工作者",他们需要吸收、处理和传播各种信息以优化决策(McCall and Kaplan, 1985)。跨文化的情境给管理者带来的巨大挑战包括理解由文化背景的差异造成的各利益相关者的不同需求,领会来自不同文化背景的下属对领导风格的期望等(Mannor, 2008)。如果在新情境中依赖既有的心智模式,就会限制一个管理者的视野,妨碍其搜索、理解及处理信息的过程,最终形成有偏见的管理决策

(Weick,1979)。

经验开放性高的管理者更有可能摆脱上述困境,因为该人格特质的本意就是"对既有经验保持开放的心态"。实证研究结果也表明经验开放性高的个体更容易接受不同文化间的差异(Bhagat and Prien,1996),也较少受到与种族相关的刻板印象和其他偏见的干扰(Flynn,2005)。与低经验开放性的个体更偏好具体的和熟悉的事物不同,高经验开放性的个体更愿意接受新的想法和处事方式。因此高经验开放性的管理者不仅更有可能在新文化情境中摆脱既有心智模式的局限,而且更有可能在实际管理工作中整合"新的经验"并加以尝试运用,从而不断优化跨文化情境下的管理决策与执行。因此我们提出假设1:

H1 经验开放性与跨文化管理有效性存在正向关系,即经验开放性越高的个体,其跨文化管理有效性越高。

2. 文化智力的中介作用

Earley 和 Ang(2003)提出文化智力的概念,将其界定为个体有效应对和处理不同文化间差异的能力。文化智力包括4个维度:元认知智力(Metacognitive Intelligence)关注个体在文化差异环境中的认知过程,体现个体对认知过程的监控、觉察和有意识的自省水平;认知智力(Cognitive Intelligence)关注对新异文化的具体认知内容,体现了个体对具体文化的各组成部分(法律、社会规范、宗教、艺术等)的了解和掌握水平;动机智力(Motivational Intelligence)反映了个体接触并融入新文化环境的主观意愿程度和确信自身能胜任新异文化环境的自信水平;行为智力(Behavioral Intelligence)体现个体在具体文化环境中能正确运用语言和行为以适应人际交往的能力水平。

Tett 和 Burnett(2003)的"特质激发理论"指出,当具备某种特质的个体面临情境中与特质相关(Trait-Relevant)的线索时,特质激发的过程才会发生。当一个高经验开放性的管理者来到充满新异文化的情境中时,它最先被触发的就是对新文化的好奇心和探索的欲望,这种"了解新情境中文化元素的意愿"直接表达为动机文化智力的提升。在动机的驱使下能够引发个体一系列"学习"过程(Oolders, et al.,2008;Ange, et al.,2006),从而提高对商业规则和惯例、市场特征、下属对管理方式的期望等各种与文化要素相关知识的了解(提高认知文化智力),反思自身既有的文化思维模式并加以调整(提高元认知文化智力),同时不断尝试和发展适宜新文化情境的管理方式和领导行为(提高行为文化智力)。基于以上分析,我们提出假设2:

H2 经验开放性与文化智力存在正向关系,即经验开放性越高的个体其文化智力越高。

在跨文化情境下,元认知文化智力高的管理者往往并不急于在跨文化交往中做出草率评判,而是设法检验自己对文化假设的准确性,从而形成适应新文化情境的管理风格和管理方法;具备高动机文化智力的管理者更有可能在陌生的环境中拓宽信息扫描的空间(Mannor,2008);高认知文化智力涵盖的对文化各组成部分的了解又能够帮助管理者从中筛选出高质量信息以优化决策;对于跨文化情境下由于"社会分类效应"(Tajfel,1981)造成的不同文化背景群体间的不信任,高行为文化智力的管理者更有可能通过灵活、适宜的语言和行为予以化解,发展与不同文化背景的下属间的信任关系,促进工作场所中的跨文化合作。

既有的实证研究也显示文化智力与多种类型的跨文化绩效(如跨文化适应、跨文化销售绩效等)都存在正向关系(Lisak and Erez,2015;Chen, et al. ,2012;Wang, et al. ,2014)。

基于以上分析和已有实证研究的结果,我们提出假设3:

H3　文化智力与跨文化管理有效性之间存在正向关系,即文化智力越高的个体其跨文化管理有效性越高。

根据 Campbell 等提出的工作绩效理论,人格特质通过"适应特征"影响绩效。"适应特征"包括"明示性知识""程序性知识"和"动机"。所有个体绩效方面的差异都可以归结为这3种因素作用的结果,可被用作中介变量解释个体内在固有的基本特质对各种绩效关系的作用机制(Campbell, et al. ,1993)。

文化智力中的认知智力代表了个体对新异文化的具体认知内容,符合典型的"明示性知识";元认知智力代表了个体在文化差异环境中对认知过程的监控、觉察和有意识的自省水平,行为智力体现为个体在具体文化环境中能正确运用语言和行为以适应人际交往,二者符合典型的"程序性知识";动机智力本身就体现了个体进入跨文化情境的主观意愿。因此文化智力完全符合工作绩效理论中对"适应特征"的界定(Oolders, et al. ,2008)。基于以上分析以及假设1、假设2和假设3,我们提出假设4:

H4　文化智力中介了经验开放性和跨文化管理有效性之间的正向关系。

3. 文化距离对经验开放性与文化智力之间关系的调节

特质激发理论指出,特质的表达需要合适的情境,特质表达的结果也会受到情境强弱的影响(Tett and Guterman,2000)。据此,存在文化差异的情境不但能够唤起经验开放性这种特质的表达,而且文化差异的高低也会影响经验开放性表达的程度。文化距离反映了东道国/地区和母国在各方面文化的差异。在文化距离高的情境下,个体所处的环境中存在大量不熟悉的、新奇的事物。并且文化距离越大,环境中的现实和以往经验的反差就越强,新异刺激的水平就越高。文化距离越大,高经验开放性的个体就越能被激发出更高的兴趣和探索的欲望,动机文化智力的提升会令个体愿意为了解新情境的文化付诸更多的精力和努力,从而引致更多的学习、反思和尝试,使元认知文化智力、认知文化智力和行为文化智力得到发展和提高。因此我们提出假设5:

H5　文化距离强化经验开放性与文化智力之间的正向关系。即当文化距离高时,经验开放性与文化智力的正向关系增强;当文化距离低时,经验开放性与文化智力的正向关系减弱。

4. 文化距离对文化智力与跨文化管理有效性之间关系的调节

Kanfer 等提出的"资源配置观点"认为绩效是由三种因素的共同作用决定的,它们分别为:个体拥有的资源、动机、任务对资源的要求。虽然复杂的任务(对资源要求更高)能够激发更多的努力,但动机是一个需要不断投入注意力以维系自我调控的过程,也会耗费大量精力(注意力资源),因此动机与绩效的关系会受到任务复杂性的调节(Kanfer, et al. , 1996)。Judge 和 Zapata(2015)更进一步指出:当个体处于与特质相关的情境中时,他们"独特的适应特征"就会很自然地表达为更有效的工作成果。然而当情境要求的资源超出了个体所拥有的资源时,绩效表达就会受到不利的影响。

处于文化距离高的情境下,个体面临更为复杂的解读文化线索的任务;一定时间内,个体拥有的资源(注意力、精力、认知等)是有限的;面对复杂情境的要求,个体未必具备足够的资源来应对,Chen 等实证研究的结果表明文化距离弱化了动机文化智力与跨文化适应之间的正向关系(Chen, et al. , 2010)。

基于上述理论及实证研究的结果,我们认为虽然高文化距离的情境能够激发经验开放性高的管理者发展出较高的文化智力,但这个文化智力得以提高的过程却并非一蹴而就。高文化距离的情境能够调动起经验开放性高的个体内在的好奇心和求知欲,首先作用在其探索和了解新异环境的动机上(动机文化智力提高),而对自己既有文化思维模式的反思和调整(元认知文化智力)、对各种文化要素知识的掌握(认知文化智力)以及发展得体的文化适应行为(行为文化智力)这三个方面却需要不断地学习和练习。认知文化智力和行为文化智力也可以视为个体应对新异文化情境的认知资源和行为模式资源,动机文化智力和元认知文化智力中包含的自我调控与自我反思则较多涵盖了 Kanfer 等(1996)定义的"注意力的耗费"。文化距离越高,情境中难以理解的文化线索越多,需要管理者处理和分析的信息数量和难度也越大,发展适宜的领导方式和领导行为也需要更多的尝试和摸索……以上种种都体现出高文化距离对管理者拥有的资源提出了更高的要求。由于个体发展出足以应对高文化距离所要求的资源需要更多的时间(时间也是一种资源)和练习,而个体具备的资源却未必足够,所以我们推测,较高的文化距离情境中文化智力与跨文化管理有效性的正向关系会减弱。因此我们提出假设 6:

H6 文化距离弱化了文化智力与跨文化管理有效性之间的正向关系,即随着文化距离提高,文化智力与个体跨文化管理有效性之间的正向关系将变弱。

(四) 研究方法

1. 数据收集

数据来源于 27 家中国跨国公司,分别属于制造业和服务业(贸易、金融)。通过与每家公司的人力资源部门的前期沟通,我们得到了这 27 家公司共 203 名中层以上外派经理的名单和邮件地址。首先由每家公司人力资源总部向本公司外派经理发送邮件,说明本次调研的研究性质和信息保密原则,然后研究人员经由第三方专业网络问卷发放平台进行问卷发放和回收。为尽量减少同源偏差,本研究问卷发放分 3 次进行,每次前后间隔 2 个月。

发放和回收问卷的工作从 2013 年 1 月开始,历时 6 个月,具体问卷发放和回收的情况是:第一轮针对外派经理发放问卷 203 份,测评个体相关人口统计学特征和人格特质;第二轮仍针对外派经理发放测评文化智力的问卷;第三轮针对 27 家公司的总经理或总部人力资源经理发放问卷评价外派经理的跨文化管理有效性。综合三轮问卷发放与回收情况,本次调查总计回收有效问卷 119 套,有效回收率为 58.6%。我们对流失的被试与最终保留样本在所属公司和外派属地的分布进行了检验,并对被试流失前后的样本在人口统计学特征方面进行了比较,均未发现任何显著差异。样本所在东道国/地区分布见表 9.2.1。

表 9.2.1　样表来源分布

样本来源	美国	墨西哥	日本	泰国	中国香港	合计
样本数量	35	23	18	30	13	119
百分比	29.4%	19.3%	15.1%	25.3%	10.9%	100%

2. 变量测量

经验开放性及其他人格特质。对经验开放性及其他人格特质的测量采用简易大五人格量表 NEO-FFI(Costa and McCrae, 1992)。该量表为人格测试领域的成熟量表,在既往研究中体现了良好的信效度和跨文化通用性(Costa and McCrae, 1992, 1996; Schneider and Smith, 2004)。该量表包含 60 个项目,5 个人格维度。各维度 Cronbach's Alpha 值分别为:经验开放性 0.80、神经质 0.79、外向性 0.83、宜人性 0.72、尽责性 0.81。

文化智力。本研究使用包含 20 个条目的文化智力自评量表(Ang, et al., 2007)。该量表在既有研究中显示了较高的信效度和跨文化通用性(Ang, et al., 2007; Leung, et al., 2014)。典型的测量条目如:"当我和来自不同文化的他人交往的时候,我检查我的文化知识","我会随跨文化交往情境的需要改变自己的面部表情"等。文化智力量表的信度系数(Cronbach's Alpha)为 0.89。

文化距离。关于文化距离的测量,总体来说学术界有两种不同的做法。一种是采用相对客观的各个国家在不同文化维度上的得分来计算文化距离(Hofstede,2001; Schwartz, 1999; Shenkar, 2001),另一种方法是测量参与者主观自我感知的文化距离(Chen, et al., 2010)。为避免与文化智力的测量形成同源误差,在本研究中我们采用前一种测量文化距离的方法:用 Hofstede 文化四维度得分来计算外派经理东道国/地区与其母国之间的文化距离,计算公式为:

$$CD_j = \sum_{i=1}^{4} \{(I_{ij} - I_{ic})^2 / V_i\}/4$$

其中,CD_j 表示第 j 个东道国/地区与母国(中国大陆)的文化距离,I_{ij} 是东道国/地区 j 在第 i 个文化维度上的得分,I_{ic} 是中国大陆在该文化维度上的得分,V_i 是该维度得分的方差(Hofstede,2001;Shenkar,2001;Drogendijk and Slangen,2006)。

跨文化管理有效性。本研究中采用 8 个条目的问卷并请总经理或总部人力资源主管评价外派经理的跨文化管理有效性。在问卷调查之前进行的企业访谈过程中,我们发现不同的企业在不同的东道国/地区建立分支机构有不同的目的。这些分支机构并不都是利润中心或生产中心,还有设计中心、信息中心等。因此我们认为评价外派经理的跨文化管理有效性时,如果采用客观指标如"海外机构净利润"等,既不能准确反映外派经理的实际管理水平,也不能相互间进行比较;相反,让跨国公司总部高层根据本企业的战略目标做出评价会更加合适。在本研究中,测量跨文化管理有效性的典型条目如:"该管理者能够找到适当的方式在东道国/地区完成母公司要求","该管理者能向总部提供可行性方案改进母公司政策以更好地适应当地文化"。本研究量表信度系数为 0.81。

控制变量。以往的研究表明,个体的人口统计学变量(年龄、性别和教育程度)以及派遣时长可能影响跨文化管理绩效,为排除这些相关变量对结果的影响,本研究将其作为控制变量处理(Chen, et al. , 2010;Ang, et al. , 2007)。

由于关键变量中的大五人格特质和文化智力都来源于外派经理的自评问卷,为了检验不同构念的区分效度以及各量表的相应测量参数,本研究采用了 Lisrel8.70 对关键变量进行验证性因素分析,在六因子模型、五因子模型、二因子模型与单因子模型之间进行对比。结果显示,六因子模型拟合得最好($\chi^2 = 667.08$,$p < 0.01$;$RMSEA = 0.078$;$NFI = 0.87$;$CFI = 0.92$;$IFI = 0.93$),而且显著优于五因子模型、二因子模型和单因子模型(详见表 9.2.2),表明文化智力和五因子人格模型的测量具有较好的区分效度。

表 9. 2. 2　验证性因素分析结果[a]

模型	χ^2	df	RMSEA	NFI	CFI	IFI
零模型[b]	6 160.08	435				
六因子模型	667.08	390	0.078	0.87	0.92	0.93
五因子模型[c]	1 441.27	395	0.15	0.80	0.86	0.86
二因子模型[d]	1 728.85	404	0.17	0.76	0.81	0.81
单因子模型[e]	2 428.53	405	0.21	0.70	0.75	0.75

注:[a]由于题项很多,根据 Mathieu 和 Farr(1991)的建议,在进行验证性因子分析前将大五人格特质和文化智力的测量题项进行了"打包(Item-parceling)"处理,将 5 种人格特质分别简化为 4 个题项,文化智力简化为 10 个题项;[b]在零模型中,所有测量项目之间没有关系;[c]将经验开放性和文化智力并为一个潜在因子;[d]将外向性、宜人性、尽责性、神经质和经验开放性并为一个潜在因子;[e]将所有项目归属同一个潜在因子。

表 9.2.3　描述统计和变量相关分析

变量	Mean	SD	1	2	3	4	5	6	7	8	9	10	11
1. 年龄	34.02	3.81											
2. 性别	0.89	0.31	-0.06										
3. 受教育程度	16.40	0.97	0.02	0.12									
4. 派遣时长	1.79	0.67	-0.13	0.09	0.15†								
5. 宜人性	2.83	0.31	-0.01	0.14	-0.03	0.05							
6. 外向性	3.67	0.44	-0.01	-0.06	0.06	0.06	0.21*						
7. 尽责性	3.80	0.34	0.04	0.01	0.05	0.18*	0.30**	0.63**					
8. 神经质	1.88	0.35	-0.12	-0.00	0.03	-0.02	-0.18†	-0.47**	-0.41**				
9. 经验开放性	3.06	0.35	0.12	0.01	0.01	0.04	0.16†	0.32**	0.35**	-0.15†			
10. 文化智力	3.73	0.48	0.04	-0.05	-0.00	0.15†	0.29**	0.55**	0.60**	-0.36**	0.50**		
11. 文化距离	7.37	3.40	0.50**	0.07	0.00	-0.11	0.14	0.36**	0.13	-0.41**	-0.03	0.10	
12. 跨文化管理有效性	3.90	0.30	-0.05	-0.03	-0.15	0.05	0.18†	0.30**	0.34**	-0.18†	0.34**	0.58**	-0.00

注:$N=119$;† $p<0.10$,* $p<0.05$,** $p<0.01$;双尾检验。

（五）数据分析和结果

1. 相关分析

表 9.2.3 显示了各变量的 Pearson 相关系数、均值和标准差。人格特质、文化智力和跨文化管理有效性之间存在不同程度的两两相关性，为检验文化智力的中介作用提供了基础。在控制变量中，只有派遣时长与文化智力显著相关（$r=0.15$，$p<0.10$），但相关关系较弱。

2. 假设检验

本研究中的情境变量是外派经理所在东道国/地区与母国的文化距离，本研究样本的 119 名外派经理分属 5 个不同的东道国/地区的 27 家不同的公司。考虑到不同的外派属地和不同的公司有可能形成对个体层面结果变量的影响，我们首先按 Aguinis 等学者的建议采用多层线性模型（Hierarchical Linear Model，HLM）的无限制模型（零模型，Null Model）去检验个体层次结果变量的变异被高层次所解释的比重（Aguinis，Gottfredson，and Culpepper，2013）。发现结果变量分别为文化智力和跨文化管理有效性时，公司层次和国家/地区层次下的 ICC 都近似为 0（$ICC<10^{-4}$，χ^2 检验均不显著）。根据 Aguinis 等学者的建议，当 ICC 近似 0 时，没有采用多层线性模型分析的必要，因此在后续分析中我们采用了层级回归（Hierarchical Regression Modeling）的方法。表 9.2.4 呈现了层级回归的分析结果。模型 1～3 是对文化智力的回归结果，模型 4～7 是对跨文化管理有效性的回归。

表 9.2.4　层级线性回归分析结果

解释变量	文化智力			跨文化管理有效性			
	模型 1	模型 2	模型 3	模型 4	模型 5	模型 6	模型 7
控制变量							
年龄	−0.01 (0.01)	−0.01 (0.01)	−0.01 (0.01)	−0.00 (0.01)	−0.00 (0.01)	0.00 (0.01)	0.00 (0.01)
性别	0.09 (0.14)	−0.01 (0.11)	−0.05 (0.11)	−0.04 (0.09)	−0.08 (0.08)	−0.08 (0.07)	0.09 (0.08)
受教育程度	−0.012 (0.05)	−0.02 (0.03)	−0.02 (0.03)	−0.05[†] (0.03)	−0.05[†] (0.03)	−0.04[†] (0.02)	−0.04 (0.02)
派遣时长	0.12[†] (0.07)	0.06 (0.05)	0.05 (0.05)	0.03 (0.04)	0.01 (0.04)	−0.02 (0.04)	−0.03 (0.04)
自变量							
宜人性		0.15 (0.11)	0.15 (0.11)		0.05 (0.09)	0.00 (0.08)	0.02 (0.08)
外向性		0.23* (0.10)	0.30** (0.10)		0.06 (0.08)	−0.02 (0.07)	0.01 (0.08)

(续表)

解释变量	文化智力			跨文化管理有效性			
	模型 1	模型 2	模型 3	模型 4	模型 5	模型 6	模型 7
尽责性		0.40** (0.13)	0.38** (0.13)		0.15 (0.10)	0.02 (0.10)	−0.05 (0.10)
神经质		−0.11 (0.11)	−0.12 (0.11)		−0.02 (0.08)	0.02 (0.08)	−0.00 (0.08)
经验开放性		0.41** (0.10)	0.36** (0.10)		0.21** (0.08)	0.07 (0.08)	0.06 (.008)
中介作用检验							
文化智力						0.35** (0.07)	0.39** (0.07)
调节作用检验							
文化距离			−0.01 (0.01)		−0.01 (−0.01)		−0.01 (0.09)
经验开放性× 文化距离			0.07* (0.03)		0.03 (0.03)		0.04 (0.03)
文化智力× 文化距离							−0.06* (0.03)
R^2	0.03	0.51	0.54	0.03	0.22	0.37	0.41
调整后的 R^2	−0.02	0.47	0.49	−0.00	0.15	0.31	0.33
ΔR^2	0.03	0.48	0.03	0.03	0.19	0.15	0.04
ΔF	0.93	21.26**	3.56*	2.10	5.17**	26.30**	2.10†

注：$N=119$（119 位外派经理）；$^†p<0.10$，$^*p<0.05$，$^{**}p<0.01$；双尾检验；表中括号里的数字是回归系数的标准误差。

主效应。假设 1 提出经验开放性对跨文化管理有效性有正向影响。模型 5 显示控制年龄、性别、受教育程度和派遣时长后，人格特质中只有经验开放性与跨文化管理有效性呈显著正向关系（$\beta=0.21$，$p<0.01$），从而假设 1 得到支持。

中介效应。根据 Baron 和 Kenny（1986）的建议分 4 步检验中介效应：① 自变量对结果变量的影响（假设 1，已获数据支持）。② 自变量对中介变量的影响（假设 2），在引入控制变量的基础上，分析经验开放性对文化智力的影响。③ 中介变量对结果变量的影响（假设 3），在引入控制变量的基础上，分析文化智力对跨文化管理有效性的影响。④ 中介效应（假设 4），同时引入经验开放性和文化智力，分析经验开放性对跨文化管理有效性的影响是否因文化智力的引入而消失（完全中介）或削弱（部分中介）。从模型 2可以看出，经验开放性与文化智力存在显著的正向关系（$\beta=0.41$，$p<0.01$），支持假设2；由模型 6 可以看出，文化智力与跨文化管理有效性存在显著的正向关系（$\beta=0.35$，$p<0.01$），支持了假设 3；模型 6 显示加入文化智力后，经验开放性与跨文化管理有效

性的关系不再显著了(从模型 5 到模型 6,β 从 0.21 下降到 0.07)。采用 Sobel 检验的结果也得到一致的结论($Z=3.21, p<0.01$)。结合以上证据,我们认为文化智力完全中介了经验开放性和跨文化管理有效性之间的关系,因此假设 4 得到验证。

调节效应。根据温忠麟和叶宝娟(2014)建议的对有调节变量的中介模型的检验步骤:① 要检验在不考虑中介作用的情况下,作为调节变量的文化距离对主效应(经验开放性和跨文化管理有效性之间的关系)的直接调节作用是否存在。为消除可能存在的共线性威胁,在构造自变量和调节变量的乘积项时,我们将二者(经验开放性和文化距离)分别进行了标准化处理。从模型 5 可以看出,调节变量对主效应的直接调节作用不显著。说明经验开放性和跨文化管理有效性的直接效应并不受到文化距离的调节。②在直接效应没有受到调节的情况下检验中介效应是否受到调节。由于对中介效应的检验已获数据支持,就只需检验调节变量对中介作用前后路径的调节作用是否显著。同样将文化智力和文化距离分别标准化后构造乘积项。从模型 3 中可以看出文化距离对经验开放性与文化智力的关系的调节作用是正向且显著的($\beta=0.07, p<0.05$),说明调节变量对中介作用前半个路径的正向调节作用获得数据支持,从而假设 5 得到验证。模型 7 中文化智力与文化距离的乘积项系数显著且为负($\beta=-0.06, p<0.05$),由此可以看出文化距离对文化智力与跨文化管理有效性起到了负向调节的作用,说明调节变量对中介作用后半个路径的负向调节作用也获得了数据支持,从而假设 6 也得到验证。图 9.2.2 和图 9.2.3 分别给出了假设 5 和假设 6 的检验结果的更直观的说明。图 9.2.2 中显示,当文化距离高的时候(实线),经验开放性与文化智力有更强的正向关系,从而验证了假设 5;图 9.2.3 显示,当文化距离低(虚线)的时候,文化智力与跨文化管理有效性有更强的正向关系,因而验证了假设 6。

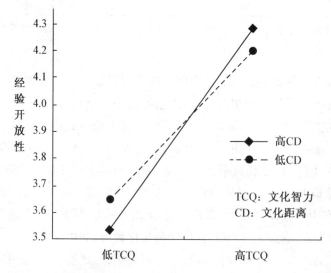

图 9.2.2　文化距离对经验开放性和文化智力关系的正向调节作用

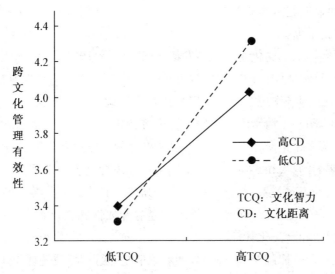

图9.2.3　文化距离对文化智力与跨文化管理有效性关系的负向调节作用

(六) 讨论

1. 理论贡献

本研究的理论贡献在于:首先,在"特质激发理论"的基础上,探讨了管理者经验开放性与跨文化管理有效性的关系,阐明了被跨文化情境激发的管理者经验开放性能够正向预测跨文化管理有效性。和其他人格特质相比,对经验开放性的研究相对较少,并且既有研究中有关经验开放性对绩效变量的影响也常得出不同的结论(Griffin and Hesketh,2004;孟慧、李永鑫,2004)。本研究从理论和实证角度进一步说明管理者经验开放性对管理绩效作用不一致是由于不同的情境下特质与绩效的关系适用不同机制所造成的。更进一步说,是情境"激发"了适切的(Relevant)特质并通过特定的机制作用于管理有效性(Tett and Brenett,2003)。个体必须首先具备相应的特质,这样才能够根据情境提示的线索做出适宜的反应(Judge and Zapata,2015)。本研究中的跨文化情境为经验开放性的表达提供了适宜的激发条件。在控制年龄、性别、教育程度、派遣时长的情况下,经验开放性显著预测了跨文化管理有效性。显示了在跨文化这一特定情境下,经验开放性优于其他人格特质对跨文化管理有效性的预测效力。和国内情境下经验开放性与领导绩效之间负向关系的研究结果相对照(孟慧、李永鑫,2004),本研究的结果提示了对人格特质的研究不能脱离具体情境。Tett 等建构了"特质激发理论"(Tett and Brenett,2003),本研究为其提供了实证检验的证据。

其次,基于"工作绩效理论",本研究进一步揭示了跨文化情境"激发"经验开放性作用于管理有效性时"适切"的机制具体是什么。研究结果显示管理者经验开放性对跨文化管理有效性的正向作用是通过文化智力实现的。文化智力在人格特质和绩效的关系中发挥了"适应特征"的作用。这一发现回答了跨文化情境下经验开放性对跨文化管理有效性的作用机制问题。本研究为 Campbell 等的"工作绩效理论"(Campbell, et al., 1993)提供了实证证据。

第三,本研究揭示了文化距离在激发特质(管理者经验开放性)转化为"适应特征"(文化智力),以及由"适应特征"(文化智力)表达为绩效(跨文化管理有效性)这两个阶段发挥方向相反的调节作用。研究发现文化距离的调节效应不仅丰富了 Campbell 等的工作绩效理论,明确了情境因素的确对管理者特质与跨文化管理有效性关系存在影响;而且通过检验文化距离在中介作用两阶段发挥的差异化调节作用,阐明了文化距离是"如何"发挥影响的。Chen 等(2010)发现文化距离抑制了外派职员动机文化智力和跨文化适应之间的正向关系,本研究将上述研究结论推进了一步,更加深化了对文化距离作用的理解——文化距离既能强化管理者经验开放性和文化智力之间的正向关系,又会抑制文化智力和跨文化管理有效性之间的正向关系。文化距离在中介作用两阶段分别发挥的"强化"和"抑制"影响进一步展示了情境"激发"特质发挥作用时的复杂性和动态性。

2. 管理启示

本研究为跨国经营企业提供了外派经理选拔、培训和任用的理论依据。

在选拔外派经理时,企业偏重以个体以往绩效(能力的指标)为依据。但实践表明外派经理在母国的绩效往往不能充分预测其在东道国/地区的绩效。尽管以往的研究已经表明文化智力能够预测跨文化情境下的结果变量,但由于文化智力并非个体与生俱来的特质,它往往在跨文化的情境下才能产生和发展。而企业选择外派经理的时候,可供的人选并不一定具备跨文化的经历,所以有必要找到能够预测文化智力并且比文化智力更稳定的人格特征。本研究显示高经验开放性的个体能够在跨文化情境中发展出高文化智力,从而取得较高的跨文化管理有效性。中国跨国企业在外派经理的选拔过程中,并没有对这一人格特质给予足够的关注。而外派经理的选拔是培训和任用的起点,同样的资源投入,用在不同的人身上会产生不同的效果。因此,本研究结果较好地解释了本部分引言所述的跨文化管理实践中出现的第一个令人费解的现象,为跨国经营企业的外派经理选拔提供了新的参考依据。

由于文化智力是经验开放性和跨文化管理有效性之间的中介变量,在考虑到文化距离的调节作用时,我们的研究结论能够对组织培训外派经理提供如下参考:经验开放性高的个体能够发展出更高的文化智力,从而更有可能获得更高的跨文化管理有效性;如果能为这样的候选人提供高文化距离的培训机会,其就能发展出更高的文化智力。因此组织可以选拔经验开放性高的员工为外派经理,并尽量为其提供高文化距离的培训情境或培训素材。

由于文化距离在中介作用的前后阶段分别发挥"强化"和"抑制"的作用,管理者经验开放性与跨文化管理有效性的关系因而呈现动态性和复杂性。正如在风急浪大的水域进行游泳训练,受训者的水性和能力将得到更大的提高;但若论游泳速度,还是在风平浪静的水域里游得更快；并且，越是在风急浪大的水域，越是要派水性好和能力高的泳者。对于跨国经营的企业而言，向文化距离高的东道国/地区派驻管理者时，要注意选拔经验开放性高的候选人，这样的管理者更容易在高文化距离的情境中发展出较高的文化智力，从而胜任跨文化管理工作；但与此同时，组织需要对在高文化距离的东道国/地区工作的管理者抱有更大的耐心，因为他们在此情境下需要更多的时间和锻炼才能发展出足够的文化智力以取得令组织满意的跨文化管理绩效。特别是对于在某东道国/地区的管理中获得成功，继而转派至其他与母国文化距离更大的东道国/地区上任的外派经理，即便之前的成功证明其拥有较高的文化智力，他们在新的外派属地发挥作用的效果也会比在低文化距离的环境里要差一些，或者需要更长的时间才能达到组织的期望。因此对于派往高文化距离东道国/地区的外派经理，总部要有抱有合理的预期。本部分研究结果也较好地解释了引言所述的跨文化管理实践中第二个令人费解的现象，对于派往文化距离高的分支机构的外派经理，总部可以在当地给予其更多的文化辅导或培训。

3. 局限性及未来研究方向

本研究的局限主要体现在以下几个方面：

首先，虽然采用了不同数据来源、分不同时间点采集数据的研究设计，克服了横截面研究的一些局限性，但是在文化智力与跨文化管理有效性的关系方面，如果能够纵向地、分几次时点采集数据，以测量文化智力与跨文化管理有效性的动态变化，研究的结论就更有说服力，这将成为我们今后研究的努力方向。

其次，变量之间的因果关系还有待未来的追踪研究进一步证实。在结果变量的选择上，可以增加从东道国/地区下属角度评价外派经理的管理绩效。

最后，在今后研究中，对于外派经理选拔、培育和任用还有很多有趣并值得研究的问题，比如，外派经理文化智力与东道国/地区下属文化智力的匹配对外派经理的管理绩效以及下属绩效的影响，对外派经理文化智力的不同测量方法等。为了更清晰地揭示影响外派经理绩效的机制和过程，还需要精心设计的质性研究。

（七）结论

伴随30多年的改革开放，"走出去"成为中国越来越多企业的现实选择。如何选拔、培训和任用外派管理者，是中国企业面临的重要问题。本研究收集27家中国跨国公司119名外派经理及其总部高管的配对数据，从人格特质——经验开放性和文化智力角度为这一系列问题提供了理论解释和实践指导。经验开放性高的管理者，在文化差异越高的地方，越能够获得较高的文化智力，其跨文化管理的有效性也越高。但是，由于高文化距离对经理人员的认知、情感和注意力等要求较高，这也会弱化其文化智力和跨文化管理有效性的正向关系。因此，企业对外派经理的选拔和任用必须考虑到人格特质和文化距离对跨文化管理有效性的影响。

三、企业人力资源管理实践对跨文化功能团队创造力的跨层影响

(一) 引言

随着跨功能团队在新产品开发、流程改进以及解决复杂任务等企业活动中的广泛应用,功能异质性逐渐显现出其"双刃剑"效应。一方面,由于团队成员来自不同部门,具备不同的工作经历和专业背景,相互之间通过交流可以有效整合各种知识,提升团队效能;另一方面,受项目研发时效性所限,跨功能团队难以形成团队凝聚力,严重影响其在创新活动中的重要性。针对上述问题,现有研究从调节效应和中介机制两个方面给出进一步解释。一方面,部分研究发现,任务新颖性以及团队成员建言氛围等团队情境因素作为调节变量能够强化功能异质性和团队绩效之间的关系;另一方面,外部沟通、双向沟通和团队学习均能有效衔接功能异质性和团队绩效以及团队凝聚力之间的关系,但同时也伴随着不同程度的团队冲突。

现有研究更多是从团队外显协调视角关注功能异质性对跨功能团队绩效的影响,但外显协调仍不能明确说明如何将功能异质性转化为跨功能团队创造力。此外,当下的研究多关注团队层面因素的作用效果,并未考虑企业层面的因素以及企业与团队两个层面的因素如何系统性地影响跨功能团队创造力的形成。鉴于此,本研究试图借助内隐认知理论,从团队内隐协调的角度探讨跨功能团队创造力成因;同时,将企业人力资源管理实践(包括参与导向型和关系导向型)这一重要的组织层面因素引入分析框架,在两个层面间建立内在逻辑关系,系统解读跨功能团队创造力的成因。本研究的研究框架见图 9.3.1。

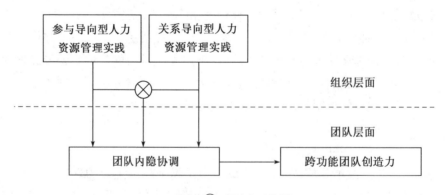

注: ⊗ 表示交互作用

图 9.3.1 跨功能团队创造力形成概念模型

（二）文献回顾与假设提出

1. 核心概念界定

（1）企业人力资源管理实践

企业的各项人力资源管理实践对员工的影响并非是相互独立的，部分学者从跨文化的视角，将企业人力资源管理实践划分为参与导向型和关系导向型两种。其中，参与导向型人力资源管理实践（简称参与导向型）是一种基于团队工作设计、利润分享、广泛培训和员工意见反馈等一系列人力资源政策的有效落实，培养员工参与意识的人力资源实践形式。关系导向型人力资源管理实践（简称关系导向型）则是一种以私人关系为决策基础的人力资源管理方式。传统上，参与导向型能够提高员工身上所蕴含的知识、技能和能力，从而提升组织的人力资本含量。然而，从社会资本的角度出发，如果参与导向型不能够建立组织与员工间的信任关系，改变组织内部的社会关系网络，很难对组织绩效产生积极的影响；而关系导向型则能够促进人际网络中结构洞的产生，提高信息流动，进而利于组织创新。

（2）团队内隐协调

团队协调是指为了达到团队目标使用各种策略和行为模式来管理成员间行动、知识等资源投入的过程，其按照呈现方式可以分为团队外显协调和团队内隐协调两种形式。前者是指通过成员的直接交互或外在媒介而实现的调整（如相互沟通、标准的工作流程或行为规范等）。团队内隐协调作为一种新的团队协调形式是团队成员依据对任务和其他成员需求的预期来调整自身行动的过程。

（3）跨功能团队及其创造力

团队创造力是指在外部需求影响下，团队成员集合起来通过一系列进程，将团队特征转化为创造性产品、工艺、服务以及工作方式的能力。相对于传统型团队而言，跨功能团队是典型的短期跨界任务团队，它由来自同一等级、不同工作领域的员工，或者不同层级甚至不同组织的人组成，能使团队内部或团队成员间广泛交流信息、激发新观点、解决新问题。由此，跨功能团队创造力就是企业快速响应市场需求，内部成员共同采取一系列团队互动过程，将团队异质性顺利转化为创造性想法和成果的能力。

2. 企业人力资源管理实践与跨功能团队创造力

（1）参与导向型与跨功能团队创造力

参与导向型源自早期的员工参与思想，其核心是民主与平等。按照资源基础理论的观点，当资源具备稀缺性、不可模仿性和不可替代性时，就能在创新中为企业赢得竞争优势。参与导向型将独立运行的人力资源模块予以整合，使其具有独特的路径依赖、因果模糊等特性，让竞争对手很难在短时间予以模仿，这种系统化的人力资源实践有助于激发组织和团队的创造力，具体体现在以下几方面：① 员工参与、团队工作和弹性工作设计让员工能够自由地把握各种创新机会。参与导向型能够打破部门和层级界限,成员之间的弱关系有助于团队获取和传递信息,这为跨功能团队开展创新活动提供各种潜在机会。② 大范围的员工招聘和宽泛培训让团队能够整合许多优秀的员工,这其中也包括整合来自不同层级和部门的人才资源建立起临时性问题解决团队。当不同背景、学科和领域的人面对亟待解决的问题时,便可通过"头脑风暴"激荡出意想不到的最佳方案。③ 薪酬激励机制更能激发员工的风险偏好。参与导向型不仅注重通过优厚的物质报酬激发员工的创新动力,更能够依据团队成员强烈的成就动机设计各种不同的宽泛式薪酬奖励方案。由此,提出假设1:

H1 参与导向型与跨功能团队创造力成正相关关系,即参与导向型有助于提升跨功能团队创造力。

(2) 关系导向型与跨功能团队创造力

关系导向型是以私人关系为决策基础的一种人力资源管理实践形式。中国传统社会文化所孕育的关系是了解和测量中国人心理与行为的核心构念。在管理学领域,研究者发现不同于西方的人际关系,中国人的关系已经渗透到商业活动、企业管理与组织行为中,并在其中扮演重要角色。尽管在注重制度规范和公平正义的情境中,关系导向型被认为具有破坏程序公平,降低员工对组织的信任等众多负面性。然而,按照社会网络理论的观点,当团队成员与团队甚至组织内外部人员建立各种私人联系时,每个被联系的个体都有可能成为有利于企业发展的潜在智力资本。当外部智力资本与团队成员的知识结构有很大异质性时,更有可能激发团队创造力。一方面,团队成员可以和外部包括客户、消费者、供应商、投资者甚至政府部门建立关系(弱连接),这种弱连接能够使团队从外部获取和自身知识结构互不重叠的非冗余知识和信息,有利于隐性知识跨越部门甚至组织边界有效传递,给团队创新带来不竭之源;另一方面,借助私人关系通道,团队成员的知识能够被很快地分享和网络化,有助于培养团队创新能力。由于私人关系的存在,团队成员很容易形成团队凝聚力,彼此之间相互信任并积极分享知识。基于关系的职业晋升和内部信息分享模式能够营造一种共同交流和分享知识的心智模式。由此,提出假设2:

H2 关系导向型与跨功能团队创造力成正相关关系,即关系导向型有利于提升跨功能团队创造力。

(3) 企业人力资源管理实践交互作用与跨功能团队创造力的关系

首先,基于人力资源管理建构观以及内部结构一致性理论,整合企业内部不同的运作过程利于企业创造极具价值且难以模仿的创新能力。参与导向型能够通过一系列现代人力资源管理政策和措施强化组织或团队成员之间的弱关系,促进员工对组织的投入感,增强合作意愿,但受集体主义的影响,也会弱化人际关系网络中的结构洞,降低或减缓信息流动。而关系型导向型受自设"圈子"的影响,无法强化成员间的弱连接,却促进了社会网络中结构洞的形成,有助于信息快速流动。由此,这两种类型的人力资源管理实践看似矛盾,本质上却有很强的互补性。由此,两者的交互效应更能激发跨功能团队创造力。其次,按照人力资本理论观点,两种不同的人力资源管理实践指向不同的人力资本。参与导向型重视企业内部与创新有关的独特技能和知识的运用,尽管这些知识和技能需要企业花费很长时间予以开发,但因为是从企业内部培育积淀而成,更容易形成独特的创新能力。关系导向型重视通过关系从企业外部获取有价值的信息资源,因为这些资源具有通用型,可以通过外部人力资本获取。按照吸收能力理论的观点,整合两种人力资源管理实践,有助于企业将各种有价值的外部资源内化为企业自身的核心竞争力,提高团队创造力。由此,提出假设3:

H3　参与导向型与关系导向型的交互作用与跨功能团队创造力成正相关关系,即两者的交互作用有利于提升跨功能团队创造力。

3. 团队内隐协调的中介作用

团队内隐协调对企业人力资源管理实践与跨功能团队创造力两者间关系的中介作用可从团队基本研究范式和内隐认知理论予以解释。

首先,按照"输入—加工—输出"的团队研究基本范式,无论是关系导向型还是参与导向型抑或两者的交互作用,都会不同程度地通过人员配置与激励等形式为跨功能团队创新创造输入条件。参与导向型能够帮助员工特别是团队成员迅速完成自我社会化,快速界定自己的角色定位,增强员工开展工作的积极性和主动性;明确的角色定位更能够帮助团队成员厘清团队工作流程和内部合作机制,能够在内部形成预期。此外,企业人力资源管理实践的有效推进能够为团队工作者营造良好的工作氛围,能够不断培养员工环境适应能力,以根据企业和团队工作需要调整自己的角色定位,并主动为实现团队目标而配合他人工作。关系含有个人在现有的紧密的社会网络内借用机会主义的方式来进行互惠活动之意,由此而构建的互惠活动方式不单纯地来自其所处的网络特征,而更多来自社会结构中的权力。另外,互惠很容易发展成为一种团队之外的网络利益共同体,从而增强团队成员的内在预期,并不断调整自身行动以配合网络中其他成员的行动。

此外,参与导向型侧重于通过制度和规范的形式来强化对团队工作的参与性,不断完善的企业制度和各种规范能够强化员工的理性心理预期;关系导向型会侧重于通过私人情感维系团队成员,强化工作中的默契感,提高成员之间的情感心理预期。这两种心理预期相互促进,能够促使团队成员将团队利益和个人利益有机融合,主动调整自我行动方案,以配合团队其他成员共同提升团队创造力。由此,提出以下假设:

H4　企业人力资源管理实践和团队内隐协调之间存在相关关系。

H4a　关系导向型利于提升团队内隐协调,两者存在正相关关系。

H4b　参与导向型利于提升团队内隐协调,两者存在正相关关系。

H4c　关系导向型和参与导向型的交互作用有助于提升团队内隐协调,两者存在正相关关系。

其次,按照内隐认知理论,跨功能团队创造力取决于团队成员转移和共享知识的意愿和能力。研究表明,有效的人力资源管理实践能够增强团队成员转移或分享知识的意愿。但由于跨功能团队任务内在的困难以及知识的复杂性,团队成员可能没有能力平稳地进行知识转化。团队内隐协调能促使团队成员有效预测团队中其他同事的行动及任务需求,并随之动态性地调整自身行为,这是一种无意识的不易察觉的双向互动和调整过程。在此过程中,非编码和非独立的有利于团队创新的复杂知识逐渐被团队成员相互理解,并在此基础上形成对团队任务的特定的启发式思考,大大提升复杂知识转移和共享的能力,这种能力将跨功能团队成员的创新意愿切实转化为现实创造力。由此,提出以下假设:

H5 团队内隐协调在企业人力资源管理实践与跨功能团队创造力间发挥中介作用。

H5a 团队内隐协调在关系导向型与跨功能团队创造力两者间发挥中介作用。

H5b 团队内隐协调在参与导向型与跨功能团队创造力两者间发挥中介作用。

H5c 团队内隐协调在关系导向型和参与导向型的交互作用对跨功能团队创造力的影响中发挥中介作用。

(三) 研究设计

1. 调查过程

本研究首先选择上海、南京、苏州和无锡等城市的高科技企业进行问卷调查,被调查企业规模控制在 500 人以上,这样可以规避不同企业规模带来的多变问题。其次,通过被调查企业的人力资源管理部门,确定企业内部的跨功能团队作为调查对象。最后,请企业跨功能团队负责人及其下属共同填写问卷,每个团队由 1 名团队负责人和 4 名团队成员共同填写。于 2011 年 11 月至 2012 年 2 月,对选定的 25 家企业的 125 个团队进行了调查,共发放问卷 575 份,剔除信息缺失 58 份,再通过团队配对比较和团队识别删除 141 份,最终得到有效问卷 376 份,回收的 95 个团队的有效问卷分别属于 25 家企业,有效回收率为 65.4%。

2. 变量测量工具

本研究选用国外成熟量表,并结合中国特殊的文化情境,对量表中问题的提法和称述方式做了相应修改。

(1) 参与导向型

该变量的测量采用 De-Laney 等编制的量表,包含 10 个题项,通过项目分析发现有 3 个题项未能通过 T 检验,故予以删除,最终选取 7 个题项,如"我们公司有诸如利润分享和期权等基于公司或团队的激励计划"等。

(2) 关系导向型

该变量的测量采用 Chen 等开发的量表,包括 5 个题项,如"在公司,关系常常影响绩效评估决定"等。根据"转移参考点模型",在测量时,所用的题项不再是对个人行为的反映,而是要求被试将由所有成员构成的企业看成一个整体,从系统观点来评价组织行为。

（3）跨功能团队创造力

该变量的测量由跨功能团队成员填写,其创造力量表由 Amabile 和 Janssen 等编制,共 10 个题项,如"我所在的团队经常创造性地解决问题"等。团队整体的创造力由每位团队成员感知到的团队创造力均值表示。

（4）团队内隐协调

该变量的测量采用 Mumtaz 等编制的内隐协调量表,共 8 个题项,如"无须沟通就可以预见到其他团队成员的需求"等。以上测量题项均为正向,采用 Likert7 点计分,1～7 表示从"完全不同意"到"完全同意"。此外,本研究还将与团队学习和团队沟通密切相关的团队成立时间、团队工作类型以及团队规模等团队特征变量作为此次研究的控制变量(见表 9.3.1)。

表 9.3.1　样本描述性统计分析

变量	类别	数量(企业/团队)	所占百分比(%)
企业成立年限	1 年以下	1	4
	1～3 年	3	12
	4～6 年	13	52
	7～9 年	6	24
	10 年以上	2	8
企业类型	民营	3	12
	集体	1	4
	国有	1	4
	中外合资	13	52
	外商独资	7	28
企业人力资源管理实践类型	参与型人力资源管理	9	36
	关系型人力资源管理	7	28
	不确定	9	36
团队成立时间	6～9 个月	45	47.4
	10～12 个月	27	28.4
	13～15 个月	18	18.9
	15 个月以上	5	5.3
团队工作类型	新产品开发	52	54.7
	流程设计	16	16.8
	管理创新	8	8.4
	技术革新	19	20

(续表)

变量	类别	数量(企业/团队)	所占百分比(%)
团队的规模	8～10 人	23	24.2
	11～13 人	34	35.8
	14～16 人	25	26.3
	16 人以上	13	13.7

(三) 统计分析

本研究旨在检验理论模型中提出的组织层次的企业人力资源管理实践如何影响团队层次的团队内隐协调和团队创造力,进而解释团队内隐协调如何中介企业人力资源管理实践和团队创造力两者之间的关系。步骤如下:① 检验本研究所采用的变量和样本是否存在同源方差问题。② 分别使用 SPSS19.0 和 AMOS7.0 统计分析软件对量表进行探索性因子分析和验证性因子分析,以检验所采用的指标是否具有结构上的一致性、可靠性和有效性。③ 团队内隐协调和团队创造力属于团队层面的变量,需要用一个团队中的单个或多个个体调查结果的平均数作为其指标,企业人力资源管理实践作为组织层面的变量需要用一个企业中的多个个体调查结果的平均数作为其指标,因此,需要从组内同质性和组间差异性两个方面论证。④ 由于分析涉及团队和组织两个层次,故采用 HLM6.02 统计分析软件进行二层线性模型的建构与分析,验证本研究所提出的研究假设。

(四) 数据分析与结果

1. 同源方差分析

为检验同源方差问题,本研究首先采用探索性因子分析方法析出第一未旋转因子,将该因子从预测与校标变量中分离出来,使用 SPASS19.0 统计分析将析出的第一因子另存为变量,然后求控制第一因子变量后预测与校标变量的偏相关(见表9.3.2)。控制第一因子前,各变量两两之间显著相关,控制第一因子后,变量之间的偏相关依然显著,证明本研究所涉及各变量并不存在明显的同源方差,可以开展后续的实证分析。

表 9.3.2　同源方差检测表

	TCR	IC	GX	PHR
泊松相关分析				
TCR	1			
IC	0.42***	1		
GX	0.17***	0.13**	1	
PHR	0.57***	0.48***	−0.24***	1

（续表）

	TCR	IC	GX	PHR
偏相关分析				
TCR	1			
IC	0.29***	1		
GX	0.51***	0.15***	1	
PHR	0.42***	0.08*	−0.12*	1

注:PHR 表示参与导向型人力资源管理实践;GX 表示关系导向型人力资源管理实践;IC 表示团队内隐协调;TCR 表示团队创造力。

2. 变量区分效度的验证性因子分析

多水平因素分析需要对数据结构进行评估,研究采用验证性因子分析,考察本研究各变量的区分效度(见表 9.3.3)。由表 9.3.3 可知,四因子模型与数据拟合非常好($RMSEA=0.073,CFI=0.92,NFI=0.91$),其他包括单因子模型、两因子模型和三因子模型在内的竞争模型的拟合指数均没有达到拟合要求。

表 9.3.3　验证性因子分析结果

模型	χ^2	df	χ^2/df	CFI	TLI	IFI	NFI	RMSEA
单因子模型 PHR+GX+IC+TCR	1 738.1	405	4.29	0.41	0.37	0.42	0.40	0.18
两因子模型 A PHR+GX;IC+TCR	1 589	404	3.93	0.48	0.44	0.49	0.41	0.17
两因子模型 B PHR+ TCR;GX+IC	1 463	404	3.62	0.53	0.50	0.54	0.46	0.17
三因子模型 A IC+TCR;PHR;GX	1 603	402	3.2	0.45	0.47	0.51	0.43	0.15
三因子模型 B PHR+GX;IC;TCR	1 566	402	3.91	0.49	0.45	0.49	0.42	0.18
四因子模型 PHR;GX;IC;TCR	1 201	399	3.01	0.92	0.89	0.90	0.91	0.073

注:PHR 表示参与导向型人力资源管理实践;GX 表示关系导向型人力资源管理实践;IC 表示团队内隐协调;TCR 表示团队创造力。

3. 聚合分析

由于本研究拟在团队和组织层面进行分析,尽管运用参照点转换一致模型确保了结构所在层面和测量层面的一致,但由于研究数据是通过员工个体填写相关问卷获得的,依据文献的建议,需要将每个个体在问卷各个条目上的具体数值进行聚合以得到团队和组织层面的测量值,便于以后的统计分析:① 确认团队内部是否具有高度的一致性,按照文献的建议,需计算各团队的 Rwg。② 通过计算 ICC(1)检验样本是否有显著的组间差异。遵照上述分析,本研究对所涉及的团队内隐协调和团队创造力,以及各企业的参与导向型和关系导向型人力资源管理实践等变量分别计算了相应的 Rwg 和 ICC(1),结果发现团队内隐协调的 Rwg 为 0.71~0.98;团队创造力的 Rwg 为 0.73~0.96;两种人力资源管理实践的 Rwg 均在 0.82 之上,超过以往研究推荐 0.70 的临界标准。此外,上述各变量的 ICC(1)依次为 0.44,0.35,0.21 和 0.22,符合学者推荐的 0.12 的标准。由此,数据在企业和团队层面聚合是适当和有效的。

4. 多层线性模型分析

(1) 零模型

零模型是多层线性模型分析的基础,由于本研究中自变量人力资源管理实践分别对因变量团队创造力和中介变量团队内隐协调的直接效应,都涉及高层级变量对低层级变量的跨层效应,按照对前文所述的中介效应检验步骤,零模型检验应当分为:以团队创造力为因变量进行的零模型检验和以团队内隐协调为因变量的零模型检验。由此,得到的组间方差的比例分别为 34.5% 和 43.5%,且均为显著[前者的 $\chi^2(18)=$ 67.42,$p<0.001$;后者的 $\chi^2(18)=88.75$,$p<0.001$]。由于团队创造力和团队内隐协调具有显著的组间方差,故可进行后续的跨层分析。

(2) Level2 主效应检验

本研究采用平均数结果变量模型检验自变量企业人力资源管理实践对因变量的直接效应,以及自变量对中介变量团队内隐协调的直接效应。表 9.3.4 中,由模型 2a 可知,参与导向型对跨功能团队创造力具有显著的正向影响($\gamma_{01}=0.62$,$p<0.05$)。由此,假设 1 得到支持。由模型 3a 可知,参与导向型对团队内隐协调也有显著的正向影响($\gamma_{01}=0.74$,$p<0.05$)。由此,假设 4a 得到支持。由模型 2b 和 3b 可知,关系导向型对上述两个变量均不存在显著影响($\gamma'_{01}=0.18$,$p>0.05$;$\gamma'_{01}=0.26$,$p>0.05$)。由此,假设 2、假设 4b、假设 5a 未得到支持。由模型 2c 和模型 3c 可知,参与导向型与关系导向型的交互项(GP)对跨功能团队创造力($\gamma''_{01}=0.15$,$p<0.01$)和团队内隐协调($\gamma''_{01}=0.11$,$p<0.01$)均具有显著的正向影响。由此,假设 3 和假设 4c 得到支持。

(3) 中介效应的检验

为了检验团队内隐协调对企业人力资源管理实践和团队创造力关系的中介作用,本研究采用情境模型,同时将自变量企业人力资源管理实践和中介变量团队内隐协调放入模型中。表 9.3.4 中,由模型 4a 可知,$\gamma_{01}=0.51$,$p<0.05$,且 $0.51<0.62$,表明团队内隐协调部分中介参与导向型和团队创造力之间的关系。由此,假设 5b 得到部分支持。由模型 4c 可知,(GP)$\gamma''_{01}=0.12$,$p>0.05$,表明团队内隐协调完全中介两种人力资源管理实践交互作用与团队创造力之间的关系。由此,假设 5c 得到支持。

表 9.3.4　多层线性模型分析结果

变量	模型 1a 零模型 (TCR)	模型 1b 零模型 (IC)	模型 2a Level-2 主效果 (PHR)	模型 2b Level-2 主效果 (GX)	模型 2c Level-2 主效果 (GP)	模型 3a Level-2 主效果 (PHR)	模型 3b Level-2 主效果 (GX)	模型 3c Level-2 主效果 (GP)	模型 4a Level-2 中介作用 (PHR)	模型 4b Level-2 中介作用 (GX)	模型 4c Level-2 中介作用 (GP)
截距项 (γ_{00})	4.99***	4.62**	1.419	5.13***	4.99***	2.25***	4.71***	4.61***	0.78	3.087**	4.99***
Level-1 预测因子											
IC(γ_{10})									0.285*	0.435*	0.427*
Level-2 预测因子											
PHR(γ_{01})			0.62*			0.74*			0.51*		
GX(γ'_{01})				0.18			0.26			0.13	
GP(γ''_{01})					0.15**			0.11**			0.12
方差											
σ^2	0.55	0.35	0.55	0.545	0.545	0.349	0.349	0.349	0.493	0.486	0.48
τ_{00}	0.29***	0.27**	0.05	0.22***	0.28***	0.17***	0.25***	0.26***	0.088**	0.23**	0.21***
$R^2_{Level-2}$			0.82	0.24	0.07	0.37	0.07	0.04	0.48	0.08	0.19
模型方差	238.12	201.21	219.28	237.83	239.37	193.05	201.13	203.01	218.07	229.32	233.92

注:PHR 表示参与型人力资源管理实践;GX 表示关系导向型人力资源管理实践;IC 表示团队内隐协调;TCR 表示团队创造力;GP 表示 GX 与 PHR 的乘积(交互作用)。

(五) 结论与讨论

1. 研究结论

(1) 不同类型的人力资源管理实践对跨功能团队创造力的影响不同

参与导向型与关系导向型的交互作用对跨功能团队创造力产生显著的正向影响,但关系导向型本身并不能提升跨功能团队创造力。这说明参与导向型是促成跨功能团队创造力的前提与基础,能确保跨功能团队成员的多样性。以此为基础进一步强化成员间的私人关系能提升跨功能团队创造力。相反,如果团队成员选择不是基于工作需要,而是从属于某一特定"圈子",不仅成员之间无法明确自己在工作中的角色定位,而且对彼此未来的行动方向缺乏预期,同时也会因为来自同一"圈子"而使团队变得同质化,弱化关系导向型管理对团队内部协调及创新激情的影响。

(2) 团队内隐协调对主效应的中介作用不同

团队内隐协调部分中介参与导向型与跨功能团队创造力之间的关系,且对参与导向型与关系导向型两种人力资源管理实践的交互作用与跨功能团队创造力之间的关系有完全中介作用。这一结论说明,在企业利用跨功能团队开展创新活动的过程中,综合运用参与导向型和关系导向型不仅能够激发团队的创造力,而且还能培养成员间的内隐认知,大大削弱外显协调产生的成本。

2. 管理启示

提升跨功能团队创造力是一项系统性工作,既要整合各层面的因素,也要关注中西方文化的融合问题。本研究的管理实践启示在于以下几点:

(1) 整合影响跨功能团队创造力形成的团队层面和企业层面的因素能够有效提升跨功能团队创造力。

从团队层面看,一方面,团队管理者要依据工作任务的创新需求,将各部门、各层级甚至组织外部各种有想法、勇于挑战自我的人吸纳到团队中来,真正发挥跨功能团队异质性的优势,为企业创新增添活力;另一方面,要注重员工的心理体验,在培养员工传统交流沟通能力的基础上,逐步强化团队成员之间的心理预期,培养团队工作的默契性。从企业层面看,国内企业既要强化对西方现代人力资源管理思想的学习与实践,也要注意在日常管理中总结本土管理经验,形成有本土特色的人力资源管理方法。

(2) 将学习西方先进人力资源管理理念和总结本土管理经验有机融合,切实提升跨功能团队创造力。

西方发达国家的人力资源管理实践以提倡员工参与为最大特点,这种管理方式不仅能够充分利用组织内外不同的人力资源,增强跨功能团队成员构成的异质性,还能培养团队成员的高参与性以及对组织的高承诺性,通过理性方式培养个体的合理预期。关系渗透到企业日常管理活动中,这是一把双刃剑。由此,首先要强化参与型人力资源管理实践,在此基础上将传统文化中的关系因素融入现代人力资源管理实践,既能保证跨功能团队成员的广泛参与,也能使员工之间建立情感交流,强化情感预期,降低成员多样化引发的协调成本高的问题,切实促进跨功能团队创造力发挥。

本研究也存在一定不足:① 采用横截面研究设计,对揭示变量间的因果关系略显不够。未来研究可采用纵向研究设计予以弥补。② 数据采集主要通过自陈方式问卷调查获取,尽管在问卷与统计中进行了一定的处理,但仍无法完全避免同源方差问题。③ 虽然关注团队内隐协调对企业人力资源管理实践与跨功能团队创造力关系的中介作用机制,但尚未考虑这种机制产生的可能边界。④ 限于条件,企业样本容量不大,未来研究可加大企业层面的样本量,进一步提高研究结果的外部效度。

参
考
文
献

[1] H. Aldrich and M. Ruef. *Organizations Evolving*. 2nd ed. Thousand Oaks, CA: Sage, 2006.

[2] J. E. Dutton, J. Lilius and J. Kano. The transformative potential of compassion at work. In: S. K. Piderit, D. L. Cooperrider and R. E. Fry (eds.). *Handbook of Transformative Cooperation: New Designs and Dynamics*. Palo Alto, CA: Stanford University Press, 2007: 107 - 126.

[3] C. Aagyirs. *Understanding Organizational Behavior*. London: Tavistock Publication, 1960.

[4] S. Adams and O. Butler. *Manufacturing the Future*. Cambridge: Cambridge University Press, 1999.

[5] K. J. Preacher, D. D. Rucker and A. F. Hayes. Addressing moderated mediation hypotheses: Theory, methods, and prescriptions. *Multivariate Behavioral Research*, 2007, 42(1): 185 - 227.

[6] H. Aguinis, R. K. Gottfredson and S. A. Culpepper. Best practice recommendations for estimating cross-level interaction effects: Using multilevel modeling. *Journal of Management*, 2013, 39(6): 1490 - 1528.

[7] L. S. Aiken and S. G. West. *Multiple Regression: Testing and Interpreting Interactions*. Newbury Park, CA: Sage, 1991.

[8] A. K. Olusanmi and K. O. Muraina. Collective bargaining as a tool for industrial conflict in organization and conflict resolution. In: N. P. Ololube. *Handbook of Research on Organizational Justice and Culture in Higher Education Institutions*. IGI Global, 2016: 190 - 205.

[9] A. José. Labor market deregulation and industrial conflict in new democracies: A cross-national analysis. *Political Studies*, 2008, 56(4): 830 - 856.

[10] A. M. Al-Homayan, F. M. Shamsudin, C. Subramaniam and R. Islam. The moderating effects of organizational support on the relationship between job stress and nurses' performance in public sector hospitals in Saudi Arabia. *Advances in Environmental Biology*, 2013, 7(9): 2606 - 2617.

[11] A. J. Ali, A. A. Taqi and K. Krishnan. Individualism, collectivism and decision styles of managers in Kuwait. *The Journal of Social Psychology*, 1997, 137: 629 - 637.

[12] N. J. Allen, J. P. Meyer. The measurement and antecedents of affective, continuance and normative commitment to the organization. *Journal of Occupational Psychology*, 1990, 63(1): 1 - 18.

[13] N. J. Allen and J. P. Meyer. *Commitment in the Workplace: Theory, Research, and Application*. Thousand Oaks, CA: Sage, 1997.

[14] A. S. Tsui, J. L. Pearce and L. W. Porter. Alternative approaches to the employee organization relationship: Does investment in employees pay off?. *Academy of Management Journal*, 1997, 40(5): 1089 - 1121.

[15] T. M. Amabile. *Creativity in Context: Update to the Social Psychology of Creativity*. Oxford: Westview Press, 1996.

[16] R. Amit and P. J. H. Schoemaker. Strategic assets and organizational rent. *Strategic Management Journal*, 1993, 14(1): 33 - 46.

[17] F. T. Amstad, L. L. Meier, U. Fasel, A. Elfering and N. K. Semmer. A meta-analysis of work-family conflict and various outcomes with a special emphasis on cross-domain versus matching domain relations. *Journal of Occupational Health Psychology*, 2011, 16(2): 151 - 169.

[18] Amyxd, Sharmad, Alfordbl. The influence of role ambiguity and goal acceptance on salesperson performance and commitment. *Marketing Management Journal*, 2014, 24(1): 52 - 65.

[19] Q. Guii-qing and, W. Chen Wei-zheng. An empirical study of effects of cooperative labor relations on enterprise performance. *Contemporary Finance & Economics*, 2010, 1: 72 - 80.

[20] A. Farhad and A. Kakabadse. Industrial conflict and its expressions. *Employee Relations*, 1993, 15(1): 46 - 62.

[21] D. G. Ancona and D. F. Caldwell. Demography and design: Predictor of new product team performance. *Organizational Science*, 1992, 3(3): 321 - 341.

[22] N. Anderson and R. Schalk. The psychological contract in retrospect and prospect. *Journal of Organization Behavior*, 1998, 19: 637 - 647

[23] C. Andrade and M. Matias. Gender differences in work-to-family facilitation in Portuguese employees. *Exedra*, 2009, (2): 161 - 172.

[24] S. Ang and L. Van Dyne. Conceptualization of cultural intelligence: Definition, distinctiveness, and nomological network. In: S. Ang and L. Van (eds.). *Handbook of Cultural Intelligence: Theory, Measurement, and Applications*.

Armonk, NY: M. E. Sharpe, 2008: 3 - 15.

[25] S. Ang, L. Van Dyne, C. Koh, K. Y. Ng. , K. J. Templer, C. Tay and N. A. Chandrasekar. Cultural intelligence: Its measurement and effects on cultural judgment and decision making, cultural adaptation and task performance. *Management and Organization Review*, 2007, 3(3): 331 - 371.

[26] S. Ang, L. Van Dyne and C Koh. Personality correlates of the four-factor model of cultural intelligence. *Group & Organization Management*, 2006, 31 (1): 100 - 123.

[27] U. Anioke. Local government and conflict. *Journal of Policy and Development Studies*, 2002, 3(2): 45 - 47

[28] M. Aoki. *Toward a Comparative Institutional Analysis*. Cambridge, MA: MIT Press, 2001.

[29] A. Hewitt. Ltd. *Trends in Global Employee Engagement Report*. London: Aon Hewitt Ltd, 2013.

[30] J. A. Aragon-Correa. Strategic proactivity and form approach to the natural environment. *Academy of Management Journal*, 1998, 41: 556 - 567.

[31] R. D. Arkush. *Fei Xiaotong and Sociology in Revolutionary China* (No. 98). Cambridge, MA: Harvard University Asia Center, 1981.

[32] J. S. Armstrong and T. S. Overton. Estimating nonresponse bias in mail surveys. *Journal of Marketing Research*, 1977, 14: 396 - 402.

[33] K. Armstrong. *Twelve Steps to a Compassionate Life*. New York: Knopf, 2011.

[34] K. A. Arnold and K. E. Dupré. Perceived organizational support, employee health and emotions. *International Journal of Workplace Health Management*, 2012, 5(2): 139 - 152.

[35] T. O. Arogundade, B. A. Arogundade and O. Adebajo. The influence of perceived organizational support on job stress among selected public and private sector employees in Lagos state, Nigeria. *Advances in Research*, 2015, 3(6): 541 - 547.

[36] H. Arrow, J. E. Mcgrath and J. L. Beedahl. *Small Groups as Complex Systems*. Thousand Oaks: Sage, 2000.

[37] E. Arslaner and Y. Boylu. Perceived organizational support, work-family/family-work conflict and presenteeism in hotel industry. *Tourism Review*, 2017, 72(2): 171 - 183.

[38] J. B. Arthur. Effects of human resource systems on manufacturing performance and turnover. *Academy of Management Journal*, 1994, 37(3): 670 - 687.

[39] M. B. Arthur. The boundaryless career: A new perspective for organizational inquiry. *Journal of Organizational Behaviour*, 1994, 15: 295 - 306.

[40] S. J. Ashfordand J. S. Black. Proactivity during organizational entry: The role of desire for control. *Journal of Applied Psychology*, 1996(81): 199 - 214.

[41] P. W. B. Atkins and S. K. Parker. Understanding individual compassion in organizations: The role of appraisals and psychological flexibility. *Academy of Management Review*, 2012, 37: 524 - 546.

[42] B. J. Avolio, W. L. Gardner. Authentic leadership development: Getting to the root of positive forms of leadership. *Leadership Quarterly*, 2005, 16(3): 315 - 338.

[43] B. R. P and Y. Yi. On the evaluation of structural equation models. *Journal of the Academy of Marketing Science*, 1988, 16(1): 74 - 94.

[44] Trevor Bain. Third party dispute resolution. Rights disputes. In: D. Lewin, D. J. B. Mitchel and M. A. Zaidi. *The Human Resource Management Handbook*. Greenwich: JAI Press, 1997: 219 - 244.

[45] Baker Library Historical Collections, Harvard Business School. 1943~1946. Elton Mayo Papers, Professional Correspondence with China.

[46] D. B. Baker. *The Oxford Handbook of the History of Psychology: Global Perspectives*. Oxford: Oxford University Press, 2012.

[47] A. B. Bakker and E. Demerouti. The job demands-resources model: State of the art. *Journal of Managerial Psychology*, 2007, 22: 309 - 328.

[48] A. B. Bakker, E. Demerouti and W. Verbeke. Using the job demands-resources model to predict burnout and performance. *Human Resource Management*, 2004, 43: 83 - 104.

[49] A. B. Bakker, A. Shimazu, E. Demeroutie, et al. Work engagement versus work-aholism: A test of the spillover-crossover model. *Journal of Business & Psychology*, 2014, 29(1): 63 - 80.

[50] R. A. Bales. The discord between collective bargaining and individual employment rights: Theoretical origins and a proposed solution. *BUL Review*, 1997, 77: 687 - 719.

[51] G. J. Bamberand P. Sheldon. Collective bargaining. In: R. Blanpain and C. Engels (eds). *Comparative Labor Law and Industrial Relations in Industrialized Market Economics*. The Hague: Kluwer, 2001.

[52] L. P. Bao. Chinese only children's life course: An institutional choice on view of the family-state relationship. *Social Science*, 2012(5): 90 - 101.

[53] H. G. Barkema, X. Chen, G. George, Y. Luo and A. Tsui. West meets east:

New concepts and theories. *Academy of Management Journal*, 2015, 58(2): 460 - 479.

[54] C. Barnard. *The Functions of the Executive*. Cambridge, MA: Harvard University Press, 1938.

[55] M. L. Barnett, J. M. Jermier, B. A. Lafferty. Corporate Reputation: The definitional Landscape. *Corporate Reputation Review*, 2006, 9(1): 26 - 38.

[56] R. M. Baron and D. A. Kenny. The moderator-mediator variable distinction in social psychological research: Conceptual, strategic, and statistical considerations. *Journal of Personality and Social Psychology*, 1986, 51(6): 1173 - 1182.

[57] I. Barreto. Dynamic capabilities: A review of past research and an agenda for the future. *Journal of Management*, 2010, 36(1): 256 - 280.

[58] R. Barrett. Factors affecting perceptions of a workplace industrial relations climate. *International Journal of Employment Studies*, 1995, 3(2): 77 - 90.

[59] C. A. Bartlett and S. Ghoshal. What is a global manager?. *Harvard Business Review*, 2003, 81(8): 101 - 108, 141.

[60] C. D. Batson. Why act for the public good? Four answers. *Personality and Social Psychology Bulletin: Special Issue: The Self and the Collective*, 1994, 20: 603 - 610.

[61] C. D. Batson and K. A. Oleson. Current status of the empathy-altruism hypothesis. In: M. S. Clark (ed.), *Prosocial Behavior: Review of Personality and Social Psychology*, 1991, Thousand Oaks, CA: Sage, 12: 62 - 85.

[62] Battr. Managing customer services: Human resource practices, quit rates, and sales growth. *Academy of Management Journal*, 2002, 45(3): 587 - 597.

[63] S. ghobadi and J. D'ambra. Knowledge sharing in cross-functional teams: A competitive model. *Journal of Knowledge Management*, 2012, 16 (2): 285 - 301.

[64] B. E. Becker and M. A. Huselid. Strategic human resources management: Where do we go from here?. *Journal of Management*, 2006, 32(6): 898 - 925.

[65] T. A. Beehr and J. E. Newman. Job stress, employee health, and organizational effectiveness: A facet analysis, model, and literature review. *Personnel Psychology*, 1978, 31(4): 665 - 699.

[66] M. Beer. *Managing Human Assets*. Boston, MA: HBS Press, 1984.

[67] C. R. Benjamin and O. Hideaki. Collective bargaining and employee participation in Western Europe. *London School of Economics*, 2004. Retrieved from http://www. trilateral. org/ProjWork/tfrsums/tfr18. htm.

[68] G. S. Benson and M. Pattie. Is expatriation good for my career? The Impact of expatriate assignments on perceived and actual career outcomes. *International Journal of Human Resource Management*, 2008, 19(9): 1636 - 1653.

[69] J. M. Berg, A. M. Grant and V. Johnson. When callings are calling: Crafting work and leisure in pursuit of unanswered occupational callings. *Organization Science*, 2010, 21(5): 973 - 994.

[70] R. S. Bhagat and K. O. Prien. Cross-cultural training in organizational contexts. In: D. Landis, J. M. Bennett and M. J. Bennett (eds.). *Handbook of Intercultural Training*. Thousand Oaks, CA: Sage, 1996: 216 - 230.

[71] P. Bhaskar-Shrinivas, D. A. Harrison, M. A. Shaer and D. M. Luk. Input-based and time-based models of international adjustment: Meta-analytic evidence and theoretical extensions. *Academy of Management Journal*, 2005, 48(2): 257 - 281.

[72] P. E. Bierly and A. K. Chakrabarti. Technological learning, strategic flexibility, and new product development in the pharmaceutical industry. *IEEE Transactions on Engineering Management*, 1996, 43(4): 368 - 380.

[73] S. Birley. The role of networks in the entrepreneurial process. *Journal of Business Venturing*, 1985, 1(1): 107 - 117.

[74] J. S. Black, M. Mendenhall and G. Oddou. Toward a comprehensive model of international adjustment: An integration of multiple theoretical perspectives. *Academy of Management Review*, 1991, 16(2): 291 - 317.

[75] G. J. Blau. Further exploring the meaning and measurement of career commitment. *Journal of Vocational Behavior*, 1988, 32(3): 284 - 297.

[76] G. Blau. Testing the generalizability of a career commitment measure and its impact on employee turnover. *Journal of Vocational Behavior*, 1989, 35(1): 53 - 57.

[77] P. M. Blau. *Exchange and Power in Social Life*. Piscataway, NJ: Transaction Publishers, 1964.

[78] G. Blowers, B. T. Cheung and H. Ru. Emulation vs indigenization in the reception of western psychology in Republican China: An analysis of the content of Chinese psychology journals (1922~1937). *Journal of the History of the Behavioral Sciences*, 2009, 45(1): 21 - 33.

[79] K. B. Boal and R. Hooijberg. Strategic leadership research: Moving on. *Leadership Quarterly*, 2000, 11(4): 515 - 549.

[80] M. I. Bockover. The concept of emotion Revisited: A critical synthesis of Western and Confucian thought. In: Joel Mark sand Roger T. Ames(eds.).

Emotions in Asian Thought：A Dialogue，NewYork：State University of New York Press，1995.

[81] J. Bonache and D. Noethen. The impact of individual performance on organizational success and its implications for the management of expatriates. *The International Journal of Human Resource Management*, 2014, 25(14)：1960 - 1977.

[82] H. Bourke. Industrial unrest as social pathology：The Australian writings of Elton Mayo. *Australian Historical Studies*, 1982, 20(79)：217 - 233.

[83] B. Rene and P. F. Salipante. Behavioural analysis of grievances：Episodes, actions and outcomes. *Employee Relations*, 1990, 12(4)：27 - 32.

[84] D. E. Bowen and C. Ostroff. Understanding HRM—firm performance linkages：The role of the "strength" of the HRM system. *Academy of Management Review*, 2004, 29(2)：203 - 221.

[85] A. Bowlingn. Positive and negative affectivity and facet satisfaction：A meta-analysis. *Journal of Business and Psychology*, 2008, 23(3)：115 - 125.

[86] P. Boxall and K. Macky. Research and theory on high-performance work systems：Progressing the high-involvement stream. *Human Resource Management Journal*, 2009, 19(1)：3 - 23.

[87] A. M. Brady. *China's Thought Management*. London，New York：Routledge, 2012.

[88] D. Bramel and R. Friend. Hawthorne：The myth of the docile worker and class bias in psychology. *American Psychologist*, 2012, 36(8)：867 - 878.

[89] A. H. Brayfield and H. F. Rothe. An index of job satisfaction. *Journal of Applied Psychology*, 1951, 35(5)：307 - 311.

[90] J. P. Briscoe and L. M. Finkelstein. The "new career" and organizational commitment. *Career Development International*, 2009, 14(3)：242 - 260.

[91] J. P. Briscoe, D. T. Hall and R. L. P. DeMuth. Protean and boundaryless careers：An empirical exploration. *Journal of Vocational Behaviour*, 2006, 69 (1)：30 - 47.

[92] J. P. Briscoe, S. C. Henagan, J. P. Burton and W. M. Murphy. Coping with an insecure employment environment：The differing roles of protean and boundaryless career orientations. *Journal of Vocational Behaviour*, 2012, 80 (2)：308 - 316.

[93] R. W. Brislin. Back-translation for cross-cultural research. *Journal of Cross-Cultural Psychology*, 1970, 1(3)：185 - 216.

[94] K. Bruce and C. Nyland. Elton Mayo and the deification of human relations.

Organization Studies，2011，32(3)：383 – 405.

[95] K. Bruce. George Elton Mayo（1880～1949）. In：M. Witzel and M. Warner (eds). *The Oxford Handbook of Management Theorists*. Oxford：Oxford University Press，2013.

[96] L. L. Brummelhuis and A. B. Bakker. A resource perspective on the work-home interface：The work-home resources model. *American Psychologist*，2011，67(7)：545 – 556.

[97] P. S. Budhwar. Strategic integration and revolvement of human resource management in the UK manufacturing sector. *British Journal of Management*，2000，11(4)：285 – 302.

[98] M. B. Bulmer. Philanthropy and social science in the 1920s：Beardsley Ruml and the Laura Spelman Rockefeller memorial 1922～1929. *Minerva*，1981，19 (3)：347 – 407.

[99] J. S. Bunderson and J. A. Thompson. The call of the wild：Zookeepers, callings，and the double-edged sword of deeply meaningful work. *Administrative Science Quarterly*，2009，54(1)：32 – 57.

[100] R. S. Burt. The network structure of social capital. *Research in Organizational Behavior*，2000，22：345 – 423.

[101] M. Busseri, S. Sadava and N. DeCourville. A hybrid model for research on subjective well-being：Examining common-and component-specific sources of variance in life satisfaction，positive affect，and negative affect. *Social Indicators Research*，2007，83(3)：413 – 445.

[102] W. J. Buxton and L. T. Nichols. Talcott Parsons and the far east at Harvard, 1941～1948：Comparative institutions and national policy. *The American Sociologist*，2000，31(2)：5 – 17.

[103] C. Cabello-Medina，Á. López-Cabrales and R. Valle-Cabrera. Leveraging the innovative performance of human capital through HRM and social capital in Spanish firms. *International Journal of Human Resource Management*，2011, 22(4)：807 – 828.

[104] G. Caesens, F. Stinglhamber and M. Ohana. Perceived organizational support and well-being：A weekly study. *Journal of Managerial Psychology*，2016, 31(7)：1214 – 1240.

[105] M. D. Cain and S. B. Mckeon. CEO personal risk-taking and corporate policies. *Journal of Financial and Quantitative Analysis*，2016，51(1)：139 – 164.

[106] K. Ö. Çakmak-Otluoğlu. Protean and boundaryless career attitudes and

organizational commitment: The effects of perceived supervisor support. *Journal of Vocational Behaviour*, 2012, 80(3): 638 – 646.

[107] P. Caligiuri and M. Lazarova. Strategic repatriation policies to enhance global leadership development, In: M. Mendenhali, T. Kuehlmann and G. Stahl (eds.). *Developing Global Business Leaders: Policies, Processes and Innovations*. Westport, CT: Quorum Books, 2001: 243 – 256.

[108] P. M. Caligiuri and V. D. Santo. Global competence: What is it, and can it be developed through global assignments?. *Human Resource Planning*, 2001, (24): 27 – 35.

[109] P. M. Caligiuri. Assessing expatriate success: Beyond just "Being There". In: Z. Aycan (ed.). New approaches to employee management, Vol. 4. *Expatriate Management: Theory and Practice*. New York: Elsevier Science/ JAI Press, 1997: 117 – 140.

[110] L. N. Cameron, L. Gangadharan and X. Meng. Little emperors: Behavioural impacts of China's one-child policy. *Science*, 2013, 339 (6122): 953 – 957.

[111] K. S. Cameron. Organizational virtuousness and performance. In: K. Cameron, J. Dutton and R. Quinn (eds.). *Positive Organizational Scholarship*. San Francisco: Berrett Koehler, 2013: 48 – 65.

[112] K. S. Cameron, D. Bright and A. Caza. Exploring the relationships between organizational virtuousness and performance. *American Behavioral Scientist*, 2004, 47: 766 – 790.

[113] J. P. Campbell, R. A. McCloy, S. H. Oppler and C. E. Sager. A theory of job performance. In: N. Schmitt and W. C. Borman (eds.). *Personnel Selection in Organizations*. San Francisco: Jossey-Bass Publishers, 1993: 55 – 72.

[114] M. P. Cardador, E. Dane and M. G. Pratt. Linking calling orientations to organizational attachment via organizational instrumentality. *Journal of Vocational Behavior*, 2011, 79(2): 367 – 378.

[115] A. Carey. The Hawthorne studies: A radical criticism. *American Sociological Review*, 1967, 32(3): 403 – 416.

[116] J. W. Carland and J. A. C. Carland. A model of potential entrepreneurship: Profiles and educational implications. *Journal of Small Business Strategy*, 2015, 8(1): 1 – 14.

[117] D. S. Carlson, J. G. Grzywacz and S. Zivnuska. Is work-family balance more than conflict and enrichment?. *Human Relations*, 2009, 62(10): 1459 –1486.

[118] C. R. Reiterpalmon and E. Ziv. Inclusive leadership and employee involvement

in creative tasks in the workplace: The mediating role of psychological safety. *Creativity Research Journal*, 2010, 22(3): 250 – 260.

[119] K. D. Carson and P. P. Carson. Career commitment, competencies, and citizenship. *Journal of Career Assessment*, 1998, 6(2): 195 – 208.

[120] S. Cartwright and C. L. Cooper. *The Oxford Handbook of Organizational Well-Being*. Oxford: Oxford University Press, 2009.

[121] S. Cohen and H. M. Hoberman. Positive events and social supports as buffers of life change stress. *Journal of Applied Social Psychology*, 1983, 13(2): 99 – 125.

[122] C. S. Carver and M. F. Scheier. Themes and issues in the self-regulation of behavior. In: R. S. Wyer, Jr. (ed.). *Perspectives on Behavioral Self-Regulation: Advances in Social Cognition*, Vol. 12. New Jersey: Lawrence Erlbaum Associates Publishers, 1999: 1 – 105.

[123] J. L. Cerdin and M. Le Pargneux. Career and international assignment fit: Toward an integrative model of success. *Human Resource Management*, 2009, 48(1): 5 – 25.

[124] D. Chadee and B. Roxas. Institutional environment, innovation capacity and firm performance in Russia. *Critical Perspectives on International Business*, 2013, 9(1/2): 19 – 39.

[125] L. M. Chan, M. A. Shffer and E. Snape. In search of sustained competitive advantage: The impact of organizational culture, competitive strategy and human resource management practices on firm performance. *International Journal of Human Resource Management*, 2004, 15(1): 17 – 35.

[126] A. Chan. *Walmart in China*. Ithaca. NY: Cornell University Press, 2011.

[127] C. K. Chan. Strike and changing workplace relations in a Chinese global factory. *Industrial Relations Journal*, 2009, 40(1): 60 – 77.

[128] E. Chang. Career commitment as a complex moderator of organizational commitment and turnover intention. *Human Relations*, 1999, 52(10): 1257 – 1278.

[129] K. Chang. Human resource management and labor relations adjustment. *Human Resource Development of China*, 2006, (8): 4 – 9.

[130] Y. Chang, Y. Gong and M. W. Peng. Expatriate knowledge transfer, subsidiary absorptive capacity, and subsidiary performance. *Academy of Management Journal*, 2012, 55: 927 – 948.

[131] R. Charan. It's time to split HR. *Harvard Business Review*, 2014, 92(7): 33 – 34.

[132] C. H. Chen and Y. X. Song. Mechanism of organizational support resources influencing the employee well-being: A comparative double-case study. *Chinese Journal of Management*, 2014, 11(11): 1639 – 1645.

[133] C. Chen, Y. Chen and K. Xin. Guanxi practices and trust in management: A procedural justice perspective. *Organization Science*, 2004, 15(2): 200 – 209.

[134] G. Chen, P. D. Blises and J. E. Mathieu. Conceptual framework and statistical procedures for delineating and testing multilevel theories of homology. *Organizational Research Methods*, 2005, 8(4): 375 – 409.

[135] G. Chen, B. L. Kirkman, K. Kim, C. I. C. Farh and S. Tangirala. When does cross-cultural motivation enhance expatriate effectiveness? A multilevel investigation of the moderating roles of subsidiary support and cultural distance. *Academy of Management Journal*, 2010, 53(5): 1110 – 1130.

[136] J. Y. Chen, R. R. Reilly and G. S. Lynn. The impacts of speed-to-market on new product success: The moderating effects of uncertainty. *IEEE Transactions on Engineering Management*, 2005, 52: 199 – 212.

[137] X. P. Chen, D. Liu D and R. Portnoy. A multilevel investigation of motivational cultural intelligence, organizational diversity climate, and cultural sales: Evidence from US real estate firms. *Journal of Applied Psychology*, 2012, 97(1): 93 – 106.

[138] Y. Chen and N. Y. Tang. Millennial employee work values: A post modernization point of view. *Shanghai Management Science*, 2014, 1: 66 – 71.

[139] Y. Chen, R. Friedman and E. Yu. Examining the positive and negative effects of Guanxi: A multi-level analysis of Guanxi and procedural justice. The Meeting of 3th International Association for Chinese Management Research, Guangzhou, 2008.

[140] Y. Chen, L. Jia and C. Li. Transformational leadership, empowerment and employee's organizational commitment: An empirical study in Chinese context. *Management World*, 2006, 1: 96 – 105.

[141] J. Chew. Managing MNC expatriates through crises: A challenge for international human resource management. *Research and Practice in Human Resource Management*, 2004, 12(2): 1 – 30.

[142] P. T. Costa and R. R. McCrae. *Revised NEO Personality Inventory (NEO PI-R) and NEO Five-Factor Inventory (NEO FFI): Professional Manual.* Odessa, FL: Psychological Assessment Resources, 1992.

[143] C. F. Chinag and T. S. Hsieh. The impacts of perceived organizational support and psychological empowerment on job performance: The mediating

effects of organizational citizenship behavior. *International Journal of Hospitality Management*, 2012, 31(1): 180 – 190.

[144] W. W. Chin. The partial least squares approach to structural equation modeling. *Modem Methods for Business Research*, 1998, 295(2): 295 – 336.

[145] Y. J. C. Roy, I. Paul and M. Morris. From the head and the heart: Locating cognition-and affect-based trust in manager's professional networks. *Academy of Management Journal*, 2008, 51(3): 436 – 452.

[146] E. O. Chukwuemeka, J. Ugwu, T. O. Enugu, et al. An empirical study of industrial conflict and management in Nigeria local government system: A study of Enugu State. *International Journal of Human Resource Studies*, 2012, 2(3): 1 – 21

[147] Churchill Jr. and A. Gilbert. A paradigm for developing better measures of marketing constructs. *Journal of Marketing Research*, 1979, 16(1): 64 – 73.

[148] C. Clark. Sympathy biography and sympathy margin. *American Journal of Sociology*, 1987, 93: 290 – 321

[149] C. Clark. *Misery and Company: Sympathy in Everyday Life*. Chicago: The University of Chicago Press, 1997.

[150] C. Simon, C. Lee and Q. Li. Collective consultation and industrial relations in China. *British Journal of Industrial Relations*, 2004, 42(2): 235 – 254.

[151] E. G. Clausen. The eagle's shadow: Chinese nationalism and American educational influence, 1900~1927. *Asian Profile*, 1989, 16(5): 414 – 440.

[152] G. Codrington and S. Grant-Marshall. *Mind the Gap*. London: Penguin Books, 2012.

[153] S. Cohen and T. A. Wills. Stress, social support, and the buffering hypothesis. *Psychological Bulletin*, 1985, 98(2): 310 – 357.

[154] U. Colakoglu, O. Culha and H. Atay. The effects of perceived organizational support on employees' affective outcomes: Evidence from the hotel industry. *Tourism and Hospitality Management*, 2010, 6(2): 125 – 150.

[155] C. J. Collins and K. D. Clark. Strategic human resource practices, top management team social networks, and firm performance: The role of human resource practices in creating organizational competitive advantage. *Academy of Management Journal*, 2003, 46: 740 – 751.

[156] J. A. Colquitt and C. P. Zapata-Phelan. Trends in theory building and theory testing: A five-decade study of the Academy of Management Journal. *Academy of Management Journal*, 2007, 50(6): 1281 – 1303.

[157] F. L. Cooke. Ownership change and reshaping of employment relations in

China: A study of two manufacturing companies. *The Journal of Industrial Relations*, 2002, 44(1): 19-39.

[158] W. N. Cooke. Factors influencing the effect of joint union-management programs on employee-supervisor relations. *Industrial & Labor Relations Review*, 1990, 43(5): 587-603.

[159] F. L. Cooke. *Human Resource Management in China: New Trends and Practices*. London, New York: Routledge, 2012.

[160] W. N. Cooke. Factors influencing the effect of joint union-management programs on employee-supervisor relations. *Industrial and Labor Relations Review*, 1990, 43(5): 587-603.

[161] W. T. Coombs. Information and compassion in crisis responses: A test of their effects. *Journal of Public Relations Research*, 1999, 11(2): 125-142.

[162] B. J. Cosley, S. Mccoy, L. R. Saslow and E. S. Epel. Is compassion for others stress buffering? Consequences of compassion and social support for physiological reactivity to stress. *Journal of Experimental Social Psychology*, 2010, 46(5): 816-823.

[163] P. T. Costa and R. R. McCrae. Theoretical contexts for the five-factor model. In: H. S. Wiggins (ed.). *The Five-Factor Model of Personality: Theoretical Perspectives*. New York: Guilford Press, 1996: 51-87.

[164] J. A. M. Coyle-Shapiro and L. M. Shore. The employee-organization relationship: Where do we go from here?. *Human Resource Management Review*, 2007, 17(2): 166-179.

[165] J. M. Crant. Proactive behaviour in organizations. *Journal of Management*, 2000, 26: 435-462.

[166] R. Cropanzano and M. S. Mitchell. Social exchange theory: An interdisciplinary review. *Journal of Management*, 2005, 31(6): 874-900.

[167] Cui, Xun, Yiming Zhang and Jiaojiao Qu. Labor relations climate and job satisfaction: The moderating role of organizational commitment. *Nankai Business Review*, 2012, 15(2): 19-30.

[168] R. A. Cummins, B. Hunter and M. Davem. The Australian unity wellbeing index: An overview. *Social Indicators Network News*, 2003, 76(1): 1-4.

[169] J. C. Dalton. Career and calling: Finding a place for the spirit in work and community. *New Directions for Student Services*, 2001, 95: 17-25.

[170] T. K. Das and B. Elango. Managing strategic flexibility: Key to effective performance. *Journal of General Management*, 1995, 20: 60-76.

[171] A. Dastmalchian, P. Blyton and I. L. Adamson. Industrial relations climate:

Testing a construct. *Journal of Occupational Psychology*, 1989, 62 (1)：21 - 32.

[172] D. Ali and P. Blyton. *The Climate of Workplace Relations*. London：Routledge, 1991.

[173] D. Ali, P. Blyton and R. Adamson. Industrial relations climate：Testing a construct. *Journal of Occupational Psychology*, 1989, 62(1)：21 - 32.

[174] D. Ali. Environmental characteristics and organizational climate：An exploratory study. *Journal of Management Studies*, 1986, 23(6)：609 - 33.

[175] D. K. Datta, J. P. Guthrie and P. M. Wright. Human resource management and labor productivity：Does industry matter?. *Academy of Management Journal*, 2005, 48(1)：135 - 145.

[176] Y. A. Dauda. Employment of independent arbitrators in the management of trade disputes and industrial crisis in Nigeria. *Nigerian Journal of Labor Law and Industrial Relations*, 2006, 1(1)：26 - 44

[177] J. C. Davidson and D. P. Caddell. Religion and the meaning of work. *Journal for the Scientific Study of Religion*, 1994, 33(2)：135 - 147.

[178] R. J. Davidson and A. Harrington. *Visions of Compassion：Western Scientists and Tibetan Buddhists Examine Human Nature*. New York, NY：Oxford University Press, 2002.

[179] M. H. Davis. The effects of dispositional empathy on emotional reactions and helping：A multidimensional approach. *Journal of Personality*, 1983, 51(2)：167 - 184.

[180] E. L. Deci and R. M. Ryan. The 'What' and 'Why' of goal pursuits：Human needs and the self-determination of behavior. *Psychological Inquiry*, 2000, 11(4)：227 - 268.

[181] E. L. Deci and R. M. Ryan. *Intrinsic Motivation and Self-Determination in Human Behavior*. New York, NY：Plenum, 1985.

[182] E. L. Deci and R. M. Ryan. Self-determination theory：When mind mediates behaviour. *The Journal of Mind and Behaviour*, 1980, 1(1)：33 - 43.

[183] E. L. Deci and R. M. Ryan. Hedonia, eudaimonia, and wellbeing：An introduction. *Journal of Happiness Studies*, 2008, 9(1)：1 - 11.

[184] J. B. Deconinck. The effect of organizational justice, perceived organizational support, and perceived supervisor support on marketing employees' level of trust. *Journal of Business Research*, 2010, 63(12)：1349 - 1355.

[185] S. J. Deery and R. D. Iverson. Labor-management cooperation：Antecedents and impact on organizational performance. *Industrial and Labor Relations*

Review, 2005, 58(4): 588 - 609.

[186] S. Deery, R. Iverson and P. Erwin. Industrial relations climate, attendance behaviour and the role of trade unions. *British Journal of Industrial Relations*, 1999, 37(4): 533 - 558.

[187] R. J. Defllippi and M. B. Arthur. The boundaryless career: A competency-based perspective. *Journal of Organizational Behaviour*, 1994, 15(4): 307 - 324.

[188] J. T. Delaney, D. Lewin and C. Ichniowski. *Human Resource Policies and Practices in American Firms*. Washington: Government Printing Office, 1989.

[189] J. E. Delery and D. H. Doty. Modes of theorizing in strategic human resource management: Tests of universalistic, contingency, and configurational performance predictions. *Academy of Management Journal*, 1996, 39(4): 802 - 835.

[190] J. E. Delery. Issues of fit in strategic human resource management: Implications for research. *Human Resource Management Review*, 1998, 37 (8): 289 - 309.

[191] E. Demerouti, A. Bakker, F. Nachreiner and W. Schaufeli. The job demands-resources model of burnout. *Journal of Applied Psychology*, 2001, 86(3): 499 - 512.

[192] E. Demir. Core self-evaluations, work engagement, and work-family facilitation: An empirical study in the hotel industry. *International Journal of Contemporary Hospitality Management*, 2014, 26(2): 307 - 323.

[193] E. Diener, R. A. Emmons, R. J. Larsen and S. Griffin. The satisfaction with life scale. *Journal of Personality Assessment*, 1985, 49(1): 71 - 75.

[194] R. V. Denenberg and M. Braverman. *The Violence-Prone Workplace*. Ithaca, NY: Cornell University Press, 1999.

[195] X. Deng. *Our Work in all Fields Should Contribute to the Building of Socialism with Chinese Characteristics: Selected Works of Deng Xiaoping* (1982 - 1992). Beijing: Foreign Languages Publishing House, 1983.

[196] D. G. Victor and J. W. Budd. Third parties dispute resolution—Interest disputes. In: D. Lewin, D. Mitchell and M. A. Zaidi. *The Human Resource Management Handbook*. Greenwich: JAI Press, 1997: 95 - 135.

[197] C. Dickie and J. A. Dwyer. Perspective of HR practices in Australian mining. *Journal of Management Development*, 2011, 30(4): 329 - 343.

[198] E. Diener. Assessing subjective well-being: Progress and opportunities. *Social*

Indicators Research, 1994, 31(2): 103-157.

[199] E. Diener and R. Lucas. Personality and subjective well-being. In: D. Kahneman, E. Diener and N. Schwarz. (eds.). *Foundations of Hedonic Psychology*. New York: Russell Sage, 1999: 213-229.

[200] Dienere, Emmonsra, Larsen. The satisfaction with life scale. *Journal of Personality Assessment*, 1985, 49(1): 71-75.

[201] B. J. Dik and R. D. Duffy. Calling and vocation at work: Definitions and prospects for research and practice. *The Counseling Psychologist*, 2009, 37 (3): 424-450.

[202] P. J. Di Maggio and W. W. Powell. The iron cage revisited: Institutional isomorphism and collective rationality in organizational fields. *American Sociological Review*, 1983, 48(2): 147-160.

[203] D. Z. Ding, K. Goodall and M. Warner. The end of the iron rice-bowl: Whither Chinese human resource management?. *International Journal of Human Resource Management*, 2000, 11 (2): 217-236.

[204] S. R. Dobrow and J. Tosti-Kharas. Calling: The development of a scale measure. *Personnel Psychology*, 2011, 64(4): 1001-1049.

[205] S. R. Dobrow. Dynamics of calling: A longitudinal study of musicians. *Journal of Organizational Behavior*, 2013, 34(4): 431-452.

[206] P. J. Dowling, M. Festing and A. D. Engle. *International Human Resource Management*. 6th ed. Hampshire: Cengage, 2013.

[207] B. Dreyer and K. Gronhaug. Uncertainty, flexibility, and sustained competitive advantage. *Operations Research*, 2005, 45(1): 77-78.

[208] R. Drogendijk and A. Slangen. Hofstede, Schwartz, or managerial perceptions? The effects of different cultural distance measures on establishment mode choices by multinational enterprises. *International Business Review*, 2006, 15(4): 361-380.

[209] P. F. Drucker. *The Leader of the Future*. San Francisco, CA: Jossey Bass, 1995.

[210] R. H. Franke and J. D. Kaul. The Hawthorne experiments: First statistical interpretation. *American Sociological Review*, 1978, 43(5): 623-643.

[211] S. Drummond, M. P. ODriscoll, P. Brough, T. Kalliath, O. -L. Siu, C. Timms, D. Riley, C. Sit, D. Lo. The relationship of social support with well-being outcomes via work-family conflict: Moderating effects of gender, dependants and nationality. *Human Relations*, 2017, 70 (5): 544-565.

[212] R. D. Duffy, B. A. Allan, K. L. Autin, E. M. Bott. Calling and life

satisfaction: It's not about having it, it's about living it. *Journal of Counseling Psychology*, 2013, 60(1): 42 – 52.

[213] R. D. Duffy, B. A. Allan and E. M. Bott. Calling and life satisfaction among undergraduate students: Investigating mediators and moderators. *Journal of Happiness Studies*, 2012, 13(3): 469 – 479.

[214] R. D. Duffy, B. A. Allan and B. J. Dik. The presence of a calling and academic satisfaction: Examining potential mediators. *Journal of Vocational Behavior*, 2011, 79(1): 74 – 80.

[215] R. D. Duffy and K. L. Autin. Disentangling the link between perceiving a calling and living a calling. *Journal of Counseling Psychology*, 2013, 60(2): 219 – 227.

[216] R. D. Duffy, B. J. Dik and M. F. Steger. Calling and work-related outcomes: Career commitment as a mediator. *Journal of Vocational Behavior*, 2011, 78 (2): 210 – 218.

[217] R. D. Duffy, R. S. Manuel, N. J. Borges and E. M. Bott. Calling, vocational development, and well-being: A longitudinal study of medical students. *Journal of Vocational Behavior*, 2011, 79(2): 361 – 366.

[218] R. D. Duffy and W. E. Sedlacek. The salience of a career calling among college students: Exploring group differences and links to religiousness, life meaning, and life satisfaction. *The Career Development Quarterly*, 2010, 59 (1): 27 – 41.

[219] R. D. Duffy and W. E. Sedlacek. The presence of and search for a calling: Connections to career development. *Journal of Vocational Behavior*, 2007, 70 (3): 590 – 601.

[220] J. T. Dunlop. *Industrial Relations Systems*. New York: Holt, Rinehart, and Winston, 1957.

[221] M. Dupuis and V. Haines. Gender, family ties, and international mobility: Cultural distance matters. *International Journal of Human Resource Management*, 2008, 19: 274 – 295.

[222] J. E. Dutton and J. M. Dukerich. Keeping an eye on the mirror: Image and identity in organizational adaptation. *Academy of Management Journal*, 1991, 34(3): 517 – 554.

[223] J. E. Dutton, S. J. Ashford. Selling issues to top management. *Academy of Management Review*, 1993, 18(3): 397 – 428.

[224] J. E. Dutton, P. J. Frost, M. C. Worline, J. M. Lilius and J. M. Kanov. Leading in times of trauma. *Harvard Business Review*, 2002, 80: 54 – 62.

［225］J. E. Dutton, K. M. Workman and A. E. Hardin. Compassion at work. *Annual Review of Organizational Psychology and Organizational Behavior*, 2014, 1: 277 - 304.

［226］J. E. Dutton, M. C. Worline, P. J. Frost and J. M. Lilius. *The Organizing of Compassion*. Unpublished Manuscript, University of Michigan, 2003.

［227］J. E. Dutton, M. C. Worline, P. J. Frost, and J. M. Lilius. Explaining compassion organizing. *Administrative Science Quarterly*, 2006, 51 (1): 59 - 96.

［228］E. Vogel. *Deng Xiaoping and the Transformation of China*. Cambridge, MA: Belknap Press/Harvard UP, 2011.

［229］P. C. Earley and S. Ang. *Cultural Intelligence: Individual Interactions Across Cultures*. Stanford: Stanford University Press, 2003.

［230］R. A. Easterlin. *Does economic growth improve the human a lot*—Some empirical evidence. In: David P. A. and M. W. Reder (eds). *Nations and Households in Economic Growth*. New York: Academic Press, 1974.

［231］E. K. Paul. Industrial conflict: Themes and issues in recent research. *British Journal of Industrial Relations*, 1992, 30(3): 361 - 404.

［232］E. M. Wright. High-involvement work systems and performance outcomes: The strength of variable, contingent and context-bound relationships. *International Journal of Human Resource Management*, 2010, 12 (4): 568 - 585.

［233］R. Eisenberger, S. Armeli, B. Rexwinkel, P. D. Lynch and L. Rhoades. Reciprocation of perceived organizational support. *Journal of Applied Psychology*, 2001, 86(1): 42 - 51.

［234］R. Eisenberger, R. Huntington, S. Hutchison and D. Sowa. Perceived organizational support. *Journal of Applied Psychology*, 1986, 71(3): 500 - 507.

［235］K. M. Eisenhardt. Making fast strategic decisions in high-velocity environments. *Academy of Management Journal*, 1989, 32: 543 - 576.

［236］A. R. Elangovan, C. C. Pinder and M. McLean. Callings and organizational behavior. *Journal of Vocational Behavior*, 2010, 76(3): 428 - 440.

［237］E. A. Harpazi. A process model of employee engagement: The learning climate and its relationship with extra-role performance behaviors. *Journal of Organizational Behavior*, 2016, 37(2): 213 - 235.

［238］Eric E. Nelson, Jack B. Nitschke, Brett D. Rusch, et al. Motherly love: An MRI study of mothers viewing pictures of their infants. Paper Session presented at the 2001 Positive Psychology Summer Institute, Sea Ranch, CA, 2001.

[239] M. G. Enz and D. M. Lambert. Using cross-functional, cross-firm teams to co-create value: The role of financial measures. *Industrial Marketing Management*, 2012, 41(3): 495 - 507.

[240] E. E. Kossek, S. Lewis and L. B. Hammer. Work-life initiatives and organizational change: Overcoming mixed messages to move from the margin to the mainstream. *Human Relations*, 2010, 63(1): 3 - 19.

[241] C. Espinoza and J. Schwarzbart. *Millennials Who Manage: How to Overcome Workplace Perceptions and Become a Great Leader*. Upper Saddle River, NJ: Pearson Education, 2015.

[242] C. Espinoza and M. Ukleja. *Managing the Millennials: Discover the Core Competencies for Managing Today's Workforce*. Hoboken, NJ: John Wiley and Sons, 2016.

[243] W. R. Evans and W. D. Davis. High performance work systems and organizational performance: The mediating role of internal social structures. *Journal of Management*, 2005, 31(5): 758 - 775.

[244] A. Evers, M. Frese and C. L. Cooper. Revisions and further developments of the occupational stress indicator: IISREL results from four dutch studies. *Journal of Occupational and Organizational Psychology*, 2000, 73(2): 221 - 240.

[245] R. C. Liden, S. J. Wayne and R. T. Sparrowe. An examination of the mediating role of psychological empowerment on the relations between the job, interpersonal relationships, and work outcomes. *Journal of Applied Psychology*, 2000, 85(3): 407 - 416.

[246] F. Schurmann. *Ideology and Organization in Communist China*. Berkeley, CA: University of California Press, 1966.

[247] A. Fajana. Industrial harmony in developing countries. *Business and Financial Analyst*, 1986, 3(6): 38 - 41

[248] D. Fan, M. Zhang and C. J. Zhu. International human resource management strategies of Chinese multinationals operating abroad. *Asia-Pacific Business Review*, 2013, 19(4): 526 - 541.

[249] C. I. C. Farh, K. M. Bartol, D. Shapiro and J. Shin. Networking abroad: A process model of how expatriates form support ties to facilitate adjustment. *Academy of Management Review*, 2010, 35(3): 434 - 454.

[250] J. L. Farh, A. S. Tsui, K. Xin and B. S. Cheng. The influence of relational

demography and Guanxi: The Chinese case. *Organization Science*, 1998, 9 (4): 471 - 488.

[251] T. Fashoyin. Avoidance of conflict for corporate advancement. *Nigeria Journal of Industrial Relation*, 1992, 2(8): 20 - 36

[252] N. T. Feather. Values and value dilemmas in relation to judgments concerning outcomes of an industrial conflict. *Personality and Social Psychology Bulletin*, 2002, 28(4): 446 - 459.

[253] D. C. Feldman and T. W. Ng. Careers: Mobility, embeddedness, and success. *Journal of Management*, 2007, 33(3): 350 - 377.

[254] G. R. Ferris, M. M. Arthur, H. M. Berkson, D. M. Kaplan, G. Harrell-Cook and D. D. Frink. Toward a social context theory of the human resource management-organization effectiveness relationship. *Human Resource Management Review*, 1998, 8(3): 235 - 264.

[255] M. Festing and J. Eidems. A process perspective on transnational HRM systems-A dynamic capability-based analysis. *Human Resource Management Review*, 2011, 21(3): 162 - 173.

[256] C. R. Figley. Compassion fatigue: Toward a new understanding of the costs of caring. In: B. H. Stamm(ed.). *Secondary Traumatic Stress: Self-care Issues for Clinicians, Researchers and Educators*. Baltimore, MD: Sidran Press, 1995: 3 - 28.

[257] I. Fischlmayr and I. Kollinger. Work-life balance—A neglected issue among Austrian female expatriates. *International Journal of Human Resource Management*, 2010, 21(4): 455 - 487.

[258] A. P. Fiske. *Structures of Social Life: The Four Elementary Forms of Social Relationship*. New York: Free Press, 1991.

[259] S. R. Fitzsimmons and C. L. Stamper. How societal culture influences friction in theemployee-organization relationship. *Human Resource Management Review*, 2014, 24(1): 80 - 94.

[260] F. J. Flynn. Having an open mind: The impact of openness to experience on interracial attitudes and impression formation. *Journal of Personality and Social Psychology*, 2005, 88(5): 816 - 826.

[261] R. Fogler and R. Cropanzano. *Organizational Justice and Human Resource management*. Thousand Oaks: Sage Publications, 1998

[262] S. Foley, N. Hang-Yue and S. Lui. The effects of work stressors, perceived organizational support, and gender on work-family conflict in Hong Kong. *Asia Pacific Journal of Management*, 2005, 22(3): 237 - 256.

[263] M. Forsgren and J. Johanson. Managing in international multi-centre firms. In: M. Forsgren and J. Johanson(eds). *Managing Networks in International Business*. Philadelphia, PA: Gordon & Breach, 1992.

[264] F. Bruce. The metamorphosis of workplace conflict. *Human Relations*, 2001, 54(9): 1189 – 1221.

[265] F. Suzy, P. E. Spector and D. Miles. Counterproductive work behavior (CWB) in response to job stressors and organizational justice: Some mediator and moderator tests for autonomy and emotions. *Journal of Vocational Behavior*, 2001, 59(3): 291 – 309.

[266] V. E. Frankl. *Man's Search for Meaning*. New York: Simon and Schuster, 1984: 162.

[267] E. O. Freed. Viral late domains. *Journal of Virology*, 2002, 76(10): 4679 – 4687.

[268] R. B. Freeman and J. L. Medoff. What do unions do. *Industrial and Labor Relations Review*, 1985, 38(2): 244 – 263.

[269] M. R. Frone, J. Quick and L. Tetrick. *Handbook of Occupational Health Psychology*. Washington DC: American Psychological Association, 1992.

[270] M. R. Frone, M. Russell and M. L. Cooper. Antecedents and outcomes of work-family conflict: Testing a model of the work-family interface. *Journal of Applied Psychology*, 2003, 77 (1): 65 – 78.

[271] P. J. Frost, J. E. Dutton, M. C. Worline and A. Wilson. Narratives of Compassion in Organizations. In: S. Fineman (ed.). *Emotion in Organizations*. Thousand Oaks, CA: Sage, 2000: 25 – 45.

[272] P. J. Frost. Why Compassion Counts!. *Journal of Management Inquiry*, 1999, 8(2): 127 – 133.

[273] P. J. Frost. *Toxic Emotions at Work : How Compassionate Managers Handle Pain and Conflict*. Boston, MA: Harvard Business School Press, 2003.

[274] P. J. Frost, J. E. Dutton, S. Mailis, J. M. Kanov and M. C. Worline. Seeing organizations differently: Three lenses on compassion. In: C. Hardy, S. Clegg, T. Lawrence, et al. (eds.). *Handbook of Organization Studies*. 2nd ed. London: Sage, 2006: 843 – 866.

[275] W. Fryl. Toward a theory of spiritual leadership. *Leadership Quarterly*, 2003, 14(6): 693 – 727.

[276] H. Fu and W. C. Duan. China millennial employee characteristics and motives—Thoughts from popular events. *Social Scientist*, 2013, 1: 88 – 91.

[277] M. Gagné and E. L. Deci. Self-determination theory and work motivation.

Journal of Organizational Behaviour, 2005, 26(4): 331 - 362.

[278] G. Gall and R. Hebdon. Conflict at work. In: P. Blyton, N. Bacon, J. Fiorito and E. Heery (eds.). *The Sage Handbook of Industrial Relations*. Los Angeles: Sage, 2008: 588 - 605.

[279] S. Garriy and D. G. Adam. Implicit coordination: Sharing goals with similar others intensifies goal pursuit. *Journal of Experimental Social Psychology*, 2011, 47(6): 1291 - 1294.

[280] Y. Ge. What do unions do in China. New York: Social Science Electronic Publishing, 2007: 15 - 45.

[281] J. Geary and T. Aurora. Workplace partnership and the balance of advantage: A critical case analysis. *British Journal of Industrial Relations*, 2011, 49(1): 44 - 69.

[282] J. M. George and K. Bettenhausen. Understanding prosocial behavior, sales performance, and turnover: A group-level analysis in a service context. *Journal of Applied Psychology*, 1990, 75(6): 698 - 709.

[283] B. Gerhart. Human resource and business performance: Findings, unanswered questions, and an alternative approach. *Management Revue*, 2005, 16 (2): 174 - 185.

[284] C. Ghislieri, P. Gatti, M. Molino and C. G. Cortese. Work-family conflict and enrichment in nurses: Between job demands, perceived organizational support and work-family backlash. *Journal of Nursing Management*, 2017, 25(1): 65 - 75.

[285] S. Ghoshal and C. A. Bartlett. Linking organizational context and managerial action: The dimensions of quality of management. *Strategic Management Journal*, 1994, 15(supplement S2): 91 - 112.

[286] C. B. Gibson and J. Birkinshaw. The antecedents, consequences, and mediating role of organizational ambidexterity. *Academy of Management Journal*, 2004, 47(2): 209 - 226.

[287] R. Gillespie. *Manufacturing Knowledge: A History of the Hawthorne Experiment*. Cambridge: Cambridge University Press, 1991.

[288] G. Giorgi, D. Dubin and J. F. Perez. Perceived organizational support for enhancing welfare at work: A regression tree model. *Frontiers in Psychology*, 2016, 7(7): 1770.

[289] J. H. Gittell, R. Seidner and J. Wimbush. A relational model of how high performance work systems work. *Organization Science*, 2010, 21(2): 490 - 506.

[290] J. Godard. The psychologisation of employment relations?. *Human Resource Management Journal*, 2014, 24 (1): 1 – 18.

[291] J. L. Goetz, D. Keltner and E. Simon-Thomas. Compassion: An evolutionary analysis and empirical review. *Psychological Bulletin*, 2010, 136(3): 351 – 374.

[292] S. Gómez-Haro, J. A. Aragón-Correa and E. Cordón-Pozo. Differentiating the effects of the institutional environment on corporate entrepreneurship. *Management Decision*, 2011, 49(10): 1677 – 1693.

[293] G. E. Michael and S. J. Miller. Grievances: A review of research and practice. *Personnel Psychology*, 1984, 37(1): 117 – 146.

[294] G. E. Michael and R. T. Ladd. Dual allegiance: Renewal, reconsideration, and recantation. *Personnel Psychology*, 1990, 43(1): 37 – 69.

[295] P. Gorman, T. Nelson and A. Glassman. The millennial generation: A strategic opportunity. *International Journal of Organizational Analysis*, 2004, 12(3): 255 – 270.

[296] A. W. Gouldner. The norm of reciprocity: A preliminary statement. *American Sociological Review*, 1960, 25(2): 161 – 178.

[297] M. Granovetter. Economic action and social structure: The problem of embeddedness. *American Journal of Sociology*, 1985, 91(3): 481 – 510.

[298] A. M. Grant, M. K. Christianson and R. H. Price. Happiness, health, or relationships? Managerial practices and employee well-being tradeoffs. *Academy of Management Perspectives*, 2007, 21(3): 51 – 63.

[299] A. M. Grant, J. E. Dutton and B. Rosso. Giving commitment: Employee support programs and the prosocial sense making process. *Academy of Management Journal*, 2008, 51(5): 898 – 918.

[300] J. H. Greenhaus and N. J. Beutell. Sources of conflict between work and family roles. *Academy of Management Review*, 1985, 10(1): 76 – 88.

[301] J. H. Greenhaus and G. N. Powell. A theory of work-family enrichment. *Academy of Management Review*, 2006, 31(1): 72 – 92.

[302] R. Grewal and P. Tansuhaj. Building organizational capabilities for managing economic crisis: The role of market orientation and strategic flexibility. *Journal of Marketing*, 2001, 65(2): 67 – 80.

[303] B. Griffin and B. Hesketh. Why openness to experience is not a good predictor of job performance. *International Journal of Selection and Assessment*, 2004, 12(3): 243 – 251.

[304] M. A. Griffin, A. Neal and S. K. Parker. A new model of work role

performance: Positive behavior in uncertain and interdependent contexts. *Academy of Management Journal*, 2007, 50(2): 327 – 347.

[305] J. G. Grzywacz and B. L. Bass. Work, family, and mental health: Testing different models of work-family fit. *Journal of Marriage and Family*, 2003, 65(1): 248 – 261.

[306] J. G. Grzywacz and A. B. Butler. Work-family conflict. In: J. Barling and C. L. Cooper (eds). *The Sage Handbook of Organizational Behavior*. Los Angeles: Sage Publications, 2008.

[307] J. G. Grzywacz and N. F. Marks. Reconceptualizing the work-family interface: An ecological perspective on the correlates of positive and negative spillover between work and family. *Journal of Occupational Health Psychology*, 2000, 5(1): 111 – 126.

[308] Q. Gu, L. Wang, J. Y. Sun and Y. Xu. Understanding China's post - 80 employees' work attitudes: An explorative study. *Journal of Chinese Human Resources Management*, 2010, 1(2): 74 – 94.

[309] J. Guan. Knowledge production and transfer: A case of Soviet influence on Chinese psychology. *Societal and Political Psychology International Review*, 2010, 1(1): 45 – 60.

[310] D. E. Guest and R. Peccei. Partnership at work: Mutuality and the balance of advantage. *British Journal of Industrial Relations*, 2001, 39(2): 207 – 236.

[311] D. E. Guest, W. Brown, R. Peccei and K. Huxley. Does partnership at work increase trust? An analysis based on the 2004 workplace employment relations survey. *Industrial Relations Journal*, 2008, 39(2): 124 – 152.

[312] G. E. Guldin. *The Saga of Anthropology in China: From Malinowski to Moscow to Mao*. New York, NY: M E Sharpe, 1994.

[313] Z. Guo The meaning and pattern of harmonious labor relations. *Finance and Economics*, 2008, 5: 88 – 94.

[314] A. K. Gupta, K. G. Smith and C. E. Shalley. The interplay between exploration and exploitation. *Academy of Management Journal*, 2006, 49(4): 693 – 706.

[315] S. Gurbuz, O. Turunc and M. Celik. The impact of perceived organizational support on work-family conflict: Does role overload have a mediating role?. *Economic and Industrial Democracy*, 2013, 34(1): 145 – 160.

[316] J. P. Guthrie, W. C. Liu, P. Flood and M. S. Curtain. High performance work systems, workforce productivity, and innovation: A comparison of MNCs and indigenous firms. *Personal Management*, 2008(1): 04 – 08.

[317] L. J. G. Gutie'rrez and V. F. Pe'rez. Managerial networks and strategic flexibility: A QM perspective. *Industrial Management & Data Systems*, 2010, 110(8-9): 1192-1214.

[318] H. J. Richard and G. R. Oldham. Motivation through the design of work: Test of a theory. *Organizational Behavior and Human Performance*, 1976, 16(2): 250-279.

[319] J. R. Hackman and G. R. Oldham. Motivation Through the design of work: Test of a theory. *Organizational Behavior and Human Performance*, 1976, 16(2): 250-279.

[320] J. F. Hair, W. C. Black, B. J. Babin, R. E. Anderson and R. L. Tatham. Multivariate Data Analysis. 6th ed. Upper Saddle River, NJ: Pearson Prentice Hall, 2006.

[321] R. Hamid and S. Amin. Social support as a moderator to work-family conflict and work-family enrichment: A review. *Advanced Review on Scientific Research*, 2014, 2(1): 1-18.

[322] D. T. Hall and D. E. Chandler. Psychological success: When the career is a calling. *Journal of Organizational Behavior*, 2005, 26(2): 155-176.

[323] R. Hall. The strategic analysis of intangible resources. *Strategic Management Journal*, 1992, 13(2): 135-144.

[324] E. M. Hallowell. The human moment at work. *Harvard Business Review*, 1999, 77(1): 58-66.

[325] D. C. Hambrick, P. A. Mason. Upper echelons: The organization as a reflection of its top managers. *Academy of Management Review*, 1984, 9(2): 193-206.

[326] D. C. Hambrick. Top management team: Key to start strategic success. *California Management Review*, 1987, 30(1): 88-108

[327] J. Han, P. Chou, M. Chao, et, al. The HR competencies—HR effectiveness link: A study in Taiwanese high-tech companies. *Human Resource Management*, 2006, 45(3): 391-406.

[328] M. T. Hannan and J. H. Freeman. The population ecology of organizations. *American Journal of Sociology*, 1977, 82(5): 926-964.

[329] N. K. Hansen and W. H. Gu¨ttel. Human resource management systems, dynamic capabilities and environmental dynamics: A practice-theoretical analysis. Paper presented at 4th International Conference on Organizational Learning, Knowledge and Capabilities (OLKC). Amsterdam, The Netherlands, 2009.

[330] Hantulada. Inclusive leadership: The essential leader-follower relationship. *Psychological Record*, 2009, 59(4): 701 – 703.

[331] J. Hassard, J. Morris, J. Sheehan and X. Yuxin. Downsizing the danwei: Chinese state-enterprise reform and the surplus labour question. *International Journal of Human Resource Management*, 2006, 17(8): 1441 – 1455.

[332] J. S. Hassard. Rethinking the Hawthorne studies: The western electric research in its social, political and historical context. *Human Relations*, 2012, 65(10): 1431 – 1461.

[333] Q. He. The importance of human relations in management. *Philosophy, Humanities and Social Sciences Journal*. Fudan University, 1935, 1: 44 – 48.

[334] R. Hebdon and S. C. Noh. *A theory of Workplace Conflict Development: From Grievances to Strikes//New Forms and Expressions of Conflict at Work*. London, UK: Palgrave Macmillan, 2013: 26 – 47.

[335] R. Hebdon. Toward a theory of workplace conflict: The case of US municipal collective bargaining. *Advances in Industrial and Labor Relations*, 2005, 14 (Spring): 33 – 65.

[336] E. Heery, N. Bacon, P. Blyton and J. Fiortio. Introduction: The field of industrial relations. In: P. Blyton, N. Bacon, J. Fiortio and E. Heery (eds.). *The Sage Handbook of Industrial Relations*. London: Sage, 2008.

[337] E. J. Hill, S. Allen, J. Jacob, A. F. Bair, S. L. Bikhazi, A. Van Langeveld and E. Walker. Work-family facilitation: Expanding theoretical understanding through qualitative exploration. *Advances in Developing Human Resources*, 2007, 9(4): 507 – 526.

[338] A. Hirschi. Callings in career: A typological approach to essential and optional components. *Journal of Vocational Behavior*, 2011, 79(1): 60 – 73.

[339] M. A. Hitt, B. W. Keats and S. M. DeMarie. Navigating in the new competitive landscape: Building strategic flexibility and competitive advantage in the 21st century. *Academy of Management Executive*, 1998, 12(4): 22 – 42.

[340] M. A. Hitt, D. Ireland and R. E. Hoskisson. *Strategic Management: Competitiveness & Globalization, Concepts & Cases*. Hamilton: South-Western College, 2009.

[341] M. Y. Ho, X. Chen, F. M. Cheung, H. Liu and E. L. Jr. Worthington. A dyadic model of the work-family interface: A study of dual-earner couples in China. *Journal of Occupational Health Psychology*, 2013, 18(1): 53 – 63.

[342] S. E. Hobfoll. Social and psychological resources and adaptation. *Review of*

General Psychology, 2002, 6(4): 307 - 324.

[343] Hobfollse. Conservation of resources: A new attempt at conceptualizing stress. *American Psychologist*, 1989, 44(3): 513 - 524.

[344] A. R. Hochschild. *The Managed Heart: Commercialization of Human Feeling*. Berkeley: University of California Press, 1983.

[345] G. Hofstede. *Culture's Consequences: Comparing Values, Behaviors, Institutions and Organizations Across Nations*. Thousand Oaks, CA: Sage, 2001.

[346] P. W. Hom, A. S. Tsui and J. B. Wu. Explaining employment relationships with social exchange and job embeddedness. *Journal of Applied Psychology*, 2009, 94(2): 277 - 297.

[347] L. C. Hon and J. E. Grunig. *Guidelines for Measuring Relationships in Public Relations*. http://researchgate. net/publication, 1999.

[348] E. A. Hornstein and N. I. Eisenberger. Unpacking the buffering effect of social support figures: Social support attenuates fear acquisition. *PLOS One*, 2017, 12(5): 1 - 9.

[349] R. House, D. M. Rousseau and M. Thomas-Hunt. The meso paradigm: A framework for the integration of micro and macro organizational behavior. In: L. L. Cummings and B. M. Staw (eds.). *Research in Organizational Behavior*, 1995(17): 71 - 114.

[350] N. Howe and W. Strauss. *Millennials Rising: The Next Great Generation*. New York, NY: Vintage Books, 2009.

[351] H. H. Hsiao (Xiao Xiaorong). *Problems of Personnel Psychology*. Chongqing: Commercial Press, 1944.

[352] H. H. Hsiao (Xiao Xiaorong). The mentality of the Chinese and Japanese. *Journal of Applied Psychology*, 1929, 13(1): 39 - 231.

[353] X. Hu and R. Hassink. New perspectives on restructuring of old industrial areas in China: A critical review and research agenda. *Chinese Geographical Science*, 2005: 1 - 13.

[354] M. A. Huselid. The impact of human resource management practices on turnover, productivity, and corporate financial performance. *Academy of Management Journal*, 1995, 38(3): 635 - 672.

[355] M. A. Huselid, S. E. Jackson and R. S. Schuler. Technical and strategic human resource management effectiveness as determinants of firm performance. *Academy of Management Journal*, 1997, 40(1): 171 - 188.

[356] R. Hussin. Work-family facilitation, job satisfaction and psychological strain

among Malaysian female employees. *Journal of Kemanusiaan*, 2015, 24(2): 78 - 87.

[357] J. G. Hutton, M. B. Goodman, J. B. Alexander, et al. Reputation management: The new face of corporate public relations?. *Public Relations Review*, 2001, 27(3): 247 - 261.

[358] H. Richard. Dualism and division in labor strategies. In: R. Hyman (ed.). *The Political Economy of Industrial Relations*. London: Macmillan, 1989.

[359] H. Richard. Strategy or structure? Capital, labor and control. *Work, Employment & Society*, 1987, 1(1): 25 - 55.

[360] C. Ichniowski, K. Shaw and G. Prennushi. The effects of human resource management practices on productivity: A study of steel finishing lines. *American Economic Review*, 1997, 87(3): 291 - 313.

[361] T. K. Inagaki and E. Orehek. On the benefits of giving social support: When, why, and how support providers gain by caring for others. *Current Directions in Psychological Science*, 2017, 26(2): 109 - 113.

[362] J. Guan. Knowledge production and transfer: A case of Soviet influence on Chinese psychology. *Societal and Political Psychology International Review*, 2010, 23(1): 45 - 60.

[363] J. Liang and Y. Gong. Human development investment in Chinese private firms: Strategic choice and institutional perspectives. *Management and Organization Review*, 2016, 13(1): 57 - 83.

[364] Alan Chan. Emotions in East Asian Thought: A Dialogue in Comparative Philosophy. In: J. Marks and R. T. Ames (eds). *Philosophy East and West*. Albany: State University of New York Press, 1998: 161 - 180.

[365] S. M. Jacoby. *Modern Manors: Welfare Capitalism Since the New Deal*. Princeton, NJ: Princeton University Press, 1997.

[366] L. R. James. Aggregation bias in estimates of perceptual agreement. *Journal of Applied Psychology*, 1982, 67(2): 219 - 229.

[367] R. L. James, R. L. Demaree, R. G. Demaree and G. Wolf. RWG: An assessment of within-group inter-rater agreement. *Journal of Applied Psychology*, 1993, 78(2): 306 - 309.

[368] J. P. Jansen, B. Van and H. W. Voberda. Exploratory Innovation and Exploitative Innovation and Performance: Effects of Organizational Antecedents and Environment Moderators. *Management Science*, 2006, 52 (11): 1661 -1674.

[369] O. Janssen and X. Huang. Us and me: Team identification and individual

differentiation as complementary drivers of team members' citizenship and creative behaviors. *Journal of Management*, 2008, 34(1): 69 - 88.

[370] L. Jia, J. D. Shaw, A. S. Tsui, et al. A social-structural perspective on employee-organization relationships and team creativity. *Academy of Management Journal*, 2014, 57(3): 869 - 891.

[371] L. Jia, S. You and Y. Du. Chinese context and theoretical contributions to management and organization research: A three-decade review. *Management and Organization Review*, 2012, 8(1): 173 - 209.

[372] H. Jiang. A model of work-Life conflict and quality of employee-organization relationships: Transformational leadership, procedural justice, and family-supportive workplace initiatives. *Public Relations Review*, 2012, 38(2): 231 - 245.

[373] K. Jiang, D. P. Lepak, K. Han, Y. Hong, A. Kim and A. L. Winkler. Clarifying the construct of human resource systems: Relating human resource management to employee performance. *Human Resource Management Review*, 2012, 22(2): 73 - 85.

[374] B. Johannisson. Anarchists and organizers: Entrepreneurs in a network perspective. *International Studies of Management & Organization*, 1987, 17 (1): 49 - 63.

[375] S. John and I. Biorkman. In the eyes of the beholder: The HRM capabilities of the HR function as perceived by managers and professionals. *Human Resource Management Journal*, 2015, 25(4): 424 - 442.

[376] J. Stewart, P. Ackers and A. Wilkinson. The British partnership phenomenon: A ten-year review. *Human Resource Management Journal*, 2009, 19(3): 260 - 279.

[377] Johnstone, Stewart, Ackers and Wilkinson. The British partnership phenomenon: A ten-year review[J]. *Human Resource Management Journal*, 2009, 19(3): 260 - 279.

[378] T. A. Judge and C. P. Zapata. The person-situation debate revisited: Effect of situation strength and trait activation on the validity of the big five personality traits in predicting job performance. *Academy of Management Journal*, 2015, 58(4): 1149 - 1179.

[379] T. A. Judge, D. Heller, M. K. Mount. Five-factor model of personality and job satisfaction: A meta-analysis. *Journal of Applied Psychology*, 2002, 87 (3): 530 - 541.

[380] T. A. Judge and R. J. Larsen. Dispositional affect and job satisfaction: A

review and theoretical extension. *Organizational Behavior and Human Decision Processes*, 2001, 86(1): 67 – 98.

[381] K. Wang. Labour resistance and worker attitudes towards trade union reform in China. *Employee Relations*, 2016, 38(5): 724 – 740.

[382] W. A. Kahn. Psychologicalconditions of personal engagement and disengagement at work. *Academy of Management Journal*, 1990, 33 (4): 692 – 724.

[383] W. A. Kahn. Caring for the caregivers: Patterns of organizational care-giving. *Administrative Science Quarterly*, 1993, 38(4): 539 – 563.

[384] C. Kahya and M. Kesen. The effect of perceived organizational support on work to family conflict: A Turkish case. *Research Journal of Business and Management*, 2014, 1(2): 139 – 148.

[385] B. Kane and I. Palmer. Strategic HRM or managing the employment relationship. *International Journal of Manpower*, 1995, 16(5/6): 6 – 21.

[386] R. Kanfer, P. L. Ackerman and E. D. Heggestad. Motivational skills and self-regulation for learning: A trait perspective. *Learning and Individual Differences*, 1996, 8(3): 185 – 209.

[387] R. Kanfer and P. L. Ackerman. Motivation and cognitive abilities: An integrative/aptitude-treatment interaction approach to skill acquisition. *Journal of Applied Psychology*, 1989, 74(4): 657 – 690.

[388] J. M. Kanov, S. Maitlis, M. C. Worline, J. E. Dutton, P. J. Frost and J. M. Lilius. Compassion in organizational life. *American Behavioral Scientist*, 2004, 47(6): 808 – 827.

[389] S. Kitayama and H. R. Markus. The pursuit of happiness and the realization of sympathy: Cultural patterns of self, social relations and well-being. In: E. Diener, E. Suh (eds). *Culture and Subjective Well-Being*. Cambridge. MA: MIT Press, 2000: 113 – 161.

[390] D. Kaple. *Dream of a Red Factory: Legacy of High Stalinism in China*. Oxford and New York, NY: Oxford University Press, 1994.

[391] T. Kasser and R. M. Ryan. Further examining the American dream: Differential correlates of intrinsic and extrinsic goals. *Personality and Social Psychology Bulletin*, 1996, 22(3): 280 – 287.

[392] K. C. Harry. The decentralization of collective bargaining: A literature review and comparative analysis. *Industrial & Labor Relations Review*, 1993, 47(1): 3 – 22.

[393] B. E. Aufman. The theoretical foundation of industrial relations and its

implications for labor economics and human resource management. *Industrial and Labor Relations Review*, 2010, 64(1): 74-108.

[394] B. E. Kaufman. The historical development of American HRM broadly viewed. *Human Resource Management Review*, 2014, 24(3): 196-218.

[395] R. R. Kehoe and P. M. Wright. The impact of high-performance human resource practices on employees' attitudes and behaviors. *Journal of Management*, 2013, 39(2): 366-391.

[396] K. Clark. Industrial conflict and its mediation. *American Journal of Sociology*, 1954, 60(3): 230-245.

[397] D. J. Ketchen and C. L. Shook. The application of cluster analysis in strategic management research: An analysis and critique. *Strategic Management Journal*, 1996, 17(6): 441-458.

[398] H. S. Kim. A multilevel study of antecedents and a mediator of employee-organization relationships. *Journal of Public Relations Research*, 2007, 19(2): 167-197.

[399] K. Kim, B. L. Kirkman and G. Chen. Cultural intelligence and international assignment effectiveness: A conceptual model and preliminary findings. In: Van Dyne & Ang (eds.). *Handbook of cultural intelligence: Theory, measurement and application*. New York, NY: M. E, Sharpe, 2008: 71-90.

[400] U. Kinnunen, T. Feldt, S. Geurts and L. Pulkkinen. Types of work-family interface: Well-being correlates of negative and positive spillover between work and family. *Scandinavian Journal of Psychology*, 2006, 47(2): 149-162.

[401] A. K. Kirk and D. F. Brown. Employee assistance programs: A review of the management of stress and wellbeing through workplace counselling and consulting. *Australian Psychologist*, 2003, 38(2): 138-143.

[402] K. A. Thomas and P. Osterman. *Mutual Gains Bargaining*. Boston: Harvard Business School Press, 1994.

[403] K. Koleski. *The 13th Five-Year Plan*. US-China Economic and Security Review Commission. Accessed August 6, 2017.

[404] A. Kornhauser, R. Dubin and A. M. Ross. *Industrial Conflict*. New York: McGraw-Hill Book Co. , 1954.

[405] E. E. Kossek and R. J. Thompson. Workplace flexibility: Integrating employer and employee perspectives to close the research-practice implementation gap. In: T. D. Allen and L. T. Eby. *The Oxford Handbook of Work and Family*, 2016: 255-269.

[406] E. E. Kossek, S. Pichler, T. Bodner and L. B. Hammer. Workplace social

support and work-family conflict: A meta-analysis clarifying the influence of general and work-family specific supervisor and organizational support. *Personnel Psychology*, 2011, 64(2): 289 – 313.

[407] M. L. Kraimer and S. J. Wayne. An examination of perceived organizational support as a multidimensional construct in the context of an expatriate assignment. *Journal of Management*, 2004, 30(2): 209 – 237.

[408] M. L. Kraimer, S. J. Wayne and R. A. Jaworski. Sources of support and expatriate performance: The mediating role of expatriate adjustment. *Personnel Psychology*, 2001, 54(1): 71 – 99.

[409] M. Kranz, D. Muller, S. F. Santorelli and J. F. Sheridan. Alterations in Brain and immune function produced by mindfulness meditation. *Psychosomatic Medicine*, 2003, 65(4): 564 – 570.

[410] M. W. Kraus, S. Côté and D. Keltner. Social class, contextualism and empathic accuracy. *Psychological Science*, 2010, 21(11): 1716 – 1723.

[411] K. I. Allen. Predicting turnover of employees from measured job attitudes. *Organizational Behavior and Human Performance*, 1975, 13(2): 233 – 243.

[412] C. T. Kulik, G. R. Oldham and J. R. Hackman. Work design as an approach to person-environment fit. *Journal of Vocational Behavior*, 1987, 31(3): 278 – 296.

[413] J. N. Kurtessis, R. Eisenberger, M. T. Ford, L. C. Buffardi, K. A. Stewart and C. S. Adis. Perceived organizational support a meta-analytic evaluation of organizational support theory. *Journal of Management*, 2015, 43(6): 1854 – 1884.

[414] B. Kuvass and A. Dysvik. Does best practices HRM only work for intrinsically motivated employees?. *International Journal of Human Resource Management*, 2010, 21(13): 2239 – 2357.

[415] L. Argote and P. Ingram. Knowledge transfer: A basis for competitive advantage in firms. *Organizational Behavior and Human Decision Processes*, 2000, 82(1): 150 – 169.

[416] A. A. Lado and M. C. Wilson. Human resource systems and sustained competitive advantage: A competency-based perspective. *Academy of Management Review*, 1994, 19(4): 699 – 727.

[417] A. A. Lado, N. G. Boyd and P. A. Wright. Competency-based model of sustainable competitive advantage: Toward a conceptual integration. *Journal of Management*, 1992, 18(1): 77 – 91.

[418] B. Lakey and S. Cohen. *Social Support and Theory*, *Social Support*

Measurement and Intervention: A Guide for Health and Social Scientists.
Oxford: Oxford University Press, 2000, 29 – 52.

[419] T. A. Lambert, L. T. Eby and M. P. Reeves. Predictors of networking intensity and network quality among white-collar job seekers. *Journal of Career Development.* 2006, 32(4): 351 – 365.

[420] S. J. Lambert. Added benefits: The link between work-life benefits and organizational citizenship behavior. *Academy of Management Journal*, 2000, 43(5): 801 – 815.

[421] L. M. Lapierre and T. D. Allen. Work-supportive family, family-supportive supervision, use of organizational benefits, and problem-focused coping: Implications for work-family conflict and employee well-being. *Journal of Occupational Health Psychology*, 2006, 11(2): 169 – 181.

[422] L. M. Lapierre, Y. Li, H. K. Kwan, J. H. Greenhaus, M. S. Direnzo and P. Shao. A meta-analysis of the antecedents of work-family enrichment. *Journal of Organizational Behavior*, 2018, 39(4): 385 – 401.

[423] H. K. Laschinger, E. Read and J. Zhu. Employee empowerment and organizational commitment. In: J. P. Meyer. *Handbook of Employee Commitment Northampton.* MA: Edward Elgar Publishing, 2016: 319 – 332.

[424] G. P. Latham and C. C. Pinder. Work motivation theory and research at the dawn of the twenty-first century. *Annual Reviews Psychology*, 2005, 56(1): 485 – 516.

[425] V. C. S. Lau, and A. J. M. C. Ho. A qualitative and quantitative review of antecedents of counterproductive behavior in organizations. *Journal of Business and Psychology*, 2003, 18(1): 73 – 99.

[426] K. Laufs, M. Bembom and C. Schwens. CEO characteristics and SME foreign market entry mode choice: The moderating effect of firm's geographic experience and host-country political risk. *International Marketing Review*, 2016, 33(2): 246 – 275.

[427] A. Laurent. The cultural diversity of western conceptions of management. *International Studies of Man and Organization*, 1983, 13(1/2): 75 – 76.

[428] P. Lawrence. The history of human resource management in the United States. In: R. Walton and P. Lawrence (eds). *HRM: Trends and Challenges.* Cambridge, MA: Harvard University Business School Press, 1985: 15 – 34.

[429] M. Lazarova and S. Taylor. Boundaryless careers, social capital, and knowledge management: Implications for organizational performance. *Journal*

of Organizational Behavior, 2009, 30(1): 119 - 139.

[430] C. R. Leana and H. J. V. Buren. Organizational social capital and employment practices. *Academy of Management Review*, 1999, 24(3): 538 - 555.

[431] K. Lee, J. J. Carswell and N. J. Allen. A meta-analytic review of career commitment: Relations with person-and work-related variables. *Journal of Applied Psychology*, 2000, 85(5): 799 - 811.

[432] D. H. Lee and Z. Lin. Antecedents of work-family conflict and the moderating effect of perceived organizational support in China. *Asian Social Science*, 2013, 9(13): 28 - 39.

[433] D. Lei, M. A. Hitt and J. D. Goldhar. Advanced manufacturing technology: Organizational design and strategic flexibility. *Organizational Studies*, 1996, 17(3): 501 - 523.

[434] M. Lei, H. Shu and W. Lie. Study on relationship between effort-reward imbalance and depressive tendency among prison policemen: The mediation role of perceived organizational support. *Practical Preventive Medicine*, 2013, 20 (3): 364 - 365.

[435] L. Lembrechts, V. Dekocker, P. Zanoni and V. Pulignano. A study of the determinants of work-to-family conflict among hospital nurses in Belgium. *Journal of Nursing Management*, 2015, 23(7): 898 - 909.

[436] M. L. Lengnick-Hall, C. A. Lengnick-Hall, L. S. Andrade and B. Drake. Strategic human resource management: The evolution of the field. *Human Resource Management Review*, 2009, 19(2): 64 - 85.

[437] D. P. Lepak and S. A. Snell. The human resource architecture: Toward a theory of human capital allocation and development. *Academy of Management Review*, 1999, 24(1): 31 - 48.

[438] J. A. Lepine, A. Erez, and D. E. Johnson. The nature and dimensionality of organizational citizenship behavior: A critical review and meta-analysis. *Journal of Applied Psychology*, 2002, 87(1): 52 - 65.

[439] K. Leung, S. Ang and M. L. Tan. Intercultural competence. *The Annual Review of Organizational Psychology and Organizational Behavior*, 2014, 1 (1): 489 - 519.

[440] K. Leung. Some determinants of conflict avoidance. *Journal of Cross-Cultural Psychology*, 1988, 19(1): 125 - 136.

[441] A. R. Levenson. Millennials and the world of work: An economist's perspective. *Journal of Business and Psychology*, 2010, 25(2): 257 - 264.

[442] M. J. Levy. *The Family Revolution in Modern China*. Cambridge, MA: Harvard University Press, 1949.

[443] K. Lewin, R. Lippit and R. K. White. Patterns of aggressive behavior in experimentally created "social climates". *The Journal of Social Psychology*, 1939, 10(2): 269 – 299.

[444] B. W. Lewis, J. L. Walls and G. W. S. Dowell. Difference in degrees: CEO characteristics and firm environmental disclosure. *Strategic Management Journal*, 2014, 35(5): 712 – 722.

[445] G. J. Lewis and B. Harvey. Perceived environmental uncertainty: The extension of Miller's scale to the natural environment. *Journal of Management Studies*, 2001, 38(2): 201 – 233.

[446] G. Li and W. Chen. An empirical study of effects of cooperative labor relations on enterprise performance. *Contemporary Finance & Economics*, 2010(1): 72 – 80.

[447] H. Li and K. Atuahene-Gima. Product innovation strategy and the performance of new technology ventures in China. *Academy of Management Journal*, 2001, 44(6): 1123 – 1134.

[448] J. Li and H. Liu. Research on the relationship of adaptability and organizational effectiveness in HRM practice in economic transformation. *Soft Science*, 2011, 25(5): 20 – 25.

[449] J. Li and K. Nimon. The importance of recognizing generational differences in HRD policy and practices: A study of workers in Qinhuangdao, China. *Human Resource Development International*, 2008, 11(2): 167 – 182.

[450] J. Li and P. Angerer. Work-family conflict and worker wellbeing in China. In: M. F. Dollard, A. Shimazu, R. Bin Nordin, P. Brough and M. R. Tuckey (eds). *Psychosocial Factors at Work in the Asia Pacific*. Dordrecht: Springer Netherlands, 2014: 309 – 321.

[451] R. C. Liden and J. M. Maslyn. Multidimensionality of leader-member exchange: An empirical assessment through scale development. *Journal of Management*, 1998, 24(1): 43 – 72.

[452] J. M. Lilius, J. Kanov, J. Dutton, M. Worline and S. Maitlis. Compassion revealed: What we know about compassion at work (and where we need to know more). In: K. Cameron and G. Spreitzer(eds.). *Handbook of Positive Organizational Scholarship*. New York, NY: Oxford University Press, 2012: 273 – 287.

[453] J. M. Lilius, M. Worline, J. E. Dutton, J. M. Kanov and S. Maitlis.

Understanding compassion capability. *Human Relations*, 2011, 64(7): 873 - 899.

[454] H. C. Lin and C. T. Shih. How executive SHRM system links to firm performance: The perspectives of upper echelon and competitive dynamics. *Journal of Management*, 2008, 34(5): 853 - 881.

[455] S. Link. From Taylorism to human relations: American, German and Soviet trajectories in the interwar years. Paper Presented to the Business History Conference. Washington, DC: German Historical Institute, 2011.

[456] A. Lisak and M. Erez. Leadership emergence in multicultural teams: The power of global characteristics. *Journal of World Business*. 2015, 50(1): 3 - 14.

[457] H. Liu. and F. M. Cheung. Testing crossover effects in an actor-partner interdependence model among Chinese dual-earner couples, *International Journal of Psychology*, 2015, 50(2): 106 - 114.

[458] J. Liu, O. L. Siu and K. Shi. Transformational leadership and employee well-being: The mediating role of trust in the leader and self-efficacy. *Applied Psychology—An International Review-Psychologie Appliquee-Revue Internationale*, 2010, 59(3), 454 - 479.

[459] E. A. Locke. The nature and causes of job satisfaction. In: Marvin D. Dunnette (ed.). *Handbook of Industrial and Organizational Psychology*. Chicago: Rand McNally, 1976: 1297 - 1347.

[460] E. A. Locke, J. F. Bryan and L. M. Kendall. Goals and intentions as mediators of the effects of monetary incentives on behavior. *Journal of Applied Psychology*, 1968, 52(2): 104 - 121.

[461] E. A. Locke and G. P. Latham. *A Theory of Goal Setting and Task Performance*. New Jersey: PrenticeHall, 1990.

[462] K. Lovelace, D. L. Shapiro and L. R. Weingart. Maximizing cross-functional new product teams' innovativeness and constraint adherence: A conflict communications perspective. *Academy of Management Journal*, 2001, 44(4): 779 - 793.

[463] Y. Lu, Z. Tao and Y. Wang. Union effects on performance and employment relations: Evidence from China. *China Economic Review*, 2010, 21(1): 202 - 210.

[464] M. Luo. Stakeholder, partnership and an enterprise's labor relations governance. *Human Resources Development of China*, 2010, 5: 85 - 88.

[465] D. Lykken and A. Tellegen. Happiness is a stochastic phenomenon. *Psychological Science*, 1996, 7(3): 186 - 189.

[466] D. Lykken. Happiness: What studies on twins show us about nature, nurture, and the happiness set-point. http://www. researchgate. net/publication, 1999.

[467] B. Heade. Life goals matter to happiness: A revision of set-point theory. *Social Indicators Research*, 2008, 86(2): 213 – 231.

[468] S. Lyubomirsky, L. King, E. Diener. The benefits of frequent positive affect: Does happiness lead to success?. *Psychological Bulletin*, 2005, 131(6): 803 – 855.

[469] M. Warner. *The Diffusion of Western Economic Ideas in East Asia*. London and New York, NY: Routledge, 2017.

[470] M. Warner. *Understanding Management in China: Past, Present and Future*. London and New York, NY: Routledge, 2014.

[471] M. Warner. Whither Confucian management? Frontiers of philosophy. China/ journal, 2016, 11(4): 608 – 632.

[472] T. Maak, N. M. Pless and C. Voegtlin. Business statesman or shareholder advocate? CEO responsible leadership styles and the micro-foundations of political CSR. *Journal of Management Studies*, 2016, 53(3): 463 – 493.

[473] P. Macduffie. Human resource bundles and manufacturing performance: Organizational logic and flexible production systems in the world auto industry. *Industrial and Labor Relations Review*, 1995, 48(2): 197 – 221.

[474] W. H. Macey. Employee engagement: Tools for analysis, practice, and competitive advantage. *Personnel Psychology*, 2009, 65(1): 341 – 350.

[475] P. M. Podsakoff, S. B. Mackenzie and M. Ahearne. Moderating effects of goal acceptance on the relationship between group cohesiveness and productivity. *Journal of Applied Psychology*, 1997, 82(6): 974 – 983.

[476] L. T. Madden, D. Duchon, T. M. Madden and D. A. Plowman. Emergent organizational capacity for compassion, *Academy of Management Review*, 2012, 37(4): 689 – 708.

[477] M. J. Mannor. Top executives and global leadership. In: S. Ang and L. Van Dyne (eds.). *Handbook of Cultural Intelligence: Theory, Measurement, and Applications*. NY: M. E. Sharpe, 2008: 91 – 106.

[478] J. G. March and H. A. Simon. *Organizations*. New York: Wiley, 1958.

[479] J. G. March. Exploration and exploitation in organizational learning. *Organization Science*, 1991, 2(1): 71 – 87.

[480] F. Markow and K. Klenke. The effects of personal meaning and calling on organizational commitment: An empirical investigation of spiritual leadership. *International Journal of Organizational Analysis*, 2005, 13(1): 8 – 27.

[481] G. Marshall (ed.). *Oxford Dictionary of Sociology*. Oxford, New York, NY: Oxford University Press, 1998.

[482] M. F. J. Martens, F. J. N. Nijhuis and M. P. J. Van Boxtel. Flexible work schedules and mental and physical health: A study of a working population with non-traditional working hours. *Journal of Organizational Behavior*, 1999, 20(1): 35 - 46.

[483] R. Martinez-Pecino, M. Lourdes, M. J. Francisco and E. Martin. Effectiveness of mediation strategies in collective bargaining. *Industrial Relations: A Journal of Economy and Society*, 2008, 47(3): 480 - 495.

[484] C. Maslach, W. B. Schaufeliw and M. P. Leiter. Job Burnout. *Annual Review of Psychology*, 2001, 52(3): 397 - 422.

[485] C. Maslach. *Burnout: The Cost of Caring*. Englewood Cliffs, NJ: Prentice Hall, 1982.

[486] A. H. Maslow. A theory of human motivation. *Psychological Review*, 1943, 50(4): 370 - 396.

[487] M. F. Master and A. D. Eplion. What did partnership do? Evidence from the federal sector. *Industrial and Labor Relations Review*, 2006, 59(3): 227 - 385.

[488] S. S. Masterson and C. L. Stamper. Perceived organizational membership: An aggregate framework representing the employee-organization relationship. *Journal of Organizational Behavior*, 2003, 24(5): 473 - 490.

[489] J. E. Mathieu and J. L. Farr. Further evidence for the discriminant validity of measures of organizational commitment, job involvement, and job satisfaction. *Journal of Applied Psychology*, 1991, 76(1): 127 - 133.

[490] Mattson, M. and Hall, J. G. *Health as Communication Nexus: A Service-Learning Approach*. Dubuque, Lowa: Kendall/Hunt Publishing Company, 2011.

[491] P. Moen, E. Kelly, E. Tranby and Q. Huang. Changing work, changing health: Can real work-time flexibility promote health behaviors and well-being?. *Journal of Health and Social Behavior*, 2011, 52(4): 404 - 429.

[492] M. M. I'Ebers. Dynamics of social capital and their performance implications: Lessons from biotechnology start-ups. *Administrative Science Quarterly*, 2006, 51(2): 263 - 292.

[493] D. R. May, R. L. Gilson and L. M. Harter. The Psychological conditions of meaningfulness, safety and availability and the engagement of the human spirit at work. *Journal of Occupational and Organizational Psychology*, 2004, 77(1): 11 - 37.

[494] R. C. Mayer, J. H. Davis and F. D. Schoorman. An Integrative Model of Organizational Trust. *Academy of Management Review*, 1995, 20(3): 709 – 734.

[495] E. Mayo. Hawthorne and the western electric company. In: D. S. Pugh (ed.). *Organization Theory: Selected Readings*. London: Penguin, 1990: 345 – 357.

[496] E. Mayo. *The Social Problems of an Industrial Civilization*. Cambridge, MA: Harvard University Press, 1945.

[497] D. J. McAllister. Affect-and cognition-based trust as foundations for interpersonal cooperation in organizations. *Academy of Management Journal*, 1995, 38(1): 24 – 59.

[498] M. W. McCall and R. E. Kaplan. Whatever it takes: Decision makers at work. Englewood Cliffs, NJ: Prentice-Hall, 1985.

[499] S. Mccarthy, B. Oliver and S. Song. Corporate social responsibility and CEO confidence. *Journal of Banking & Finance*, 2017, 75(1): 280 – 291.

[500] D. C. Mcclelland. *The Achieving Society*. New York: Free Press, 1961: 63 – 106.

[501] L. Mcclelland. From compassion to client satisfaction: Examining the relationship between routines that facilitate compassion and quality of service. *Working Paper*, Emory University, 2010.

[502] R. R. McCrae. Creativity, divergent thinking, and openness to experience. *Journal of Personality and Social Psychology*, 1987, 52(6): 1258 – 1265.

[503] J. E. Mcgrath. *Social Psychology: A Brief Introduction*. New York: Holt, Rinehart & Winston, 1964: 80 – 105.

[504] L. R. Men and D. Stacks. The effects of authentic leadership on strategic Internal communication and employee-organization relationships. *Journal of Public Relations Research*, 2014, 26(4): 301 – 324.

[505] H. Meng and Y. X. Li. A research on the relationship of the big-five personality and leadership effectiveness. *Psychological Science*, 2004, 27(3): 611 – 614.

[506] R. E. Mercadillo, J. L. Díaz, E. H. Pasaye and F. A. Barrios. Perception of suffering and compassion experience: Brain gender disparities. *Brain and Cognition*, 2011, 76(1): 5 – 14.

[507] J. A. Merkle. *Management and Ideology, The Legacy of the International*. Berkeley, CA: University of California Press, 1980.

[508] J. W. Meyer and B. Rowan. Institutionalized organizations: Formal structure as

myth and ceremony. *American Journal of Sociology*, 1977, 83(2): 340 – 363.

[509] J. P. Meyer and N. J. Allen. A three-component conceptualization of organizationalcommitment. *Human Resource Management Review*, 1991, 1 (1): 61 – 89.

[510] J. P. Meyer and N. J. Allen. *Commitment in the Workplace: Theory, Research, and Application*. London: Sage, 1997.

[511] J. P. Meyer, D. Stanley, L. Herscovitch and L. Topolnytzky. Affective, continuance and normative commitment to the organization: A meta-analysis of antecedents, correlates and consequences. *Journal of Vocational Behavior*, 2002, 61(1): 20 – 52.

[512] D. Meyerson. Feeling stressed and burned out: A feminist reading and revisioning of stress-based emotions within medicine and organizational science. *Organization Science*, 1998, 9(1): 103 – 118.

[513] J. B. Michel, Y. K. Shen, A. P. Aiden, A. Veres, M. K. Gray, J. P. Pickett and S. Pinker. Quantitative analysis of culture using millions of digitized books. *Science*, 2011, 331(6014): 176 – 182.

[514] M. J. Sheeha and M. Quinn. Labor market flexibility, human resource management and corporate performance. *British Journal of Management*, 2001, 12(4): 287 – 306.

[515] S. Michie and S. Williams. Reducing work related psychological health and sickness absence: A systematic literature review. *Occupational and Environmental Medicine*, 2003, 60(1): 3 – 9.

[516] M. Mikulincer and P. R. Shaver. Attachment security, compassion and altruism. *Current Direction in Psychological Science*, 2005, 14(1): 34 – 38.

[517] M. B. Miles and A. M. Huberman. Drawing valid meaning from qualitative data: Toward a shared craft. *Educational Researcher*, 1984, 13(5): 20 – 30.

[518] M. Finlayson, R. D. Cruz, N. Davidson, J. Alder, S. Corkm, R. S. D. Groot, et al. Millennium ecosystem assessment, Ecosystems and human well-being: Wetlands and water synthesis. Data Fusion Concepts & Ideas, 2005, 656(1): 87 – 98.

[519] D. Miller. The structural and environmental correlates of business strategy. *Strategic Management Journal*, 1987, 8(1): 55 – 76.

[520] K. I. Miller. Compassionate communication in the workplace: Exploring processes of noticing, connecting and responding. *Journal of Applied Communication Research*, 2007, 35(3): 223 – 245.

[521] F. A. Miller. Strategic culture change: The door to achieving high performance and

inclusion. *Public Personnel Management*, 1998, 27(2): 151 – 160.

[522] F. J. Milliken. Three types of perceived uncertainty about the environment: State, effect, and response uncertainty. *Academy of Management Review*, 1987, 12(1): 133 – 143.

[523] J. B. Miner. *Organizational Behavior: Essential Theories of Motivation and Leadership*. London, New York: Routledge, 2005.

[524] A. A. Mishra and R. Shan. In union lies strength: Collaborative competence in new product development and its performance effects. *Journal of Operations Management*, 2009, 27(4): 324 – 338.

[525] H. Mitsuhashi, H. J. Park, P. M. Wright, et al. Line and HR executives' perceptions of HR effectiveness in firms in the People's Republic of China. *International Journal of Human Resource Management*, 2000, 11(2): 197 – 216.

[526] A. Molinsky and J. Margolis. Necessary evils and interpersonal sensitivity in organizations. *Academy of Management Review*, 2005, 30(2): 245 – 268.

[527] P. Moran. Structural vs. relational embeddedness: Social capital and managerial performance. *Strategic Management Journal*, 2005, 26: 1129 – 1151.

[528] S. L. Morgan. China's encounter with scientific management in the 1920~30s. *Business and Economic History On-Line*. Business History Conference, 2003.

[529] S. L. Morgan. Professional associations and the diffusion of new management ideas in Shanghai, 1920~1930s: A research agenda. *Business and Economic History On-Line*, 2004.

[530] S. L. Morgan. Researching the transfer of management knowledge to China during the inter-war years: Bibliometric and social network approaches. Asia-Pacific Economic and Business History Conference, Queensland University of Technology, Brisbane, 2006b: 16 – 18.

[531] S. L. Morgan. Transfer of Taylorist ideas to China, 1910~1930s. *Journal of Management History*, 2006a, 12(4): 408 – 424.

[532] F. P. Morgeson and D. A. Hofmann. The structure and function of collective constructs: Implications for multi-level research and theory development. *Academy of Management Review*, 1998, 24(2): 249 – 265.

[533] F. P. Morgeson, T. R. Mitchell and D. Liu. Event system theory: An event-oriented approach to the organizational sciences. *Academy of Management Review*, 2015, 40(4): 515 – 537.

[534] C. Morrill, N. Z. Mayer and H. Rao. Covert political conflict in organizations: Challenges from below. *Annual Review of Sociology*, 2003, 29: 391 – 415.

[535] G. S. Morris. Changes in public employment and the provision of public services: The implications for labor law. *Industrial Relations Journal*, 2007, 26(3): 230 – 237.

[536] W. Morrison. Newcomer information seeking: Exploring types, modes, sources and outcomes. *Academy of Management Journal*, 1993, 36(3): 557 – 589.

[537] T. Morrow. Integrating human resource management and business strategy in the Northern Ireland clothing industry: A case of oil and water?. *Journal of Irish Business and Administrative Research*, 2000, 21(1): 131 – 146.

[538] J. M. Morse. Approaches toqualitative-quantitative methodological triangulation. *Nursing Research*, 1991, 40(2): 120 – 123.

[539] J. M. Morse. Principles of mixed methods and multi-method research design. In: R. Tashakkori and C. Teddlie. *Handbook of Mixed Methods in Social and Behavioural Research*. Thousand Oaks, CA: Sage, 2003: 189 – 208.

[540] K. W. Mossholder, H. A. Richardson and R. P. Settoon. Human resource systems and helping in organizations: A relational perspective. *Academy of Management Review*, 2011, 36(1): 33 – 52.

[541] M. K. Mumtaz, A. L. Suleman and A. M. M. Muhammad. Moderating role of team working environment between team implicit coordination and performance. *African Journal of Business Management*, 2010, 4(13): 2743 – 2752.

[542] L. K. Muthén and B. O. Muthén. *Mplus User's Guide*. 7th ed. Los Angeles: Muthén & Muthén, 1998 – 2015.

[543] S. Nadkarni and P. Herrmann. CEO personality, strategic flexibility, and firm performance: The case of the Indian business process outsourcing industry. *Academy of Management Journal*, 2010, 53(5): 1050 – 1073.

[544] S. Nadkarni and V. K. Narayanan. Strategic schemas, strategic flexibility, and firm performance: The moderating role of industry clock speed. *Strategic Management Journal*, 2007, 28(3): 243 – 270.

[545] J. Nahapietand S. Ghoshal. Social capital, intellectual capital, and the organizational advantage. *Academy of Management Review*, 1998, 23: 242 – 266.

[546] A. K. Nandkeolyar, J. A. Shaffer, A. Li, S. Ekkirala and J. Bagger.

Surviving an abusive supervisor: The joint roles of conscientiousness and coping strategies. *Journal of Applied Psychology*, 2014, 99(1): 138 – 150.

[547] A. Nankervis, R. Compton and M. Baird. *Human Resource Management: Strategies and Process*. 6th ed. Melbourne: CENGAGE Learning, 2008.

[548] A. Nankervis, F. L. Cooke, S. Chatterjee and M. Warner. *New Models of Human Resource Management in China and India*. London, New York: Routledge, 2012.

[549] A. M. Nasurdin and M. P. O'Driscoll. Work overload, parental demand, perceived organizational support, family support, and work-family conflict among New Zealand and Malaysian academics. *New Zealand Journal of Psychology*, 2012, 41(1): 38 – 48.

[550] K. D. Neff and R. Vonk. Self-compassion versus global self-esteem: Two different ways of relating to Oneself. *Journal of Personality*, 2009, 77(1): 23 – 50.

[551] K. D. Neff, S. S. Rude and K. Kirkpatrick. An examination of self-compassion in relation to positive psychological functioning and personality traits. *Journal of Research in Personality*, 2007, 41(4): 908 – 916.

[552] R. E. Nelson and S. Gopalan. Do organizational cultures replicate national cultures? Isomorphism, rejection and reciprocal opposition in the corporate values of three countries. *Acoustics Speech & Signal Processing Newsletter IEEE*, 2003, 24(7): 1115 – 1151.

[553] I. M. Nembhardim and A. C. Edmondson. Making it safe: The effects of leader inclusiveness and professional status on psychological safety and improvement efforts in health care teams. *Journal of Organizational Behavior*, 2006, 27(7): 941 – 966.

[554] B. A. Kotey. Flexible working arrangements and strategic positions in SMEs. *Personnel Review*, 2017, 46 (2): 355 – 370.

[555] P. Kotler P. and K. Keller. *Marketing Management: Customer Value, Customer Satisfaction and Customer Loyalty*. 12th ed, Newbury Park, CA: Sage, 2006.

[556] E. S. Ng, L. Schweitzer and S. T. Lyons. New generation, great expectations: A field study of the millennial generation. *Journal of Business and Psychology*, 2010, 25(2): 281 – 292.

[557] J. M. Nicklin and L. A. McNall. Work-family enrichment, support, and satisfaction: A test of mediation. *European Journal of Work and Organizational Psychology*, 2013, 22(1): 67 – 77.

[558] F. A. Ninkovich. *The Diplomacy of Ideas*: *US Foreign Policy and Cultural Relations* 1938~1950. Cambridge: Cambridge University Press, 1984.

[559] C. N. Noelle. *Make More Money by Making Your Employees Happy*. Israel: MindLab Publishing, 2012.

[560] C. Nohe, L. L. Meier, K. Sonntag and A. Micheal. The chicken or the egg? A meta-analysis of panel studies of the relationship between work-family conflict and strain. *Journal of Applied Psychology*, 2015, 100(2): 522 – 536.

[561] D. C. North. *Institutions, Institutional Change and Economic Performance*. Cambridge: Cambridge University Press, 1990: 5 – 35.

[562] J. Pfeffer. *The Human Equation*: *Building Profits by Putting People First*. Boston, MA: Harvard Business Press, 1998.

[563] M. O. Nyong. Strike Activities and economic development in Nigeria. *The Nigerian Journal of Economic and Social Studies*, 1998, 40(3): 351 – 469

[564] S. O'Donohoe and D. Turley. Compassion at the counter: Service providers and bereaved customers. *Human Relations*, 2006, 59(10): 1429 – 1448.

[565] E. M., O'Donnell, L. F. Berkman and S. Subramanian. Manager support for work/family issues and its impact on employee-reported pain in the extended care setting. *Journal of Occupational and Environmental Medicine/American College of Occupational and Environmental Medicine*, 54(9): 1142 – 1149.

[566] C. A. O'Reilly and J. Chatman. Culture as social control: Corporations, cults, and commitment. In: B. Staw and L. L. Cummings (eds.). *Research in Organizational Behavior*. Greenwich, CT: JAI Press, 1996.

[567] O'Reilly, A. Charles, J. Chatman and D. F. Caldwell. People and organizational culture: A profile comparison approach to assessing person-organization fit. *Academy of Management Journal*, 1991, 34(3): 487 – 516.

[568] O. A. Ogunbameru and P. Oribabor. *Introduction to Industrial Sociology*. Ile-Ife: Obafemi Awolowo University Press, 2000.

[569] G. R. Oldham. The impact of supervisory characteristics on goal acceptance. *Academy of Management Journal*, 1975, 18(3): 461 – 475.

[570] D. M. Olson, L. A. White, M. G. Rumsey and W. C. Borman. Environmental context effects on performance and the prediction of performance. In: J. P. Campbell & D. J. Knapp (eds.). *Exploring the Limits of Personnel Selection and Classification*. Mahwah, NJ: Lawrence Erlbaum Associates, 2001: 507 – 521.

[571] A. A. Olufemi. Collective bargaining as a strategy for industrial conflict management in Nigeria. *Journal of Research in National Development*, 2010,

8(1): 215 - 232.

[572] T. Oolders, O. S. Chernyshenko and S. Stark. Cultural intelligence as a mediator of relationships between openness to experience and adaptive performance. In: S. Ang and L. Van Dyne (eds.). *Handbook of Cultural Intelligence: Theory, Measurement, and Applications*. NY: M. E. Sharpe, 2008: 145 - 158.

[573] E. Orehek and A. L. Forest. When people serve as means to goals: Implications of *Current Directions in Psychological Science*, 2016, 25(2): 79 - 84.

[574] C. A. O'Reilly and J. Pfeffer. *Hidden Value: How Great Companies Achieve Extraordinary Results with Ordinary People*. Boston: MA: HBS Press, 2000.

[575] C. A. O'Reilly, J. Chatman and D. F. Caldwell. People and organizational culture: A profile comparison approach to assessing person-organization fit. *Academy of Management Journal*, 1991, 34(3): 487 - 516.

[576] P. Osterman. Institutional labor economics, the new personnel economics, and Internal labor markets: A reconsideration. *Industrial and Labor Relations Review*, 2010, 64(4): 637 - 653.

[577] C. Ostroff. The relationship between satisfaction, attitudes, and performance: An organizational level analysis. *Journal of Applied Psychology*, 1992, 77 (6): 963 - 974.

[578] D. Otobo. *Industrial Relations: Theory and Controversies*. Lagos: Malthouse Ltd. , 2000.

[579] D. Otobo. Strike in Nigeria: Some Considerations. *The Nigerian Journal of Economic and Social Studies*, 1983, 25(2): 301 - 318.

[580] C. Oveis, E. J. Horberg and D. Keltner. Compassion, pride, and social intuitions of self-other similarity. *Journal of Personality and Social Psychology*, 2010, 98(4): 618 - 630.

[581] P. Duus, R. H. Myers and M. R. Peattie. *The Japanese Informal Empire in China*, 1895~1937. Princeton, NJ: Princeton University Press, 1989.

[582] K. M. Page and D. A. Vella-Brodrick. The "what", "why" and "how" of employee well-being: A new model. *Social Indicators Research*, 2009, 90(3): 441 - 458.

[583] R. Palanisamy. Strategic information systems planning model for building flexibility and success. *Industrial Management*, 2005, 105: 63 - 81.

[584] L. Parker and T. D. Allen. Work/family benefits: Variables related to

employees' fairness perceptions. *Journal of Vocational Behavior*, 2001, 58 (3), 453 – 468.

[585] W. E. W. Rashid, M. S. Nordin, A. Omar and I. Ismail. Self-esteem, work-family enrichment and life satisfaction among married nurses in health care service. *International Journal of Trade*, *Economics and Finance*, 2011, 2 (5): 424.

[586] E. Parry, J. Unite, K. Chudzikowski, J. P. Briscoe and Y. Shen. Career success in the younger generation. In: E. S. Ng, S. T. Lyons and L. Schweitzer (eds.). *Managing the New Workforce: International Perspectives on the Millennial Generation*. Glos: Edward Elgar Publishing, 2012: 242 – 256.

[587] E. Parry and P. Urwin. Generational differences in work values: A review of theory and evidence. *International Journal of Management Reviews*, 2011, 13 (1): 79 – 96.

[588] H. M. Parsons. What happened at Hawthorne?. *Science*, 1974, 183(4128): 922 – 932.

[589] T. Parsons. *The Social System*. Glencoe, IL: The Free Press, 1951.

[590] P. C. Patel, J. G. Messersmith and D. P. Lepak. Walking the tightrope: An assessment of the relationship between high performance work system and organizational ambidexterity. *Academy of Management Journal*, 2013, 56 (5): 1420 – 1442.

[591] R. P. Patrashkova and S. A. Mcomb. Exploring why more communication is not better: Insights from a computational model of cross-functional teams. *Journal of Engineering and Technology Management*, 2004, 21(1/2): 83 – 114.

[592] W. Pavot and E. Diener. Review of the satisfaction with life scale. *Psychological Assessment*, 1993, 5(2): 164 – 172.

[593] V. F. Pe'rez. The "flexibility" of social networks in uncertainty. *International Journal of Business Environment*, 2010, 3: 292 – 307.

[594] D. Peabody and L. R. Goldberg. Some determinants of factor structures from personality-trait descriptors. *Journal of Personality and Social Psychology*, 1989, 57(3): 552 – 567.

[595] M. W. Peng and Y. Luo. Managerial ties and firm performance in a transition economy: The nature of a micro-macro link. *Academy of Management Journal*, 2000, 43(3): 486 – 501.

[596] C. Peterson, N. Park and N. Hall and M. E. P. Seligman. Zest and work.

Journal of Organizational Behavior, 2009, 30(2): 161 - 172.

[597] J. Pfeffer and G. R. Salancik. *The External Control of Organizations: A Resource Dependence Perspective*. New York, NY: Harper & Row, 1978.

[598] J. M. Phillips and S. M. Gully. Role of goal orientation, ability, need for achievement, and locus of control in the self-efficacy and goal-setting process. *Journal of Applied Psychology*, 1997, 82(5): 792 - 802.

[599] D. A. Plowman, L. T. Baker, T. E. Beck, M. Kulkarni, S. T. Solansky and D. V. Travis. Radical Change Accidentally: The Emergence and Amplification of Small Change. *Academy of Management Journal*, 2007, 50 (3): 515 - 543.

[600] R. E. Ployhart and T. P. Motiterno. Emergence of the human capital resource: A multilevel model. *Academy of Management Review*, 2011, 36 (1): 127 - 150.

[601] P. M. Podsakoff and D. W. Organ. Self-reports in organizational research: Problems and prospects. *Journal of Management*, 1986, 12(4): 531 - 544.

[602] K. Polanyi. *The Great Transformation: The Political and Economic Origins of Our Time*. Boston: Beacon Press, 1944.

[603] A. Pollert. Hurdles to individual employment rights. *Industrial Law Journal*, 2005, 34: 217 - 238.

[604] L. W. Porter and R. M. Steers. Organizational, work, and personal factors in employee turnover and absenteeism. *Psychological Bulletin*, 1973, 80(2): 151 - 176.

[605] E. H. Powley. Reclaimingresilience and safety: Resilience activation in the critical period of crisis. *Human Relations*, 2009, 62(9): 1289 - 1326.

[606] R. L. Priem and J. E. Butler. Is the resource-based "view" a useful perspective for strategic management research?. *Academy of Management Review*, 2001, 26(1): 22 - 40.

[607] E. D. Pulakos, S. Arad, M. A. Donovan and K. E. Plamondon. Adaptability in the workplace: Development of a taxonomy of adaptive performance. *Journal of Applied Psychology*, 2000, 85(4): 612 - 624.

[608] X. Qian, Y. Shi and H. Zhou. Chinese new generation employees' turnover intentions: Effects of person-organization fit, core self-evaluations and perceived opportunities. In: Proceedings of the Ninth International Conference on Management Science and Engineering Management. Berlin, Heidelberg: Springer, 2015: 1077 - 1085.

[609] K. Qiao, S. Khilji and X. Wang. High-performance work systems,

organizational commitment, and the role of demographic features in the People's Republic of China. *International Journal of Human Resource Management*, 2009, 20 (11): 2311 – 2330.

[610] T. Qing and Z. Guo. Pattern of social partnership on employment governance. *Economic Management*, 2007, (6): 4 – 9.

[611] T. Qing and Z. Guo. Social partnership: Concepts and modes. *Reform of Economic System*, 2006, (6): 64 – 68.

[612] X. L. Qing and D. T. Yang. Research on millennial employee work value differences in promoting interpersonal relationship. *Modern Management Science*, 2010, 1: 14 – 16.

[613] T. Qing and J. Fu. The method of forming an enterprise's cooperative labor relations. *China Labor*, 2011, 7: 40 – 43.

[614] T. Qing and Z. Guo. Social partnership: Concepts and modes. *Reform of Economic System*, 2006, 6: 64 – 68.

[615] R. D. Arkush. Fei Xiaotong and Sociology in Revolutionary China. *Harvard East Asian Monographs* no. 98. Cambridge, MA and London: Harvard University Press, 1981.

[616] M. L. Randall, R. Cropanzano and C. A. Bormann. Organizational support as predictors of work attitudes, job performance, and organizational citizenship behavior. *Journal of Organizational Behavior*, 1999, 20(2): 159 – 174.

[617] S. W. Raudenbush and A. S. Bryk. *Hierarchical Linear Models: Applications and Data Analysis Methods*. 2nd ed. Thousand Oaks, CA: Sage Publications, 2002.

[618] G. Redding and G. Y. Y. Wong. The psychology of Chinese organizational behavior. In: M. H. Bond (ed.). *The Psychology of the Chinese*. New York, NY: Oxford University Press, 1986: 267 – 295.

[619] W. T. Reich. Speaking of suffering: A moral account of compassion. *Soundings*, 1989, 72(72): 83 – 108.

[620] H. Ren, M. A. Shaer, D. A. Harrison, C. Fu and K. M. Fodchuk. Reactive adjustment or proactive embedding? Multistudy, multiwave evidence for dual pathways to expatriate retention. *Personnel Psychology*, 2014, 67(1): 203 – 239.

[621] S. Ren, Y. Zhu and M. Warner. Human resources, higher education reform and employment opportunities for university graduates in the People's Republic of China. *International Journal of Human Resource Management*, 2011, 22 (16): 3429 – 3446.

[622] B. N. Renee. Tightening the link between employee wellbeing at work and performance: A new dimension for HRM. *Management Decision*. 2008, 46 (2): 284 – 309.

[623] S. Rhee, J. E. Dutton and R. Bagozz. Making Sense of Organizational Actions with Virtue Frames and Its Links to Organizational Attachment. In: C. C. Manz, K. S. Cameron, K. P. Manz, R. D. Max(eds.). *The Virtuous Organization*. Singapore: World Scientific Publishing, 2008.

[624] R. R. Eisenberger. Perceived organizational support: A review of the literature. *Journal of Applied Psychology*, 2002, 87(4): 698 – 714.

[625] Ribeiro-Soriano D. and Urbano D. Employee-organization relationship in collective entrepreneurship: An overview. *Journal of Organizational Change Management*, 2010, 23(4): 349 – 359.

[626] R. W. Rice, D. A. Gentile and D. B. McFarlin. Facet importance and job satisfaction. *Journal of Applied Psychology*, 1991, 76(1): 31 – 39.

[627] R. L. Sandra and R. J. Bennett. A typology of deviant workplace behaviors: A multidimensional scaling study. *Academy of Management Journal*, 1995, 38(2): 555 – 572.

[628] V. Roca-Puig, I. Beltrán-Martín, A. B. Escrig-Tena and J. C. Bou-Llusar. Strategic flexibility as a moderator of the relationship between commitment to employees and performance in service firms. *International Journal of Human Resource Management*, 2005, 16(11): 2075 – 2093.

[629] William K. Roche. Social partnership in Ireland and new social pacts. *Industrial Relations: A Journal of Economy and Society*, 2007, 46(3): 395 – 425.

[630] T. Rockstuhl, S. Seiler, S. L. Ang, LV Van Dyne and H. Annen. Beyond general intelligence (IQ) and emotional intelligence (EQ): The role of cultural intelligence (CQ) on cross-border leadership effectiveness in a globalized world. *Journal of Social Issues*, 2011, 67(4): 825 – 840.

[631] M. R. -P. Y. Bravo-Ferrer, S. Guanter, R. S. Del and L. M. Jaca. The Intervention of Third Parties in the Solution of Labour Conflicts. *The European Work and Organizational Psychologist*, 1993, 3(4): 271 – 283.

[632] F. Roethlisberger and W. Dickson. *Management and the Worker*. Cambridge, MA: Harvard University Press, 1939.

[633] N. Rose. *Inventing ourselves: Psychology, power, and personhood*. Cambridge: Cambridge University Press, 1998.

[634] S. Rothmanns and J. H. M. Joubert. Job demands, job resources, burnout

and work engagement of managers at a platinum mine in the North-West Province. *South African Journal of Business Management*, 2007, 38（2）：153 – 154.

[635] C. S. Rousse and F. Deltour. Beyond cross-functional teams： Knowledge integration during organizational projects and the role of social capital. *Knowledge Management Research and Practice*, 2012, 10(2)：128 – 140.

[636] D. M. Rousseau. New hire perceptions of their own and their employer's obligations： A study of psychological contracts. *Journal of Organizational Behavior*, 1990, 11(5)：389 – 400.

[637] D. M. Rousseau. Psychological and implied contracts in organization. *Employee Responsibilities and Rights Journal*, 1989, 2(2)：121 – 139.

[638] B. Roxas B. and A. Coetzer. Institutional environment, managerial attitudes and environmental sustainability orientation of small firms. *Journal of Business Ethics*, 2012, 111(4)：461 – 476.

[639] Rubinstein Saul A. and Thomas A. Kochan. *Learning from Saturn： Possibilities for Corporate Governance and Employee Relations*. Ithaca, NY：Cornell University Press, 2001.

[640] Rubinstein Saul A. and Charles Heckscher. Partnerships and flexible networks. In：Thomas A. Kochan and David B. Lipsky (eds.). *Negotiations and Change： From the Workplace to Society*. Ithaca, NY：Cornell University Press/ILR Press, 2003：189 – 205.

[641] C. W. Rudolph, J. S. Michel, M. B. Harari and T. J. Stout. Perceived social support and work-family conflict： A comparison of Hispanic immigrants and non-immigrants. *Cross Cultural Management： An International Journal*. 2014, 21(3)：306 – 325.

[642] T. Selvarajan, P. A. Cloninger, and B. Singh. Social support and work-family conflict： A test of an indirect effects model. *Journal of Vocational Behavior*, 2013, 83(3)：486 – 499.

[643] R. M. Ryan and J. P. Connell. Perceived locus of causality and internalization： Examining reasons for acting in two domains. *Journal of Personality and Social Psychology*, 1989, 57(5)：749 – 761.

[644] R. M. Ryan and E. L. Deci. Self-determination theory and the facilitation of intrinsic motivation, social development, and well-being. *American Psychologist*, 2000, 55(1)：68 – 78.

[645] S. L. Rynes, J. M. Bartunek, J. E. Dutton and J. D. Margolis. Care and compassion through an organizational lens： Opening up new possibilities.

Academy of Management Review, 2012, 37: 503 – 523.

[646] S. Cochran. *Encountering Chinese Networks: Western, Japanese, and Chinese corporations in China*, 1880 ~ 1937. Berkeley, CA: University of California Press, 2000.

[647] S. L. Morgan. Transfer of Taylorist ideas to China, 1910~1930s. *Journal of Management History*, 2006, 12(4): 408 – 424.

[648] S. M. Zhao. International Business: Human Resource Management. 5th ed. Nanjing: Nanjing University Press, 1992.

[649] P. R. Sackett, C. M. Berry, S. A. Wiemann and R. M. Laczo. Citizenship and counterproductive behavior: Clarifying relations between the two domains. *Human Performance*, 2006, 19(4): 441 – 464.

[650] A. M. Saks, J. A. Gruman and H. Cooper-Tomas. The neglected role of proactive behaviour and outcomes in newcomer socialization. *Journal of Vocational Behaviour*, 2011, 79(1): 36 – 46.

[651] A. M. Saks. Antecedents and consequences of employee engagement. *Journal of Managerial Psychology*, 2006, 21(7): 600 – 619.

[652] G. R. Salancik and J. Pfeffer. A social information processing approach to job attitudes and task design. *Administrative Science Quarterly*, 1978, 23(2): 224 – 253.

[653] R. Bouwen and P. F. Salipante. Behavioural analysis of grievances: Episodes, actions and outcomes. *Employee Relations*, 1990, 12(4), 27 – 32.

[654] F. Samer and S. Lee. Coordinating expertise in Software Development Teams. *Management Science*, 2000, 46(12): 554 – 1568

[655] R. Sanchez. Preparing for an uncertain future: Managing organizations for strategic flexibility. *International Studies of Management & Organization*, 1997, 27(2): 71 – 94.

[656] R. Sanchez. Strategic flexibility in product competition. *Strategic Management Journal*, 1995, 16(S1): 135 – 159.

[657] W. B. Schaufeli and A. B. Bakker. Job demands, job resources, and their relationship with burnout and engagement: A multi-sample study. *Journal of Organizational Behaviour*, 2004, 25(3): 293 – 315.

[658] S. Scheuer. A novel calculus? Institutional change, globalization and industrial conflict in Europe. *European Journal of Industrial Relations*, 2006, 12(2): 143 – 164.

[659] B. Schneider and D. B. Smith. Personality and organizations. Mahwah, NJ: Lawrence Erlbaum Associates, Inc, Publishers, 2004: 61 – 86.

[660] S. H. Schwartz. A theory of cultural values and some implications for work. *Applied Psychology*, 2004, 48(1): 23 - 47.

[661] R. S. Schuler. Repositioning the human resource function: Transformation or demise?. *The Executive*, 1990, 4(3): 49 - 60.

[662] F. Schurmann. *Ideology and Organization in Communist China*. Berkeley, CA: University of California Press, 1971.

[663] F. E. Schuster. *The Schuster Report: The Proven Connection Between People and Profit*. New York: Harper Row, 1986.

[664] M. Schwaiger. Components and parameters of corporate reputation-An empirical study. *Schmalenbach Business Review*, 2004, 5(1): 46 - 71.

[665] R. Schwarzer and A. Leppin. Social support and health: A theoretical and empirical overview. *Journal of Social and Personal Relationships*, 1991, 8 (1): 99 - 127.

[666] W. R. Scott. *Institutions and Organizations: Ideas, Interests, and Identities*. CA: Sage Publications, 2014: 3 - 23.

[667] S. E. Seibert, M. L. Kraimer and J. M. Crant. What do proactive people do? A longitudinal model linking proactive personality and career success. *Personnel Psychology*, 2001, 54(4): 845 - 874.

[668] O. A. Shadare. Influence of workers' training programmes on conflict reduction in industrial organizations in Nigeria. *African Journal of Business Management*, 2010, 4(7): 1240 - 1246.

[669] M. A. Shaer, M. L. Kraimer, Y-P. Chen and M. C. Bolino. Choices challenges, and career consequences of global work experiences: A review and future agenda. *Journal of Management*, 2012, 38(4): 1282 - 1327.

[670] C. E. Shalleyce and O. J. F Porac. Effects of goal difficulty, goal-setting method, and expected external evaluation on intrinsic motivation. *Academy of Management Journal*, 1987, 30(3): 553 - 563.

[671] K. M. Sheldon and A. J. Elliot. Goal striving, need satisfaction, and longitudinal well-being: The self-concordance model. *Journal of Personality and Social Psychology*, 1999, 76(3): 482.

[672] K. M. Sheldon and H. A. McGregor. Extrinsic value orientation and the tragedy of the commons. *Journal of Personality*, 2000, 68(2): 383 - 411.

[673] J. Shen and V. Edwards. Recruitment and selection in Chinese MNEs. *International Journal of Human Resource Management*, 2004, 15: 814 - 835.

[674] J. Shen and F. Jiang. Factors influencing Chinese female expatriates' performance in international assignments. *International Journal of Human*

Resource, *Management*, 2005, 26(3): 299 – 315.

[675] O. Shenkar. Cultural distance revisited: Towards a more rigorous conceptualization and measurement of cultural differences. *Journal of International Business Studies*, 2001, 32(3): 519 – 535.

[676] H. A. Shih, C. C. Hsu and H. W. Tsay. Employee-organization relationship and job performance[C]. Technology Management Conference (ITMC), IEEE International, 2011: 892 – 899.

[677] K. H. Shih, X. Fei and H. T. Fei, H. T. *China Enters the Machine Age: A Study of Labor in Chinese War Industry*. Cambridge, MA: Harvard University Press, 1994.

[678] K. Shimizu and M. A. Hitt. Strategic flexibility: Organizational preparedness to reverse ineffective strategic decisions. *Academy of Management Executive*, 2004, 18(4): 44 – 59.

[679] J. Shin, M. S. Taylor and M. G. Seo. Resources for change: The relationships of organizational inducements and psychological resilience to employees' attitudes and behaviors toward organizational change. *Academy of Management Journal*, 2012, 55(3): 727 – 748.

[680] J. Shin, M. S. Taylor and M. G. Seo. Resources for change: The relationships of organizational inducements and psychological resilience to employees' attitudes and behaviors toward organizational change. *Academy of Management Journal*, 2012, 55(3): 727 – 748.

[681] M. N. Shiota, D. Keltner and O. P. John. Positive emotion dispositions deferentially associated with big five personality and attachment style. *Journal of Positive Psychology*, 2006, 1: 61 – 71.

[682] L. M. Shore, W. H. Bommer and A. N. Rao. Social and economic exchange in the employee-organization relationship: The moderating role of reciprocation wariness. *Journal of Managerial Psychology*, 2009, 24(8): 701 – 721.

[683] L. M. Shore, L. E. Tetrick, M. S. Taylor, J. A. -M. C. Shapiro, R. C. Liden, J. M. Parks, ··· L. V. Dyne (n. d.). The employee-organization relationship: A timely concept in a period of transition. *Research in Personnel and Human Resource Management*, 2004, 23: 291 – 370.

[684] L. Y. Shore, L. E. Tetrick, P. Lynch, and K. Barksdale. Social and economic exchange: Construct development and validation. *Journal of Applied Social Psychology*, 2006, 36(4): 837 – 867.

[685] M. K. Shoss, R. Eisenberger, S. L. D. Restubog and T. J. Zagenczyk. Blaming the organization for abusive supervision: The roles of perceived

organizational support and supervisor's organizational embodiment. *Journal of Applied Psychology*, 2013, 98(1), 158－168.

[686] D. Sirota and D. Klein. *The Enthusiastic Employee: How Companies Profit by Giving Workers What They Want*. Upper Saddle River, NJ: Pearson Education, 2013.

[687] C. L. Smith and P. M. Clay. Measuring subjective and objective well-being: Analyses from five marine commercial fisheries. *Human Organization*, 2010, 69(2): 158－168.

[688] T. Smith and A. Sheridan. Organizational careers versus boundaryless careers: Insights from the accounting profession. *Journal of Management and Organization*, 2006, 12: 223－234.

[689] S. A. Snell, M. A. Youndt and P. M. Wright. Establishing a framework for research in strategic human resource management: Merging resource theory and organizational learning. In: Ferris G. (ed.). *Research in Personnel and Human Resources Management*, Vol. 14. Greenwich, CT: JAI Press, 1996: 61－90.

[690] A. Somech and A. Drach-Zahavy. Coping with work-family conflict: The reciprocal and additive contributions of personal coping and organizational family-friendly support. *Work & Stress*, 2012, 26(1): 68－90.

[691] L. J. Song, A. S. Tsui, K. S. Law. Unpacking employee responses to organizational exchange mechanisms: The role of social and economic exchange perceptions. *Journal of Management*, 2009, 35(1): 56－93.

[692] P. E. Spector and S. Fox. An emotion-centered model of voluntary work behavior: Some parallels between counterproductive work behavior and organizational citizenship behavior. *Human Resource Management Review*, 2002, 12(2): 269－292.

[693] G. Sprang, G. Clark, J. J. and A. Whitt-Woosley. Compassion fatigue, compassion satisfaction, and burnout: Factors impacting a professional's quality of life. *Journal of Loss and Trauma*, 2007, 12(3): 259－280.

[694] G. K. Stahl, E. L. Miller and R. L. Tung. Toward the boundaryless career: A closer look at the expatriate career concept and the perceived implications of an international assignment. *Journal of World Business*, 2002, 37(3): 216－227.

[695] M. Stanat. *China's Generation Y: Understanding the Future Leaders of the World's Next Superpower*. Paramus, NJ: Homa & Sekey Books, 2006.

[696] T. L. Starr and G. Currie. Out of sight but still in the picture: Short-term

international assignments and the influential role of family. *International Journal of Human Resource Management*, 2009, 20(6): 1421 – 1438.

[697] M. F. Steger and B. J. Dik. *Work as Meaning: Individual and Organizational Benefits of Engaging in Meaningful Work*. Oxford Handbooks Online. 2009.

[698] N. Garcea, S. Harrington and P. A. Linley. *Oxford Handbook of Positive Psychology and Work*. Oxford, UK: Oxford University Press, 2009: 131 – 142.

[699] J. E. Stellar, V. M. Manzo, M. W. Kraus and D. Keltner. Class and compassion: Socioeconomic factors predict responses to suffering. *Emotion*, 2012, 12: 49 – 59.

[700] Z. X. Su and P. M. Wright. The effective human resource management system in transitional China: A hybrid of commitment and control practices. *International Journal of Human Resource Management*, 2012, 23(10): 2065 – 2086.

[701] S. E. Sullivan and M. B. Arthur. The evolution of the boundaryless career concept: Examining physical and psychological mobility. *Journal of Vocational Behaviour*, 2006, 69(1): 19 – 29.

[702] J. Sun and X. Wang. Value differences between generations in China: A study in Shanghai. *Journal of Youth Studies*, 2010, 13(1): 65 – 81.

[703] T. Wang. *The General Study of Talents*. Tianjin: People's Publication House, 1985.

[704] H. Tajfel. *Human Groups and Social Categories: Studies in Social Psychology*. Cambridge: Cambridge University Press, 1981.

[705] R. P. Tett and D. D. Burnett. A personality trait-based interactionist model of job performance. *Journal of Applied Psychology*, 2003, 88(3): 500 – 517.

[706] R. Takeuchi, M. Wang and S. V. Marinova. Antecedents and consequences of psychological workplace strain during expatriation: A cross-sectional and longitudinalinvestigation. *Personnel Psychology*, 2005, 58(4): 925 – 948.

[707] R. Takeuchi, G. Chen and D. P. Lepak. Through the looking glass of a social system: Cross-level effects of high-performance work systems on employees' attitudes. *Personnel Psychology*, 2009, 62(1): 1 – 29.

[708] X. J. Tang and X. Lu. An empirical research of TMT social network, cohesion and decision quality. IEEE International Conference on Grey Systems and Intelligent Services, 2009: 1267 – 1273.

[709] D. Tapscott. *Grown up Digital: How the Next Generation is Changing Your*

World. New York, NY: McGraw-Hill, 2008.

[710] P. Taylor and H. Ramsay. Unions, partnership and HRM: Sleeping with the enemy?. *International Journal of Employment Studies*, 1998, 6(2): 115 – 143.

[711] F. Taylor. *Principles of Scientific Management*. New York, NY: Harper, 1911.

[712] M. B. Taylor. Compassion: It's neglect and importance. *British Journal of General Practice*, 1997, 47(421): 521 – 523.

[713] D. J. Teece, G. Pisano and A. Shuen. Dynamic capabilities and strategic management. *Strategic Management Journal*, 1997, 18(7): 509 – 533.

[714] E. Telfer. *Happiness*. Nueva York: St. Martin's Press, 1980.

[715] K. J. Templer, C. Tay and N. A. Chandrasekar. Motivational cultural intelligence, realistic job preview, realistic living conditions preview, and cross cultural adjustment. *Group and Organization Management*, 2006, 31(1): 154 – 173.

[716] R. P. Tett and H. A. Guterman. Situation trait relevance, trait expression, and cross-situational consistency: Testing a principle of trait activation. *Journal of Research in Personality*, 2000, 34(4): 397 – 423.

[717] E. Thompson. The modern puer: Disillusionment and generation Y. Pacifica Graduate Institute. Retrieved from ProQuest Database (Accession No. 1692028), 2015.

[718] D. Thursfield and K. Grayley K. Exploring performance management in four UK trade unions. *Employee Relations*, 2016, 38(5): 789 – 804.

[719] J. A. Tompson. Proactive personality and job performance: A social capital perspective. *Journal of Applied Psychology*, 2005, 90(5): 1011 – 1017.

[720] P. B. Trescott and Jingji Xue. *The History of the Introduction of Western Economic Ideas into China*, 1850 ~ 1950. Hong Kong: Chinese University Press, 2001.

[721] H. C. Triandis. *Individualism and Collectivism*. Boulder, CO: Westview, 1995.

[722] A. S. Tsui. 2012 Presidential address—On compassion in scholarship: Why should we care?. *Academy of Management Review*, 2013, 38(2): 167 – 180.

[723] A. S. Tsui and L. Jia. Calling for humanistic scholarship in China. *Management and Organization Review*, 2013, 9(1): 1 – 15.

[724] A. S. Tsui, J. L. Pearce, L. W. Porter and A. M. Tripoli. Alternative approaches to the employee-organization relationship: Does investment in employees pay off?.

Academy of Management Journal, 1997, 40(5): 1089 - 1121.

[725] A. S. Tsui, J. L. Pearce, et al. Choice of employee-organization relationship: Influence of external and internal organizational factors. *Research in Personnel and Human Resources Management*, 1995, 13(1): 117 - 151.

[726] A. S. Tsui, D. Wang and Y. Zhang. Employment relationships with Chinese middle managers: Exploring differences between state-owned and non-state-owned firms. Springer, 2002.

[727] A. S. Tsui. A multiple constituency model of effectiveness: An empirical examination at the human resource subunit level. *Administrative Science Quarterly*, 1990, 35(3): 458 - 484.

[728] A. S. Tsui. Defining the activities and effectiveness of the human resource department: A multiple constituency approach. *Human Resource Management*, 1987, 26(1): 35 - 69.

[729] A. S. Tsui, T. D. Egan and C. A. O'Reilly III. Being different: Relational demography and organizational attachment. *Administrative Science Quarterly*, 1992, 37(4): 549 - 579.

[730] A. S. Tsui, H. Wang and K. R. Xin. Organizational culture in China: An analysis of culture dimensions and culture types. *Management and Organization Review*, 2006, 2(3): 345 - 376.

[731] A. Tsui and D. Wang. Employmentrelationships from the employer's perspective: Current research and future directions. *International Review of Industrial and Organizational Psychology*, 2002, 17(1): 77 - 114.

[732] R. L. Tung. Career issues in international assignments. *Academy of Management Executive*, 1988, 2(3): 241 - 244.

[733] R. L. Tung. American expatriates abroad: From neophytes to cosmopolitans. *Journal of World Business*, 1998, 33(2): 125 - 144.

[734] M. L. Tushman and C. A. O'Reilly. Ambidextrous organizations: Managing evolutionary and revolutionary change. *California Management Review*, 1996, 38(4): 8 - 30.

[735] D. Uçar and A. B. Ötken. Perceived organizational support and organizational commitment: The mediating role of organization based self-esteem. *Dokuz Eylül Üniversitesi _ Iktisadi Ve _ Idari Bilimler Fakültesi Dergisi*, 25(2): 85 - 105.

[736] Y. Uchida and S. Kitayama. Development and validation of a sympathy scale. *Japanese Journal of Psychology*, 2001, 72(4): 275 - 282.

[737] Unesco. Global Flow of Tertiary-Level Students. Ann Arbor, MI: Pro Quest

LLC，2015.

[738] T. H. P. Kowalski and W. Loretto. Wellbeing and HRM in the changing workplace. *International Journal of Human Resource Management*，2017，28 (16)：2229 – 2255.

[739] M. A. Uy，K. Y. Chan，Y. L. Sam，M. R. Ho and O. S. Chernyshenko. Proactivity，adaptability and boundaryless career attitudes：The mediating role of entrepreneurial alertness. *Journal of Vocational Behaviour*，2015，86 (feb.)：115 – 123.

[740] R. J. Vandenberg，H. A. Richardson and L. J. Eastman. The impact of high involvement work processes on organizational effectiveness-A second-order latent variable approach. *Group & Organization Management*，1999，24(3)：300 – 339.

[741] S. Vincent and I. Grugulis. Employment relations，cost minimization and inter-organizational contracting. *Industrial Relations Journal*，2009，40(1)：40 – 59.

[742] E. Von Dietze and A. Orb. Compassionate care：A moral dimension of nursing. *Nursing Inquiry*，2000，7(3)：166 – 174.

[743] P. Voydanoff. The effects of work demands and resources on work-to-family conflict and facilitation. *Journal of Marriage and Family*，2004，66(2)：398 – 412.

[744] A. Walder. *Communist Neo-Traditional*. Berkeley，CA：University of California Press，1986.

[745] J. E. Wallace. Professional and organizational commitment：Compatible or incompatible?. *Journal of Vocational Behavior*，1993，42(3)：333 – 349.

[746] J. P. Walsh，K. Weber and J. D. Margolis. Social issues and management：Our lost cause found. *Journal of Management*，2003，29(6)：859 – 881.

[747] S. Walsworth. What do unions do to innovation? An empirical examination of the Canadian private sector. *Relations Industrielles/Industrial Relations*，2010，65(4)：543 – 561.

[748] Richard E. Walton. From control to commitment in the workplace. *Harvard Business Review*，1985，63(2)：77 – 84.

[749] D. X. Wang，A. S. Tsui，Y. Zhang and L. Ma. Employment relationships and firm performance：Evidence from an emerging economy. *Journal of Organizational Behavior*，2003，24：511 – 535.

[750] H. Wang，K. S. Law，K. S.，G. Chen，et al. A structural equation model of the effects of multidimensional leader-member exchange on task and contextual

performance. Presented at the 17th Annual Conference on Society of Industrial and Organizational Psychology (SIOP), Toronto, 2002.

[751] M. Wang and R. Takeuchi. The role of goal orientation during expatriation: A cross-sectional and longitudinal investigation. *Journal of Applied Psychology*, 2007, 92(5): 1437 - 1445.

[752] Y. G. Wang, J. G. Xing and Y. Li. Strategic flexibility and competitive performance: Moderating effects of environmental turbulence. *Journal of Management Sciences in China*, 2004, 7(6): 70 - 78.

[753] Y. Z. Wang. Research on millennial employee leave management. *Business Journal*, 25: 51 - 52.

[754] M. Warner. Human resource management in China revisited: Introduction. *International Journal of Human Resource Management*, 2004, 15(4 - 5): 617 - 634.

[755] Z. M. Wang. Culture, economic reform, and the role of industrial and organizational psychology in China. In: H. C. Triandis, M. D. Dunnette and L. M. Hough (eds.). *Handbook of Industrial and Organizational Psychology*. Palo Alto, CA: Consulting Psychologist Press, 1994: 689 - 725.

[756] Z. M. Wang. *Psychology of Workforce and Labour*. Zhejiang: Education Publishing House, 1988.

[757] J. Weber. Discovering the millennials' personal values orientation: A comparison to two managerial populations. *Journal of Business Ethics*, 2014, 143(3): 517 - 529.

[758] M. Warner. 'Making sense' of HRM in China: Setting the scene. *International Journal of Human Resource Management*, 2009, 20(11): 2169 - 2193.

[759] M. Warner. Keynes and China: Keynesianism with Chinese characteristics. *Asia Pacific Business Review*, 2015, 21(2): 251 - 263.

[760] M. Warner. Management-labour relations in the new Chinese economy. *Human Resource Management Journal*, 1997, 7(4): 30 - 43.

[761] M. Warner. *The Management of Human Resources in Chinese Industry*. New York, NY: St. Martin's Press, 1995.

[762] M. Warner. *Understanding Management in China: Past, Present and Future*. London, Yew York: Routledge, 2014.

[763] P. Warr. *Work, Unemployment, and Mental Health*. New York: Oxford University Press, 1987.

[764] J. A. Warren and P. J. Johnson. The impact of workplace support on work-

family role strain. *Family Relations*, 1995, 44(2): 163 – 169.

[765] L. Q. Wei and C. M. Lau. Market orientation, HRM importance and competency: Determinants of strategic HRM in Chinese firms. *International Journal of Human Resource Management*, 2005, 16(10): 1901 – 1918.

[766] L. Q. Wei and C. M. Lau. The impact of market orientation and strategic HRM on firm performance: The case of Chinese enterprises. *Journal of International Business Studies*, 2008, 39(6): 980 – 995.

[767] L. Q. Wei. Strategic human resource management: Determinants of fit, research and practice in human resource management. *Research & Practice in Human Resource Management*, 2006, 14(2): 49 – 60.

[768] D. Wang, T. W. Feng, S. Freeman, D. Fan and C. J. Zhu. Unpacking the "skill-cross-cultural competence" mechanisms: Empirical evidence from Chinese expatriate managers. *International Business Review*, 2014, 23(3): 530 – 541.

[769] K. E. Weick. *The Social Psychology of Organizing*. 2nd ed. MA: Addison-Wesley, Reading, 1979.

[770] Z. L. Wen and B. J. Ye. Different methods for testing moderated mediation models: Competitors or backups?. *Acta Psychologica Sinica*, 2014, 46(5): 714 – 726.

[771] Z. L. Wen, L. Chang and K-T Hau. Mediated moderator and moderated mediator. *Acta Psychologica Sinica*, 2006, 38(3): 448 – 452.

[772] W. R. Wilson. Correlates of avowed happiness. *Psychological Bulletin*, 1967, 67(4): 294 – 306.

[773] H. R. Winefield, C. Boyd and A. H. Winefield. Work-family conflict and well-being in university employees. *The Journal of Psychology*, 2014, 148(6): 683 – 697.

[774] K. Wojtkowska, N. Andersz and J. Czarnota-Bojarska. Adapting the survey of perceived organizational support. *Polish Journal of Applied Psychology*, 2016, 14(4): 47 – 57.

[775] C. K. Wong. *Work-Family Conflict and Facilitation Among Employees in Hong Kong* (Thesis, PhD). Hamilton, New Zealand: University of Waikato, 2014.

[776] R. Y. Wong and Y. Y. Hong. Dynamic influences of culture on cooperation in the prisoner's dilemma. *Psychological Science*, 2005, 6: 429 – 434.

[777] J. C. Wood and M. C. Wood. *George Elton Mayo: Critical Evaluations in Business and Management*. Abingdon, Oxon, UK: Taylor & Francis, 2004.

[778] A. Woodside. *Lost Modernities: China, Vietnam, Korea and the Hazards of World History*. Cambridge, MA: Harvard University Press, 2006.

[779] C. D. Wrege. Solving Mayo's mystery: The first complete account of the origin of the Hawthorne studies—The forgotten contributions of C. E. Snow and H. Hibarger. Academy of Management Conference, Briarcliff Manor, 1976.

[780] P. M. Wright and S. A. Snell. Human resources, organizational resources, and capabilities. In: J. Storey (ed.). *The Routledge Companion to Strategic Human Resource Management*. London, New York: Routledge, 2009.

[781] P. M. Wright, B. B. Dunford and S. A. Snell. Human resources and the resource based view of the firm. *Journal of Management*, 2001, 27(6): 701 – 721.

[782] P. M. Wright and G. C. Mcmahan. Theoretical perspectives for strategic human resource management, *Journal of Management*, 1992, 18(2): 295 – 320.

[783] P. M. Wright, S. A. Snell and L. Dyer. New models of strategic HRM in a global context. *International Journal of Human Resource Management*, 2005, 16(6): 875 – 881.

[784] P. M. Wright and R. W. Boswell. Desegregating HRM: A review and synthesis of micro and macro human resource management research. *Journal of Management*, 2002, 28(3): 247 – 276.

[785] T. A. Wright, R. Cropanzano and D. G. Bonett. The moderating role of employee positive well-being on the relation between job satisfaction and job performance. *Journal of Occupational Health Psychology*, 2007, 12(2): 93 – 104.

[786] A. Wrzesniewski and J. E. Dutton. Crafting a job: Revisioning employees as active crafters of their work. *Academy of Management Review*, 2001, 26(2): 179 – 201.

[787] A. Wrzesniewski, C. McCauley, P. Rozin and B. Schwartz. Jobs, careers, and callings: People's relations to their work. *Journal of Research in Personality*, 1997, 31(1): 21 – 33.

[788] P. C. Wu and S. H. Ang. The impact of expatriate supporting practices and cultural intelligence on cross-cultural adjustment and performance of expatriates in Singapore. *International Journal of Human Resource Management*, 2011, 22(13): 2683 – 2702.

[789] C. P. Wu and S. Chaturvedi. The role of procedural justice and power distance

in the relationship between high-performance work systems and employee attitudes: A multilevel perspective. *Journal of Management*, 2009, 35(5): 1228 - 1247.

[790] M. Xi and S. M. Zhao. A literature review of industrial relations conflicts: Definition, antecedents and new research perspective. *Chinese Journal of Management*, 2014, 11(3): 455 - 461.

[791] M. Xi, Q. Xu, X. Wang and S. M. Zhao. Partnership practices, labor relations climate, and employee attitudes. *Industrial and Labor Relations Review*, 2016, 70(5): 1196 - 1218.

[792] X. Li, X. Qin, K. Jiang, S. Zhang and F. Gao. Human resource practices and firm performance in China: The moderating roles of regional human capital quality and firm innovation strategy. *Management and Organization Review*, 2015, 11(2): 237 - 261.

[793] K. R. Xin and J. L. Pearce. Guanxi: Connections as Substitutes for Structural Support. *Academy of Management Journal*, 1996, 39(6): 1641 - 1658.

[794] T. Yaffe and R. Kark. Leading by example: The case of leader OCB. *Journal of Applied Psychology*, 2011, 96(4): 806 - 826.

[795] F. J. Yammarino and S. E. Markham. On the application of within and between analysis: Are absence and affect really group-based phenomena. *Journal of Applied Psychology*, 1992, 77(4): 168 - 176.

[796] A. Yan and S. Li. The research of labor relations climate in Western countries. *China Labor*, 2012, 9: 29 - 32.

[797] F. Yang. Research on millennial employee HR management issues and countermeasures. *Modern Shangchang*, 2016, 20: 140 - 141.

[798] J. Yang and J. M. Diefendorff. The relations of daily counterproductive workplace behavior with emotions, situational antecedents, and personality moderators: A diary study in Hong Kong. *Personnel Psychology*, 2009, 62 (2): 259 - 295.

[799] Z. Yang, L. J. Deng and E. Fang. Marketing-orientation, strategic flexibility and firm performance: The moderating role of environmental uncertainty. *China Soft Science*, 2010, 25(9): 130 - 139.

[800] X. Yi, B. Ribbens and C. N. Morgan. Generational differences in China: Career implications. *Career Development International*, 2010, 15(6): 601 - 620.

[801] X. Yi, B. Ribbens, L. Fu and W. Cheng. Variation in career and workplace attitudes by generation, gender, and culture differences in career perceptions in

the United States and China. *Employee Relations*, 2015, 37(1): 66 – 82.

[802] R. K. Yin. *Case Study Research: Design and Methods*. London: Sage Publications, 2013: 32 – 68.

[803] M. A. Youndt, S. A. Snell, J. W. Dean and D. P. Lepak. Human resource management, manufacturing strategy, and firm performance. *Academy of Management Journal*, 1996, 39: 836 – 866.

[804] L. Y. Yueh. Wage reforms in China during the 1990s. *Asian Economic Journal*, 2004, 18 (2): 149 – 164.

[805] Zhilian Zhaopin. The 2014 Millennial Workplace Ecology Survey. http://article. zhaopin. com/pub/view/ 213774. Accessed December 18, 2016.

[806] Daniel Sullivan,M. T. Landau and A. C. Kay. Collectivism and the meaning of suffering. *Journal of Personality and Social Psychology*, 2012, 103(6): 1023 – 1039.

[807] S. A. Zahra, J. C. Hayton, D. O. Neubaum, C. Dibrell and J. Craig. Culture of family commitment and strategic flexibility: The moderating effect of stewardship. *Entrepreneurship Theory & Practice*, 2008, 32(6): 1035 – 1054.

[808] K. J. Zaleska and L. M. Menezes. Human resources development practices and their association with employee attitudes: Between traditional and new careers. *Human Relations*, 2009, 60(7): 987 – 1010.

[809] J. Zaslow. New index aims to calculate the annual cost of despair. *Wall Street Journal*, 2002, 20: 1 – 12.

[810] A. Y. Zhang, L. J. Song and A. S. Tsui. Employee responses to employment - relationship practices: The role of psychological empowerment and traditionality. *Journal of Organizational Behavior*, 2014, 35(6): 809 – 830.

[811] A. Y. Zhang, A. S. Tsui, L. J. Song, et al. How do I trust thee? The employee-organization relationship, supervisory support, and middle manager trust in the organization. *Human Resource Management*, 2008, 47(1): 111 – 132.

[812] M. J. Zhang. Information systems, strategic flexibility and firm performance: An empirical investigation. *Journal of Engineering & Technology Management*, 2005, 22: 163 – 184.

[813] Y. C. Zhang and S. L. Li. High performance work practices and firm performance: Evidence from the pharmaceutical industry in China. *International Journal of Human Resource Management*, 2009, 20(11): 2331 – 2348.

[814] Y. H. Zhang. *Corporate Entrepreneur Strategy—Based on Economic*

Transition in China. Beijing: Tsinghua University Press, 2005.

[815] M. Zhang, S. Foley and B. Yang. Work-family conflict among Chinese married couples: Testing spillover and crossover effects. *International Journal of Human Resource Management*, 2013, 24(17): 3213 – 3231.

[816] X. C. Zhang, O. Siu, J. Hu and W. Zhang. Relationships between bidirectional work-family interactions and psychological well-being: A three-wave cross-lagged study in China. *Journal of Personnel Psychology*, 2014, 13 (2): 87 – 96.

[817] A. Zhang, C. Reyna, Z. Qian and G. Yu. Interpersonal attributions of responsibility in the Chinese workplace: A test of western models in a collectivistic context. *Journal of Applied Social Psychology*, 2008, 38(9): 2361 – 2377.

[818] S. M. Zhao and J. Du. Thirty-two years of development of human resource management in China: Review and prospects. *Human Resource Management Review*, 2012, 22(3): 179 – 188.

[819] S. M. Zhao, S. Y. Gao and C. J. Geng. The relationship between strategic international human resource management and firm performance. *Nankai Business Review*, 2011, 14(1): 28 – 35.

[820] S. M. Zhao and Y. X. Zhao. Human resource management issues in Chinese entrepreneurial firms. International Conference of Entrepreneurship and Society Change, Nanjing, 2014: 21 – 22.

[821] S. M. Zhao. Thirty-year development review and future of human resource management in China. *Social Sciences in Nanjing*, 2009, 20(1): 7 – 11.

[822] S. M. Zhao. Application of human capital theory in China in the context of the knowledge economy. *International Journal of Human Resource Management*, 2008, 19(5): 802 – 817.

[823] S. M. Zhao. The review and prospect of foreign collective bargaining. *Foreign Economics & Management*, 2012, 34(1): 18 – 26.

[824] Y. X. Zhao. Job characteristics and millennial employee well-being. Doctoral dissertation, Nanjing University. Retrieved from China Doctoral Dissertations Full-text Database (Accession No. F272. 92), 2016.

[825] S. M. Zhao. Human resource management in China. *Asia Pacific Journal of Human Resources*, 1994, 32(2): 3 – 12.

[826] S. M. Zhao. *Human Resources Management in Chinese Enterprises*. Nanjing: Nanjing University Press, 1995.

[827] S. M. Zhao. *International Business: Human Resource Management*. Nanjing:

Nanjing University Press，1992.

[828] Y. Zheng，L. Jia，S. You and Y. Cai. Management and organization research in China：Lessons from ten highly contextualized Chinese studies. *Chinese Management Journal*，2013，10(11)：1561－1566.

[829] K. Z. Zhou and F. Wu. Technological capability，strategic flexibility，and product innovation. *Strategic Management Journal*，2010，31(5)：547－561.

[830] Y. Zhu，Y. Xie，M. Warner and Y. X. Guo. Employeeparticipation and the influence on job satisfaction of the "New Generation" of Chinese employees. *International Journal of Human Resource Management*，2015，26(19)：2395－2411.

[831] 赵曙明,李诚,张捷. 国际与比较雇佣关系:全球化与变革. 北京:北京大学出版社,2012.

[832] 孟慧,李永鑫. 大五人格特质与领导有效性的相关研究. 心理科学,2004,27(3):611－614.

[833] 龚基云. 转型期中国劳动关系研究. 合肥:安徽人民出版社,2006.

[834] 袁凌,李健. 中国企业劳资关系内在属性与冲突处理研究. 华东经济管理,2010,24(2):55－58.

[835] 赵曙明. 国外集体谈判研究现状述评及展望. 外国经济与管理,2012,34(1):18－26.

[836] 席猛,赵曙明. 劳动关系集体化转型中的经济困境与对策. 华东经济管理,2013,28(7):116－120.

[837] 冯同庆. 劳动关系理论研究. 北京:中国工人出版社,2012.

[838] 王大庆,焦建国. 劳资关系理论与西方发达国家的实践. 经济研究参考,2003(5):42－48.

[839] 李敏,张彤. 西方劳资关系冲突管理研究综述. 华南理工大学学报(社会科学版),2002(3):45－49.

[840] 王维. 国内外劳资冲突管理研究综述. 商业时代,2011(2):86－88.

[841] 郭金兴. 我国当代劳资关系研究综述. 生产力研究,2008(22):156－159.

[842] 姚先国. 民营经济发展与劳资关系调整. 浙江社会科学,2005(2):78－85.

[843] 仇善文,张书卿. 独资企业劳资关系现状调查及协调对策——威海市韩国独资企业情况调查. 工会理论与实践,1997(6):41－43.

[844] 戴建中. 我国私营企业劳资冲突关系研究. 北京社会科学,2001(1):14－21.

[845] 张子源,赵曙明. 试论产业关系与人力资源视角下的劳资冲突根源与解决途径. 外国经济与管理,2008,30(10):32－38.

[846] 迈克尔·普尔. 人力资源管理手册. 沈阳:辽宁出版社,1999.

[847] 游正林. 不平则鸣:关于劳资冲突分析的文献综述. 学海,2005(4):56－61.

[848] 埃米尔·迪尔凯姆.社会分工论.北京:三联书店,2000.

[849] 李亚雄.失范:对当前劳资冲突问题的一种解释.社会主义研究,2006(1):106-108.

[850] 赵曙明,李诚,等.国际与比较雇佣关系.南京:南京大学出版社,2008.

[851] 任广浩,叶立周.论权力冲突——以利益冲突为线索的考察.河北法学,2004(8):71-74.

[852] 刘作翔.权利冲突的几个理论问题.中国法学,2002(2):56-71.

[853] 朱苏丽,龙立荣,贺伟,王忠军.超越工具性交换:中国企业员工—组织类亲情交换关系的理论建构与实证研究.管理世界,2015(11):119-134.

[854] 李原,郭德俊.组织中的心理契约.心理科学进展,2002,10(1):83-90.

[855] 李原,郭德俊.员工心理契约的结构及其内部关系研究.社会学研究,2006,5:151-168.

[856] 陈维政,刘云,吴继红.双向视角的员工组织关系探索.中国工业经济,2005,1:110-117.

[857] 吴继红,陈维政,刘云.双向视角的员工—组织关系 IP/C 模型研究.科研管理,2009,30(6):141-151.

[858] 孙彦玲,张丽华.雇佣关系研究述评:概念与测量.首都经济贸易大学学报,2013(1):94-103.

[859] 康力,石金涛.中国企业背景下领导成员交换与员工—组织关系之间的关系研究.上海管理科学,2011(2):61-68.

[860] 马箭.雇佣关系模式对员工态度的影响研究.中南大学博士论文,2014.

[861] 李召敏,赵曙明.雇佣关系模式对福祉影响的差异——基于激励—贡献模型视角.经济管理,2015(12):56-67.

[862] 张君君,贾良定,宋继文,李超平,陈永霞.雇佣关系、工作嵌入性与员工离职意愿:中国情境下的实证研究.中国管理学研究国际学会第二次年会,2006.

[863] 郭桂梅,段兴民.员工—组织关系,内在动机与员工创造性——中国企业的实证研究.管理评论,2008,20(3):16-24.

[864] 康力.员工—组织关系对员工创新行为的影响分析.中国人力资源开发,2011(9):10-15.

[865] 郭桂梅,赵曙明.组织中心型关系模式,创造性工作氛围与员工创造性.科技进步与对策,2011,28(22):146-150.

[866] 徐燕,周路路.雇佣关系对员工职业成长的影响机制研究:组织支持感的中介作用.经济管理,2012(11):93-102.

[867] 包玲玲,王韬.转型背景下雇佣关系模式对员工助人行为的影响.管理学报,2011,8(11):1646-1654.

[868] 许虎,蒋慧荣.雇佣关系与群体公民行为,群体效能感的关系-岗位层次的研究.现代商业,2011(9):134-135.

[869] 赵曙明.人力资源管理理论研究新进展评析与未来展望.外国经济与管理,2011,33(1):1-10.

[870] 俞明传,顾琴轩,朱爱武.员工实际介入与组织关系视角下的内部人身份感知对创新行为的影响研究.管理学报,2014,11(6):836-843.

[871] 刘善仕,刘辉健.投资型人力资源管理系统与企业绩效的关系研究.管理工程学报,2009,22(4):8-18.

[872] 张正堂.人力资源管理活动与企业绩效的关系:人力资源管理效能中介效应的实证研究.经济科学,2006(2):43-53.

[873] 张一弛.从扩展的激励—贡献模型看我国企业所有制对雇佣关系的影响.管理世界,2004(12):90-98,120-156.

[874] 赵曙明.中国人力资源管理三十年的转变历程与展望.南京社会科学,2009(1):7-11.

[875] 赵曙明.人力资源管理理论研究新进展评析与未来展望.外国经济与管理,2011,33(1):1-10.

[876] 郑文智,陈金龙,胡三嫚.劳动契约、员工参与与相互投资型劳动关系.管理科学,2012,25(6):65-74.

[877] 赵曙明,席猛,蒋春燕.人力资源管理重要性与能力对企业雇佣关系模式选择的影响.经济管理,2016,38(4):83-92.

[878] 康力,石金涛.中国企业背景下领导成员交换与员工—组织关系之间的关系研究.上海管理科学,2011,33(2):61-68.

[879] 王朝晖,罗新星.战略人力资源管理内部契合及中介机制研究:一个理论框架.管理科学,2008,21(6):57-65.

[880] 苏中兴.转型期中国企业的高绩效人力资源管理系统:一个本土化的实证研究.南开管理评论,2010,13(4):99-108.

[881] 张淑惠,王瑞雯.管理者过度自信、内部控制与企业现金持有水平.南京财经大学学报,2017(1):53-59,71.

[882] 李巍,许晖.管理者特质与民营企业出口绩效.管理科学,2013,26(2):40-50.

[883] 单红梅,胡恩华,黄凰.工会实践对企业绩效影响的实证研究.管理科学,2014,27(4):33-50.

[884] 李自杰,李毅,刘畅.制度环境与合资企业战略突变:基于788家中小中外合资企业的实证研究.管理世界,2011(10):84-93,140.

[885] 干春晖.新常态下中国经济转型与产业升级.南京财经大学学报,2016(2):1-10.

[886] 陈万思,丁珏,余彦儒.参与式管理对和谐劳资关系氛围的影响:组织公平感的中介作用与代际调节效应.南开管理评论,2013(6):47-58.

[887] 檀学文,吴国宝.福祉测量理论与实践的新进展——"加速城镇化背景下福祉测量及其政策应用"国际论坛综述.中国农村经济,2014(9):87-96.

[888] 廖银燕. 领导—成员交换对员工敬业度的影响机理研究. 西南财经大学硕士论文,2014.

[889] 蒋建武,戴万稳. 非典型雇佣下的员工—组织关系及其对员工绩效的影响研究. 管理学报,2012,9(8):1178-1182.

[890] 郑震. 雇佣关系对员工敬业度及离职倾向的影响研究. 南京师范大学硕士论文,2013.

[891] 张火灿,刘淑宁. 人力资源领先指标对研发人员敬业贡献之影响:中介模式的测试. 人力资源管理学报,2007(3):1-24.

[892] 徐细雄,淦未宇. 组织支持契合、心理授权与雇员组织承诺:一个新生代农民工雇佣关系管理的理论框架——基于海底捞的案例研究. 管理世界,2011(12):131-147.

[893] 宗文,李晏墅,陈涛. 组织支持与组织公民行为的机理研究. 中国工业经济,2010,30(7):104-114.

[894] 徐志静. 员工—组织关系与员工敬业度间关系的研究. 南京大学硕士论文,2016.

[895] 曹科岩,宁崴. 人力资源管理实践对员工敬业度的影响:组织支持感的中介作用——基于广东省高科技企业的实证研究. 科技管理研究,2012,32(5):174-178.

[896] 徐云飞,席猛,赵曙明. 员工—组织关系研究述评与展望. 管理学报,2017,14(3):466-474.

[897] 苗元江,冯骥,白苏妤. 工作幸福感概观. 经济管理,2009,31(10):179-186.

[898] 伊壁鸠鲁,卢克来修. 自然与快乐——伊壁鸠鲁的哲学. 第1版. 包利民,等译. 中国社会科学出版社,2007.

[899] 廖申白. 应用伦理学的原则应用模式及其优点. 中国人民大学学报,2003(1):47-53.

[900] 邢占军. 主观幸福感测量研究综述. 心理科学,2002(3):336-338.

[901] 苗元江,朱晓红,陈浩彬. 从理论到测量——幸福感心理结构研究发展. 徐州师范大学学报(哲学社会科学版),2009(2):128-133.

[902] 苗元江,胡亚琳,周堃. 从快乐到实现:实现幸福感概观. 广东社会科学. 2011(5):114-121.

[903] 泰勒·克拉克. 星巴克:关于咖啡、商业和文化的传奇. 北京:中信出版社,2014.

[904] 兰兰. 美国西南航空公司企业文化建设的启示. 理论界,2011(3):206-207.

[905] 杰里米·边沁. 道德与立法原理导论. 第1版. 北京:商务印书馆,2012.

[906] 徐华春,郑涌,黄希庭. 中国青年人生价值观初探. 西南大学学报(人文社会科学版),2008(5):35-39.

[907] 埃里克·施密特. 重新定义公司:谷歌是如何运营的. 北京:中信出版社,2015.

[908] 杜旌,李难难,龙立荣. 基于自我效能中介作用的高绩效工作系统与员工幸福感

研究. 管理学报,2014,11(2):215-221.

[909] 温忠麟,张雷,侯杰泰. 有中介的调节变量和有调节的中介变量. 心理学报,2006(3):448-452.

[910] 田喜洲,谢晋宇,吴孔珍. 倾听内心的声音:职业生涯中的呼唤研究进展探析. 外国经济与管理,2012,34(1):27-35.

[911] 赵小云,郭成. 感召及其相关研究. 心理科学进展,2011,19(11):1684-1691.

[912] 赵海霞,郑晓明. 工作使命感研究现状与展望. 经济管理,2013,35(10):192-199.

[913] 田喜洲,左晓燕. 工作领域的呼唤研究新进展探析. 外国经济与管理,2014,36(6):60-69.

[914] 苗仁涛,孙健敏,刘军. 基于工作态度的组织支持感与组织公平对组织公民行为的影响研究. 商业经济与管理,2012(9):29-40.

[915] 孙岚,秦启文,张永红. 工作动机理论新进展:自我决定理论. 西南交通大学学报(社会科学版),2008,9(6):75-80.

[916] 龙立荣,方俐洛,凌文辁,李晔. 职业承诺的理论与测量. 心理学动态,2000,8(4):39-45.

[917] 龙建,龙立荣,王南南. 431 名护士职业承诺状况的调查分析. 中华医院管理杂志,2002,18(7):407-408.

[918] 张春雨,韦嘉,陈谢平,张进辅. 工作设计的新视角:员工的工作重塑. 心理科学进展,2012,20(8):1305-1313.

[919] 陈立胜. 恻隐之心:"同感""同情"与"在世基调". 哲学研究,2011(12):19-27.

[920] 贾良定,尤树洋,刘德鹏,郑祎,李珏兴. 构建中国管理学理论自信之路——从个体、团队到学术社区的跨层次对话过程理论. 管理世界,2015(1):99-117.

[921] 凯文·凯利. 失控:全人类的最终命运和结局. 东西文库译. 北京:新星出版社,2010.

[922] 徐淑英. 科学精神和对社会负责的学术. 管理世界. 2015(1):156-163.

[923] 程德俊,赵曙明. 高参与工作系统与企业绩效:人力资本专用性和环境动态性的影响. 管理世界,2006(3):86-93,171.

[924] 刘伟,蔡志洲. 经济增长新常态与供给侧结构性改革. 求是学刊,2016(1):56-65.

[925] 中共中央,国务院. 国家创新驱动发展战略纲要. 新华网,2016-09-09. http://news.xinhuanet.com/politics/2016-05/19/c_1118898033.htm.

[926] 国务院关于印发《中国制造 2025》的通知. 新华网,2016-09-09. http://news.xinhuanet.com/politics/2016-05/19/c_1118898033.htm.

[927] 赵曙明. 人力资源管理研究. 北京:中国人民大学出版社,2001.

[928] 赵曙明,李乾文,张戌凡. 创新型核心科技人才培养与政策环境研究——基于江苏省 625 份问卷的实证分析. 南京大学学报(哲学·人文科学·社会科学),2012(3):49-57,158-159.

[929] 范晓莉,郝寿义.创新驱动下规模经济与经济增长的动态关系研究———基于新经济地理学视角的解释.西南民族大学学报(人文社科版),2016,37(4):116 - 122.

[930] 高素英,赵曙明,彭喜英.人力资本存量与企业绩效关系的实证研究.天津大学学报(社会科学版),2011,13(01):1 - 6.

[931] 赵曙明.国际企业:人力资源管理.第五版.南京:南京大学出版社,2016.

[932] 刘丽.高潜人才隐性人力资本研究.北京:首都经济贸易大学出版社,2012.

[933] 陈劲,郑刚.创新管理———赢得持续竞争优势.第三版.北京:北京大学出版社,2016.

[934] 赵宏瑞,孟繁东."人力要素资本化"的理论核心与政策路径.中国人力资源开发,2014(9):94 - 100.

[935] 汪志红,谌新民.珠三角地区中小型转型升级企业人才结构.经济管理,2016,38(4):36 - 45.

[936] 赵曙明,吴慈生,徐军.企业集团成长与人力资源管理的关系研究.中国软科学,2002(9):47 - 51.

[937] 王林雪,卓娜.领导风格、组织认同对创新型人才创新能力的影响研究.科学管理研究,2014(5):102 - 105.

[938] 王佳宁,陈劲,张永伟.科技创新的市场导向与企业主体作用发挥.改革,2016(5):41 - 49.

[939] 赵曙明.供给侧结构改革中的人才培养.光明日报,2016 - 05 - 27.

[940] 赵曙明,白晓明,赵宜萱.转型经济背景下我国企业家胜任素质分析.南京大学学报(哲学·人文科学·社会科学),2015,52(2):25 - 35.

[941] 李雪峰,蒋春燕.战略人力资源管理与企业绩效:不正当竞争与政府支持的调节作用.管理世界,2011(8):182 - 183.

[942] 温忠麟,叶宝娟.有调节的中介模型检验方法:竞争还是替补?.心理学报,2014,46(5):714 - 726.

[943] 汤超颖,艾树,龚增良.积极情绪的社会功能及其对团队创造力的影响:隐性知识共享的中介作用.南开管理评论,2011,4(4):129 - 137.

[944] 周丽芳.华人组织中的关系与社会网络.本土心理学研究,2002(18):175 - 228.

[945] 梁钧平.企业组织中的"圈子文化"——关于组织文化的一种假说.经济科学,1998(5):12 - 17.

[946] 陈春花,宋一晓,曹洲涛.组织支持资源影响员工幸福感的内在机理:基于视睿科技的案例研究.管理学报,2014,11(2):206 - 214.

后记

呈现在读者面前的这本专著从筹划、调研到撰写、编著完成历时八年多,凝结了研究团队的大量心血,汇聚了研究团队的研究智慧和理论成果。在课题组成员、博士后、博士生、硕士生等的共同努力下和出版社的大力支持帮助下,经过多次的修改和完善,最终成就本书并顺利付梓出版。

西方对雇佣关系模式及人力资源管理创新问题的研究较为成熟,但由于国情不同,这些研究成果并不适用于中国。我们希望通过对转型期中国企业发展现状的梳理、雇佣关系模式及其绩效与人文福祉的探究,以及对中国人力资源管理理论创新和实践问题的探讨,为构建解释中国企业发展问题的理论体系贡献一份力量。本着这份初衷,研究团队依托笔者主持的国家自然科学重点基金项目"中国企业雇佣关系模式与人力资源管理创新",进行纵向设计,基于中国企业发展规律和发展实际,在全国具有代表性的地区和企业开展三阶段跨越五年的大规模问卷调研,并通过大规范的实地访谈和案例研究增强了相关研究内容的可理解程度。

专著既注重系统宏观的现状介绍,也关注不同类型的企业、不同特质的员工等差异性对人力资源管理方式的影响。为了使专著具有一定的现实指导意义,研究团队站在雇佣关系管理的理论前沿、立足企业发展的高度,突出研究的创新性,为企业人力资源管理实践提供了新思路。

专著首先由笔者列出全书编写大纲,确定框架结构;在编写过程中,曾颢、王小予、徐云飞、余华颖、田娅、张啟、王雪、张佳蕾等人负责部分英语文献的翻译工作,李召敏和王志成等负责其他内容的整理工作;最后由笔者进行统稿。

专著的顺利出版得益于各方面的支持与帮助,在此特向所有关心帮助过"中国企业雇佣关系模式与人力资源管理创新"研究课题组以及本书出版的朋友们表示最衷心的感谢!

感谢南京大学出版社社长金鑫荣对此书出版给予的大力支持!出版社唐甜甜编辑对本书的编辑与勘校做了大量工作,在此也表示诚挚谢意!

专著参考了大量前人的研究成果,并在文中或"参考文献"中进行了标注,在此也向他们表达谢意!如有个别出处不详的文献未能清晰标注,研究团队在此向作者表达歉意并将在再版时更正。

最后，笔者要感谢家人一直以来无私的关怀和支持！课题组成员、商学院同事以及笔者的博士后、博士生和硕士生等的支持与帮助，是本书得以出版的力量源泉，在此也向他们表示衷心谢意！

由于时间仓促，笔者水平有限，书中不妥之处在所难免，敬请读者批评指正！

赵曙明

2022 年 5 月